Dieses Buch widme ich den drei Menschen, die meine Entwicklung und meinen Werdegang als Architekt entscheidend beeinflußt haben und die leider nicht mehr am Leben sind: meinem Vater, der in meinen Kinderaugen der größte Baumeister der Welt war, meinem Bruder, dem besten Bruder, den ich mir wünschen konnte, und Peter Rice, dem Ingenieur und Humanisten, der zwanzig Jahre lang mein unersetzlicher Begleiter war.

RENZO PIANO
Out of the Blue

Kunst- und Ausstellungshalle der Bundesrepublik Deutschland

Inhalt

7	**Vorwort** Kenneth Frampton	70	**1982 - Houston** Menil Collection
9	**Der Beruf des Architekten**	82	**1983 - IBM-Wanderpavillon**
22	**1966 - Erste Arbeiten**	86	**1983 - Venedig und Mailand** Musikalischer Raum für »Prometeo«
32	**1970 - Cusago** Free-Plan-Häuser	88	**1983 - Genua** Metro-Stationen
34	**1970 - Washington** Standardisiertes Krankenhausmodul ARAM	90	**1983 - Turin** Neustrukturierung des Lingotto-Werks
36	**1971 - Novedrate** B&B-Italia-Bürohaus	98	**1984 - Montecchio Maggiore, Vicenza** Bürohaus Lowara
38	**1971 - Plateau Beaubourg, Paris** Centre Pompidou	99	**1985 - Novara,** Institut für Aluminiumforschung
50	**1979 - Otranto** Mobile Werkstatt, UNESCO-Neighbourhood-Workshop	100	**1985 - Cagliari** Credito Industriale Sardo
54	**1978 - Corciano** E H, Evolutive Housing	102	**1985 - Genua** Kolumbus-Gedenkfeiern
56	**1978 - Turin** VSS (Experimentalfahrzeug) und Flying Carpet	112	**1986 - Rhodos** Sanierung des alten Stadtgrabens
		113	**1986 - La Valletta** Stadttor
58	**1978 - Dakar** Bewegliche Konstruktionseinheit	114	**1986 - Lyon** Cité Internationale
60	**1979 - Habitat** Fernsehbeitrag	122	**1987 - Bari** Stadion San Nicola
62	**1981 - Montrouge, Paris** Umgestaltung Schlumberger	130	**1987 - Pompeji** Gestaltung der archäologischen Stadt
68	**1982 - Turin** Retrospektive Alexander Calder	132	**1987 - Matera** Sanierung der Sassi

134	**1987 - Charenton le Pont, Paris** Einkaufszentrum von Bercy 2	220	**1992 - Riehen, Basel** Museum der Beyeler-Stiftung
138	**1987 - Paris** Wohnanlage Rue de Meaux	224	**1993 - Sindelfingen** Design Center von Mercedes-Benz
146	**1988 - Saint-Quentin-en-Yvelines, Paris** Betriebsanlage Thomson Optronics	228	**1994 - Rom** Auditorium
148	**1988 - Paris** Erweiterung des IRCAM	234	**1994 - Saitama, Tokio** Polyfunktionale Arena
150	**1988 - Osaka** Kansai International Airport Terminal	236	**1995 - Nola, Neapel** Servicekomplex
164	**1989 - Kumamoto** Verbindungsbrücke des Archipels von Ushibuka	238	**1995 - Plateau Beaubourg, Paris** Interne und externe Umgestaltung
166	**1989 - Punta Nave, Genua** UNESCO-Laboratorium-Workshop	240	**1996 - Maranello, Modena** Windkanal für Ferrari
174	**1991 - Nouméa** Kulturzentrum J. M. Tjibaou	242	**1996 - Sydney** Bürohochhaus und Wohnanlage
184	**1991 - San Giovanni Rotondo, Foggia** Wallfahrtskirche Padre Pio	245	**Vom Sohn des Bauunternehmers zum Architekten**
188	**1991 - Lodi** Banca Popolare di Lodi	260	**Die Architektur-Werkstatt** Giulio Macchi
192	**1992 - Berlin** Projekt Potsdamer Platz	264	**Biographie**
208	**1992 - Houston** Twombly-Pavillon	266	**Verzeichnis der Projekte**
212	**1992 - Amsterdam** Nationales Zentrum für Wissenschaft und Technologie	278	**Renzo Piano Building Workshop** Paris und Genua
		280	**Die Mitarbeiter**
218	**1992 - Plateau Beaubourg, Paris** Rekonstruktion des Ateliers von Brancusi	282	**Bibliographie**

Out of the Blue
von Renzo Piano
unter Mitwirkung von
Roberto Brignolo

Diese Publikation erscheint im Zusammenhang mit der Ausstellung
»Out of the Blue. Renzo Piano Building Workshop«
vom 31. Januar bis 6. April 1997
in der Kunst- und Ausstellungshalle der Bundesrepublik Deutschland in Bonn.

Konzeption und Gestaltung:
Renzo Piano mit
Giorgio G. Bianchi,
Roberto Brignolo,
Alberto Giordano,
Giulio Macchi,
Franco Origoni

Layout:
Renzo Piano Building Workshop:
Giorgio G. Bianchi,
François Bertolero,
Stefania Canta,
Toma Damisch,
Giovanna Giusto,
Paola Rossato,
Franc Somner
sowie
Franco Origoni & Anna Steiner
mit
Giovanna Erba

Satz: Editing Technology S.r.l., Rom
Druck: Stampa Nazionale, Calenzano, Florenz
Übersetzung aus dem Italienischen: Daniele Dell'Agli, Claudia Romahn
Übersetzung aus dem Englischen (Vorwort): Uta Nusser

© 1997 Renzo Piano Building Workshop, Paris/Genua,
SCALA, Florenz, sowie die Fotografen

© 1997 für die deutsche Ausgabe: Kunst- und Ausstellungshalle der
Bundesrepublik Deutschland GmbH, Bonn, Verlag Gerd Hatie, Ostfildern-Ruit

Erschienen im
Verlag Gerd Hatje
Senefelderstraße 9
73760 Ostfildern-Ruit
Telefon 0711/449930
Telefax 0711/4414579

ISBN 3-7757-0670-4
Printed in Germany

Vorwort
Kenneth Frampton

Das wohl herausragendste Merkmal von Renzo Pianos Arbeit ist die beachtliche Palette der von ihm entworfenen Bauten, die sich auszeichnen durch ein breites typologisches Spektrum sowie eine große Formen-, Material- und Konstruktionsvielfalt. In einem Zeitraum von nur sieben Jahren spannt sich der Bogen von der riesigen Megastruktur des Flughafenterminals Kansai (1988–1994) bis zum Wohnkomplex in der Rue de Meaux in Paris (1987–1991), vom San-Nicola-Stadion in Bari mit einer Zuschauerkapazität von 60000 bis hin zu dem einzigartigen Kulturzentrum J. M. Tjibaou in Neukaledonien, mit dessen Bau 1991 begonnen wurde. Im vergangenen Jahrzehnt war der Renzo Piano Building Workshop rund um den Globus tätig, in Nordfrankreich und Süditalien genauso wie im Süden Japans oder auf einer entlegenen Pazifikinsel. Trotz der Parallelität der Projekte tragen diese in Entwurf und Ausführung eine völlig unterschiedliche Handschrift, wobei die verschiedenartigsten Konstruktionselemente und Verkleidungsmaterialien zum Einsatz kommen. Die Bandbreite reicht bei den genannten Bauwerken von der langgestreckten Edelstahlschale bis zur Fassade aus Terrakottafliesen, vom massiven, auskragenden Betonstadion mit einer leichten Sonnenzeltdach-Konstruktion bis hin zur seriellen Verwendung von monumentalen Lamellenjalousien aus Mahagonieholz, sogenannten »kivas«. Letztere wurden als doppelschichtige, dreidimensionale, korbartige Schalen konzipiert in Anlehnung an die ethnographischen Ursprünge des Kanak-Kulturzentrums, das derzeit in Nouméa in Neukaledonien seiner Vollendung entgegengeht.

Die Bauvorhaben verschiedenen Umfangs, die in den letzten fünfzehn Jahren entworfen und realisiert worden sind, haben insgesamt vermutlich mehr zur heutigen Reputation des Building Workshop beigetragen als irgendein anderer Auftrag seit der Fertigstellung des Centre Pompidou in Paris. Hierbei scheint die Menil Collection (1982–1986) in Houston, Texas, eine Schlüsselrolle gespielt zu haben, und zwar im Hinblick auf das hohe Niveau der praktischen Umsetzung, da bewußt zwischen dem topographischen Charakter des Standorts und dem Produktionsmodus differenziert wurde. Im Idealfall sollte eine Lösung dieser impliziten Opposition von »Form des Ortes« und »Form des Produkts« möglich sein, was beim Menil-Museum voll und ganz gelungen ist. Während seines gesamten Berufslebens hat sich Piano immer um eine mythenfreie Architektur bemüht, mit einer Ausnahme: dem Mythos vom angeborenen, welterschaffenden Urtrieb des Homo faber. Dieser ist im Falle Pianos von besonderer Bedeutung, entstammt seine Familie doch der Kultur des Mittelmeerraums mit seinem alteingesessenen Schiffsbauerhandwerk. Der in seinem Charakter so tief verankerte Antiakademismus zeugt von einer Prä-Renaissance-Geisteshaltung, die sicherlich mitverantwortlich sein dürfte für so manche Konfliktsituation im Verlauf seiner beruflichen Karriere: einerseits seine Verpflichtung der Baconschen empirischen Wissenschaft, das heißt der angelsächsischen pragmatischen Tradition gegenüber, und andererseits sein Respekt für das italienische Handwerk – »il mestiere« –, in dem man nur durch handwerkliche Lehre zur Meisterschaft gelangen kann.

Was seine berufliche Politik angeht, so steuert Piano seit jeher einen unabhängigen Kurs, indem er einer kritischen Teamwork-Ethik sowie dem Grundsatz treu bleibt, daß es in der »Baukunst« niemals nur einen einzigen Urheber gibt (kaum ein anderer respektiert heutzutage seinen Mitarbeiterstab in einem solchen Maße wie er).

Im Gegensatz zur Welt der Spätmoderne, in der die Architektur sich ständig selbst überbietet im grotesken Versuch, ihren Anspruch als eine neue Form der bildenden Kunst zu behaupten, vertritt Piano nach wie vor die Ansicht, daß der Architekt alle Einzelaspekte des gesamten Bauprozesses beherrschen und unter Kontrolle haben sollte.

Für Piano und seinen Building Workshop liegt die Zukunft der Berufssparte mit Eintritt in das kommende Jahrtausend darin, daß diese ihr Können und ihre Fähigkeiten dazu einsetzt, die ständig wachsenden, komplexen bautechnischen Aufgaben auf einem höchstmöglichen Niveau zu lösen. Ob uns dies eine Architektur beschert, die nachweislich der humanistischen Tradition verpflichtet sein wird oder nicht, das ist eine Frage, die – was Piano angeht – diskreterweise offenzulassen ist.

Der Beruf des Architekten

Ein uralter Beruf

Der Beruf des Architekten ist eine abenteuerliche Tätigkeit: ein Grenzberuf in der Schwebe zwischen Kunst und Wissenschaft, auf dem Grat zwischen Erfindung und Gedächtnis, zwischen dem Mut zur Modernität und der Achtung der Tradition. Der Architekt lebt notgedrungen gefährlich.
Er arbeitet mit allen Arten von Rohstoffen, womit ich nicht allein Beton, Holz und Metall meine, sondern ebenso Geschichte und Geographie, Mathematik und Naturwissenschaften, Anthropologie und Ökologie, Ästhetik und Technologie, Klima und Gesellschaft. Mit all diesen Dingen muß er sich täglich messen.
Der Architekt übt die schönste Tätigkeit der Welt aus. Denn auf diesem kleinen Planeten, auf dem bereits alles entdeckt worden ist, ist das Entwerfen noch eines der großen möglichen Abenteuer.
Unsere Vorfahren haben uns um die Erforschung der physischen Welt betrogen. Kolumbus, Magellan, James Cook und Amundsen haben alles bereits entdeckt. Uns bleibt nur das Abenteuer des Denkens. Es führt uns in Angst, Verwirrung und Verzweiflung – wie eine Expedition ins ewige Eis. Das Abenteuer des Denkens ist wie eine Postkutsche im Wilden Westen den Angriffen der Indianer ausgeliefert.
Entwerfen ist ein Abenteuer, in einem gewissen Sinne vergleichbar mit einer Reise. Man macht sich auf den Weg, um zu erkennen, um zu lernen. Man akzeptiert das Unvorhersehbare. Wer jedoch erschrickt und sofort Schutz in einem Hafen sucht – in der warmen und behaglichen Höhle des schon Gesehenen, des schon Getanen –, der unternimmt keine wirkliche Reise. Man fährt auch nicht nach Bombay, um dort in einem italienischen Restaurant zu essen.
Wer jedoch die Lust am Abenteuer besitzt, versteckt sich nicht, sondern drängt vorwärts. Jeder Entwurf ist ein Neuanfang, immer wieder befindet man sich auf unerforschtem Terrain. Der Architekt ist der moderne Robinson Crusoe.

Architekt zu sein ist eine uralte Tätigkeit – wie das Jagen oder Fischen, der Ackerbau und das Erforschen. Dies sind die ursprünglichen Tätigkeiten des Menschen, aus denen alle anderen hervorgehen.
Der Suche nach Nahrung folgt unmittelbar die Suche nach Schutz. Irgendwann gibt sich der Mensch nicht mehr mit den Zufluchtsorten zufrieden, die die Natur ihm bietet, und wird Architekt.
Wer Häuser baut, sorgt für Schutz: für sich selbst, für seine Familie und seine Umgebung. Innerhalb seines »Stammes« hat der Architekt die Funktion eines Dienstleisters. Aber das Haus gewährt nicht nur Schutz: Zu seiner tatsächlichen Funktion ist von jeher die ästhetische, expressive, symbolische Dimension hinzugetreten. Die Suche nach Schönheit, Würde und Status offenbart sich von Anfang an bei der Gestaltung des Hauses, in ihm drückt sich der Wille zur Zugehörigkeit oder der Wunsch nach Überschreitung aus. Der Akt der Konstruktion ist und kann keine bloß technische Übung sein, da er mit symbolischen Bedeutungen aufgeladen ist.
Diese Ambiguität ist nur eine unter vielen Zweideutigkeiten, die das Handwerk des Architekten kennzeichnen. Sie überwinden zu wollen führt zu keiner Lösung – es ist der Anfang des Scheiterns.

Ein Beruf in der Krise

Immer wieder habe ich von dem befürchteten Untergang des Architektenberufs gesprochen. Ich habe geäußert, daß die Aufgabe des Architekten zu verschwinden droht wie die des Laternenanzünders oder des Wünschelrutengängers. Natürlich ist das eine Provokation: Die Architektur ist immer notwendig, heute mehr denn je. Inkompetenz, Verantwortungslosigkeit, Anmaßung und Geringschätzung des Handwerks sind es, die unsere Arbeit herabsetzen und zunichte machen. Dennoch glaube ich, daß unser Beruf eine neue Würde erlangen wird. Um das zu erreichen, müssen wir zu seinen Ursprüngen zurückkehren.

Erstens, wer ist der Architekt? Vor allem ist er ein Dienstleister. Diesen Appell an die Bescheidenheit sollte man sich jedesmal vergegenwärtigen, wenn sich unsere Disziplin im Gewirr der Moden, der Stile, der Tendenzen zu verlieren droht. Das ist kein moralischer Hinweis, eher vielleicht ein Gespür für Zurückhaltung – eine Art und Weise, den Dingen ihr richtiges Maß zurückzugeben.

Zweitens versteht sich der Architekt darauf, Häuser für Menschen zu bauen. Er kennt die Materialien und Strukturen, er beobachtet die Richtung des Windes und die Höhe der Gezeiten. Er beherrscht den Konstruktionsprozeß und die Mittel, mit denen er arbeiten muß – mit anderen Worten: er weiß, warum und wie Häuser, Brücken und Städte gebaut werden.

In jeder Krise gibt es ein Moment der Selbstzufriedenheit. Einige Architekten gefallen sich in ihrer wirklichen oder vermuteten gesellschaftlichen Unwirksamkeit. Das ist ein klassischer Standpunkt, um sich aus der Verantwortung zu stehlen, und der als Vorwand dient, um sich in die reine Form oder in die Technologie zu flüchten. Den handwerklichen Anteil ihres Tuns weisen sie von sich, um sich zu Künstlern zu erheben, und dergestalt entgleiten sie schnell ins Akademische. Ich weiß, daß man das nicht verallgemeinern darf, und im Grunde tue ich dies auch nicht.

Eingangs habe ich behauptet, daß die Architektur zwischen Technik und Kunst schwebt. In dieser Schwebe sollte sie meines Erachtens auch bleiben. In dem Augenblick, in dem man die Trennung akzeptiert, hat man sein Urteil für die eine oder andere Seite gefällt.

Sobald sich das Bauen auf die reine Technik reduziert – auf die Faktizität der Maschinen, der Organisation, des Geldes –, verliert es jeden expressiven Wert, jede gesellschaftliche Bedeutung und jede Beziehung zum Leben. Unsere Küsten und Städte sind voll von derartigen Beispielen.

Ein russischer Gelehrter hat einmal geäußert, daß die physikalischen Gesetze indes das Hartnäckigste sind, das in der Natur existiert. Das Konstruieren bedarf deshalb der Technik, es ist selbst in hohem Maße eine technische Tätigkeit.

Viele glauben, daß die Technik sich in den Dienst der Kunst stellen, eines ihrer Werkzeuge werden müßte, was ganz und gar kein bekenntnisloser Standpunkt ist. Wie jedem Glauben setzt sich auch diesem eine häretische Ansicht entgegen, derzufolge Kunst und Technik identisch sind. Ich bin mit keiner der beiden Auffassungen einverstanden, doch ist mir die letztere sympathischer.

Ich stelle mir den Architekten gerne als jemanden vor, der die Technik benutzt, um eine Erregung hervorzurufen, eine künstlerische Erregung.

Wenn man es recht bedenkt, gilt dies für alle Formen der Kunst. Wenn man einen großen Musiker spielen sieht – meine beiden Freunde, der Pianist Maurizio Pollini und der Violinist Salvatore Accardo fallen mir hier ein –, wird man sich bewußt, daß ihre Technik so grundlegend ist, daß sie sich gewissermaßen transzendiert und selbst zur Kunst wird. »Lerne alles über die Musik und dein Instrument, danach vergiß alles und spiele, wie es dir gefällt«, hat Charlie Parker wohl einmal gesagt. Daran sollte man sich meines Erachtens auch in der Architektur halten.

Das Abenteuer des Architekten

Schöpfen bedeutet, im dunkeln zu forschen. Zäh, besessen, ja fast schamlos. Es gibt Momente der Unterbrechung und des Wartens, die Angst hervorrufen, aber wer sich der Herausforderung nicht stellt, dem bleibt nichts anderes übrig, als den Bezug auf schon Existierendes anzuerkennen. Hier beginnt das Akademische: Sobald man Gewißheit in etwas sucht, kann dieses nie die Wurzel des Denkens bilden, sondern bestenfalls die Krücke des Nicht-Denkens – es wird zur Zuflucht der Angst.
Abenteuer kann auch heißen, den richtigen Weg zu verfehlen. Dieses Risiko muß man auf sich nehmen, denn wer sichergehen will, der folge besser der Hauptstraße, auch wenn diese mit keiner Entdeckung aufwartet.
Wenn man in ein dunkles Zimmer tritt, paßt sich das Auge in kurzer Zeit der Dunkelheit an – das ist eine physische Tatsache. Auch der Geist paßt sich an. Darin, in diesem Akt, offenbart sich Kreativität.

Schöpfung. Vielleicht sollte man ein anderes Wort dafür verwenden. Das ganze Abenteuer des Entwerfens ist von aufregenden Phasen durchsetzt, aber das wirkliche und eigentlich schöpferische Moment, wenn es überhaupt existiert, kann nur in der Erinnerung rekonstruiert werden.
Rückblickend, nach sechs Monaten oder einem Jahr, sagst du dir: An diesem Tag kam der Durchbruch, die entscheidende Wendung. Und du fragst dich, warum du nicht die Trompeten hast spielen oder wenigstens die Glocken hast läuten hören.
Tatsächlich ist die Idee weder die einsame Offenbarung eines Genies noch das von der Muse ins Ohr geraunte Wort. Die Idee ist die Synthese aus allen Nachforschungen und Experimenten, das Ergebnis des galileischen »Prüfens und Überprüfens«. Sie geht in so natürlicher Weise aus diesem Prozeß hervor, daß der Zeitpunkt nur schwer zu bestimmen ist, in dem sie entspringt.
All diese Überlegungen sind Teil meines persönlichen Befreiungskampfes gegen die Mythologie der »Schöpfung«. Der Künstler ist nicht mit einer »Gabe« begnadet, vielmehr beherrscht er eine Tekné (Technik) und versteht sie für sein Ziel einzusetzen: die Kunst.

Die Aufgabe des Architekten

Die Architektur ist eine gefährliche Kunst für die Gesellschaft, weil sie uns aufgezwungen wird. Ein schlechtes Buch braucht man nicht zu lesen, schlechte Musik muß man sich nicht anhören – das häßliche Appartementgebäude gegenüber sehen wir notgedrungen. Die Architektur zwingt uns, vollkommen in die Häßlichkeit einzutauchen, sie läßt dem Benutzer keine andere Wahl. Darin liegt eine große Verantwortung, gerade auch gegenüber den zukünftigen Generationen. Das ist nicht meine eigene Beobachtung, aber sie dient uns als Grundlage für eine ausgedehntere Betrachtung. Welche Aufgabe hat also der Architekt? Neruda zufolge sagt der Dichter das, was er zu sagen hat, in der Form der Dichtung. Eine andere Darstellungsweise steht ihm nicht zu Gebote.

Ich, der Architekt, predige keine Moral – ich entwerfe und konstruiere sie. Und ich bemühe mich, den ursprünglichen Sinn unseres Berufes zu bewahren: Architektur als Dienstleistung, als Entwurf des Zusammenlebens.

Auch durch so einen Vorsatz kann der Architekt gefährlich werden. Im Unterschied zu anderen utopischen Entwürfen ist seine Utopie dazu bestimmt, ja dazu verurteilt, sich zu materialisieren.

Seine Vision der Welt wird Welt. Deshalb kann er sich für einen Demiurgen halten, mit dem Auftrag betraut, die Zukunft zu erfinden. Oder aber er kann, bescheidener, die Tatsache anerkennen, einen Prozeß ins Rollen gebracht zu haben.

Ich glaube, daß unser Werk immer unvollendet ist, weil es in der Natur der menschlichen Beziehungen (folglich auch der Städte) liegt, ein unabgeschlossener Prozeß in beständiger Entwicklung zu sein. Der Architekt setzt etwas in Gang, doch die Zukunft entgleitet ihm notgedrungen. Der Initialgedanke dieser Bewegung muß also mit Recht sehr stark sein, denn in seiner Gestaltung behauptet der Architekt seine Werte und seine Moral.

Die Kultur des Herstellens

Ich wurde in eine Familie von Bauunternehmern hineingeboren. Alle waren sie Bauunternehmer: mein Großvater, mein Vater und mein Bruder. Ich hätte dasselbe werden sollen, aber statt dessen beschloß ich, Architekt zu werden. Die Ankündigung wurde von meinem Vater wie ein Evolutionsunfall aufgenommen: Für ihn, der nicht akademisch ausgebildet war, bedeutete Weiterentwicklung, daß die Söhne promovierte Konstrukteure würden, also Ingenieure. Meine Berufswahl wurde in gewissem Sinne das Paradigma für die vielen folgenden Häresien, die ich begangen habe.

Irgend jemand hat behauptet, daß unser ganzes Wissen auf die Kindheit zurückgeht, und Erfinden bedeutet, das ganze Leben lang in den Erinnerungen der Kindheit zu graben. Ich war mir des Berufs meiner Familie immer sehr bewußt – wie jemand, der im Zirkus geboren wird, weiß, daß er als Akrobat geboren wurde.

Meine Kindheit als Sohn von Bauunternehmern hinterließ mir ein bedeutendes Erbe: die Leidenschaft des Konstruierens oder mehr noch des Erschaffens, die meine Arbeitsweise stark geprägt hat.

Der junge Architekt ist immer versucht, mit dem Stil anzufangen. Ich hingegen komme vom »Machen« her: von der Baustelle, von der Erforschung der Materialien, von der Kenntnis der konventionellen und nichtkonventionellen Bautechniken. Ich habe mit der Technik angefangen, um nach und nach ein Bewußtsein von der Komplexität der Architektur zu erlangen: Architektur als Raum, Ausdruck und Form.

Die ersten Jahre nach dem Studium, die Jahre von 1964 bis 1968 (die ich auch meine Prähistorie nenne), waren Jahre des Spiels, das heißt des Experimentierens. Es waren äußerst wichtige Jahre, auch wenn meine Entwürfe nicht überdauerten. Wahrscheinlich war es gerade diese Periode des Prüfens und Überprüfens, die mich vor der Gefahr des Akademischen behütete.
Ich erinnere mich an meine ersten Erfahrungen auf der Baustelle, als ich meinen Vater begleitete. Für einen Jungen von achtzehn Jahren ist eine Baustelle ein Wunderwerk: heute sieht man einen Haufen Sand und Ziegel, morgen ragt dort eine vereinzelte Mauer in die Höhe, und schließlich entsteht ein hohes, solides Gebäude, in dem Leute wohnen können.
In meiner Erinnerung bewahre ich noch ein anderes Bild meines Vaters auf, dieses schweigsamen Mannes, zu dem ich immer eine sehr intensive Beziehung hatte. Eines Tages, als er schon über achtzig Jahre alt war, nahm ich ihn auf eine Baustelle mit. Wir waren gerade dabei, eine auf Zug beanspruchte Konstruktion zu installieren, und prüften die Montage. Er rauchte ruhig seine Pfeife und sah uns zu. Als ich ihn nach Hause brachte, fragte ich: »Was sagst du dazu?« – »Hm«, antwortete er. Beiläufig fügte er hinzu: »Wer weiß, ob es hält.« Man merkte, daß er daran glaubte.

Die Magie der Baustelle

Noch heute liebe ich Baustellen. Es sind erstaunliche Plätze, wo alles in Bewegung ist, wo die Landschaft sich täglich verändert. Sie sind die große Wette des Menschen mit sich selbst und erfüllen mich jedesmal mit dem stolzen Gefühl, an einem großen Abenteuer teilzuhaben. Baustellen sind immer wieder ein außergewöhnliches Terrain für Entdeckungen. Es ist nicht wahr, daß der Entwurf alles beinhaltet. Erst auf der Baustelle erkennt man Abhängigkeiten und Lastenverteilungen und entscheidet sich plötzlich, einem Element Wichtigkeit zu verleihen, das auf dem Plan ganz unbedeutend schien. Die Baustelle ist gewissermaßen immer unvollendet. Ich glaube, daß Gebäude, genau wie Städte, unendliche oder nicht endgültige Bauten sind. Man darf nicht in die absurde Falle der Perfektionsideologie geraten: Die Architektur ist ein lebendiges Wesen, das sich mit der Zeit und dem Gebrauch verwandelt. Wir leben mit unseren Geschöpfen, wir hängen an ihnen wie an der Nabelschnur eines Abenteuers, welches noch andauert.
Das Konzept der nicht abgeschlossenen Baustelle, des unvollendeten Werks gibt der Vorstellung Substanz, die Architektur sei eine unreine Kunst. Beschmutzt durch all das Häßliche im Leben: Geld, Macht, Notwendigkeiten und Schwierigkeiten. Diese Unreinheit beinhaltet aber zugleich all das Schöne, Gesunde und wahrhaft Authentische im Leben: unsere Wurzeln, die erneuernden Kräfte, die Natur und die Bedürfnisse der Menschen.
Jene Verunreinigungen, die guten wie die schlechten, bezeichnen die Grenzen, die unser Beruf uns aufbürdet. Ich habe »uns aufbürdet« gesagt und hätte »uns anbietet« sagen sollen: denn die Bedingtheiten, die Bindungen, die Verpflichtungen und Verbindlichkeiten sind keine Bürde. Im Gegenteil, sie bereichern die Architektur.
Das Verschmelzen der Architektur mit der Gesamtheit der Dinge behindert uns nicht, sondern führt uns auf den richtigen Weg, auf dem es uns gelingt, Reize und Anregungen aufzunehmen, die aus den verschiedenen

Traditionen, der Technologie, der Völkergeschichte, der Sitten, Vorlieben und Hoffnungen der Menschen herrühren.

Neugier und Ungehorsam

Das Meer ist das andere, uns unbekannte Gesicht der Erde. Möglicherweise rührt meine Neugier von meinen langen Spaziergängen am Meer her.
Ich war ein neugieriges und ungehorsames Kind. Warum diese beiden Eigenschaften immer zusammen auftreten, weiß ich nicht. In der Schule wurde ich in der Tat nicht gerade als Vorbild angesehen.
Ungehorsam und Autonomie des Denkens gehören meiner Ansicht nach zusammen, und für meine Person gilt, daß letzteres seinen Ursprung in dem ersten hat. Es entsteht wie ein Charakterzug, gänzlich unwillentlich, und wird erst in zweiter Linie zu einer intellektuellen Haltung, welche sich natürlich in meiner Arbeit spiegelt.
Das Centre Pompidou, das Beaubourg, beispielsweise war partiell auch Ausdruck eines zivilen Ungehorsams, weil ich mich weigerte, ein in hohem Maße institutionelles Gebäude in diese geschichtsbeladene Stadt zu setzen. Mitten in Paris ein Objekt jenseits aller Norm hinzusetzen, das durch Ausmaß und Aussehen beunruhigend wirkt – als ob in Venedig ein Schiff durch den Canale della Giudecca führe –, bedeutete aber auch, der konservativsten aller Hochschulen eine Grimasse zu schneiden.
Das geschah, nachdem ich einen internationalen Wettbewerb mit fast 700 Mitbewerbern gewonnen hatte. Vielleicht auch wegen (oder dank) des Beaubourg wurde meine Architektenlaufbahn zu einer Geschichte der Ketzerei. Jahrzehntelang befand ich mich als eine Art Abweichler abseits jeglicher Vereine, Schulen, Akademien. Dieses Außenseitertum verschaffte mir, dem überzeugten Taugenichts, immer eine gewisse Befriedigung. Und obwohl ich heute arriviert und anerkannt bin, bevorzuge ich eher den früheren Zustand.
Ich muß in diesem Zusammenhang häufig an eine Episode mit Jean Prouvé denken. Der sicherlich letzte Erbe Le Corbusiers und anderer großer französischer Meister stand vollkommen außerhalb der akademischen Welt, und das um so mehr, als er nicht einmal eine abgeschlossene Hochschulausbildung besaß. Eines Tages entschied ich gemeinsam mit einigen Freunden, daß der Augenblick gekommen sei, ihm den Ehrendoktortitel zu verleihen. Auf den Antrag hin zögerte Jean sehr lange, bis er mir eines abends sagte: »Renzo, ich danke dir, ich danke euch allen, ihr seid sehr liebenswürdig, aber ich will den Titel nicht. Laßt mich als Ungebildeter sterben.« Er wollte sein Leben als Außenseiter beenden, weil er immer als solcher gelebt hatte.

Genua

Einige Bilder tauchen in meiner Erinnerung beständig wieder auf: Ich nenne sie die »Ansichtskarten der Vergangenheit«. Manche verbinden mich in außergewöhnlichem Maße mit meiner Heimatstadt Genua. Für Paolo Conte ist Genua, von Asti aus betrachtet, »ein Sonnenschimmer auf der Windschutzscheibe« und »dieses Meer, das auch nachts anschlägt und niemals still daliegt«. Das Licht und das Meer.

Diese beiden Dinge zusammengenommen, bedeuten für mich den Hafen. Der Hafen ist ein beeindruckender Schauplatz, weil er einerseits von mächtigen Elementen beherrscht wird und andererseits ephemer scheint, sich ständig verwandelt wie die Spiegelungen auf dem Wasser, die hochgezogenen Ladungen, die schwenkenden Hebekräne und dann natürlich die ein- und ausfahrenden Schiffe. Wer weiß, woher jenes Schiff kommt, wohin es fährt? In der Erinnerung hat die Phantasie des Kindes alles ins Riesenhafte wachsen lassen.

Vor vielen Jahren hat mich der Kunstkritiker Giovanni Caradente darauf aufmerksam gemacht, daß das Beaubourg in gewisser Weise ein Tribut an den Hafen ist. Ich habe nie daran gedacht, aber wahrscheinlich stimmt das. Eine andere »Ansichtskarte der Vergangenheit« zeigt das historische Zentrum von Genua. Ich bin etwas außerhalb der Stadt, in Pegli, geboren und aufgewachsen. Es war jedesmal ein großes Ereignis, wenn mich meine Mutter nach Genua mitnahm: Ich begab mich in diesen alten und ein wenig düsteren Stadtkern, der mit dem Duft der Kichererbsenfladen angefüllt war. Mütterlich warm und beschützend, bildete das Zentrum das genaue Gegenteil zum Hafen, der in meiner Vorstellung so vergänglich wie das Herz der Stadt unverrückbar und ewig ist. Mich hat mit Genua stets eine Haßliebe verbunden, die immer wieder Anlaß zu Flucht und Rückkehr gab. »Es ist bemerkenswert, daß dieses Land so starke Spuren hinterläßt«, bemerkt auch Montale. In meinem Fall wäre es vielleicht konsequenter, in Paris oder London zu leben, doch ziehe ich es vor, an diesen Ort zurückzukehren, wann immer es möglich ist.

Die Bedingungen des Schaffens

Als Architekt bin ich der Überzeugung, daß jede Wahrnehmung, jedes Gefühl und jedes menschliche Wirken von der Umgebung beeinflußt wird. Daher habe ich mich an einem bestimmten Zeitpunkt meines Lebens gefragt, wie der Ort meiner Arbeit beschaffen sein, welche Eigenschaften er haben müßte.

Es ist schwierig, etwas zu erschaffen, noch schwieriger ist es jedoch, die Voraussetzungen für den schöpferischen Akt herzustellen. Man braucht dazu Sachlichkeit, aber auch Erregung, innere Ruhe, aber auch Energie, Behutsamkeit, aber zugleich Schnelligkeit. Wer schöpft, bewegt sich »schwebend zwischen Erinnern und Vergessen«, wie Jorge Luis Borges einmal schrieb. Einen solchen Ort suchte ich.

So ist der UNESCO-Laboratorium-Workshop an der Westküste Genuas, zwischen Voltri und Vesima, entstanden. Er liegt hoch auf den Felsen, umgeben vom Meer, halb Klippe, halb Schiff. Und in der Tat heißt dieser Ort auch Punta Nave (Schiffsfels).

Hier finde ich Ruhe, Frieden und Konzentration: alles Dinge, die Teil meines Schaffensprozesses sind.

Damit möchte ich nicht den Eindruck erwecken, dieses Büro sei eine Eremitage. Das ist es schon allein deshalb nicht, weil hier dauernd viele Leute aus aller Herren Länder arbeiten, zum anderen verbindet die simultane Kommunikation das Büro mit der ganzen Welt. Die Werkstatt befindet sich hier und ist zugleich auch in Osaka, in Nouméa und in Sydney.

Der Mensch hat schon immer Allgegenwart ersehnt, und heute hat er sie in einem gewissen Sinn erreicht. Doch handelt es sich nicht um eine physische, sondern um eine technische Omnipräsenz – eine virtuelle, wie man heute sagt. Die Technik ermöglicht uns den internationalen Austausch, und das ist eine Chance, die unseren Vorfahren noch verwehrt war und für mich großen Luxus bedeutet. Das Zeitalter der Telematik mit Telefon, Fax, Modem und Internet gestattet es mir, direkt am Meer zu leben, sozusagen in der kosmischen Ursuppe, in der wir alle leben – im wahren Internet der kollektiven Psyche.

Die Entscheidung, auf dem Punta Nave zu arbeiten, hat sicher mit den »Ansichtskarten« meiner Vergangenheit zu tun, aber hinter ihr verbirgt sich mehr. Ich liebe diese Werkstatt, weil ich hier alle für den kreativen Prozeß notwendigen Elemente finde: Handwerk und hochentwickelte Technologie, Kühnheit und Ausdauer, Besessenheit und Nachdenklichkeit, Teamarbeit und Einsamkeit.

Gleichzeitig liebe ich Paris, liebe ich mein Büro im Marais. Sonntag morgens spaziere ich gerne durch das Stadtviertel: Man erkundet diesen Ort zu Fuß, kennt die Leute, grüßt den Bäcker und die Blumenverkäuferin.

Das soziale Leben, die Begegnung und der Austausch sind bisweilen genauso notwendig wie der zeitweilige Rückzug. Paris steht für das Übermaß an Information und Geselligkeit, manchmal bis zum Exzeß. Der Punta Nave hingegen ermöglicht Reflexion und Einsamkeit. Ich brauche beides, persönlich und beruflich.

Meine Tätigkeit entspricht in manchem der Anfertigung eines großen Mosaiks: Man muß ganz nah am Objekt arbeiten, damit jeder Mosaikstein exakt gelegt wird, aber hin und wieder muß man Abstand nehmen, da man sonst das Bild als Ganzes aus dem Blick verliert.

Marais bedeutet Verwirrung, aber auch die reiche Vielfalt eines nahen Blicks auf die Dinge.

Der Punta Nave dagegen gleicht einem Heißluftballon, von dem aus man die Dinge aus der Höhe betrachten kann.

Die Architektur ist ein Ausdauerspiel

Es gibt eine zwanglose und eine starre Anwendung der Intelligenz. Ich erstrebe den freien Umgang mit ihr. Das ist kein Programm, weder Ideologie noch Proklamation, sondern meint schlicht folgendes: ich bin immer gut damit gefahren.

Die Architektur ist ein Ausdauerspiel. Es gibt keinen Sprint bei unserer Arbeit, Übereilung führt zu nichts. Niemand sagt: »So ist es, und fertig.« Die Ideen müssen sich erst klären, wie auch der Wein dekantieren muß, und nur wer diesen Prozeß zuläßt, kann wahre Qualität erkennen.

Das bedeutet vor allem auch, die Arbeit im Team ernst zu nehmen, damit sich das beste Konzept durchsetzt, auf wen auch immer es zurückgehen mag. Es wird heute viel von Teamwork gesprochen, wo es sich doch nur darum handelt, daß der erste irgendeine Sache macht, sie an den nächsten weiterreicht, der schon mit einem geringeren Grad an Freiheit daran arbeitet, schließlich an einen dritten abgibt, dessen Freiheit gänzlich eingeschränkt ist. Das jedenfalls verstehe ich nicht unter Teamwork.

Teamwork heißt, daß eine Idee wie im Pingpongsystem von der Gruppe durchgespielt wird: Man spielt zu viert, zu sechst, zu acht in einer solchen Geschwindigkeit, daß sich die Bälle kreuzen. Die Konzepte verschmelzen, so daß am Ende nicht mehr nachvollziehbar ist, was jeder einzelne in die Konzeption des Objekts eingebracht hat.

»Prüfen und Überprüfen«

Planung erfolgt nicht geradlinig, frei nach dem Motto: Einer hat eine Idee, skizziert sie, setzt sie um, und das war's dann. Es handelt sich im Gegenteil um einen zirkulären Vorgang: Eine Idee wird umrissen, geprüft, noch einmal durchdacht und erneut skizziert und umkreist dabei unzählige Male dieselbe Problematik.
Das scheint eine extrem empirische Methode zu sein, doch bei genauer Betrachtung entdeckt man, daß sie auch für viele andere Fachgebiete, wie zum Beispiel die Musik, die Physik oder die Astrophysik, typisch ist. In einem Gespräch mit dem Mathematiker Tullio Regge und dem Komponisten Luciano Berio trat diese Analogie deutlich hervor.
In der wissenschaftlichen Forschung gibt es häufig Gleichungen mit zu vielen Variablen, da die Unbekannten in der Natur so gut wie unendlich sind. Einige davon bestimmt man mit Hilfe einer aus der Erfahrung gewonnenen Intuition. Schließlich kann die Gleichung gelöst und das Ergebnis im Experiment überprüft werden. Sollte es falsch sein, beginnt man wieder von vorne. Eine andere Hypothese wird formuliert, noch einmal überdacht und so weiter. Im Laufe des Prozesses zieht man den Kreis immer enger um das Gesuchte – wie ein Falke, bevor er sich auf seine Beute stürzt.
Man beachte: So verstanden ist die Zirkularität nicht bloße Methodologie oder gar ein schlichtes Verfahren, vielmehr stellt sie eine Erkenntnistheorie dar. Das Prüfen und Überprüfen dient außer zur Fehlerkorrektur auch der Erkenntnis über die Beschaffenheit eines Projekts, Materials, Lichts oder Tons.

Das Experimentieren

In der Antike ging mit dem Entwurf zugleich die Erfindung der für die Realisierung des Werks notwendigen Maschinen einher. Antonio Manetti berichtet, wie Brunelleschi den Mechanismus der Uhr studierte, um ihn auf ein Zugsystem mit großen Gegengewichten zu applizieren: Mit diesem System wurden die Träger für die Kuppel hochgezogen. Werkzeug und Resultat, Mittel und Zweck entsprangen aus einer einzigen Erfahrung, aus demselben Prozeß.
Das experimentelle Moment darf also nicht für die bloße Ausführung eines Werkes gehalten werden, das ein anderer entworfen hat und leitet – es ist Interpretation und selbst Teil des kreativen Prozesses. Für das zirkuläre Arbeiten wird die technische Übung wieder zentral und erobert so ihre Würde zurück. Das Experiment stellt erneut die Verbindung zwischen der Idee und seiner Materialisierung her. Als wir am Museum der Menil Collection in Houston, Texas, arbeiteten, entwickelten wir eine kleine

Maschine und nannten sie ein bißchen hochtrabend »the solar machine«, um in Genua die Stellung der Sonne über Houston simulieren zu können. Wir fertigten auch Modelle im Maßstab 1:10 an, die wir im Garten aufstellten, um die Verteilung des Lichts zu beobachten. Alle Projekte des Building Workshop haben eine ähnliche Versuchsgeschichte. Die Forderung, die Dinge nicht bloß im Kopf, sondern auch mit den Händen erschaffen zu können, mag leicht als programmatische und ideologische Intention mißinterpretiert werden. Das Gegenteil ist der Fall, geht es hier doch um eine Form, die schöpferische Freiheit zu bewahren.

Bei dem Vorschlag, ein Material, eine Konstruktionstechnik oder ein architektonisches Element in einer unüblichen und unerprobten Weise zu verwenden, hörst du dich selbst manchmal antworten: »Das ist unmöglich.« Einfach deshalb, weil es bisher niemand versucht hat. Nur wer das Ungewöhnliche einmal gewagt hat, kann insistieren und eine gestalterische Autonomie erlangen, die ihm andernfalls versagt geblieben wäre.
Während wir das Beaubourg bauten, mußte eine Trägerstruktur aus Gußstücken hergestellt werden. Die gesamte französische Stahlindustrie weigerte sich und lehnte den Auftrag mit der Erklärung ab, daß man in dieser Form dazu nicht in der Lage sei. Wir waren jedoch von unserer Sache überzeugt, allen voran Peter Rice, und beauftragten schließlich den Krupp-Konzern in Deutschland mit der Herstellung. So kam es, daß die Hauptstruktur des Centre Pompidou in Deutschland produziert wurde, auch wenn die Eisenträger dann nachts und fast heimlich angeliefert werden mußten.
Dies ist nur ein Beispiel dafür, wie die Technik die Kunst gerettet hat. Unsere Kenntnis der Strukturen hat unserer Ausdrucksfähigkeit erst die Fesseln genommen.

Mit dieser vielleicht bizarren Rede von alten Ansichtskarten, dem Wilden Westen, Robinson Crusoe und vom Jazz habe ich versucht, die auf den folgenden Seiten beschriebenen Werke einzuführen – einführen im Sinne von vorstellen, so wie man Freunde vorstellt.

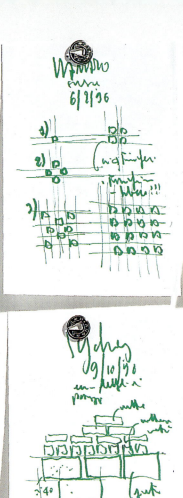
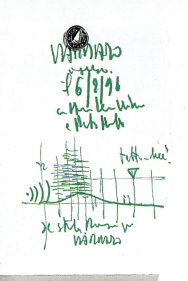
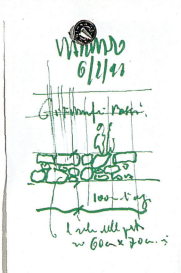
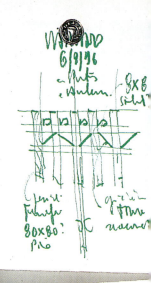

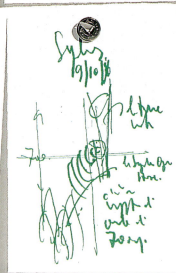
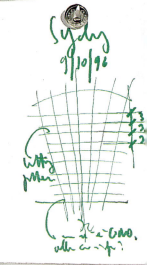
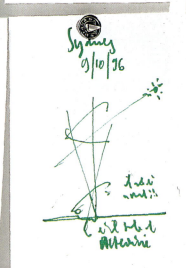

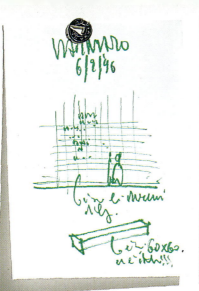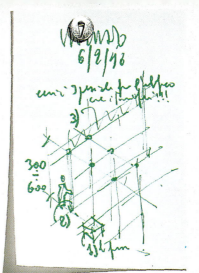
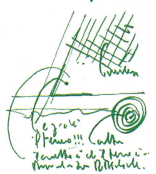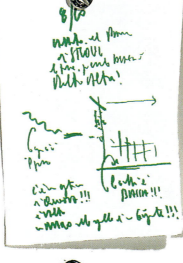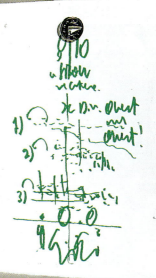
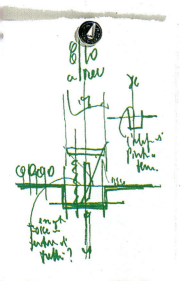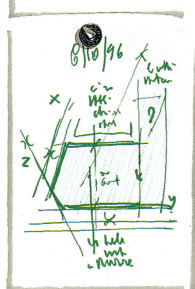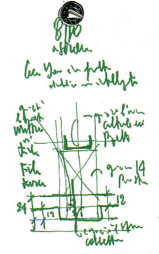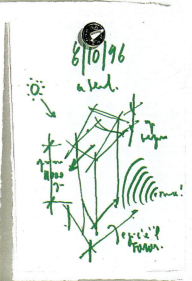

1966   Erste Arbeiten

Bauzeit: 1966–1970

Mobile Anlage zur Schwefelgewinnung, Pomezia, 1966; Pavillon für die XIV. Mailänder Triennale, 1967; Werkstatt, Genua, 1968; Pavillon der italienischen Industrie, Weltausstellung in Osaka, 1970. Die ersten Jahre waren stärker der Forschungsarbeit als den eigentlichen Projekten gewidmet. Das Hauptaugenmerk der Studien galt der Leichtigkeit, Flexibilität und mühelosen Konstruktion der Bauwerke.

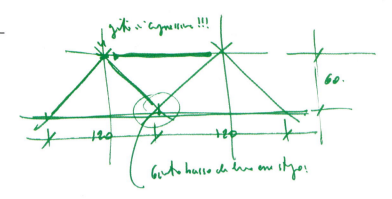

Aus der Retrospektive kann man in meinen Frühwerken eine utopische Komponente erkennen: Ich war auf der Suche nach dem absoluten Raum ohne Formkorsett, nach Strukturen ohne Schwere, also nach einer Eleganz ohne Architektur. Das Thema der Leichtigkeit war ein Spiel im eigentlichen Sinne des Wortes: eine Suche, die sich sehr auf den Instinkt stützte. Ich hatte das Gefühl, zum großen »Zirkus« des Konstruierens zu gehören. Gebrechliche, ja »unmögliche« Strukturen waren für mich wie Übungen eines Seiltänzers, die ohne das sichere Netz des schon Gesehenen, des schon Geschaffenen entwickelt wurden.

Natürlich hatte ich Vorbilder, wie alle. Ich nenne sie hier ohne bestimmte Reihenfolge: Pierluigi Nervi, weil er lehrte, die Dinge nicht nur zu entwerfen, sondern sie auch zu bauen; Jean Prouvé, weil er sich jeder Katalogisierung entzog – war er Ingenieur, Baumeister oder Designer? –; Buckminster Fuller, weil er sich in ungezwungener und grenzüberschreitender Weise mit den großen theoretischen Themen der Architektur auseinandersetzte – wohin gehen wir?, welche Bedeutung hat das Bauen? und so weiter.

Franco Albini war Lehrer im buchstäblichen Sinn, weil ich in seinem Büro in Mailand arbeitete, was ich der Tätigkeit an der Universität vorzog. Über die Beziehung zwischen Form und Material habe ich viel von Marco Zanuso gelernt (ich war zwei Jahre lang sein Assistent an der Polytechnischen Hochschule in Mailand), während ich Raumstrukturen vor allem bei Z. S. Makowsky in London studierte. Später, gegen Ende der sechziger Jahre, hatte ich Gelegenheit, zusammen mit Louis Kahn am Werksgebäude der Olivetti-Underwood in Harrisburg, Pennsylvania, zu arbeiten. Unsere Auffassungen der Architektur lassen sich zwar kaum vergleichen, doch lernte ich bei Kahn viel über das Leben und den menschlichen Charakter. Er hatte eine Eigenschaft, die ich sehr schätze und die ich in unserem Beruf für grundlegend erachte: eine ausdauernde Besessenheit.

Wenn von Leichtigkeit die Rede ist, von der Herausforderung der größtmöglichen Reduktion, denkt man sofort an einen vor allem ästhetisierenden Typus der Forschung. So war es aber nicht. Schon damals befaßten wir uns mit einer Studie über die Beziehung zwischen Struktur und Funktion.

Als wir ein Werksgebäude in Pomezia projektierten (eigentlich eine Anlage zur Schwefelgewinnung), machte ich die höchst banale

Pyramidenförmige Raumstruktur aus verstärktem Polyester.

Die Struktur von unten gesehen: Jedes Teil ist mit einem Gewicht von 12 Kilogramm sehr handlich.

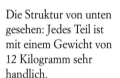

Unten: eine andere Verwendung der Struktur im Bogen.

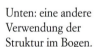

Gegenüberliegende Seite: lichtdurchlässiges Strukturdetail. Das Teilstück ist wie ein Industrieprodukt bis ins äußerste Detail entwickelt. Die Suche nach Leichtigkeit wird durch Licht und Transparenz versinnbildlicht.

Beobachtung, daß die Kosten des Abbaus durch den erforderlichen Transport des Materials zur Bearbeitungsstelle entstanden.
Folglich beschloß ich, das Problem von der anderen Seite her anzugehen: Anstelle des Materials verlagerte ich das Gebäude. Die Anlage hatte eine tunnelähnliche Struktur; mit fortschreitendem Schwefelabbau wurde der hintere Teil des Tunnels nach vorne geschoben. Ermöglicht hatte dies nicht allein die Modulbauweise, sondern auch die Leichtigkeit und das begrenzte Ausmaß der einzelnen Elemente, was die manuelle Demontage und den Wiederaufbau gestattete.
Das Beispiel zeigt zwei verschiedene Dinge: Wir schenkten sowohl der Eleganz des Details Aufmerksamkeit als auch den industriellen Kosten; und wir taten dies mit jener etwas frechen Neugier, die uns auch heute noch veranlaßt, traditionelle Lösungen umzukehren und die Karten neu zu mischen.

Ich habe mit dem Thema des Grabens – in der konkreten Bedeutung des Wortes – begonnen, denn wenn man es recht bedenkt, ist dieser ganze meinen ersten Arbeiten gewidmete Teil eine Art Steinbruch. Wir alle entwickeln im Laufe unserer Kindheit, des Heranwachsens und der ersten Arbeitsjahre ein großes Potential an Träumen, dem unsere technischen, kulturellen und ökonomischen Mittel nicht gerecht werden. Wenn sich diese dann im Laufe der Zeit entwickeln, ist es manchmal erforderlich, den inzwischen verschütteten Traum wieder auszugraben.
Bei der Erforschung der Schalenkonstruktionen stand auf der einen Seite die Neugier, die Eigenschaften der Schalen zu ergründen, die es erlauben, große Stabilität mit minimaler Dicke zu erzielen; auf der anderen Seite aber stand der Wunsch, neue Welten zu erfinden. Eines dieser Projekte, wohl das interessanteste, wurde für die XIV. Mailänder Triennale 1967 entwickelt.
Flavio Marano, der damals schon mit mir zusammenarbeitete, war der Konstruktionsingenieur dieser Strukturen. Hinsichtlich der Konzeption der Struktur bestand das Interesse des Projekts in der großen Vielseitigkeit der Formen, die in demselben Entwurfsverlauf erzielt werden konnten, also in der Einheit von Entwicklung und Umsetzung.
Als die konzeptionellen Probleme bei der Optimierung der Schalen erst einmal gelöst waren, war die Produktion des einzelnen Moduls vergleichsweise einfach. Das veranlaßte uns, ein seltsames Gerät zu konzipieren: eine Art Pantograph, der eine Reihe von Kolben auf einer Kautschukmembran in Bewegung setzte. Als uns die Lösung zufriedenstellend erschien, wurde die Membran als Gußform zur Herstellung des endgültigen Moduls eingesetzt.
Die Kenntnis der Techniken ermöglicht die Ausdehnung der Forschung bis hin zur Planung der Apparaturen, die man für die Produktion der architektonischen Elemente benötigt. Und es bleibt eines meiner unerschütterlichen Prinzipien, daß der Architekt – wie beim Bau der gotischen Kathedralen – mit dem Baumeister zusammenarbeiten muß.
Bei der Erforschung der Schalenstrukturen war nicht nur die Suche nach einer annähernd organischen Eleganz maßgebend, sondern es

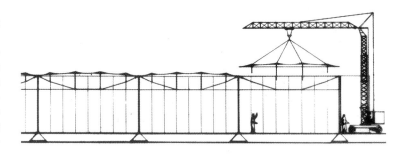

Vorgesehene Struktur aus Stahl und verstärktem Polyester.

Zeichnung der auf vertikale Metallstreben gespannten Membran.

Links: die Membran von oben gesehen. Unten: ihr Detailausschnitt.

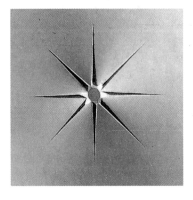

Gegenüberliegende Seite: die Überdachung in der Phase der Membranversiegelung.

Außenansicht der mobilen Anlage zur Schwefelgewinnung in Pomezia. Darunter: der Längsschnitt, der die Funktionsweise illustriert.

Werkstatt für Holzarbeiten in Genua. Gewölbestruktur, die je nach Produktionsumfang erweiterbar ist.

Schalenstruktursysteme für die XIV. Mailänder Triennale.

Studienmodelle der Membrane (1–6).

Modell zur Übertragung der entwickelten Membran auf die modifizierbare Gußform zur Realisierung des endgültigen Teils (7). »Ablesegerät« für die Übertragung (8). Flavio Marano und Renzo Piano bei der Untersuchung eines Modells (9). Montageprobe einer Membran (10). Studienmodell für die Dachstruktur (11).

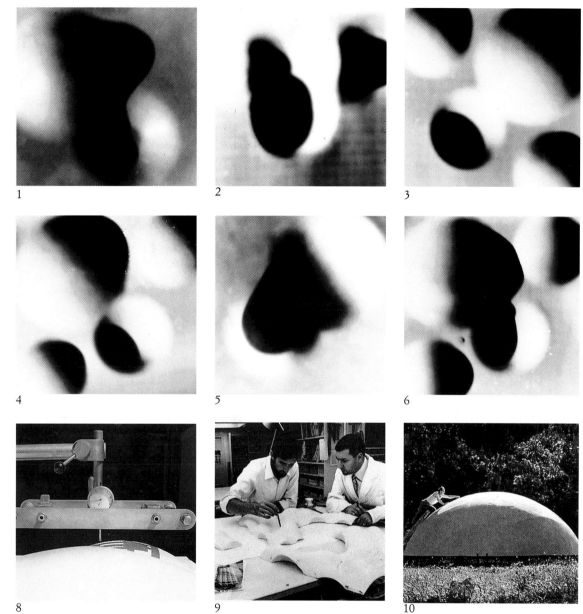

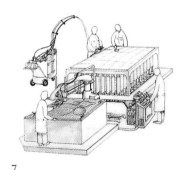

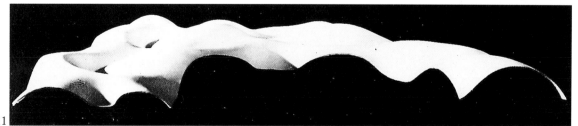

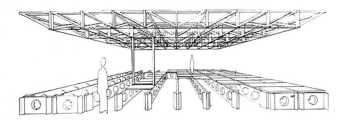

Wohneinheit mit freiem Grundriß in Garonne.

Oben: Axonometrie, die den Zusammenbau der Konstruktionselemente darstellt.
Rechts: Modell des strukturellen Einzelteils aus Holz.
Unten: montierte Struktur.

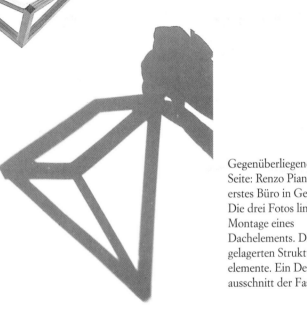

Gegenüberliegende Seite: Renzo Pianos erstes Büro in Genua. Die drei Fotos links: Montage eines Dachelements. Die gelagerten Strukturelemente. Ein Detailausschnitt der Fassade.

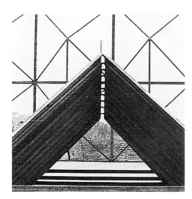
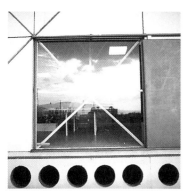

Der zwanzig auf zwanzig Meter große Büroinnenraum, in den überall gestreutes Licht von oben einfällt.

wurde auch ein Raummodell »in continuum« eingeführt, das mit Hilfe von Verdichtung, Ausdehnung und Ausdünnung der Oberfläche, also mit Hilfe von Transparenz, entwickelt wurde.
Der Gebrauch der Schalenformen verweist auf sehr viel spätere Arbeiten mit sicherlich bedeutend höherem technischem Schwierigkeitsgrad. Aber mir gefällt der Gedanke, daß sich in diesem Projekt bereits etwas abzeichnete, das beim Bau des Einkaufszentrums Bercy in Paris und des Flughafens Kansai in Japan Früchte tragen sollte.

Im darauffolgenden Jahr errichteten wir mein erstes Büro in Genua. Zwei Themen, mit denen wir uns bei dieser Gelegenheit auseinandersetzten, tauchten auch in den folgenden Arbeiten immer wieder auf: der freie Grundriß des Raums und das von oben einfallende Licht. Das Studio bestand aus einem einzigen zwanzig auf zwanzig Meter großen Raum ohne seitliche Ausblicke, so daß wir nur mit dem Licht von oben arbeiten konnten. Daher schufen wir eine Struktur aus pyramidenförmigen, mit Polyester ausgefachten Stahlgerüsten. (Wir ließen diese Art der Ausfachung auch patentieren und nannten sie »microsheds«.)
Die Paneele hatten ein fortlaufend gewelltes Profil, das nach Norden hin transparent und nach Süden hin undurchsichtig war: Folglich ließ es nur das Licht aus Norden, nicht aber die unmäßige, aus der Sonneneinstrahlung resultierende Hitze auf der Südseite eindringen. Auf diese Weise lernten wir, mit der Magie des Lichts im Zenit zu arbeiten.
Zur selben Zeit brach sich der zweite wichtige Grundgedanke des freien Grundrisses seine Bahn. Ein Gebäude ist ein sich entwickelnder, unvollkommener und niemals abgeschlossener Organismus: Es muß die Fähigkeit haben, sich an Gebrauch und Funktion anzupassen.
Diese Nicht-Determiniertheit ist kein Mangel, sondern ist offen für den Wandel. Der Raum ist nicht allein Volumen, sondern muß auch die Möglichkeit zu seiner Gestaltung in sich tragen.

Das Konzept eines modularen Raumes ohne determinierte Funktion entwickelte sich im Zusammenhang mit dem Pavillon der italienischen Industrie für die Expo in Osaka. Der Pavillon sollte in Italien hergestellt, dann demontiert und nach Japan transportiert werden, was drei interessante Probleme aufgab: Leichtigkeit, Transporttauglichkeit und Wetterbeständigkeit.

Das entwickelte Gebäude war auf der Ebene der räumlichen Anlage ausgesprochen einfach: Im wesentlichen bestand es aus einem Kubus, der mit Hilfe einer doppelten Polyestermembran und einem Gefüge aus sehr robusten Stahlstangen konstruiert war, was die Spannung und Festigkeit der Struktur garantierte. Das bizarre Gleichgewicht zwischen Spannung und Leichtigkeit hielt während des Sommers 1970 in Osaka Windböen mit bis zu 150 Stundenkilometern stand.
Das Gebäude wurde 1971 zusammen mit den meisten anderen Pavillons abgebrochen.

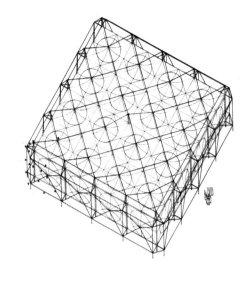

Allgemeine Axonometrie der Struktur und typischer Ausschnitt eines Paneels.
Jedes Paneel besteht aus zwei verstärkten Polyesterschichten mit einem Luftzwischenraum.

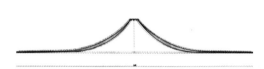

Detail des Befestigungspunktes zwischen der verstärkenden Metallstruktur und der Polyestermembran.

Der italienische Industriepavillon wurde in Italien hergestellt und nach Osaka in Japan transportiert. Er ist das Ergebnis der technischen Recherche über Leichtigkeit, Flexibilität und Konstruktionskosten.

1970 Cusago (Mailand) Italien
Free-Plan-Häuser
Bauzeit: 1972–1974

Vier äußerlich identische Einfamilienhäuser mit einem flexiblen Innenraum, deren Fertigstellung den Bewohnern überlassen wurde. Ein offenes und veränderbares architektonisches Modell.

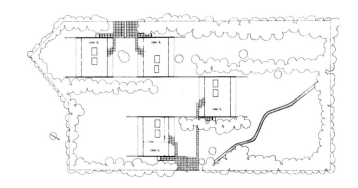

Wenig später beschäftigten wir uns mit dem Thema der freien architektonischen Funktion (also des nichtgegliederten Raums) auch im Kontext des Wohnungsbaus.

Dabei bot sich neben interessanten technischen Aspekten insbesondere auch eine Chance zum kulturellen Wandel. Das Wohnen sollte auf seine primäre Funktion zurückgeführt und dem Bewohner, also dem Individuum, die Verantwortung für die funktionale und ästhetische Bestimmung des Innenraumes übertragen werden.

Diese Idee charakterisiert vier Einfamilienhäuser, die wir in Cusago in der Nähe Mailands bauten. Wir wollten einen Raum schaffen, der für jede Interpretation offen war, und erreichten dies, indem wir die Überdachung mit einem Gitterträger aus Stahl verstärkten. Das erlaubte einen Innenraum ohne strukturelle Fesseln, der sich über die gesamte Breite der Gebäudefront erstreckte (fünfzehn Meter).

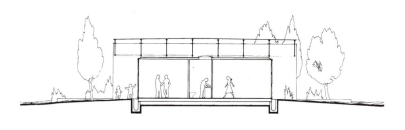

Unter dem äußeren Dach wurde eine zweite Decke, die der eigentlichen Wohneinheit, eingezogen. Dazwischen nahm ein Hohlraum das Thema des Dachbodens (oder, wenn man so will, das des Getreidespeichers alter Bauernhäuser) wieder auf und fungierte als temperaturausgleichender Raum, was das Innenklima in natürlicher Weise zu verbessern erlaubte.

Das Zusammenspiel einer Vielzahl von Materialien ist die älteste Methode der Wärmedämmung, weil sie sich das physikalische Prinzip der Wärmeträgheit zunutze macht. Ich habe dieses Prinzip in meiner Laufbahn mehrere Male angewendet. Beispielsweise habe ich Häuser gebaut, deren Dach eine Erdschicht enthielt: Die der Sonne ausgesetzte Oberfläche brauchte so längere Zeit, um sich zu erwärmen, aber auch, um die gespeicherte Wärme abzugeben. Bei den Häusern in Cusago wurde hingegen die Leichtigkeit der Materialien ausgenützt, da wir die natürliche Ventilation des Hohlraumes zwischen Dach und Dachboden nutzten.

Heute würde man diese von antiken architektonischen Lösungen beeinflußte Art der Kontrastierung von Wärme und Kälte als ökologisch bezeichnen. Ökologisch, wohlgemerkt, ist dieses Verfahren nicht deshalb, weil die Natur und die von ihr auferlegten klimatischen Bedingungen »geachtet« werden, sondern weil der Energiekonsum gemindert wird: Der Luftraum zwischen Außen- und Innendach senkt die Notwendigkeit von Klimatisierungssystemen drastisch. Noch einmal: Das Modell steht nicht für eine »natürliche«, sondern für eine akzeptable Architektur.

Das Verfahren der Wärmedämmung, das Hohlräume nützt, werden wir in vielen jüngeren Projekten immer wieder antreffen: von Bercy bis zum Turm des IRCAM.

Von oben nach unten: Grundriß mit den vier Wohneinheiten. Schnitt durch eines der vier Appartements. Hinteransicht des Hauses vom Garten.

Die vier Häuser sind von außen identisch, aber der freie Grundriß erlaubt jedem Bewohner eine beliebige Raumaufteilung.

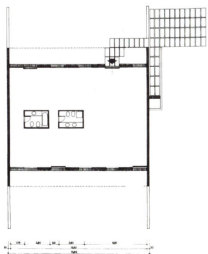

1970 Washington USA
Standardisiertes Krankenhausmodul ARAM

Es handelt sich um eine serienmäßig produzierbare »Gesundheitskapsel«, in die hochentwickelte Krankenhauseinrichtungen eingebaut werden können. Das Modul ist auf zweihundert Betten ausgelegt und hauptsächlich sowohl für städtische als auch ländliche Gebiete in Entwicklungsländern vorgesehen.

Mit diesem Projekt sollte eine mobile Krankenhauseinheit geschaffen werden, die leicht und schnell zu versetzen war (ARAM bedeutet »Association for Rural Aids in Medicine«). Sie fügte sich sehr gut in die Forschungsreihe zum Raum mit freiem Grundriß ein, weil hier wiederum eine flexible Gestaltung sowohl der Funktionen als auch der Organisation angestrebt wurde. Außerdem setzte das Projekt eine sehr interessante Auffassung der Medizin um, welche dem Kranken die Gesundheitseinrichtung mittels einer engeren Beziehung zu den lokalen Kommunen anzunähern trachtete.
Diesem Ansatz zufolge wurde das Krankenhaus als ein medizinisches Instrument aufgefaßt, das an die spezifischen Bedürfnisse des Ortes und der Situation angepaßt werden konnte.
Die Planung erfolgte auf zwei unterschiedlichen Ebenen: auf der einen Seite entstand eine feste Zelle, die hochentwickelte Diagnose- und Pflegeausrüstungen enthielt und das eigentliche Modul darstellte; auf der anderen Seite konzipierten wir Liegestationen mit allen notwendigen Pflegeeinrichtungen, die funktionell zwar genau definiert, räumlich aber disponibel waren.
Das Modul ARAM wurde insofern extrem vereinfacht, als die gesamte Anlage aus einer kompakten Zelle hervorging, die leicht zu versetzen war und gewissermaßen den notwendigen Angelpunkt für den ganzen Komplex darstellte. Die in hohem Maße standardisierten Bausteine und elementierten Kopplungsvorrichtungen waren so gestaltet, daß auch eine Gruppe von Laien in der Lage sein würde, das Modul unter Anleitung einiger weniger Techniker zu montieren.
Das experimentelle Modul war auf zweihundert Betten ausgelegt, was dem von uns ermittelten maximalen Grenzwert entsprach, der eine Kooperation mit der veranschlagten Gemeindegröße noch sinnvoll erscheinen ließ. Jenseits dieser Größenordnung wäre die Handlungsflexibilität, die das zentrale Anliegen des Projekts war, durch die dann einsetzende Unbeweglichkeit einer derartigen Megastruktur verhindert worden.
Das ARAM-Modul konnte serienmäßig produziert werden. Ausgestattet mit Ärzten und Pflegepersonal aller Fachrichtungen, konnte es (abgesehen von spezifischen Notfällen) die Gesundheitsversorgung eines Gebietes von circa hunderttausend Einwohnern erfüllen. Das Projekt wurde aus Mitteln der Weltbank finanziert und war vor allem zum Einsatz in den Entwicklungsländern Lateinamerikas vorgesehen.

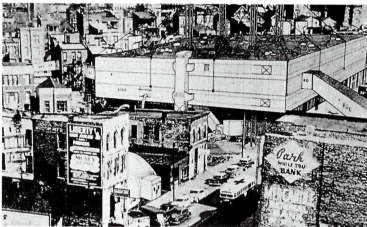

Fotomontage der Einführung des Moduls in verschiedenen Umgebungen.

Das Modul und das Verankerungssystem.

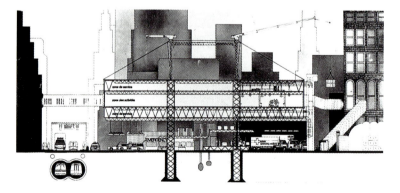

Das Modul hat einen quadratischen Grundriß, der wiederum in ebenfalls quadratische Teilmodule gegliedert ist. Im Zentrum befindet sich ein sogenannter kompakter Kern, der an den Eckpunkten durch eine vertikale Struktur mit der Erde verbunden ist. Das System kann auch von Laien unter der Anleitung weniger Techniker montiert werden.

Der Schnitt zeigt, wie mit diesem System ein völlig freier Grundriß erzielt werden kann. Alle Einbauten können in den Zwischenräumen der Primärstruktur vorgenommen werden.

Die Zeichnungen stellen auch die in das Modul eingebauten und für die Montage notwendigen Hebekräne dar.

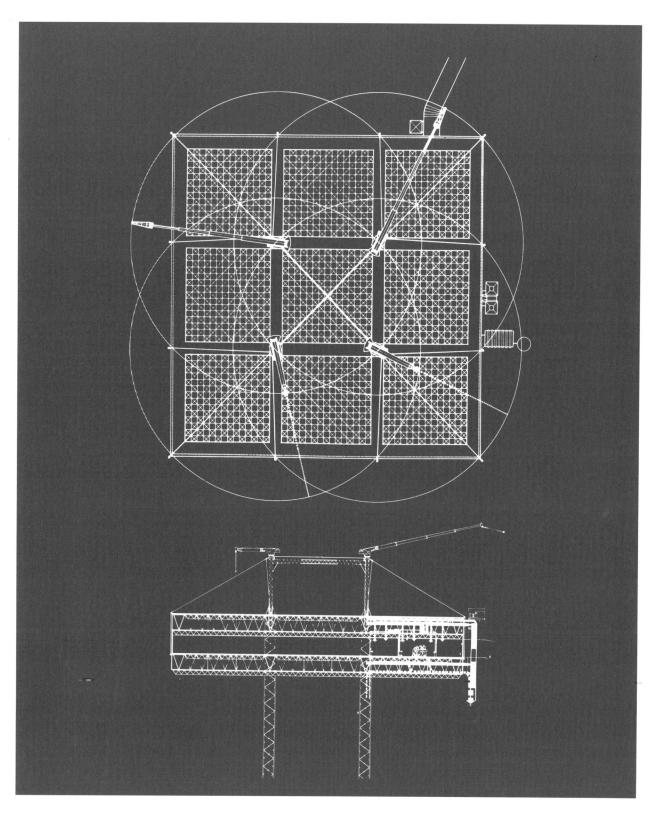

1971 Novedrate (Como) Italien
B&B-Italia-Bürohaus
Bauzeit: 1971–1973

Das Gebäude beherbergt die Büros des bekannten Einrichtungshauses und befindet sich am Werkseingang. Sein Grundriß ist völlig frei und besteht aus einer Modulstruktur, die leicht erweitert werden kann. Thema ist der Bezug zur Natur.

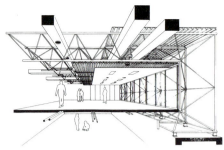

Axonometrie und Montagedetails.

B&B ist ein Projekt, das an den Bau des Beaubourg anknüpfte. Die größten Projekte erstrecken sich offensichtlich über eine größere Zeitspanne, und in gewisser Weise »durchqueren« sie das ganze Buch. Ich erwähne dies deshalb, weil sie sich jedem Versuch der Ordnung des Materials widersetzen und ich mich an dieser Stelle ein für alle Male für einige Sprünge in der Chronologie entschuldigen möchte.
In diesem Fall ist die Chronologie wichtig, weil Piero Busnelli (der Eigentümer von B&B) zuerst das Centre Pompidou sieht, uns daraufhin für leicht verrückt hält und in Anbetracht seiner eigenen Verrücktheit beschließt, mit uns zu arbeiten.
Die Büros der B&B Italia befinden sich in Novedrate in Brianza, einem Ort mit sommerlich warmem und wenig luftigem Klima. Folglich bot sich an, die Idee des Doppeldachs (oder des Speichers) in einer viel größeren Struktur als in Cusago umzusetzen.

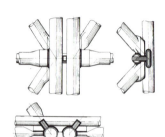 

Verbindungsstücke der Laubenstruktur.

Das Projekt wurde zwischen Paris und Genua entworfen und stand unter dem Einfluß des Beaubourg, wie es umgekehrt auf dieses zurückwirkte, da es in vielen Aspekten dessen kleine Generalprobe war: reichlicher Einsatz von Farbe, große freie Flächen, enorme Spannweiten.
Spezifisch für dieses Projekt war jedoch der Versuch, eine lichtdurchflutete Struktur mit großen Spielräumen mit Hilfe von Elementen kleinster Maßeinheiten hervorzubringen.
Natürlich ist B&B kleiner als das Beaubourg, trotzdem ist es immer noch ziemlich groß. Ich erinnere mich, daß es hieß: »Es darf kein Element von acht Zentimetern im Durchmesser geben.«

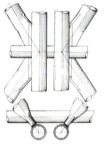 

Unten: Die Ostfassade mit Installationen, die je nach Funktion unterschiedlich gefärbt sind.

Die Idee bestand darin, alle Teile zu sehr subtilen Einheiten zu reduzieren, sozusagen auf eine Art Filigran, was im Grunde eine formale und ziemlich raffinierte Übung war und eine stilistische und plastische Recherche erforderte, die wir mit den Bestandteilen der tragenden Metallstruktur durchführten.
Der Schlüssel zu dem Gebäude liegt in eben dieser Herausforderung, ein Bauwerk mit vierzig Meter Spannweite und komplett freiem Grundriß mit Hilfe von selbsttragenden und extrem leichten Elementen zu konstruieren. Das Ganze hatte etwas von der Tätigkeit eines Einsiedlers und der eines Akrobaten.
Setzt man in das Raster Glas ein, etwas in den Dachschatten eingerückt, entsteht ein Bauwerk, das sich wegen seiner Transparenz in die Natur einfügt und mit dieser einen Dialog der Gegensätze schafft. Nicht nur das: Man erhält so eine modulare Struktur, die sich ins Unendliche ausdehnen könnte, indem man einfach immer weitere Elemente hinzufügt. Obwohl B&B nun schon 25 Jahre alt ist, muß ich feststellen, daß der mit dem Gebäude vorgestellte Bezug zwischen Künstlichkeit und Natur immer noch hochaktuell ist.

Oben: Brücke, die den Büroblock mit dem Produktionsgebäude verbindet.

Unten: Frontansicht mit Eingang.

1971 Plateau Beaubourg
(Paris) Frankreich

Centre Pompidou
Bauzeit: 1971–1978

100 000 Quadratmeter im Herzen von Paris, die der bildenden Kunst, der Musik, dem industriellen Design und Vorträgen gewidmet sind. Das Gebäude spiegelt die Wettbewerbsvorgabe, derzufolge Kultur einen weniger institutionalisierten und traditionellen Raum finden sollte. Das Gebäude, eine Parodie auf die Technologie, ist aufgrund der großen Ausdehnung des öffentlichen Raums, wie ihn vor allem der Vorplatz repräsentiert, zu einem lebendigen Sinnbild urbaner und sozialer Funktion geworden. Jeden Tag beherbergt es über 25 000 Besucher.

Luftaufnahme von Paris. Rechts im Bild: Les Halles. Links: das Beaubourg.

Robert Bordaz mit Richard Rogers und Renzo Piano.

Das Architektenteam auf der Baustelle.

Pontus Hulten.

Wettbewerbsentwurf: Aufriß der Ostfassade.

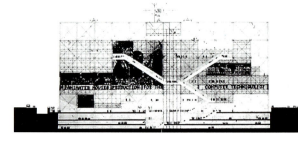

Das Centre Pompidou, das Beaubourg, sollte eine fröhliche »Stadtmaschine« werden. Man kommt im Marais im Zentrum von Paris an und stößt auf ein Geschöpf, das aus einem Buch von Jules Verne stammen könnte – ein phantastisches Schiff im Trockendock (ein Ungetüm, das sein Innerstes nach außen kehrt). Gewiß ist es ein bizarres Bauwerk, das in den letzten zwanzig Jahren mal als amüsant oder ungehörig, mal als gewaltsam oder faszinierend bezeichnet worden ist. Im selben Zeitraum haben 150 Millionen Menschen das Centre Pompidou besucht.

Ich habe das Beaubourg mehrmals als Provokation bezeichnet, was wohl am besten mein Gefühl ausdrückt, die Qualität des Projekts und die Überlegungen, die es inspiriert haben, aber nicht abwerten soll. Daher sollte ich vielleicht etwas früher ansetzen.

Die Museen haben in den letzten Jahren eine echte Renaissance erfahren. Junge und alte Leute, Anwohner und Touristen: alle stehen sie Schlange, um Picasso zu sehen und die Poesie in den geschliffenen Steinen Brancusis zu suchen. Doch als das Beaubourg zu Beginn der siebziger Jahre konzipiert wurde, sah die Situation anders aus. Die Museen waren traurige, verstaubte und esoterische Institutionen, sie galten als politisch nicht korrekt, weil sie bestenfalls einer Elite dienten. Sie hatten einen Ruf, der Mütter mit Kindern einschüchterte.

Der respektlose Gestus des Beaubourg war Ausdruck dieser Umstände. Das sakrale Gebaren der Museen war übersteigert. Auch die Wettbewerbsausschreibung suggerierte, aus diesen Grenzen auszubrechen und die typische Form der Bibliothek und des Museums zu überwinden. In der Ausschreibung war von Kultur, aber auch von Multifunktionalität die Rede; von Kunst, doch gleichermaßen von Information; von Musik und von industriellem Design. In dieser Vorgabe lag bereits ein Moment der Überschreitung, es brauchte nur an den Tag gebracht und auf die Spitze getrieben zu werden. Es bedurfte einer extremen Auslegung, und unter 681 vorgelegten Entwürfen war die extreme Interpretation einer frechen und ungehörigen »Kulturmaschine«, die sich zwei schlecht erzogene junge

Männer kaum über dreißig ausgedacht hatten. Zu dieser Zeit hatte ich mit Richard Rogers in London ein Büro. Die Ingenieursgesellschaft Ove Arup schlug uns vor, an dem Wettbewerb teilzunehmen, und Tale Happold stattete uns eines Tages in der Aybrook Street mit Peter Rice (den ich von da an als Ingenieur beschäftigte, bis er uns leider 1992 verließ) einen Besuch ab. Man sicherte uns sogar eine kleine Aufwandsentschädigung zu, was natürlich angenehm war.

Da es ein offener Wettbewerb war, wußten wir, daß die Konkurrenz ungeheuer groß sein würde, und entschieden deswegen, alles aufs Spiel zu setzen. Unsere Intoleranz für traditionelle Modelle verbanden wir mit der notwendigen Rationalität und Organisation – und das Beaubourg war das Ergebnis.

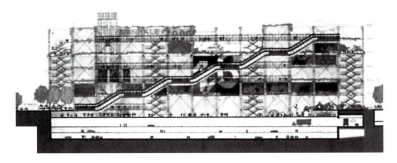

Endgültige Version der Westfassade.

Obwohl die Vorgaben wirklich sehr offen und innovativ waren, glaube ich nicht, daß man mit einer derart drastischen Lösung gerechnet hatte. Das Beaubourg provoziert in zweierlei Hinsicht: Es ist ein Schlag ins Gesicht der Akademie, aber zugleich eine Parodie auf die technischen Phantasien unserer Epoche. Es ist ein Mißverständnis, das Centre Pompidou als High-Tech-Gebäude zu interpretieren. Statt dessen ist es eine »Stadtmaschine«, bei der die Pracht des farbigen Metalls und der transparenten Röhren nicht auf die technische, sondern auf die städtische, symbolische und expressive Funktion verweist. Damit ist das Beaubourg im Grunde genommen das genaue Gegenteil eines technologischen Modells der Industriestadt, sondern ein mittelalterliches Dorf von 25 000 Einwohnern, der durchschnittlichen täglichen Besucherzahl.
Der Unterschied besteht darin, daß das Beaubourg sich nicht in der Horizontalen, sondern in der Senkrechten entwickelt: Die Plätze liegen übereinander, und die Straßen sind verbindende Transversalen.

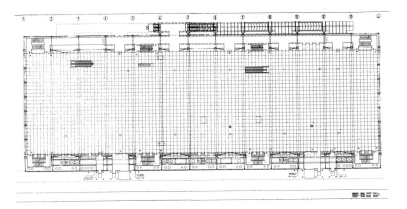

Lageplan.

Genau wie ein mittelalterliches Dorf ist das Gebäude im wesentlichen ein Ort der Begegnung und der Kontakte: ein Ort zum Spazierengehen, des unerwarteten Zusammentreffens, der Überraschung und der Neugier, natürlich kulturell verstanden. Deswegen hat es viereinhalb Hektar ebenerdiger Fußgängerbereiche: eine Entscheidung, die wir nachdrücklich verteidigt haben. Und deswegen gibt es vor dem Gebäude einen großen Platz, der den Ort der ersten Begegnung bildet.
Sinnvoll ist die Konstruktion eines »Überseedampfers« dieser Art nur dann, wenn er die Kunst in den Dienst der urbanen Gemeinschaft stellt und umgekehrt; insofern ist es nur richtig, daß er sich im Herzen der Stadt befindet. Damals gab es Einwendungen der Art: »Man könnte so etwas schon machen, aber außerhalb von Paris.« Das ist falsch: Ein Beaubourg in der Peripherie wäre nicht logisch gewesen.

Ein Gebäude mit 100000 Quadratmeter Fläche, wie es die Entwurfsvorgabe vorsah, konnte unter keinen Umständen versteckt oder, wie man so schön sagt, mit den Bauten des Marais »harmonisiert« werden. Doch waren wir uns der Verpflichtung bewußt, einen Bezug zum Kontext herzustellen, und haben uns sowohl städtebaulicher als auch formaler Hinsicht damit auseinandergesetzt.

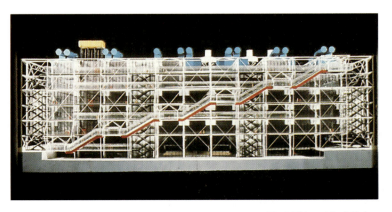

Endgültiges Modell der Westfassade.

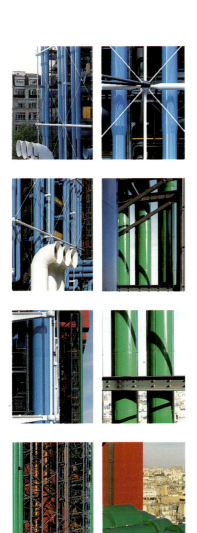
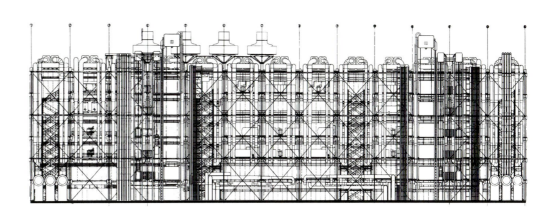
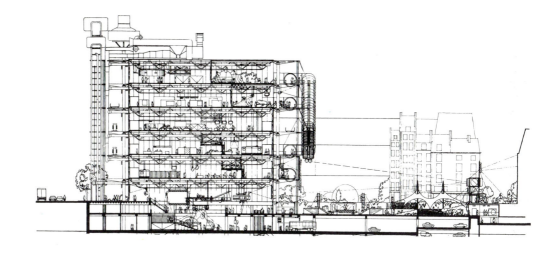
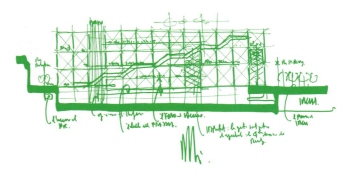

Das Centre Pompidou als »Stadtmaschine«. Die Pracht des farbigen Metalls und der durchsichtigen Röhren verweist nicht allein auf die technische, sondern auch auf die städtische, symbolische und expressive Funktion des Gebäudes.

Die Sichtbarkeit der gläsernen Rolltreppenröhren zum Beispiel wurde als Zitat des High-Tech gelesen – aber in Wirklichkeit handelt es sich hier nicht um Technologie, sondern um ein Spiel mit ihr. Auf den Rolltreppen befindet man sich gleichzeitig innerhalb wie außerhalb des Gebäudes und nimmt, während man langsam nach oben fährt, noch am äußeren Geschehen teil. Der Blick gleitet vom Vorplatz erst auf das Stadtviertel, dann über die ganze Stadt. Das ist zweifellos eine der Entdeckungen des Beaubourg.
Der Platz vermittelt in zweifacher Hinsicht: einerseits zwischen dem Beaubourg und dem Stadtviertel, andererseits zwischen der offiziellen Kultur und der der Straße.
Die Pantomimen, Gaukler und Musiker, die sich auf dem Platz zur Schau stellen, interpretieren seine Bedeutung als Ort der informellen und nicht institutionalisierten Kunst ganz richtig. Denn das Beaubourg ist nicht allein geschaffen worden, um Kultur anzubieten, sondern um sie zu erzeugen. Das ist seine vielleicht unmögliche, aber gesuchte utopische Dimension.

Montage eines Gerberträgerkopfs, der »gerberette« genannt wurde.
Unten: Konstruktionsentwürfe und die Gerberträgerköpfe nach dem Guß.

Bis hierher ist das Beaubourg ein gedankliches Abenteuer. Doch ist das nur die eine Seite der Architektur. Sie muß auch inmitten von echten Stürmen navigieren. Es war leicht vorherzusehen, daß Polemiken über das Gebäude nicht ausbleiben würden: In sechs Klageverfahren versuchte man mit den abwegigsten Begründungen einen Baustop zu erreichen – darunter übrigens auch der Vorwurf, daß der Vorsitzende der Jury, Jean Prouvé, keinen Hochschulabschluß vorweisen konnte. Zum Glück fehlte andererseits nicht der Sinn für Humor. Eine Tageszeitung veröffentlichte ein Manifest von Intellektuellen gegen das Beaubourg – was kein Scherz, sondern schlicht und einfach der wörtlich übernommene Text der Pariser Intellektuellen gegen den Eiffelturm war; man hatte nur die Unterschriften geändert und »Tour Eiffel« durch »Beaubourg« ersetzt.
Was den Scherz ernst werden ließ, war, daß tatsächlich eine gegen uns gerichtete Lobby existierte, die sich selbst überheblich »Comité pour le Geste Architectural« nannte.

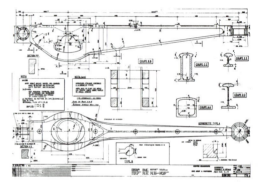

Transport und Montage eines gefertigten Trägers. Montage der Struktur ohne Gerüst.

Anbringung eines Hauptträgers auf dem Trägerkopf.

Einige Aspekte des Projekts waren darüber hinaus einfach unpopulär, wie zum Beispiel die von mir als »Ohren« bezeichneten Lüftungskanäle, die auf dem Platz zu sehen sind. In Paris gab es damals keinen Bürgermeister, wie es in Berlin einen gibt, sondern noch einen Präfekten. Als mit der Montage der Klimaröhren begonnen werden sollte, schaltete sich der Präfekt mit den Worten ein: »Das ist zu viel, jetzt reicht's«, und verbot die Installation.
Also gingen wir zu Robert Bordaz, dem Direktor des Zentrums, der uns antwortete: »Bringen wir die Dinger ins Lager.« Drei Monate später versuchten wir es abermals, und der Sprecher des Präfekten antwortete erneut: »Wollt ihr mich eigentlich auf den Arm nehmen?«
So ging es ungefähr ein Jahr lang weiter, bis uns schließlich die unglückselige Nachricht erreichte, daß der Präfekt seine Seele dem Herrn zugewandt hatte. Tags darauf wurden die Lüftungskanäle montiert.
Umberto Eco hat geschrieben, daß die Bewohner der Unterwelt durch diese Ohren mit der Außenwelt kommunizieren. Vielleicht hat er recht.

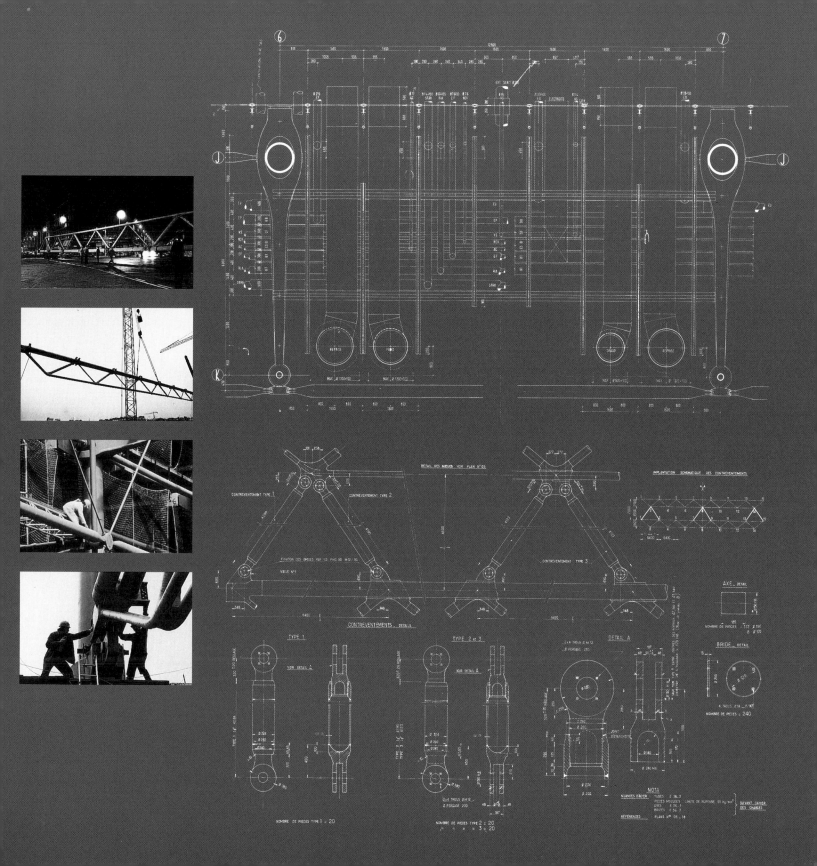

Die Angriffe auf unsere Arbeitsmoral hielten an. Doch machten wir schließlich die Erfahrung, daß auch in der Architektur irgendwann Gleichgesinnte eintreffen. »Unsere Leute« wurden in diesem Fall immer von Robert Bordaz angeführt.

Während einer Pressekonferenz – wir sprachen über sichtbare röhrenförmige Strukturen und sollten gerade mit Tomaten beworfen werden – sagte Bordaz mit großem Ernst, daß die Röhren eine explizite Anspielung auf die vertikalen Strukturen von Saint Merri, einer wunderschönen gotischen Kirche des Marais, seien.

Robert Bordaz war ein Genie. Wie ihm diese Idee in den Kopf gekommen war, weiß ich heute noch nicht. Wir waren rot vor Scham, aber er hatte immerhin alle zum Schweigen gebracht.

Jedesmal war er es, der die größten Probleme löste. Es war, wie schon erwähnt, unvermeidlich gewesen, mit Krupp statt mit der französischen Stahlindustrie zu arbeiten, da diese sich ja quergestellt und den Auftrag abgelehnt hatte. Da das die Situation auf politischer Ebene nicht eben leichter machte, sprach Bordaz einfach beim französischen Staatspräsidenten vor und kam mit der Genehmigung zurück. (Später entdeckten wir, daß wir einen wichtigen Verbündeten im Hause Pompidou hatten: die Gattin, Madame Claude Pompidou, mit der mich heute noch eine große Freundschaft verbindet.)

Nun stellte sich offensichtlich noch das Problem der öffentlichen Meinung. Die Angelegenheit durfte nicht zu weite Kreise ziehen, wenn man eine Lynchjustiz vermeiden wollte.

Haben Sie schon einmal versucht, 120 Tonnen schwere und 50 Meter lange Stahlträger zu verstecken? Das geht so: Man läßt sie mit einem Sonderzug kommen und zwischen drei und fünf Uhr morgens zur verkehrsärmsten Zeit durch Paris transportieren.

Selbstverständlich braucht man dazu einen riesigen Schlepper, besser sogar zwei (je eine Zugmaschine am Kopf und am Fuß des Trägers). Bevor der Lastzug losfährt, schickt man einen weiteren Lastwagen los, der alle Kanaldeckel auf dem Weg mit vier Zentimeter starken Eisenplatten abdeckt, die mit einem riesigen Magneten aufgelegt und später wieder abgehoben werden. Wenn der Träger am Bestimmungsort ankommt, wird er am besten sofort montiert, sonst behindert er die gesamte Baustelle.

Ist doch ganz einfach, nicht wahr?

Das Beaubourg war für mich eine Schule fürs Leben, und das nicht vorrangig wegen seiner Dimension. (Die Gesetze der Baustelle, ob sie klein, groß oder gigantisch ist, sind im Grunde immer dieselben und mir von Jugend auf bekannt.)

Entscheidender war, daß ich bis dahin ziemlich zurückgezogen gearbeitet und meine Experimente mehr oder weniger zuhause gemacht hatte. Das Centre Pompidou bedeutete für mich die Entdeckung des Abenteuers, und bei dieser Gelegenheit lernte ich viele Leute kennen, die mich heute noch begleiten.

Zum Beispiel Willy Sandberg, der große Erfinder des Stedelijk-Museums und spätere Direktor des Jerusalem-Museums. Er war es, der Bordaz dem Direktor für künstlerische Gestaltung, Pontus Hulten, vorstellte. Pontus Hulten, mit dem wir noch heute gut befreundet sind, ist ein einfühlsamer, sehr gebildeter Mann mit viel Stil,

Oben: Blick von einem Turm von Notre-Dame.

Unten: Südfassade, die mit dem anschließend gebauten IRCAM-Turm kommuniziert.

Die Rolltreppen der Westfassade von innen und außen gesehen. Auf ihnen erreicht der Besucher die verschiedenen Gebäudeebenen. Sich langsam auf der Treppe nach oben bewegend, überschaut er nach und nach das Stadtviertel und schließlich die ganze Stadt.

wenn er auf den ersten Blick auch wie ein nordischer Braunbär wirkt. Dann war da Philip Johnson, ein heiliges »Monster«, mittlerweile schon betagt, aber nach wie vor bei absolut klarem Verstand.
Wir waren, nebenbei bemerkt, eine Art Fremdenlegion, die im Begriff war, das größte Monument Frankreichs zu bauen, und fast nur aus Ausländern bestand: Italiener, Engländer, Schweden, Amerikaner und Japaner. Mit dem Beaubourg begann auch die Zusammenarbeit mit Bernard Plattner und Shunji Ishida. Letzterer ist 1971 zufällig in Genua vorbeigekommen und ist seitdem bei mir. Die Vertreter der Pariser Akademie hatten wir aus dem Feld geschlagen, und Vorsicht war geboten, wenn wir einem von ihnen begegneten. Insgesamt wurde das Gleichgewicht natürlich durch das Team von Bordaz – alles ausgezeichnete französische Verwalter – und die Mannschaft des »main contractor« (des Hauptbauunternehmens), der G.T.M., wiederhergestellt.
Der wichtigste Freundschaftsbund, den ich in jenen Jahren in Paris geschlossen habe, war wahrscheinlich der mit Peter Rice. Das Büro Ove Arup, bei dem Peter beschäftigt war, hatte uns von Anfang an bei diesem Abenteuer unterstützt, und als wir den Wettbewerb gewannen, wurde Peter zum Verantwortlichen des Ingenieurteams ernannt.

Die ausgefallene Struktur vom Beaubourg ergibt sich aus der Montage von Abertausenden, quasi handgefertigten Kleinteilen. Erneut handelt es sich um eine modulare Konstruktion, die potentiell unendlich ausdehnbar ist: Das Beaubourg ist das, was man einen Prototyp nennt. Um ein solches Unternehmen ins Werk zu setzen, benötigten wir jemanden, der eine Struktur nicht nur berechnen, sondern auch kreativ mit ihr umgehen konnte. Dieser jemand war Peter Rice, und er sollte es auch bei all meinen wichtigsten späteren Arbeiten bis zu seinem Ausscheiden 1992 bleiben. Mit Tom Barker, Konstruktionsingenieur bei Arup, schloß ich die zweite wichtige freundschaftliche Verbindung, die immer noch fruchtbar ist.

Meine Freundschaft mit Pierre Boulez und Luciano Berio, die ebenfalls auf diese Jahre zurückgeht, entwickelte sich im Zusammenhang mit dem IRCAM-Projekt.
Das IRCAM ist das Institut zur Erforschung und Koordinierung von Akustik und Musik und stellt gewissermaßen eine Rippe des Beaubourg dar, weil es aus dem angrenzenden Place Saint Merri emporragt. Aus städtebaulicher Sicht ist das IRCAM ein »Nicht-Ort«, da es gänzlich unter der Erde liegt (abgesehen natürlich von dem Turm, von dem aber erst später die Rede sein wird).
Da das IRCAM der Erforschung der Akustik gewidmet war, stellte sich allem voran das Problem der Schalldämmung. Sein Standort war ursprünglich über der Erde, an der Stelle einer ziemlich häßlichen Schule vorgesehen, deren Abriß beschlossen worden war. Aber als dieser Platz geräumt war, stellten wir fest, daß der unwillentlich geschaffene Raum mit der gotischen Kirche Saint Merri im Hintergrund für die Proportion der gesamten Örtlichkeit dringend erforderlich war. Es war undenkbar, dort etwas hinzubauen.
Die unterirdische Lösung wurde zur Quadratur des Kreises: einerseits half sie uns, die Umgebung akustisch neutral zu halten; ande-

Das Leben innerhalb und außerhalb des Centre Pompidou. Die Kunst steht hier im Dienst der urbanen Gesellschaft und umgekehrt. Offizielle Kunst und Straßenkultur treffen in den großen öffentlichen Räumen im und vor dem Gebäude aufeinander.

rerseits gab sie der Kirche ihre ganze, zuvor versteckte Würde zurück. So entstand ebenerdig der Place Stravinsky, ein Fußgängerbereich, der von den Oberlichtern des IRCAM durchbrochen wird.
Die Bekanntschaft mit Boulez und Berio bedeutete für mich den Eintritt in die Welt der Musik. Sicher mochte ich sie auch vorher schon, doch hatte ich zur Musik bis dahin die Beziehung eines Wilden.
Wieder einmal ist es bedeutsam, daß mein Verhältnis zur Kunst aus der Technik hervorgeht. Meine Liebe zur Musik ist nicht in der Scala, sondern mit dem IRCAM begründet worden, das sozusagen eine Musikfabrik ist.
Das IRCAM war für mich die großartige Erfahrung interdisziplinären Zusammenwirkens; ich begann zu verstehen, wie willkürlich die Grenzen zwischen den unterschiedlichen Disziplinen im Grunde sind. Sicherlich ist die Musik die immateriellste und die Architektur die materiellste unter den Künsten, aber dennoch bewegen sich beide innerhalb einer sehr ähnlichen Logik: der Logik struktureller Disziplin und strenger Ordnung (die durch die Möglichkeit ihrer Durchbrechung gemildert wird), in die dann Details, Schwingungen und Farben hineinspielen. Luciano Berio und ich lagen auf derselben Wellenlänge, wir hatten dieselbe Auffassung von unserer Arbeit: Sie überschreitet Grenzen und ist unangepaßt, dabei aber methodisch und präzise. Damals begann zwischen uns eine dauerhafte, tiefe persönliche Freundschaft. Luciano ist ein echter Forscher, der die Musik Streifzüge durch die Welt der Wissenschaft und der Mathematik machen läßt, der mit ihrer Vergangenheit – ihrer Geschichte, der Folklore, den volkstümlichen Traditionen – aber ebenso respektvoll wie kenntnisreich umgeht. Das ist eine Haltung, der ich mich auf meinem Gebiet sehr nahe fühle.
Der vierte im Bunde beim IRCAM-Projekt war der Holländer Victor Peutz, der für die akustischen Experimente verantwortlich war, zusammen bildeten wir ein echtes interdisziplinäres Team. Von Peutz lernte ich, wie wichtig in gewissen Fällen ein wissenschaftlicher Zugang zur Architektur sein kann. Wir arbeiteten mit analogen akustischen Modellen, und weil wir keinen Konzertsaal wie andere bauten, sondern im Grunde eine Art Musikinstrument, waren wir wie Lautenmacher.
Unter anderem schufen wir einen Experimentiersaal, in dem der Klang zwischen 0,6 und 6 Sekunden nachhallt. Im Grunde stellt dieser Saal eine unterirdische, würfelförmige Maschine mit einer Kantenlänge von zwanzig Metern, variabler Akustik und beweglichen Decken und Wänden dar.
Vom Standpunkt der Geometrie aus betrachtet, ist das ein ziemlich banales Objekt, aber dennoch handelt es sich um einen sehr »reichen«, vielgestaltigen Raum: Der Klang wird zu seinem immateriellen, aber unumstößlichen Bestandteil.

Die Baugrube für das IRCAM-Gelände. Unten: Perspektive des Experimentiersaals.

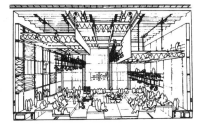

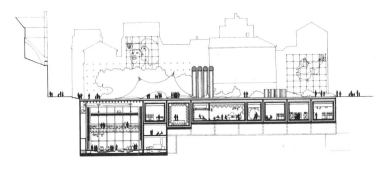

Längsschnitte. Oben: Abschnitt für Recherchen. Unten: öffentliche Zone.

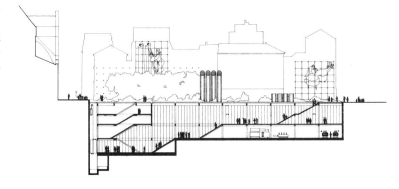

Oben: der Experimentiersaal mit verstellbaren Wandpaneelen zur Veränderung der Akustik.

Unten links: Detailausschnitt desselben Saals.
Unten Mitte: Saal für die Tonproben.

Unten rechts: Studio für die Tonaufnahmen.

1979 Otranto Italien
Mobile Werkstatt, UNESCO-Neighbourhood-Workshop

Es handelt sich um ein von der UNESCO gefördertes Projekt zur Erhaltung der historischen Stadtkerne. Das auf einem Lastwagen transportierbare, würfelförmige Modul wird im Zentrum des historischen Stadtviertels aufgebaut. Es ist entsprechend der vier Flügel des Würfels in vier verschiedene Sektionen gegliedert: Analyse und Diagnostik, Information und Didaktik, offene Planung und Entwurf, Konstruktion und Dokumentation. Ein Projekt, das auf der Partizipation der Bewohner basiert.

Das Beaubourg ist das Werk, von dem jeder Architekt mit 35 Jahren träumt: groß, eindrucksvoll und für alle sichtbar. Nach seiner Fertigstellung aber trat ein Moment großer Ermüdung ein.
Die Erfahrung des völligen Eintauchens in eine Arbeit und eine Stadt hatte sechs Jahre gedauert, die – trotz des großen Erfolgs dieses Gebäudes – ihre Spuren hinterließ, zumal sie Richard Rogers und mir einen tiefen Einblick in die Arbeit im Team vermittelt hatte. Ich schicke diese Bemerkung voraus, um zu verdeutlichen, warum es darauf eine bestimmte Reaktion gab.
Die Zusammenarbeit mit Pontus Hulten, Pierre Boulez und Luciano Berio eröffnete mir Dimensionen und Disziplinen, die sich mir weder während meines Studiums noch während meines vorherigen Berufslebens erschlossen hatten. Die Arbeit im Team hat mich in menschlicher Hinsicht weitergebracht, mir neue Impulse vermittelt und eine große Wißbegierde erregt. Ich entdeckte mittels der Kenntnis der Erfahrung Dritter enorme Möglichkeiten.
Noch einmal: Das Beaubourg glich der Errichtung einer Kathedrale im direkten Kontakt mit Kultur und Politik. Nun empfand ich jedoch das Bedürfnis, mich wieder unmittelbar den Gegebenheiten des Lebens zuzuwenden und mich in die Wirklichkeit einer weniger gigantischen Baustelle zu versenken.
Ich weiß nicht, ob es die große Sehnsucht nach meiner Heimatstadt Genua war, aber paradoxerweise hatte mir während der sechs Jahre in Paris die Verbindung zur antiken Stadt gefehlt. Als uns Wolf Tochtermann von der UNESCO die Möglichkeit in Aussicht stellte, ein Projekt in Otranto zu entwickeln, erschien es mir daher als genau das richtige Vorhaben, weil es mich zu dem mir am Herzen liegenden Thema der Aktualität der historischen Stadtkerne zurückbrachte.
Wenn man sich heute umsieht und fragt: »Was sind die großen architektonischen Anliegen?«, gibt es zumindest in Europa keinen Zweifel: die Sanierung und Erhaltung historischer Gebäude, die Neubewertung entwürdigter und verkommener Bereiche und die Qualität des häuslichen Ambientes. Das waren die Aufgaben, denen wir uns in Otranto stellten.
Im Hinblick auf seine Größenordnung und Dauer war das Projekt bescheiden, aber sehr interessant.

1

2

3

4

Aufstellen der Struktur für die Stadtteilwerkstatt (1). Ankunft des »Laboratorium«-Würfels auf dem zentralen Platz in Otranto und die verschiedenen Montagephasen (2-4).

Das Laboratorium mit seinem Zeltdach aus weißem Segeltuch ist der Treffpunkt für die Beteiligung der Bürger von Otranto, eines der zentralen Anliegen des Projekts.

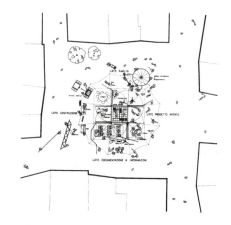

Wir schufen in Otranto eine lokale, mobile Werkstatt, die auf der unbedingten Beteiligung der Einwohner basierte: Gemeinsam gestalteten wir das Projekt, bestimmten und entwickelten die einzusetzenden Werkzeuge und führten den Bau zusammen durch. Die Idee war, auf dem Territorium so zu handeln wie ein guter Gemeindearzt auf die Gesundheit einwirkt: mit einem umfassenden Ansatz, der auf der Kenntnis der Anamnese, nicht der bloßen Symptome beruht. So hatten wir gewissermaßen die Figur des »Gemeindearchitekten« erfunden.
Unsere Vorgehensweise sah vor, den Abbruch der noch erhaltenen Bausubstanz auf ein Minimum zu reduzieren und im Stadtviertel zu arbeiten, ohne das Leben der Einwohner zu beeinträchtigen. Indem wir sanfte Diagnosetechniken anwandten (die in einigen Fällen der Medizin entlehnt waren), realisierten wir einen Bauplatz, auf dem nur notwendige Maßnahmen stattfanden und nicht sinnlos zertrümmert wurde. Die angestellte Überlegung war die folgende: Wenn die Mauer nicht einsturzgefährdet ist, warum sie dann niederreißen? Das mag banal erscheinen, stand jedoch im Gegensatz zur jüngst verfolgten Praxis bei der Sanierung der historischen Stadtkerne. Eine diesbezügliche Beobachtung des Philosophen Gianni Vattimo beschrieb unser Vorgehen in Otranto als »behutsame Baustelle«.
Dieses Experiment fand großes Echo, das über seine unmittelbare Reichweite hinausging und dank der Unterstützung von höchster Stelle erzielt wurde. Das die Arbeiten leitende Bauunternehmen gehörte Gianfranco Dioguardi; der Journalist Mario Fazio half uns, die Methode der Partizipation in die Wege zu leiten; der Regisseur Giulio Macchi besorgte die Aufzeichnung der mündlichen Berichte; der Fotograf Gianni Berengo Gardin kümmerte sich um die Dokumentation der verschiedenen Projektphasen und Magda Arduino, meine erste Frau, bereitete die Filmtexte vor.
Die Baumaßnahmen gliederten sich in vier Phasen, denen ebenso viele Sektionen entsprachen: Diagnose, Entwurf, Ausführung und Dokumentation. In alle Arbeitsabschnitte wurden die Einwohner des Viertels einbezogen.
In der Werkstatt spielten Aspekte der Partizipation und der Kommunikation zusammen. Für uns bedeutete sie ein Vertrautwerden mit der »Kunst des Zuhörens«.
Kürzlich hat mir der Bürgermeister von Neapel, Bassolino, eine subtile Beobachtung mitgeteilt: Die Mitwirkung der Bewohner dient bei solchen Projekten vor allem dazu, den Stolz, in einer antiken Stadt zu wohnen, wiederzubeleben. Unter diesem Aspekt erinnere ich mich an sehr schöne Augenblicke in Otranto. Einige unserer Erfindungen waren eine Attraktion geworden, beispielsweise ein Fotoapparat für Luftaufnahmen, den wir an einem Heliumballon befestigt hatten. Es war jedes Mal ein Fest, wenn wir die kleine Montgolfiere ausschickten und dann auf den Platz zurückholten. Und schließlich waren da natürlich die Bürgerversammlungen: Hunderte von aufmerksamen und interessierten Menschen fanden sich einen Abend lang um unser Zelt ein, um über Geschichte, Materialien und Architektur zu sprechen.

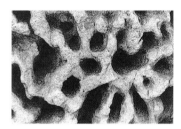

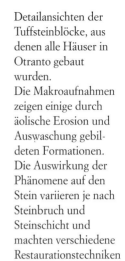

Detailansichten der Tuffsteinblöcke, aus denen alle Häuser in Otranto gebaut wurden.
Die Makroaufnahmen zeigen einige durch äolische Erosion und Auswaschung gebildeten Formationen.
Die Auswirkung der Phänomene auf den Stein variieren je nach Steinbruch und Steinschicht und machten verschiedene Restaurationstechniken erforderlich.

Luftaufnahmen wurden mit einer motorbetriebenen Kamera gemacht, die – an einem mit Helium gefüllten Ballon befestigt – durch die Straßen der Stadt geführt wurde.

Der Austausch von Innenträgern konnte vorgenommen werden, ohne daß die Bewohner das Haus verlassen mußten.

Eine Versammlung, bei der den Bürgern Videoaufnahmen von den Bauarbeiten des Laboratoriums gezeigt wurden.

Es wurde eigens ein elektrisches Fahrzeug entworfen, das sich auf den engen Straßen und Treppen des historischen Zentrums fortbewegen konnte.

Ein leichtes flexibles Gerüst wurde für die Arbeit an den Fassaden entwickelt, wo man kein festes installieren konnte. Der Korb konnte sowohl seitlich als auch auf- und abbewegt werden.

1978 Corciano (Perugia) Italien
E H, Evolutive Housing
Bauzeit: 1978–1982

Standardisierte Wohnmodule von 6 Meter Länge und Höhe mit einer begehbaren Fläche zwischen 50 und 120 Quadratmetern. Thema ist die Verbindung zwischen einer umgebenden, industriell gefertigten Hülle und einem sekundären, von den Bewohnern bestimmten Innenraum.

Aufnahme der Baustelle.

E H, Evolutive Housing, ist ein Projekt, das mir immer noch sehr gefällt, obwohl ich seinen Namen nicht mehr mag. Besser hieße es wahrscheinlich nach dem Ort in der Nähe Perugias, an dem wir es als Prototyp realisiert haben: Corciano.
Das Konzept eines entwicklungsfähigen Raumes verfolge ich seit dem Beginn meiner Tätigkeit: In diesem Projekt, das gemeinsam mit Vibrocementi Perugin durchgeführt wurde, wendeten wir es auf ein kostengünstiges, leicht zu montierendes und sehr flexibles Produkt an. Wir wollten unserem Experiment zum Thema des »unendlichen Wohnraums« industrielle Reproduzierbarkeit verleihen. Die Idee bestand darin, die Hülle industriell zu fertigen, den Innenraum aber von seinen Bewohnern frei gestalten zu lassen. Das Haus ist ein lebendiger Organismus, der unvollendet und modifizierbar sein muß. Entsprechend arbeiteten wir auf zwei verschiedenen Ebenen, und zwar einerseits am Modulcharakter der einzelnen Bauelemente, die die äußere Struktur bildeten, andererseits an der Modulstruktur des Innenraumes, die aus der Perspektive des Benutzers gestaltet werden sollte.
Die erdbebensichere Hülle wurde aus Betonteilen in der Form eines C gebildet: zwei zusammengesetzte Cs ergaben einen wiederholbaren Abschnitt, der zugleich Boden, Decke und Seitenwände darstellte. Die Rück- und Vorderseiten der Konstruktion wurden komplett verglast. Der so entstandene Raum war kubisch und hatte eine Kantenlänge von 6 Metern. Folglich konnte er auch horizontal geteilt werden. Wenn man die Stärke des Zwischenbodens berücksichtigte, ergaben sich zwei übereinanderliegende Räume von etwa 2,70 Meter Höhe.
Der Zwischenboden und die Innenwände bestanden aus sehr leichten Holzpaneelen, die auf einer sehr leichten Unterkonstruktion aus Stahl aufgebracht waren. Mit der Hilfe von Peter Rice versuchten wir, strukturelle Aspekte mit solchen der Produktion, typologische Aspekte mit denen des Raums in Beziehung zu setzen. Die Standardisierung der Module und ihrer Verbindungsstücke erlaubte den Bewohnern bei der Aufteilung ihres Wohnraums ein hohes Maß an Freiheit. Vorgesehen waren verschiedene Einheiten mit einer begehbaren Fläche zwischen 50 und 120 Quadratmetern. In allen Fällen sorgten die beiden Seitenfenster mit 6 auf 6 Metern für große Helligkeit.
Auf dieser Grundlage konnte jeder seine Wohnung nach seinem Geschmack einrichten. Kennen Sie die Interieurs, die unberührbare Kunstwerke sind, wo der Aschenbecher immer an den gleichen Platz gestellt wird, damit die Komposition der Einrichtung nicht gestört wird? E H ist das genaue Gegenteil davon.

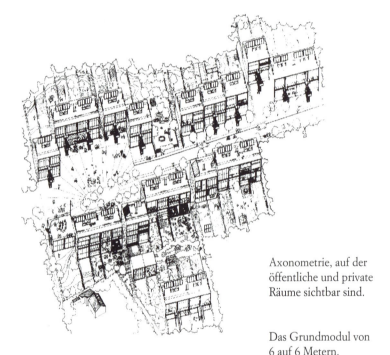

Axonometrie, auf der öffentliche und private Räume sichtbar sind.

Das Grundmodul von 6 auf 6 Metern.

Das Haus als lebendiger und veränderbarer Organismus.
Rechts: Zwei große Fenster sorgen für helle Beleuchtung.
Den Innenraum des Appartements gestaltet jeder Bewohner nach seinen Bedürfnissen.

Unten links: Zusammenbau zweier Strukturelemente.

Die zwei Fotos unten rechts: Mit leichten Deckenplatten, die auf schmale Träger aufgebracht werden, kann eine zweite Ebene eingezogen werden.

1978 Turin Italien
VSS (Experimentalfahrzeug) und Flying Carpet
Bauzeit: 1978–1980

Entwurf eines experimentellen Automobils, das auf der Trennung zwischen der aufprallresistenten, tragenden Konstruktion und der äußeren Hülle basiert. Das Gewicht des Fahrgestells wird reduziert, um eine Treibstoffeinsparung und die Reduktion der Aufprallenergien zu erzielen. Flying Carpet (Fliegender Teppich) ist eine mit Motor und Getriebe ausgerüstete Tragfläche aus Eisenbeton, die für jene Entwicklungsländer bestimmt ist, wo die Montage der verschiedenen Komponenten und die Produktion weniger komplexer Einzelteile erfolgen soll.

VSS ist der Name eines Projekts für ein experimentelles Fahrzeug, das von den FIAT-Werken Ende der siebziger Jahre in Auftrag gegeben wurde. Der damalige Vorsitzende des Aufsichtsrats, Nicola Tufarelli, bat mich, ein Planungsbüro für das Auto der Zukunft einzurichten.
Alsbald zeichnete sich eine Richtung unserer Forschungen ab: Wenn man die Karosserie aus Gründen der Energieeinsparung leichter machen wollte, mußte man die tragende Funktion des Autos vom Führerhaus wieder zum Fahrgestell zurückverlagern. Es entwickelte sich einmal mehr eine Arbeitsmethode, bei der wir wechselseitig sowohl die im engeren Sinne technischen als auch die allgemein funktional-expressiven Aufgaben übernahmen. Dabei war eine Auseinandersetzung mit Dante Giacosa, einem der namhaftesten Automobildesigner unvermeidlich. Giacosas Widerspruch erwies sich als sehr wertvoll, weil er überaus klar und detailliert alle Gründe vorzutragen wußte, die unserer Arbeitshypothese widersprachen.
VSS betrieb vor allem strukturelle Studien, die formal wenig überzeugten, doch die Ergebnisse jener insgesamt drei Jahre währenden Forschungen beeinflussen noch heute das Entwerfen und Herstellen von Autos.

Zu jener Zeit entwickelten wir auch das Projekt des Flying Carpet. Es ging darum, die Grundkomponenten eines Autos in Nordafrika zu verkaufen. Wenn man diese Elemente auf ein Blatt zeichnet, bilden sie ein komplettes Fahrzeug ohne Karosserie und Fahrgestell, daher der Name »flying carpet«, fliegender Teppich.
Der Einfall hatte eine gewisse Eleganz und die Verkaufslogik auf seiner Seite.
Doch es funktionierte nicht – weil wir die psychokulturellen Erwartungen nicht berücksichtigt hatten. Das Modell hatte zwar alles, was es brauchte, aber es befriedigte nicht das Modernitätsgefühl, das sich mit einem Auto verbindet. Unser nagelneues, preiswertes, vollauf tüchtiges Vehikel schien kein Auto zu sein. Dann schon lieber einen alten, verrosteten Buick.

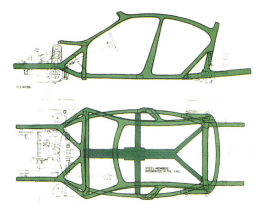

Schema des Stahlgerüsts.

Modell des Stahlgerüsts.

Stahlgerüst nach einem Crashtest.

Durch den Einbau verschiedener Karosserieteile auf demselben Traggerüst lassen sich verschiedene Modelle entwickeln.

Die Ergebnisse dieser Studien wirken sich noch heute auf die aktuelle Produktion aus.

Gegenüberliegende Seite: Oben: computersimulation eines Crashtests des Fahrzeugvorderteils.

Mitten: schema der Plastikkomponenten der Karosserie.

Gegenüberliegende Seite:
Unten: zu jener Zeit entwickelten wir auch das Projekt des Flying Carpet. Es ging um die Frage, wie man in Nordafrika die Basiskomponenten eines Autos – Motor, Getriebe, Kupplung, Bremsen, Steuer, Schaltung, Elektrik – verkaufen kann, die doch zusammen ein Auto ohne Karosserie ergaben. Also kamen wir auf die Idee, eine Tragfläche aus Stahlzement zu konstruieren und all diese Teile darauf zu montieren. Daher der Name »flying carpet«, fliegender Teppich.

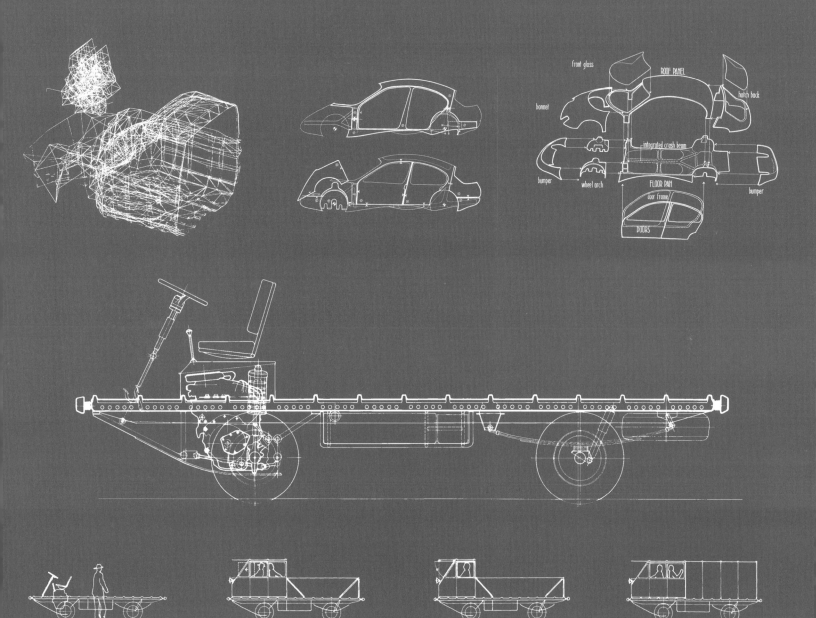

1978 Dakar Senegal
Bewegliche Konstruktionseinheit

> Es handelt sich um das Projekt einer kleinen Wanderfabrik, mit deren Hilfe vor Ort Elemente der Hütteneindeckung hergestellt werden konnten. Die Bedeckung sollte aus neuen Pflanzenfasern bestehen, welche die herkömmlichen und aufgrund geographischer Veränderungen verschwundenen Pflanzenfasern ersetzten. Thema ist hier der Konflikt zwischen Tradition und »modernen« Zielsetzungen.

Der Flying Carpet war eine wichtige Erfahrung. Wir alle haben unsere kulturellen Modelle, unsere Wertordnungen, und mitunter vergessen wir, daß es auf diesem Planeten eine Unmenge von Menschen gibt, die nicht alle in der gleichen Weise denken. Das Problem der Zielsetzungen und der durch die Wahrnehmung der Modernität erzeugten Bedürfnisse findet im Projekt Senegal dieselben Ausprägungen.

Wir hatten eine intelligente Lösung, die perfekt auf die Erfordernisse abgestimmt war und das kommerzielle Defizit des Landes drastisch verringert hätte – doch fehlte ihr der geforderte symbolische Wert.

Das Projekt wurde wieder in Zusammenarbeit mit der UNESCO, und zwar mit deren regionalem Büro in Dakar entwickelt. Präsident von Senegal war zu dieser Zeit Leopold S. Senghor, Dichter, Schriftsteller, Mann von Kultur und großen Qualitäten, mit dem wir sofort ein Einverständnis herstellten. Den Menschen sollte ermöglicht werden, ihren Habitus und ihre typischen Häuser in einer Region zu bewahren, in der das traditionelle Baumaterial am Versiegen war.

Fünfzehn Jahre zuvor hatte Dakar einen Kanal bauen lassen. Die ganze Region um Dakar ist extrem flach, so daß beim Tidenwechsel der Senegal die Flut mehrere Kilometer weit mit sich führt. Der Kanal hatte das Grundwasser um einen halben Meter abgesenkt, was die Lebens- und Wachstumsbedingungen aller Pflanzen extrem verändert hatte. Sogar die Baobab-Bäume fielen um. Das gleiche Problem stellte sich für alle langfaserigen Pflanzen. So kam es, daß plötzlich die üblichen Baumaterialien für die Hütten fehlten. Es mußten Techniken zur Wiedergewinnung und Erhaltung spezifischer Pflanzenfasern entwickelt werden, die die vormaligen ersetzen konnten. Jedenfalls war das die Meinung Senghors, und wir teilten sie.

Daher planten wir mobile Einheiten, die zwischen den Dörfern des Landesinneren versetzt werden konnten und Bestandteile der Dachdeckung produzieren sollten, die aus neuen und vor Ort auffindbaren Pflanzenfasern gewonnen werden konnten. Der Erwerb der dazu erforderlichen maschinellen Ausrüstung hätte weniger gekostet als der Import der notwendigen Komponenten, was für die schwache Ökonomie des Landes von Bedeutung war. In einigen Zonen sollten Pflanzenzüchtungen bestimmt und eingeführt werden, die unter den veränderten ökologischen Bedingungen wuchsen. Was die Materialwahl und die Anwendung der Maschinen angeht, hätten wir bei der Einführung der beweglichen Einheiten anfangs beratend zur Seite gestanden; danach hätten sie autonom funktionieren sollen.

Luftaufnahme von Dakar.
Links: typische Hütte.

Zum Trocknen ausgelegte Backsteine aus Pflanzenfasern.

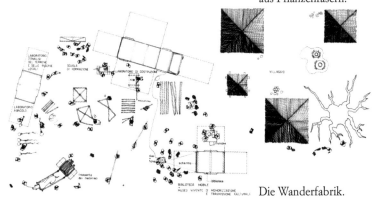

Die Wanderfabrik.

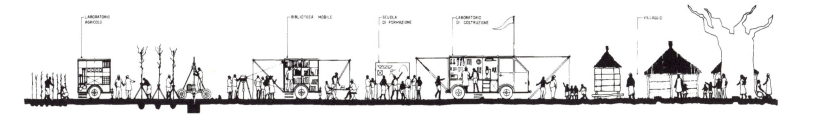

In diesem Ansatz lassen sich ohne Mühe die Spuren unserer Erfahrung in Otranto erkennen.

Doch sah die Wirklichkeit ganz anders aus. Das gesamte Gebiet war vom Matriarchat geprägt. Die heranwachsenden jungen Männer gingen nach Dakar und verdienten ein paar Mark. Der erste Sohn, der in der Stadt erfolgreich war, schickte der Mama als Geschenk einen hübschen Stapel Wellblech, damit sie das Hüttendach flicken konnte. Während die Dächer aus Pflanzenfasern Wärme und Feuchtigkeit ausgleichen konnten, wurden die Hütten mit dem Wellblechdach zur Hölle: Im Sommer waren sie brütend heiß, in der Regenzeit konnte man nicht schlafen. Schlimmer noch: Die Holzhütte faulte, weil es keine natürliche Verdunstung mehr gab, so daß nach kurzer Zeit nur das Wellblech zurückblieb. Diese zuerst glänzenden und dann rostigen Wellbleche waren für die Bevölkerung das Symbol der Modernität, des unaufhaltsamen Fortschrittes.

Zu jener Zeit begann ich, mit Paul Henry Chombard de Lawe, einem Soziologen der Pariser Schule, zu arbeiten, der mir diesen Mechanismus verständlich machte. Man kann ein Problem zwar für nicht real halten, doch wenn es zum Bestandteil der diffusen Bestrebungen einer Gemeinschaft wird, muß man es als reales Problem behandeln. Sicher, das Dach ist im Sommer glühend heiß, doch ist es ein Zeichen des Erfolgs und der Zuneigung meines Sohnes: Mein Sohn ist in die Stadt gegangen, und meine Nachbarn können es sehen, weil er mir das Haus erneuert hat.

Ich möchte keineswegs, daß dieser Diskurs zu zynischen Betrachtungen über die Unterentwicklung führt, da man bei uns doch dasselbe Phänomen beobachten kann.

Für die UNESCO leiteten wir noch ein weiteres Sanierungsprojekt in Burano nahe Venedig, wo es Häuser in den schönsten Farben gibt, die einst traditionsgemäß jedes Jahr neu angestrichen wurden. Wir entdeckten jedoch, daß der übliche Kalkverputz durch Zementverkleidungen ersetzt worden war und man anstelle der Kalkmalerei heutzutage einen synthetischen Anstrich verwendet. Gewiß glänzt die Farbe stärker und bedarf keiner jährlichen Erneuerung. Aber die Mauer atmet nicht mehr, die Feuchtigkeit tritt aus kleinen Haarrissen aus, und da sie sehr salzhaltig ist, läßt sie die Mauer zunehmend stärker hygroskopisch werden. Schließlich bleibt keine andere Lösung, als sie niederzureißen und neu aufzubauen. Die Mauer fällt, genau wie im Senegal. Die Gründe dafür sind weder in der Technologie noch in der Konstruktion zu suchen, sondern allein in der Welt der Träume.

Die Insel Burano.

Rechts: typische Verputzarten, die Untersuchungsgegenstand für die UNESCO waren.

Für das Molo Vecchio wurde auf Kosten der UNESCO eine weitere Sanierungsstudie durchgeführt. Die oberen Geschosse sollten als öffentliche Räume dienen.

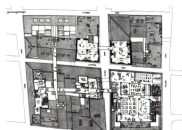

1979 Habitat
Fernsehbeitrag

Es handelt sich um eine von der RAI realisierte Sendereihe mit populärem Charakter, in der Konstruktionstechniken im Vergleich mit verschiedenen historischen und kulturellen Modellen verständlich und begreifbar gemacht werden sollten.

Zu manchen Zeiten war der Beruf des Architekten abenteuerlicher als heute. Ich habe bereits vom Wilden Westen als einer Metapher für das Abenteuer gesprochen: Der Wilde Westen selbst ist buchstäblich ein Beispiel dafür. Die Pioniere beluden ihre Wagen mit Holzbrettern, Nägeln und einem Hammer. Die Bretter waren numeriert, das Ganze stellte also schon eine Art vorgefertigtes Haus dar, das am Bestimmungsort nur noch errichtet wurde. Die Pioniere waren alle Architekten.

Der Bau der gotischen Kathedralen kann als ein weiteres herausragendes Beispiel gelten. Gewiß probte der Architekt die Montage der Träger auf dem Boden; damit das Puzzle auch am Tag der Errichtung der Struktur funktionierte, mußte er aber für dieselbe Luftfeuchtigkeit sorgen. Doch nicht genug mit dieser bloß intellektuellen Leistung: Um den Traum des Entwerfers zu verwirklichen, bedurfte es eines interdisziplinären Teams, welches das Wissen von Hunderten von Handwerkern fruchtbar machen konnte. Diese Arbeitsorganisation hatte eine ungeheuer wichtige soziale Konsequenz: Der Kathedralenbau repräsentiert den Anfang des modernen Arbeitsmarktes. Der Handwerker bot dem Baumeister seine Fähigkeiten an und handelte seinen Lohn aus.

Ausschnitte aus der Fernsehsendung. Zur Erklärung der Konstruktionsweise und Konstruktionsmittel wird das Baustellenmodell einer Kathedrale eingesetzt.

Der Fernsehbeitrag Habitat (ausgestrahlt 1979 auf dem zweiten Kanal der RAI nach dem Drehbuch von Magda Arduino und unter der Regie von Giulio Macchi) bot mir die Gelegenheit, diese und andere Überlegungen über die Architektur einem breiten Publikum vorzustellen. In gewisser Hinsicht war es eine Wiederholung von Otranto auf dem Bildschirm.

Habitat richtete sich an Laien, weswegen in der Sendung populäre Aspekte vorherrschten: die Konstruktionsprinzipien, einige einfache Experimente über Struktur und Material.

Die vielleicht interessanteste Seite daran war, daß wir einen Zusammenhang mit der Sozialgeschichte der Architektur herstellten und Beispiele auch aus anderen Kulturen heranzogen, wie die Jurte, das Zelt der Mongolen, das schon Marco Polo beschrieben hatte.

Ich versuchte überdies, eine Botschaft zu vermitteln: Lassen wir uns von der Architektur nicht beeindrucken! Unser Jahrhundert schafft riesige Gebäude, weil man heutzutage phantastische Maschinen zum Häuserbau zur Hand hat. Die Innovation ist in der Architektur aber nicht notwendig an eine hochentwickelte Konstruktionstechnologie gebunden. In unseren Tagen gibt es nur sehr wenig, was mit der strukturellen, baulichen und formalen Recherche in einer Kirche des 14. Jahrhunderts vergleichbar wäre.

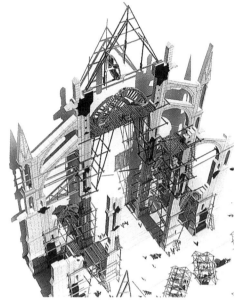

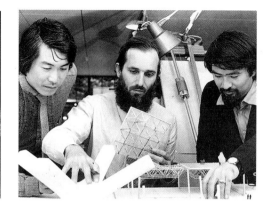

Renzo Piano zwischen
Nori Okabe und Shunji
Ishida.

Magda Arduino, die das
Drehbuch verfaßte.
Rechts: der Regisseur
Giulio Macchi.

1981 Montrouge (Paris) Frankreich
Umgestaltung Schlumberger
Bauzeit: 1981–1984

**Ein Teil der Schlumberger-Anlagen an der Pariser Peripherie wird in Büros und Laboratorien umgewandelt. In dem durch den Abriß entstandenen Freiraum wird ein großer Park angelegt, der die unterirdischen Parkplätze für tausend Fahrzeuge bedeckt.
Ein raffiniertes Spiel zwischen Neuem und Altem, zwischen Bauwerk und Natur.**

Das historische Zentrum ist das Herz einer Stadt. In Industriestädten – und alle europäischen Metropolen sind solche gewesen – gibt es darüber hinaus eine jüngere Geschichte: die der Entstehung industrieller Strukturen und mit ihnen historischer Zentren neuen Typs: mit Fabriken statt Adelspalästen und einer industriellen statt einer urbanistischen Logistik. Auch dieser Geschichte schulden wir unseren Respekt, vor allem weil sie Teil unserer Zivilisation ist, aber auch, weil sie in manchen Fällen ausgesprochen schöne Bauwerke hervorgebracht hat.
Schlumberger in Montrouge an der Pariser Peripherie ist das erste einer Reihe von Projekten zur Sicherung und Wiederverwertung der architektonischen Substanz industrieller Komplexe, an denen ich gearbeitet habe. Die ästhetische und die funktionale Wiederherstellung sind hierbei zwei Seiten derselben Medaille: Man kann unmöglich eine aufgegebene Stätte neu entwerfen, ohne über ihre Funktion, ihren Gebrauch und ihre soziale Bestimmung nachzudenken.
Die Firma Schlumberger ist ein elektromechanischer Betrieb, der sich auf Meßgeräte – besonders für Flüssigkeiten – spezialisiert hat: von Wasserzählern bis zu Maschinen zum Nachweis von Erdölvorkommen im Erdboden, mit denen das Unternehmen nach und nach den größten Umsatz bestreiten sollte. Wir kamen (gerufen von Jean Riboud, dem der Betrieb auch sonst kulturelle Anstöße verdankt) zu einem Zeitpunkt hinzu, als eine radikale Umstellung bevorstand: von mechanischen Produktionsabläufen auf elektronische. Das ist nicht nur ein Problem der Dimensionen, sondern auch der Qualität von Räumen: elektronische Anlagen erfordern ein extrem sauberes und geschütztes Umfeld. Überdies wächst in solchen Fällen – und Schlumberger macht hier keine Ausnahme – der Anteil der Arbeitskräfte, der mit Forschung und Entwicklung befaßt ist.
Die Entscheidung für eine Umstrukturierung des Gegebenen anstelle eines Neubaus wurde im Hinblick auf eine Kontinuität des Standortes getroffen.
Das Areal, ein rechtwinkliges Dreieck, wurde auf zwei Seiten von fünfstöckigen Bauten begrenzt, die neu strukturiert werden sollten, während für die in der Mitte gelegenen Werkstätten der völlige Abriß beschlossen wurde.
Vielleicht sollte an dieser Stelle erwähnt werden, daß Vorhaben wie diese stets Gegenstand eines Wettbewerbs sind. Ich möchte nicht den Eindruck erwecken, daß die Klienten bei uns anrufen, um uns

Die Fabrik vor dem Umbau.

Einige der Meßgeräte, die vor der betrieblichen Umstrukturierung der Firma hergestellt wurden: Strom-, Gas- und Wasserzähler.

Jean Riboud.

Luftansicht nach der Umgestaltung.

Gegenüberliegende Seite: Stirnseite eines der Gebäude nach der Umgestaltung.

vorzuschlagen, für sie zu arbeiten. Schlumberger konsultierte mehr als zwanzig Architekturbüros, von denen am Ende drei übrigblieben, deren Vorschläge Jean Riboud unterbreitet wurden.
Jean Riboud stammte aus einer berühmten Familie (er ist der Bruder des Fotografen Marc Riboud und von Antoine Riboud, dem »gran patron« von Danone) und war eine einflußreiche Persönlichkeit. Eines Tages rief er mich zu sich und fragte mich: »Gut, ich habe dich ausgesucht, aber ich verstehe nicht, warum du mich ausgesucht hast. Du hast ziemlich neuartige Dinge getan, warum willst du dich jetzt um eine verlassene Fabrik kümmern?« Ich erklärte ihm – oder versuchte zumindest zu erklären –, was ich darüber denke (siehe oben) und daß ich an die Aktualität des Vergangenen glaube. Seine Antwort: »Gut, dann will ich ehrlich sein. Ich hatte überhaupt nicht die Absicht, dich mit dieser Aufgabe zu betrauen, ich hatte mich noch gar nicht entschieden. Aber jetzt ja.« So begannen wir mit der Arbeit am Schlumberger-Projekt. Für die Firma betreute damals Alain Vincent das Projekt, der anschließend zu meinem Büro überwechselte (wo er heute noch arbeitet).

Ungewohnt war, daß es während der Umbauten dort Leute gab, die weiterarbeiteten. Die Fabrik war nur zum Teil geschlossen, im sogenannten Inkubator, der Brutstätte der künftigen Aktivitäten von Schlumberger, wurde auf Hochtouren gearbeitet.
Der Betrieb war überhaupt sehr innovationsfreudig: Er hatte erst kürzlich verschiedene Patente entwickelt, aus deren Nutzung drei oder vier Unternehmen hervorgegangen waren, darunter auch eines, ich erinnere mich zufällig daran, für die Herstellung von Parkuhren. Bevor sie sich mit eigenem Sitz selbständig machten, durchliefen diese Betriebe eine Probezeit von ein oder zwei Jahren in der Brutstätte, in der sie Produkte und Produktionsabläufe testeten und die Maschinen bei ihren Klienten installierten.
In gewisser Hinsicht war es wie die Umstrukturierung einer bewohnten Stadt, wie der Umbau eines Hauses, das weiterhin bewohnt wurde – ähnliches hatten wir bereits bei der UNESCO erlebt.
Die hohen Gebäude entlang der Grenzen des Areals – strenge, imponierende Bauten – gehörten zur historischen Identität des Komplexes. Also beschlossen wir, ihrem ursprünglichen Äußeren treu zu bleiben und die schwerwiegenden Eingriffe auf das Innere zu beschränken, wo die geforderten neuen Standards erhebliche Veränderungen nötig machten. In dem mittleren Areal, das nach dem Abriß der Werkstätten leer geblieben war, richteten wir in Zusammenarbeit mit Alexandre Chemetoff einen Park ein. Bäume und Pflanzen wurden so ausgewählt, daß sie eine je nach Jahreszeit wechselnde Landschaft und Farbenmischung ergaben – den natürlichen Zyklus gegenüber dem technologischen zur Geltung brachten. Aber auch sonst sollte dem Grün eine dominierende Funktion zukommen.
Der Zugang zu Schlumberger erfolgt über Pfade, die im Garten vorgezeichnet sind. Von hier aus wölbt sich eine Brücke zum ersten Stock des Hauptgebäudes. Ein kleiner See erstreckt sich unterhalb der Glasfront bis zum Treppenaufgang. Dieser wird – ebenso wie die Flure und Treppenabsätze – von Zier- und Kletterpflanzen belebt,

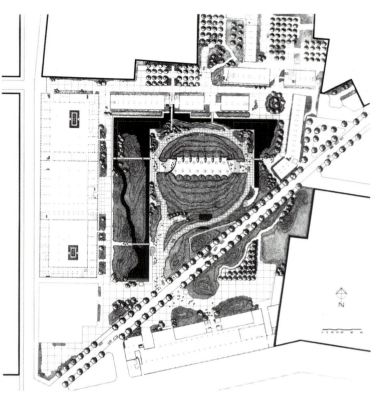

Übersichtsplan des Umbaus unter Hervorhebung der Parkanlage auf dem Gelände der einstigen Werkstätten.

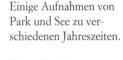

Einige Aufnahmen von Park und See zu verschiedenen Jahreszeiten.

Gegenüberliegende Seite:
Fotos links: die neuen Treppenaufgänge im Hauptgebäude.
Der Park setzt sich im Inneren des Gebäudes fort.

Konstruktionszeichnung des Querschnitts entlang der neuen Treppenaufgänge.

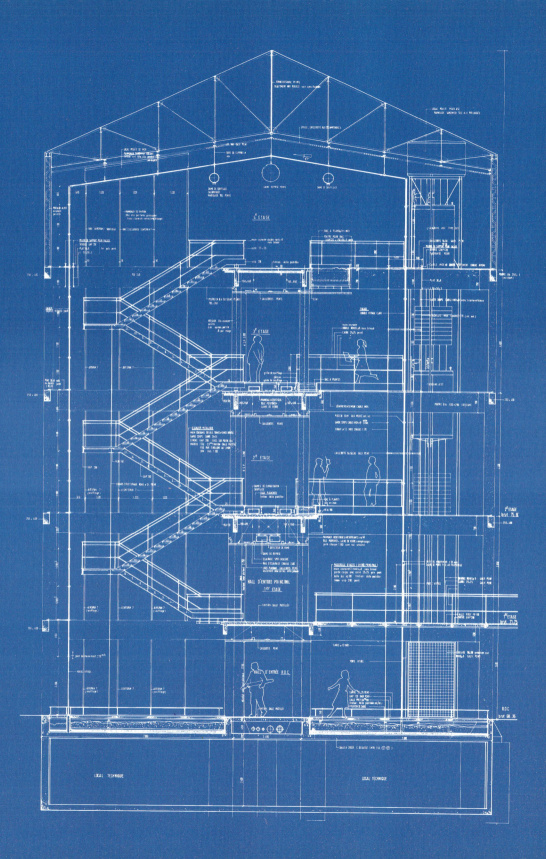

die bis in die Büros eindringen. Eine Grenze, an der die Natur sichtbar haltmacht, gibt es nicht.

Auch das sogenannte »Forum«, ein für öffentliche Einrichtungen (Restaurant, Bar, Bank, Reisebüro, Turnhalle, Konferenzraum) bestimmtes Gelände, wird teilweise von einem künstlichen Hügel bedeckt, den ein Fußgängerweg quert und der durch eine auf Zug beanspruchte Teflonkonstruktion vor Sonne und Regen geschützt wird. Abgesehen davon, daß der Park das imposante Erscheinungsbild der alten Gebäude ausbalanciert, bietet er sowohl den Schlumberger-Angestellten als auch allen, die die Avenue Jean Jaurès (die dritte Seite des Dreiecks) passieren, einen angenehmen Anblick. Diese grüne Oase trägt ferner dazu bei, die Lebensqualität im Quartier sowie die Anbindung der Fabrik an das urbane Netz zu verbessern.

Die Entscheidung, Natur als architektonischen Faktor einzusetzen, ist sicher nicht originell, erlangt aber innerhalb dieses Kontexts neue Bedeutung. Wenn wir von einer »grünen Revanche« an den Bauten sprechen, so meinen wir nicht eine Rache der Natur. Vielmehr ist diese (auch wörtlich) in die Mauern der Industrie eingedrungen und hat so die einseitig zugunsten der Technik verschobene Werteskala wieder ausgeglichen. Schlumberger ist für mich die Metapher für ein neues, solidarisches Verhältnis zwischen Technologie und Umwelt, zwischen dem Gebrauch und der Schonung von Ressourcen. Vertretbare Architektur für das Arbeitsumfeld einer »vertretbaren« Technologie.

Die Umstrukturierung der Gebäude hat den ursprünglichen Konstruktionsrahmen sichtbar beibehalten und dabei die an den Füllmassen vorgenommenen Eingriffe sowie die neuen Anlagen hervorgehoben. Die auf Zug beanspruchte Teflonkonstruktion überdacht die Schneise in der Mitte des Parks und macht den Forumsbereich, in dem die öffentlichen Einrichtungen des Betriebs untergebracht sind, zum Schnittpunkt von Park und Gebäude, Büros und Werkstätten.

Gesamtansicht des B-Traktes: im Vordergrund der See und rechts das Forum mit seinem Zeltdach.

Innenansichten der Büros und Werkstätten.

Details des Teflondachs mit den charakteristischen Sparren, die ihm seine Form verleihen.

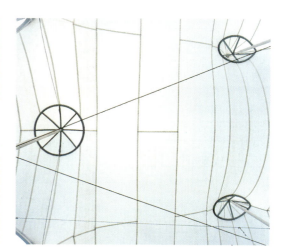

1982 Turin Italien
Retrospektive Alexander Calder
Bauzeit: 1982

**Die Umgestaltung eines Raums, des Palazzo a Vela von Turin, für die Ausstellung der Werke Alexander Calders.
Eine Arbeit über das Licht, den Raum und die Aufstellung der Werke.**

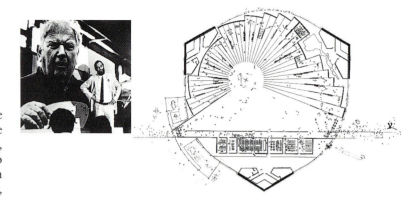

Calders Mobiles, seine beweglichen Skulpturen, sind ironische Exerzitien von großer handwerklicher Weisheit. Auf der einen Seite die raffinierte Koordination der Gewichte, auf der anderen ein Spiel, dessen Regeln die Gesetze der Mechanik sind. Entstanden sind so einige der interessantesten Objekte dieses Jahrhunderts im Grenzbereich zwischen Kunst und Technik. Es versteht sich daher, daß mir Calder nahesteht und was ihn mir sympathisch macht.
1982 schlug mir der Kritiker Giovanni Carandente vor, eine der größten Installationen seiner Werke in Turin zu besorgen.
Es ist nicht leicht, die Mobiles auszustellen. In einem klassisch musealen Ambiente hätten sie ihren unbotmäßigen Charakter verloren. Man mußte also eine Art »Nicht-Museum« suchen. Man befand den Palazzo a Vela im Parco di Italia '61 als geeignet – ein segelförmiger Bau aus Eisenbeton mit nur drei Standflächen an den Seiten und einem gewaltigen offenen Raum von 15 000 Quadratmetern. Ein »open space«, der uns zwar einerseits völlige Freiheit ließ, andererseits aber nicht dafür gedacht war, Veranstaltungen diesen Typs zu beherbergen, und der darum neu konzipiert werden mußte. Unter diesem architektonischen Aspekt gewann das Projekt in meinen Augen zusätzlich an Interesse.
Wir beschlossen, vorwiegend an den immateriellen Dimensionen des Raums zu arbeiten. Zunächst an den Lichtverhältnissen: Wir deckten die 7000 Quadratmeter großen Glasfronten mit reflektierenden Aluminiumverkleidungen ab, die nach innen – ebenso wie das Gewölbe – dunkelblau gestrichen waren.

Plan der Ausstellung.

Auf diese Weise verschleierte die Dunkelheit die riesigen Dimensionen des Raums, während Spotlights den Blick auf die Werke lenkten. Sodann veränderten wir die Temperatur, sei es zum Schutz der Exponate, sei es, weil eine dunkle und kühle Atmosphäre die Konzentration fördert (was die Architekten der großen Kathedralen genau wußten). Schließlich war die Ausstellung für den Sommer vorgesehen, zu einer Zeit, da Turin manchmal einem Backofen gleicht. Doch indem wir das Ventilationssystem optimierten und Wasser über das Gewölbe leiteten, erreichten wir eine Temperaturabsenkung von etwa sechs Grad Celsius.
So entstand ein überraschender Innenraum, ein Mikrokosmos, der den Visionen des Künstlers entsprach – als hätte sich der große »Zirkus« von Calder materialisiert.
Die Skulpturen wurden auf verschiedenen Ebenen und in Form eines Strahlenkranzes um einen zentralen Fokus angebracht, einer Gruppe aus drei großen und einigen kleineren Werken. Die – im Verhältnis zur Achse leicht exzentrische – Plazierung dieses Fokus trug dazu bei, den Eindruck von Bewegung zu verstärken.

Ein Mobile von Calder.

Aus dem Halbdunkel taucht Calders großer »Zirkus« auf.

1982 Houston (Texas) USA
Menil Collection
Bauzeit: 1982–1986

Ein Museum für die Sammlung de Menil, die aus über 10 000 Exemplaren primitiver und moderner Kunst besteht. Hier werden nur einige der Werke im Rotationsverfahren unter vorwiegend natürlichen Lichtbedingungen ausgestellt; die anderen Werke werden in einem veritablen »treasure house« aufbewahrt. Ein komplexer Raum, der vom Spiel der vielfältigen Ebenen und der eindringenden Natur lebt. Die Idee eines »village museum«.

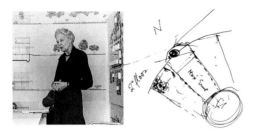

Dominique de Menil.

Die »Schatzkammer«. Skizze der Auftraggeberin.

Madame de Menil ist heute eine überaus lebhafte Neunzigjährige mit einer großen Leidenschaft für die Kunst. John de Menil war ein großer Erdölmagnat, den das schwarze Gold nach Houston, Texas, geführt hatte, wohin ihm seine Frau Dominique, eine französische Adlige, gefolgt war.

Madame de Menil liebäugelte seit vielen Jahren mit dem Gedanken, ein Museum für die 10 000 Stücke ihrer Sammlung zu errichten. Das führte sie und ihre engsten Mitarbeiter, Paul Winkler und Walter Hopps, zu uns.

Madame de Menil hatte sich ziemlich genaue Vorstellungen über Architektur und über das, was einmal ihr Werk sein sollte, gemacht. Auf keinen Fall wollte sie sich der rhetorischen Modernität der Downtown von Houston anpassen. Ihr schwebte ein experimentelles Museum vor, das zugleich Erholungszentrum und kleines Dorf sein sollte. Ihre große Liebe galt dem Licht, und so bekamen wir die Auflage, mit natürlichem Licht zu arbeiten. Als technisch überaus interessant erwies sich außerdem die Aufgabe der Konservierung der Kunstwerke. Wir gingen das Problem wie bei den Hörsälen des IRCAM interdisziplinär an: Unterstützt von namhaften Konservatoren, studierten wir die einschlägigen Parameter der relativen Luftfeuchtigkeit, der Temperatur und der Helligkeit. Für jeden von ihnen gab es einen Schwellenwert, der nicht überschritten werden durfte, weil andernfalls die Exponate Schaden genommen hätten.

An einem bestimmten Punkt überschnitt sich das Problem der Helligkeit mit dem der Materialhäufung, und wie es manchmal so ist, lieferte uns dieses Aufeinandertreffen die Lösung.

10000 Stücke sind enorm viel, und es wäre sehr schwierig geworden, alle gleichzeitig zu präsentieren und jedem einzelnen von ihnen den angemessenen Platz zuzuweisen. So entstand die Idee des »treasure house«, und es war Madame de Menil, die darauf kam. Warum, sagte sie, schaffen wir nicht einen geschützten, klimatisierten, sicheren Raum, der von dem Nutzungsbereich abgetrennt ist, und stellen die Werke abwechselnd, jeweils für kurze Perioden, aus?

Das »treasure house« war die Quadratur des Kreises, es ermöglichte nämlich eine durchaus originelle Konservierungspraxis: Die Werke konnten nunmehr einer höheren Lichtmenge ausgesetzt werden als normalerweise zulässig, da sie nach einer Weile wieder abgehängt

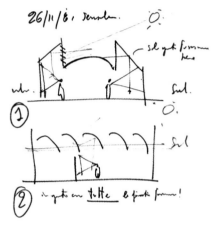

Das Konzept des von oben einfallenden natürlichen Lichts. Renzo Pianos Skizze entstand in Israel.

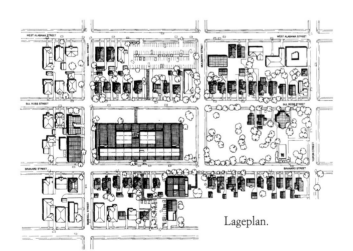

Lageplan.

wurden. Dafür würde das Publikum sie in den öffentlich zugänglichen Räumen unter wesentlich besseren Lichtbedingungen bewundern können als allgemein üblich. Denn genau das hatte Madame de Menil gewollt: daß das Licht so lebendig, pulsierend und veränderlich sei wie der Tag – um die Kunstwerke in unendlich vielen farbigen Nuancen erstrahlen zu lassen.

Natürliches Licht – das sagt sich so leicht. Aber man darf Gemälde nicht den ultravioletten Strahlen aussetzen. Also mußten Strategien ausgeklügelt werden, sie auszufiltern – möglichst ohne Einbußen an Leuchtkraft, Abtönungen oder Vibrationen. Pontus Hulten riet mir, nach Israel zu fahren, das auf ähnlicher geographischer Breite liegt wie Houston. Im Museum von Tel Aviv gibt es sehr gute Beleuchtungssysteme mit doppelter Spiegelung; aber das für unsere Zwecke nützlichste Beispiel fand ich in einem winzigen Kibbuz-Museum in der Nähe des Sees Genezareth, in welches das Licht durch eine Art viereckiges Glasdach drang, das nach den vier Himmelsrichtungen ausgerichtet war.

Das Herzstück des Menil-Projekts ist die Abdeckung der Ausstellungsräume, die durch die serielle Anordnung eines modularen Elements realisiert wurde. Diese Komponente, wegen ihres Aussehens »Blatt« genannt, besteht aus einem ziemlich dünnen Profil aus Eisenbeton, das durch ein Gittertragwerk aus Stahl gehalten wird. Die Blätter sind leicht und erfüllen optimal die Funktionen der Abdeckung, Ventilation und Lichtführung.

Die weiche, geradezu natürliche Rundung des Profils ist das Ergebnis äußerst raffinierter mathematischer Modelle: Ausgehend von einer externen Beleuchtung von 80000 Lux (die eines Frühlingshimmels), wurden so lange Computersimulationen durchgeführt, bis ein Wert von 1000 Lux für die Innenbeleuchtung erreicht war. Auf dieser Grundlage wurde die Form eines Blattes bestimmt.

An diesem Prozeß hatte Peter Rice, Bauingenieur und Reisegefährte, größten Anteil. Die besten Ideen entstanden während aberwitziger Diskussionen mit ihm. Gemeinsam haben wir an der Idee mit den Blättern gearbeitet, das Konzept verfeinert, bevor die endgültige Form errechnet wurde. Und gemeinsam begriffen wir, daß die Blätter auch eine strukturelle Funktion als integralen Bestandteil des Dachgebälks ausüben konnten.

Nach Fertigstellung des Entwurfs bauten wir ein Stück Dach in einem Forschungszentrum in der Wüste nahe Dallas. Dieses wurde sodann den schlimmsten Unwettern ausgesetzt; wir traktierten den Prototyp zum Beispiel mit zweihundert Stundenkilometer schnellen Wasserstrahlen, indem wir Flugzeugpropeller benutzten; wir simulierten Wasserwirbel und sogar einen Tornado – die Blätter hielten allen Tests stand.

Die Eisenbetonelemente wurden in England hergestellt und auf dem Wasserwege nach Houston gebracht. Auch hier gilt einmal mehr der Satz, daß bei solchen Dingen die Welt heutzutage ein Dorf ist.

Die Menil Collection liegt in einem Park im Zentrum von Houston, inmitten von Beispielen traditioneller amerikanischer Architektur – Holzhäusern im Pionierstil, nach dem Prinzip des »balloon frame«

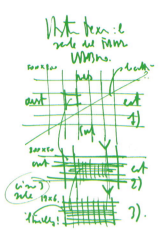

Die Menil Collection ist als »village museum« entworfen. Sie fügt sich nahtlos in das rechtwinklige urbane Geflecht der Umgebung ein. Die Konstruktion überragt nicht die umstehenden kleinen Häuser. Die Luftansicht unten zeigt auch das grüne Band zwischen den Gebäuden.

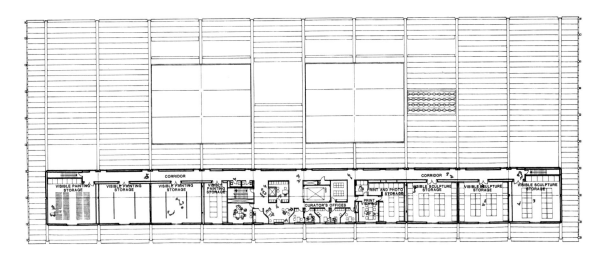

Grundriß des ersten Stockwerks: das »treasure house« und die Büros des Konservators.

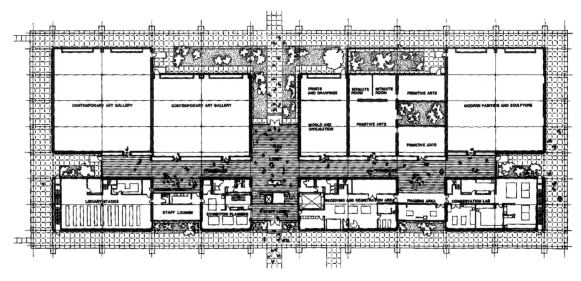

Erdgeschoß mit Galerien und Büroräumen.

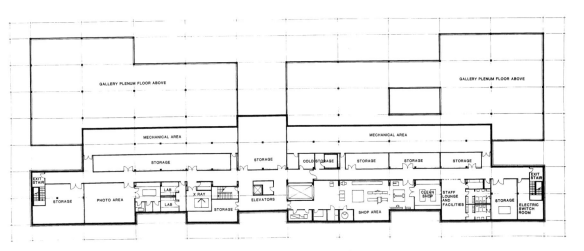

Kellergeschoß mit technischen Anlagen, Magazinen und Werkstätten.

errichtet. Sie repräsentieren die lokale Baugeschichte besser als die umstehenden Wolkenkratzer.

Die Einfügung in diesen Kontext war ebenfalls Gegenstand reiflicher Überlegungen.

So wurden Materialien und Konstruktionstechniken verwendet, die typisch für das Umfeld sind: Die Mauern bestehen aus Holztafeln, die an einem Metallgerüst befestigt wurden – im feuchtwarmen Klima von Houston wird dadurch eine bessere Transpiration der Räume erreicht.

Das Bauwerk ist weitläufig, aber nicht monumental, und überragt in der Höhe nicht die umliegenden kleinen Häuser. Das Museum besteht aus mehreren Gebäuden – es ist ein »village museum« – und fügt sich als solches, nicht zuletzt dank der Grünanlagen des Parks, nahtlos in das rechtwinklige urbane Geflecht der Umgebung.

So übernimmt das Menil-Museum – indem es sich den Gegebenheiten der Umgebung anpaßt – für Houston die Funktion eines fehlenden Gliedes: des historischen Zentrums einer Stadt, die keine Geschichte hat.

Während das Centre Pompidou in Paris, das Beaubourg, sich polemisch von der unerträglichen Präsenz der Vergangenheit absetzte, kam die Menil Collection dem umgekehrten Anspruch entgegen. In einer Stadt ohne Gedächtnis wie Houston kam es darauf an, den musealen Ort zu sakralisieren. Suchte das Beaubourg die Öffentlichkeit des Platzes, so war hier der ritualisierte Rückzug in die Kontemplation gefragt.

Paradoxerweise mutet die Menil Collection mit ihrer Ruhe, ihrer Heiterkeit und ihrem Understatement (vom wissenschaftlichen Standpunkt aus) moderner an als das Beaubourg. Dessen Technizität ist reine Parodie, während die in Strukturen und Materialien sowie in den Systemen zur Klimasteuerung durchaus fortgeschrittenere Technologie der Menil Collection nirgends zur Schau gestellt wird. Sie existiert, weil man ihrer bedarf, und manifestiert sich in ihren Wirkungen, nicht als Instrument an sich. Das Resultat ist eine für Kontemplation geradezu ideale Atmosphäre, einzigartig besonders wegen des wandernden Oberlichts zwischen den Blättern. Reyner Banham sprach in einem Aufsatz von einem »Ort, der dem Funktionalismus die Magie zurückerstattet«.

Um der Menil Collection die Aura eines heiligen Ortes zu verleihen, haben wir eine räumliche Komplexität jenseits der Volumetrien, des Spiels mit der Wiederholung von Komponenten, der Vervielfachung der Ebenen angestrebt. Wir haben versucht, immaterielle Elemente wie Transparenz, Leichtigkeit und Lichtvibrationen architektonisch nutzbar zu machen. Das alles ist Teil der Komposition.

Man sollte daher die Schlichtheit der Formen nicht mit der Armut des Raums verwechseln. In der Einfachheit des Daches, der Linearität der Wände oder den weißen Mauern spiegeln sich Entscheidungen für entsprechende Ausdruckswerte wider.

Die Absicht des Architekten war es, mehr die Konzentration als das Staunen zu fördern.

Die Einfachheit ist das Resultat einer langen und schwierigen, aber durchgestandenen Arbeit: Sie scheint ein Ziel zu markieren und ist doch in Wahrheit ein Anfang.

Ostfassade. Im ersten Stock die Schatzkammer, die 10 000 Sammlungsstücke beherbergt.

Fernand Léger.

Kykladenidole.

Die Schränke des »treasure house«.

Mittelalterliche Ikone. Ozeanische Kunst. Bronzeplastiken aus Benin.

Pablo Picasso.

Mittelalterliche Ikone.

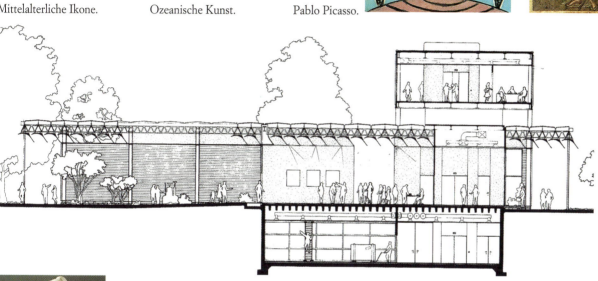

Koptisches Portrait. Korridor der Lagerbestände.

George Segal.

René Magritte.

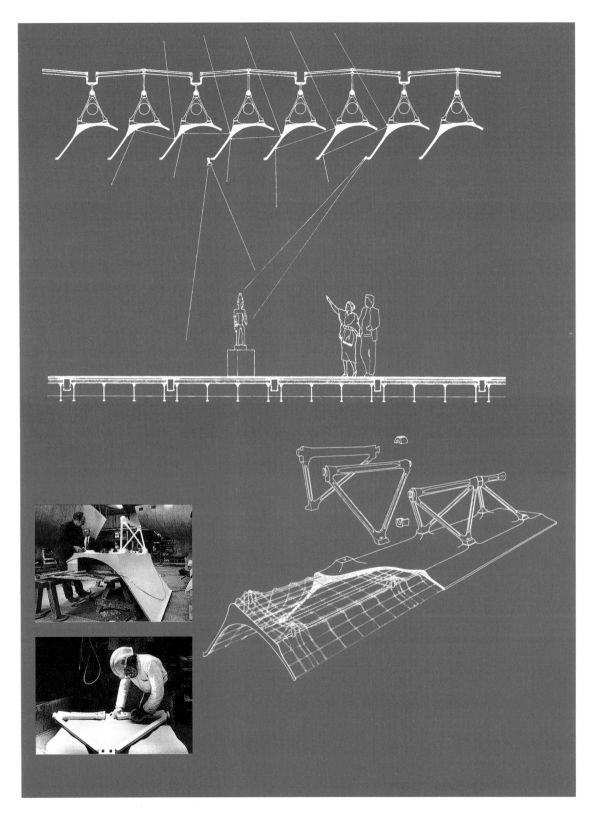

Aus dem Studium des natürlichen Oberlichts sind die »Blätter« hervorgegangen, die das Licht filtern, indem sie das Helligkeitsvolumen drastisch reduzieren. Oben kann man das Modell des Dachs sehen, unten die Arbeiten in der Werkstatt.

Blick in den tropischen Garten. Davor und dahinter Räume für primitive Kunst, ganz hinten ein zweiter Garten. Durch diese Schachtelung transparenter Ebenen weitet sich der Raum.

Madame de Menil wollte ein variables, den Launen der Witterung entsprechendes Licht. Und ein museales Ambiente, das bei aller Priorität der Kunstwerke nicht neutral bleibt.

Die Unterteilung der Ausstellungsräume.

Die Ateliers der Restauratoren von außen und von innen gesehen.

1983 IBM-Wanderpavillon

Bauzeit: 1984–1986

**Es handelt sich um ein zeitgenössisches »Gebäude« zur Präsentation der Zukunft der Information, das in den Grünanlagen verschiedener europäischer Städte aufgestellt wurde. Es ist 48 Meter lang bei einer Breite von 12 und einer Höhe von 6 Metern und besteht aus 34 Bögen, die ihrerseits von jeweils 6 pyramidalen Elementen aus Polykarbonat gebildet werden. Des weiteren wurden laminiertes Holz und Aluminiumgußteile verwendet.
Ein transparenter und immaterieller Pavillon, in natürliche Umgebung getaucht.**

London.

Der transparente Pavillon ist wie ein Zirkuszelt in verschiedenen Städten aufgestellt worden. Ein Zirkus, in dem künftige Kommunikationstechnologien präsentiert werden, aber auch ein Treibhaus, das sich organisch in die jeweiligen Parkanlagen einfügte.

Die Innovationen am Ende dieses Jahrhunderts stehen im Zeichen des Mottos »high tech, soft touch«: Hochtechnologie und hohe Sensibilität. Nach der Ära der Serienproduktionen, die vom Transfer von Menschen, Materialien und Maschinen lebte, hat die Ökonomie im ungreifbaren Informationsfluß ihren neuen Motor gefunden. Waren Masse und Wiederholung die Kennzeichen der Industriestadt, so ist die Immaterialität der Kommunikation das Kennzeichen der verkabelten Stadt.
Die IBM-Wanderausstellung sollte in zwanzig europäischen Städten die Wunder der technologischen Zukunft vorstellen. Das Thema war überaus interessant, denn es galt, eine fundamentale Botschaft zu vermitteln: Die Telematik läßt die Entfernungen schwinden und macht so den physischen Standort eines Arbeitsplatzes irrelevant. Diese Tatsache hat enorme Konsequenzen für die territoriale Ordnung: Sie überwindet nämlich die traditionelle Vorstellung eines »Zentrums«, die bislang die Entwicklung der kommerziellen und finanziellen Dienstleistungen unserer Städte geleitet hat.

Lyon.

In Übereinstimmung mit diesen Vorgaben sollte die Ausstellung nicht in bereits vorhandenen Gebäuden installiert werden, sondern in einem eigenen Pavillon, der in den jeweiligen städtischen Parkanlagen eingerichtet werden sollte. Da Ausstellung und Pavillon in Containern reisten, mußte die Konstruktion – nicht anders als ein Zirkuszelt – möglichst leicht auf- und abzubauen sein.
Schon seit Beginn meiner ersten Arbeiten habe ich mich für ephemere Bauten interessiert: Die Abwesenheit von Dauer befreit den Architekten von vielen Fesseln und läßt dem Experiment mehr Raum. Für die IBM-Ausstellung beschlossen wir, einen so noch nicht dagewesenen Cocktail aus alten und neuen Materialien zu verwenden: laminiertes Holz für die kleinen Querbalken, Aluminiumgußteile für die Gelenke, Polykarbonat (ein besonders leichtes und transparentes Material) für die pyramidenförmigen Dachelemente. Diese selbsttragenden Komponenten bildeten zusammen die Bogenstruktur des Pavillons.
Spezialkleber verliehen den Verbindungen zwischen den verschiedenen Materialien einen schier unvorstellbaren Zusammenhalt. Um die

York.

Rom.

Gegenüberliegende Seite: Mailand.

letzten Zweifel auszuräumen, begab ich mich mit einer dieser Pyramiden und einem Hammer zum Pariser Sitz von IBM (wo Gianluigi Trischitta, Erfinder und Koordinator des Projekts, eine Versammlung einberufen hatte). Als man die Stabilität des Materials in Frage stellte, nahm ich den Hammer und schlug mitten in der Versammlung mit aller Kraft auf die Pyramide. Der Lärm war gewaltig.

Dann schauten alle nach, aber die Pyramide hatte nicht einmal einen Kratzer. Ich weiß nicht, ob es mehr am Experiment oder an der einschüchternden Geste meines Auftritts lag – das Projekt jedenfalls wurde anschließend genehmigt.

Die Chemie hat heutzutage für den innovationsfreudigen Architekten etwa den Stellenwert, der in vergangenen Jahrhunderten dem Schweißen zukam. Das ist eine wahre Revolution: Die neuartigen Klebestoffe garantieren Wirkungen, die mittlerweile selbst in der Luft- und Raumfahrt genutzt werden.

Der technologischen Evolution auf den Fersen bleiben, einen neuen Gebrauch von Materialien fördern und entsprechend neue Formen studieren – ich glaube, daß dies der Weg ist, der großen Tradition des europäischen Bauens gerecht zu werden. Die Nachahmung bekannter Formen hingegen stellt eine rein kosmetische Ehrenrettung dar: Man trägt die Hülle des Vergangenen weiter, nicht den Geist.

Im Rahmen dieses Projekts schufen wir einen fast immateriellen Pavillon, den irgend jemand als ein telematisches Treibhaus bezeichnet hat: ein Gefäß für eine neue Generation von Technologien – von der mikroelektronischen Hardware bis zur künstlichen Intelligenz –, das von ferne einem Garten im Winter ähnelte.

In einer Parklandschaft stellte der Pavillon eine fast schon provozierende Annäherung von fortgeschrittener Technologie und Natur dar. Das Gebäude wirkte in seiner Transparenz und seiner Zersplitterung in Tausende von kleinen Details dermaßen leicht, daß es überall Platz fand und sich in die verschiedensten städtischen Kontexte problemlos integrierte.

Es wurde ein großer Erfolg: insgesamt besuchten anderthalb Millionen Menschen diese Ausstellung, um sich davon zu überzeugen, daß der alte Menschheitstraum der Immaterialität Wirklichkeit wird.

Montage eines Bogenprototyps am Strand in der Nähe des Genueser Büros.

Phasen der Pavillonmontage.

Detailaufnahmen der Knotenpunkte zwischen den Materialien.

Der Innenraum.

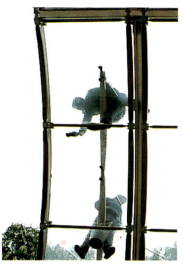

Die Konstruktion besteht aus selbsttragenden assemblierten Bögen. Jeder Bogen ist strukturell unabhängig und setzt sich aus verschiedenen Elementen zusammen, die alte und neue Materialien miteinander verbinden: laminiertes Holz für die Primärstruktur, gegossenes Aluminium für die Verbindungsteile und Pyramiden aus transparentem Polykarbonat, die die Hülle der Konstruktion bilden.

1983 Venedig und Mailand Italien
Musikalischer Raum für »Prometeo«
Realisierung: 1983–1984

Eine zerlegbare Holzkonstruktion für das Orchester und vierhundert Zuschauer. Musikinstrument und Schiff zugleich, mit Stützelementen und Rippen aus laminiertem Holz über einer sekundären Metallkonstruktion. Der Raum entsteht mit dem Werk.

Renzo Piano und Luigi Nono.

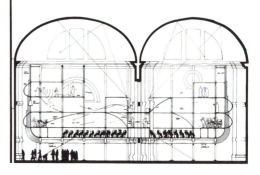

Querschnitt des Bühnenraums für die Installation in der Basilika von San Lorenzo in Venedig.

Die Musiker verändern während der Aufführung ihren Standort.

Die Arbeit am »Prometeo« sollte meine zweite architektonische Erfahrung mit Musik werden. Entwickelt wurde das Konzept auf höchstem ästhetischem Niveau mit Luigi Nono, Claudio Abbado, Massimo Cacciari und Emilio Vedova.

Nono war es, der mir vorschlug, einen musikalischen Raum für ein Werk zu schaffen, an dem er noch zwei Jahre arbeiten sollte: »Prometeo oder die Tragödie des Hörens«. Die Welturaufführung sollte von der Mailänder Scala organisiert werden und in der Kirche von San Lorenzo in Venedig im Rahmen der Biennale stattfinden.

Die Idee war, die Anlage des traditionellen Konzertsaals auf den Kopf zu stellen. Das Publikum sollte im Zentrum und die Musiker auf verschiedenen Ebenen um die Zuhörer herum postiert sein. Überdies sollte die Musik von ständig wechselnden Standorten erklingen und so eine Interaktion mit dem Raum eingehen. Zum Teil konnte man dieses Ergebnis mit elektronischen Klangmanipulationen erzielen; vorgesehen war aber auch, daß sich die Musiker während der Aufführung im Raum bewegen sollten.

Es ging also im Grunde darum, einen Gegenstand zu entwerfen, der gleichzeitig als Bühne, Ausstattung, Orchesterraum und Resonanzkörper funktionieren mußte.

Das Projekt war ebenso faszinierend wie komplex, und das nicht nur unter akustischen Gesichtspunkten. Da gab es zunächst das Problem des Dirigenten. Unter den gegebenen Bedingungen würde es für Abbado schwierig werden, für alle achtzig Mitglieder des Chors und des Orchesters gleichzeitig sichtbar zu sein. Dank seiner Mitarbeit kamen wir auf die Idee, das Dirigat mit Hilfe von Monitoren zu vervielfachen. Cacciari arbeitete an den Texten, Vedova sollte Licht- und Farbprojektionen entwerfen, beschränkte sich schließlich aber auf einige wenige Lichtvariationen, um, wie er sagte, nicht von dem wahren Protagonisten des Werks, der Musik, abzulenken. Ein seltenes Beispiel von Bescheidenheit, das unsere Freundschaft festigte.

Das ganze Ambiente wurde als gigantisches Musikinstrument konzipiert, aus Holz, versteht sich, wegen der akustischen Eigenschaften. Das Können eines Lautenbauers war dabei ebenso gefragt wie das eines Schiffskonstrukteurs, denn nur in der maritimen Technologie versteht man es, laminiertes Holz für Gegenstände dieser Größenordnung zu verwenden.

Der »Prometeo« war nicht zuletzt deshalb eine außergewöhnliche Erfahrung, weil der Raum für das Werk mit dem Werk selbst erst entstand und Teil des kreativen Prozesses wurde.

Luigi Nono, Massimo Cacciari und Renzo Piano.

Partituren von Luigi Nono.

Das Publikum sitzt im Zentrum der Installation.

Auf dem ersten Foto rechts: die Installation in der ehemaligen Fabrikhalle der Ansaldo-Werke in Mailand.
Auf den anderen: verschiedene Phasen der Montage.

1983 Genua Italien
Metro-Stationen
Bauzeit: 1983–1991

Sechs je nach urbanem Kontext verschiedene Stationen, deren gemeinsame und wiedererkennbare Identität durch standardisierte Komponenten gewährleistet wird. Diese können so in hinreichend großer Menge kostengünstig hergestellt werden.

Wer Genua kennt, weiß, daß es eine langgezogene enge Stadt ist. Sämtliche Verkehrswege (Straße, Autobahn, Eisenbahn) überschneiden sich auf einem schmalen Streifen Land zwischen Meer und Gebirge und müssen über weite Strecken entweder unter oder über der Erde verlaufen. Dieser Raummangel führte seit jeher zu einer optimalen Nutzung vorhandener Strukturen, so daß eine neu hinzukommende Metro ganz selbstverständlich die Anfang des Jahrhunderts für die Straßenbahn gebauten Unterführungen nutzte. Wie der Schienenverlauf, so mußten auch die Haltestellen sich den Einschränkungen der vorhandenen Strukturen anpassen.

In Auftrag gegeben wurde der Entwurf der Stationen von der Ansaldo, dem »general contractor« der Metro selbst. Realisiert wurden drei Haltestellen, unter denen die von Brin, die einzig überirdische, als Prototyp fungierte.

Während die architektonischen Lösungen für die Anbindung der Stationen an das Straßennetz wegen der unterschiedlichen lokalen Ausgangsbedingungen jeweils verschieden ausfallen mußten, haben wir uns beim Entwurf der Bahnsteige und Zugänge sowie der Beschilderung um ein einheitliches Bild bemüht.

Im Falle von Brin wird der Baukörper der Station von der transparenten Verkleidung einer Galerie umschlossen, die die Bahnsteige vor Wettereinflüssen und die umstehenden Häuser vor dem Lärm der Fahrzeuge schützt.

Brin ist eine große Konstruktion, die sich an die Zugstrecke »anlehnt«, das heißt, sich der Stadt in ähnlicher Weise anschließt, wie dies ein Zuganschluß tut: als ein Fremdkörper, der nicht verleugnet, einer zu sein.

In allen Städten der Welt sehen die Untergrundbahnen aus wie Untergrundbahnen, und ich verstehe offen gesagt nicht die Prüderie, sie verbergen zu wollen. Unsere Arbeit bewegte sich in die entgegengesetzte Richtung: Angesichts der Unmöglichkeit einer Angleichung von Station und Umgebung haben wir zusammen mit Maurizio Varratta auf eine Identifikation von Zug und Haltestelle gesetzt. Dies hat dazu geführt, daß der Behälter dem Inhalt ähnlich sieht. Die fließende und aerodynamische Architektur von Brin gehört mit ihrer semielliptischen Form und den farbigen, durch die Verkleidung sichtbaren Nervaturen zur Welt der Transportmittel. Brin ist mehr Zug als Stadt.

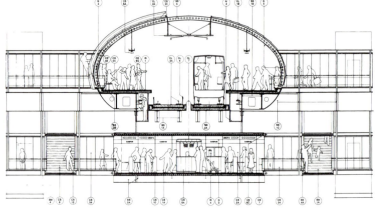

Der Bahnhof von Brin im Bau und ein Querschnitt.

Der Bahnhof von Brin
in Betrieb.

1983 Turin Italien
Neustrukturierung des Lingotto-Werks
Bauzeit: 1988–1995

Das Projekt der Umgestaltung einer Automobilfabrik in ein polyfunktionales Zentrum. 250 000 Quadratmeter Oberfläche mit ausgedehnten öffentlichen Räumen: ein richtiges Stadtviertel. Die Herausforderung: das Gedächtnis des »Monuments« unter Berücksichtigung seiner neuen Funktionen zu bewahren.

Die Fahrzeugrampe, die zum Dach führt, eines der charakteristischen Merkmale des Lingotto. Hier wird die Stahlbetonkonstruktion bei aller Beachtung der Funktionalität zum Kunstwerk.

Fünfhundert Meter lang, fünf Stockwerke hoch und versehen mit der unverwechselbaren Teststrecke auf dem Dach, war der Lingotto das erste Beispiel einer modularen Konstruktion aus Eisenbeton, die auf der Wiederholung von nur drei Bauelementen basierte: Pfeiler, Balken und Zwischendecken. Als er in den zwanziger Jahren entstand, konnte er überdies zwei weitere Superlative für sich verbuchen: den der größten europäischen Fabrik für Serienproduktion und den des ersten vollständig integrierten Produktionskreislaufs in der italienischen Autoherstellung.

»Machen Sie sich auf einen gewaltigen Dampfer gefaßt, dessen Bordwand Sie vom Rand einer Anlegestelle aus betrachten. Sie werden lange so stehenbleiben, mit dem Kopf im Nacken nach oben starren und vielleicht mit der Zeit nachdenklich werden.« So stellte ein Chronist seinerzeit den Lingotto vor. Und Le Corbusier bezeichnete ihn in seinem Buch »Vers une architecture« als eines der »sicherlich beeindruckendsten Schauspiele, das die Industrie zu bieten hat«.

Ich meine, daß die großen Denkmäler der Produktion eine ebenso liebevolle Erhaltung verdienen wie all die anderen künstlerisch bedeutenden Bauwerke der Architekturgeschichte, und der Lingotto gehört zweifellos zu diesen Monumenten.

Benannt wurde die Anlage, mit der die FIAT-Werke nach dem Ersten Weltkrieg die entscheidende Wende ihrer Firmengeschichte einleiteten, nach dem Turiner Viertel Lingotto, in dem der Gebäudekomplex errichtet wurde. Der mit dem Projekt beauftragte Ingenieur Matté Trucco orientierte sich an der nordamerikanischen Industriearchitektur, von der er zwei Konzepte übernahm: die vertikale Staffelung des Produktionszyklus und die spartanische Modularität der Basiskomponenten, die einen raschen Aufbau und die Zuverlässigkeit der Konstruktion garantierten. Die Widerstandsfähigkeit dieses großen Gebäudes wurde während des Zweiten Weltkrieges auf eine harte Probe gestellt, aber, wie FIAT-Chef Agnelli sich gern erinnert, »nicht einmal die Bomben haben es niederreißen können«.

Nirgends verbirgt der Lingotto die Gründe, die zu seiner Errichtung geführt haben. Auch wenn es nicht an dekorativen Elementen fehlt, stellt er die Quintessenz der Fabrik dar. Nach Osten wird er von einem nicht zu hohen und nicht zu nahen Gebäude flankiert, im Westen von der Eisenbahn: dadurch ragt er noch heute wie ein mittelalterliches Schloß in die urbane Landschaft.

Autos auf der Teststrecke auf dem Dach.

Die alte Fertigungsstraße des Balilla.

Gegenüberliegende Seite: das Innere des Auditoriums, das als Musikinstrument in massivem Kirschbaum konzipiert wurde.

Nach sechzig Jahren ununterbrochener Aktivität ging der Lingotto Anfang der achtziger Jahre in Pension, von moderneren Fertigungsanlagen ersetzt. So blieben FIAT und der Stadt Turin eine halbe Million ungenutzter Quadratmeter und die große Chance (oder das große Problem), was mit diesem Erbe anzufangen war.

Beim Lingotto-Projekt habe ich mich dem Thema des urbanen Raums erstmals organisch genähert. Bislang hatte ich es mit genau umschriebenen Aufgaben mit experimentellem Charakter zu tun gehabt, auch hatte es sich nie um Areale dieser Größenordnung gehandelt. Trotzdem stellten diese Erfahrungen einen wertvollen Schatz dar, der mir zugute kommen sollte. Denn schließlich ging es wieder um dieselbe Herausforderung: an einem bereits vorhandenen Organismus zu arbeiten, ohne ihn zu verraten, ohne seine Seele auszulöschen, ohne eine Maskerade daraus zu machen.

Alle Versuche, ehemalige Fabriken umzugestalten, hadern mit dem Umstand, daß es heute keine Funktionen mehr gibt, die so viel Raum beanspruchen wie die industrielle Produktion. Das Problem verschärft sich im Fall des Lingotto noch dadurch, daß er auf der Höhe der architektonischen und urbanistischen Anforderungen gewesen war. Bevor man also entschied, was mit dem Gemäuer zu geschehen hatte, mußte man wieder eine Identität, einen Bezug, ein Bild schaffen, das den Erwartungen der Stadt entsprach.

Der Eingangsbereich des Messezentrums von innen und von außen.

Über die Tragweite dieses Problems waren sich sowohl die öffentlichen Stellen als auch die FIAT-Leitung durchaus bewußt. Darum erfolgten die Beratungen über das künftige Schicksal des Lingotto von Anfang an auf höchster Ebene. 1984 wurden zwanzig Architekten aufgefordert, im Rahmen einer internationalen Ausstellung ihre Vorschläge zur Neugestaltung des Gebäudes zu präsentieren. Schließlich wurde mein Beitrag ausgewählt, der ein multifunktionales Zentrum für Dienstleistungen und für innovative Forschungsvorhaben vorsah: ein Stadtteil mit seiner ganzen Vielfalt und Komplexität.

Schließlich ist der Lingotto sowohl seinen Dimensionen als auch seiner ökonomischen Rolle nach ein Stadtteil gewesen. Insofern konnte er nicht einfach durch Park- oder Wohnanlagen oder durch ein Bürozentrum ersetzt werden. Vom Lingotto erwarteten sich die Turiner Arbeitsplätze und neue Impulse. Andererseits ließ sich der Lingotto auch nicht mit Schlumberger vergleichen, und zwar aus mehreren Gründen nicht: Zunächst und vor allem, weil er dazu bestimmt war, größtenteils in öffentliche Hand überzugehen, während Schlumberger auch nach der Umgestaltung privates Gelände blieb. Zum zweiten, weil das Verschwinden Schlumbergers die kollektive Identität der Pariser sicher nicht in eine Krise gestürzt hätte, was beim Verschwinden des Lingotto in Turin zweifellos der Fall gewesen wäre. Im Kontext tiefgreifender Veränderungen der städtischen Wirtschaft mußte nicht nur die Verwendung, sondern auch die Rolle des Lingotto, nicht nur seine urbane, sondern auch seine symbolische Funktion neu bestimmt werden. Einmal mehr wurde von ihm erwartet, daß er wie in den zwanziger Jahren der Stadt den Weg in die Zukunft weist.

Turin – das bedeutet Wissenschaft, Technologie, Industrie, kurz: eine Kultur des Machens (die mir sehr vertraut ist). Doch bis gestern war dieses Machen ein bloßes »Produzieren«, und das reicht heute nicht mehr. Also ging es darum, den Übergang von einer Kultur der

Die zu öffentlichen Räumen umgestalteten Innenhöfe: ein üppiger mediterraner Garten; ein Musikhof für Open-air-Veranstaltungen; Brunnenhof von Shingu.

Die Umstrukturierung des Lingotto hat sowohl den monumentalen architektonischen Charakter des Bauwerks als auch seine soziale und ökonomische Bedeutung für Turin zu bewahren versucht. Darum wurden eine Vielzahl öffentlicher und privater Nutzungen in dem Gebäude untergebracht, so daß ein eigenständiger Stadtteil entstanden ist.

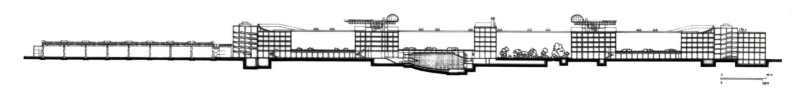

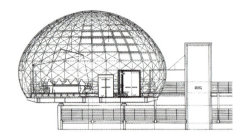

Die »Blase«: ein ganz besonderer Konferenzraum, der über einem der Höfe schwebt und eine Balance zu der Hubschrauberlandebahn bildet.

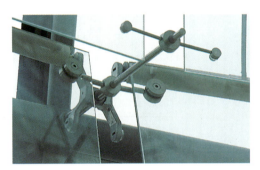

Sie ist – neben dem Auditorium und dem kleinen botanischen Garten – einer der drei unerwarteten »Gäste« des Lingotto, der damit seine gewandelte Funktion unterstreicht.

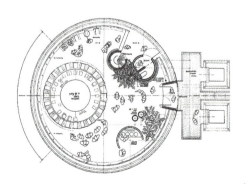

Produktion zu einer Kultur des Austauschs in die Wege zu leiten. Turins Ruhm sollte sich nicht länger nur auf ein materielles Produkt – das Auto – gründen, sondern auch auf das immaterielle, das in ihm enthalten ist: das Wissen. Soweit das Ergebnis einer von der Stadt in Auftrag gegebenen interdisziplinären Studie, an der ich zusammen mit Giuseppe De Rita und Roberto Guiducci gearbeitet habe.
Weil der Lingotto zugleich das Emblem des Willens und der Angst Turins war, sich vom Image einer Arbeiterstadt zu befreien, konnte er zum symbolischen Vehikel für diesen kulturellen Sprung werden. Nach einer monofunktionalen Vergangenheit als Produktionsstätte für Automobile wurde er nunmehr einer multifunktionalen Zukunft entgegengeführt: als Messezentrum und Universität, als Forschungs- und Technologiezentrum, als Konzerthaus und Erholungspark.
Es wurde keine einfache Wahl. Bei FIAT schwankte man zwischen Begeisterung und Ratlosigkeit. Ich erinnere mich an eine lange Sitzung mit Gianni Agnelli, dem Präsidenten, und Cesare Romiti, dem Vorstandsvorsitzenden von FIAT, sowie mit Alberto Giordano (zu der Zeit Präsident der Lingotto-Gesellschaft). Damals wurde beschlossen, der Haupthalle die doppelte Funktion eines Konzert- und Kongreßsaals zu verleihen.
Als dann die Stadtgemeinde von Turin den Beginn der Arbeiten genehmigte, fehlten nur wenige Monaten bis zu dem Termin, der die neue Rolle des Lingotto unter Beweis stellen sollte: der Autosalon von 1992. Kaum hatten wir das kaudinische Joch der Zustimmungsgremien passiert, mußten wir jetzt in einen Wettlauf mit der Zeit treten.
Wir perfektionierten das Projekt, begannen mit den Umstrukturierungen und schafften den ersten Abschnitt in Rekordzeit, rechtzeitig zum Autosalon. Der Streß stellte zwar das von Maurizio Varratta und Susanna Scarabicchi geleitete Arbeitsteam, dem sich später auch Eddy Magnano anschloß, auf eine harte Probe, aber er festigte es auch.
Leitmotiv der neuen Funktionen des Lingotto ist die Innovation. Den sich abzeichnenden Überhang der Technik wollten wir anfangs durch die Stärkung des Gegenpols Natur ausgleichen. In den ersten Entwürfen war noch die Schaffung einer Grünanlage gegenüber dem Gebäude vorgesehen. Dann gewann aber eine andere Generallinie die Überhand: die Idee, die Präsenz des Lingotto in der urbanen Landschaft zu betonen, anstatt sie zu kontrastieren.
Heute öffnet sich an seiner Stirnseite wie bei einer Kathedrale ein großer Platz: ein imponierender, überaus mineralischer Kirchhof. Dem pflanzlichen Gegenpart wird dafür die Seite zur Eisenbahn hin eingeräumt, hier wird ein öffentlicher Park entstehen, bei dessen Entwurf mir die Gespräche mit Larry Halprin eine große Hilfe waren.
Eine derart rigorose Konstruktion verlangt nach überraschenden Unterbrechungen. Matté Trucco hatte das genau begriffen, als er seinen Rampen eine extreme plastische Raffinesse verlieh. Diese formale Rücksicht verbindet sich mit einem allgemeineren Aspekt des Projekts: bei aller geistigen Kontinuität mußte der Lingotto ein unübersehbares Zeichen seines veränderten Status setzen: Er sollte Freude ausstrahlen. Dies lag uns um so mehr am Herzen, als dieser Ort aufgrund seiner Funktion in der Vergangenheit immer als streng und ein wenig als Strafe wahrgenommen wurde. Zu diesem Zweck haben wir dem Gebäude einige unerwartete Gäste einverleibt.

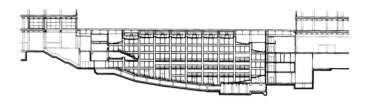

Längsschnitt des Auditoriums.

Claudio Abbado.

Computergrafik der akustischen Ströme im Saal.

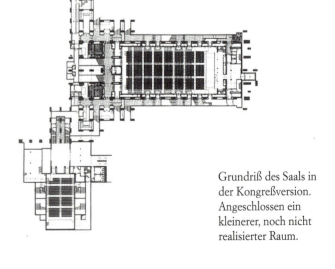

Grundriß des Saals in der Kongreßversion. Angeschlossen ein kleinerer, noch nicht realisierter Raum.

Der erste ist ein überdachter Park in einem der vier Innenhöfe. Daran hat mein Neffe Daniele Piano gearbeitet. Die Vegetation ist nicht die typische der Turiner Region, im Gegenteil, es überwiegen exotische Pflanzen: eine Hommage an das Mittelmeer, aber an das der ligurischen Küste, die den Turinern wohlvertraut ist.

Der zweite Überraschungsgast ist die Blase auf dem Dach: ein Raum für Versammlungen auf höchster Ebene. An klaren Tagen gestattet ihre völlig transparente Konstruktion einen Rundblick, der von den Alpen im Norden und Westen bis zu den Turiner Hügeln im Süden und Osten reicht. Schon von weitem sichtbar, ist die Blase schnell zu einem weiteren Identifikationsfaktor des Lingotto geworden. Zur Realisierung dieses Projekts hat maßgeblich Mark Carroll beigetragen, unterstützt von den Jungs aus Meccano, darunter mein Sohn Matteo und Stefano Arecco.

Drittens wäre der Konzertsaal zu nennen, der aus der Überlegung entstanden ist, daß es in Turin keinen Ort für Musikveranstaltungen gab, der zweitausend Personen hätte Platz bieten können. Zunächst schien sich ein Objekt abzuzeichnen, das dem Gebäudekomplex fremd bleiben würde. Schließlich beschlossen wir, daß auch dieses Element dem strengen Gesetz des Lingotto gehorchen mußte: Die Überraschung sollte in der Schönheit des Saals, seinen technischen und akustischen Qualitäten liegen, nicht in seiner Inkongruenz gegenüber dem Kontext.

Die Fertigstellung hatte einen ebenso renommierten wie anspruchsvollen Bezugspunkt: die Berliner Philharmoniker, denen die Aufgabe zukam, den Konzertsaal einzuweihen. Claudio Abbado war gerade Chefdirigent geworden, und wir schmiedeten sofort gemeinsame Pläne. Als wir ihn mit einem Modell des Saals besuchten, verwies er uns an Helmut Müller, in dem wir den kompetentesten Ratgeber für die akustischen Studien fanden.

Überflüssig zu erwähnen, wie sehr mir bei dieser Arbeit meine Erfahrungen mit Berio, Boulez und Nono zustatten kamen.

Zu den Vorzügen dieses Saals gehört eine variable Akustik: Sie kann sich verschiedenen musikalischen Veranstaltungen anpassen, läßt sich aber auch – unter Beibehaltung einer perfekten Akustik – für Kongresse umbauen. Auf diese doppelte Nutzung des Saales hat vor allem Filippo di Pralormo, Leiter des Lingotto bei seiner Eröffnung, insistiert.

Zurück zum Ausgangspunkt. Was den meisten Projekten zur Umgestaltung industrieller Anlagen fehlt, ist der Austausch mit dem städtischen Umfeld. Hier geht der Lingotto neue Wege: Statt zu einem vom Kontext abgespaltenen Monument entwickelt er sich mehr und mehr zu einem offenen, lebendigen Stadtteil.

Ich habe gelernt, daß Städte lange Reaktionszeiten haben, einem langsamen Metabolismus unterworfen sind. Mittlerweile ist der Umbau des Lingotto abgeschlossen und zeitigt seine ersten Wirkungen auf die Umgebung: So wurden zum Beispiel für das Treffen der europäischen Staatsoberhäupter im Frühjahr 1996 die Zugangswege instand gesetzt. Das ist nicht viel, aber immerhin ein erster Schritt. Und rundherum beginnt die Stadt sich zu regenerieren.

Für die Entstehung (oder Regenerierung) eines Viertels braucht eine Stadt zwanzig, dreißig Jahre. Im Lingotto ist dieser Prozeß nunmehr in Gang gekommen und wird nicht mehr innehalten.

1984 Montecchio Maggiore
(Vicenza) Italien

Bürohaus Lowara
Bauzeit: 1984–1985

Das Gebäude wurde gegenüber den (bereits vorhandenen) Werksanlagen errichtet, in denen elektromechanische Bauteile hergestellt werden. Es erstreckt sich über eine Länge von 150 Metern bei einer Breite von 15 Metern. Ein Hängedach, das von 2,4 auf bis zu 7,2 Meter Höhe ansteigt, sorgt für einen durchgehenden Querschnitt. Ein kontinuierlicher, offener Raum aus Dehnungen und Verdichtungen des Volumens.

Außenansicht der Hängedachkonstruktion mit der typisch gebogenen Form.

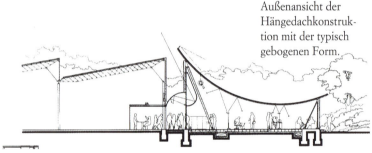

Der Innenraum.

Der Querschnitt zeigt die Stellung des neuen Gebäudes im Verhältnis zu der bereits vorhandenen Konstruktion.

Die Büros der Firma Lowara in Montecchio Maggiore verdanken sich einer Art Wette.
Eines Tages rief mich Renzo Ghiotto, ein Unternehmer aus Vicenza, an, um mir vorzuschlagen, ein Gebäude für seine Firma zu errichten. Auf, wie ich zugeben muß, durchaus sympathische Weise fügte er gleich hinzu: »Aber es muß billig sein.« Er erklärte mir, daß es nicht am Geld läge, sondern daß ihm die Vorstellung mißfiele, etwas Elegantes zu schaffen, wo doch nur eine funktionale Konstruktion gebraucht wurde: »Ich würde mich wie ein Snob fühlen, der ich nicht bin.« Und dann kam die Herausforderung: »Ich könnte irgend jemanden beauftragen, mir zweitausend Quadratmeter Büro zu bauen. Könnten Sie's zum gleichen Preis machen?«
Auf der einen Seite war ich geneigt, eine Arbeit abzulehnen, die von solch engen finanziellen Vorgaben eingeschränkt wurde; auf der anderen Seite gefiel mir die Herausforderung.
Ich dachte auch, daß der Klient recht hat. Auch mich stört die Vorstellung, daß Qualität eine Frage des Geldes sei. Warum sollte jemand doppelte Kosten für ein Produkt in Kauf nehmen, bei dem es ihm auf den schlichten Gebrauchswert ankam?
Also nahm ich die Herausforderung an.
Zusammen mit Maurizio Milan entwarfen wir eine Konstruktion, gespannt wie ein Segel: etwas sehr einfaches und sehr leichtes im Blick auf das verwendete Metall. Natürlich war die Krümmung des Segels keine rein ästhetische Übung, sondern Ergebnis eines strukturellen Kalküls, das uns erlaubte, das Blech einer x-beliebigen Hütte auf eine keineswegs selbstverständliche und im Endeffekt durchaus nicht unangenehme Weise einzusetzen.
Wenn ich heute darüber nachdenke, so glaube ich, daß ich eher abgeschreckt gewesen wäre, wenn Ghiotto mir gesagt hätte: »Mach, was du willst, Geld spielt keine Rolle, Hauptsache ich kriege einen Büropalast, der in die Geschichte eingeht.« Denn schließlich stellt sich in diesem Falle auch einem Architekten die Frage, was eine solche Arbeit für einen Sinn haben soll?
Einmal mehr hatten mich die Beschränkungen mehr gereizt als das weiße Papier. Und der Auftraggeber hatte sich als gewiefter Psychologe erwiesen und auf die richtige Karte gesetzt.

1985 Novara Italien
Institut für Aluminiumforschung
Bauzeit: 1985–1987

Von der Entwicklung einer durchgehenden Fassade als Fertigteil zu einem Gebäude für das Forschungszentrum der Aluminia-Gesellschaft. Die Fassade besteht aus 7,2 mal 3,6 Meter großen, in der Fabrik vormontierten Komponenten, bestückt mit Glaseinheiten, die mit Silikon befestigt sind.

Das Aluminia-Projekt gehört in die Reihe jener Arbeiten, die der Erforschung von Materialien und ihrer möglichen Nutzanwendungen gewidmet sind. Die Aluminia-Gesellschaft plante in Novara ein Institut für Leichtmetalle, das sich vor allem mit Methoden der Aluminiumverarbeitung beschäftigen sollte.

Natürlich wurde uns nahegelegt, wo irgend möglich, das hauseigene Material zu verwenden. Es wurde eine wahre Aluminiumorgie daraus.

Ursprünglich ging es gar nicht um die Errichtung eines Gebäudes. Die Aluminia hatte uns beauftragt, ein System von Mehrzweckfassaden zu entwerfen, das sich für die Serienproduktion und als Fertigbauteil für den Handel eignen sollte. Als wir soweit waren, dieses Produkt unter realen Bedingungen zu testen, ergab sich die Möglichkeit, ein Bauwerk zu entwickeln, bei welchem das neue Element, die »curtain wall«, Anwendung finden konnte. So begann dieses Projekt.

Es konkretisierte sich in Form eines modularen Gebäudes, das sich aus zwei Hauptelementen zusammensetzt: einem mit Glas und Aluminium verkleideten System und einer Steckkonstruktion aus standardisierten Betonelementen. Die relative Schwere der Konstruktion, die trocken zusammengefügt wurde, war erforderlich geworden, um die Statik des Gebäudes angesichts von Maschinenvibrationen in den Labors zu gewährleisten.

Dank seiner Modularität wurde der Komplex in der extrem kurzen Zeit von vier Monaten montiert.

Die modularen Verkleidungselemente, von denen wir ausgingen, bildeten das Resultat kombinierter Aluminiumextrusionen und -fusionen. Im wesentlichen waren die Verstrebungen extrudiert, während die Verstärkungs- und die Verbindungselemente der Zementkonstruktion Schmelzprodukte waren. Die Verkleidungen wurden gänzlich in der Fabrik vorgefertigt, einschließlich der Glasflächen, die mit Hilfe von Versiegelungen dem Tragwerk einverleibt wurden.

Auch die Bestandteile der Inneneinrichtung gingen aus Experimenten mit gepreßtem, geschmolzenem oder extrudiertem Aluminum hervor, so Geländer, Brüstungen und sogar die Stützen für die Treppenstufen.

Straßenansicht der Fassade.

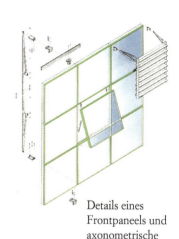

Details eines Frontpaneels und axonometrische Ansicht.

1985 Cagliari Italien
Credito Industriale Sardo
Bauzeit: 1985–1992

**Ein Bankgebäude, das den Willen bekundet, private und öffentliche Nutzungen miteinander zu verbinden. Die eigentliche Konstruktion besteht aus drei Fabrikbaukörpern.
Verwendet wurde der Stein aus der Umgebung.**

Die von der Viale Bonaria zurückversetzte Hauptfront gibt eine Piazza frei.

Diese Arbeit begann mit der Teilnahme an der Aussschreibung »Ein Platz für Cagliari« des Credito Industriale Sardo, das damals von Paolo Savona geleitet wurde.
Gegenstand des Wettbewerbs war eigentlich ein neuer Sitz des Bankinstituts. Um seine Schlüsselrolle im öffentlichen Leben der Stadt zu unterstreichen, sollte das Gebäude auf einem großen, für Fußgänger reservierten Platz errichtet werden.
Bis vor wenigen Jahren tendierten Unternehmen und Institutionen eher dazu, ihr Hauptquartier an geschützte, unzugängliche Orte zu verlegen, womit sie ihrer Entfernung vom Publikum symbolischen Ausdruck verliehen. Inzwischen gehört die Eingliederung in das urbane Geflecht zu den programmatischen Punkten ihres Selbstverständnisses, und ich glaube, etwas zur Durchsetzung dieser neuen Tendenz beigetragen zu haben.
Der im Wettbewerb vorgesehene Platz wurde durch eine Zurücksetzung des Gebäudes zur Straße gewonnen. Jenseits dieses Eingangsbereichs, der durch ein sich zum Platz neigendes Vordach betont wird, setzt sich der für die Öffentlichkeit bestimmte Raum in halb bis ganz überdachten Innenhöfen fort sowie in einem Auditorium mit 250 Plätzen, das der Stadt für Kongresse und Veranstaltungen jeder Art zur Verfügung steht. Hierbei handelt es sich um einen überaus vielseitig verwendbaren Raum: jedes Segment des Fußbodens kann in der Höhe verstellt werden und erlaubt verschiedene Anordnungen der Sitzplätze, Pulte und Projektionsflächen. Die Konstruktion besteht aus drei Eisenbetoneinheiten, die jeweils entlang der Längsseiten und einmal, etwas höhenversetzt, in der Transversale angebracht sind. Bemerkenswert ist vielleicht die Verwendung von Stein als Verkleidung, wodurch der Zusammenhang mit dem Kontext gewahrt wird. Auch die Sonnenschutzvorrichtungen am Ende der Korridore und der Treppen sind in Stein gearbeitet.
Bei einer Bank kollidiert die Öffnung gegenüber dem Publikum zwangsläufig mit ihren Sicherheitsinteressen. Das Problem wurde durch die Schaffung einer an die verschiedenen Niveaus gekoppelten Hierarchie der Zugänge gelöst: das Erdgeschoß bleibt dem Publikumsverkehr vorbehalten, leitende Funktionen des Credito Industriale Sardo wurden in die oberen Geschosse verlegt.

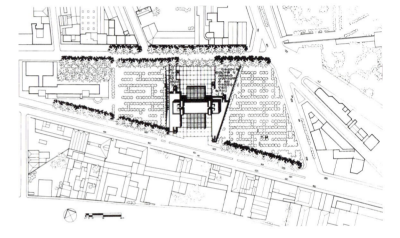

Lageplan des Gebäudes am Standort.

Das ganze Gebäude ist mit örtlichem Stein verkleidet.

Details der Steinverkleidung.

Das Vordach über dem Eingangsbereich ragt in die Piazza hinein.

Querschnitt durch Eingangsbereich und Auditorium.

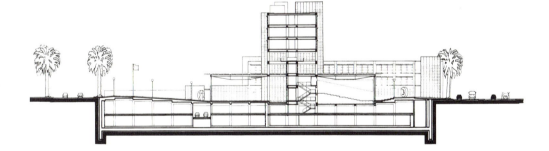

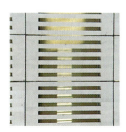

Das Auditorium liegt in der Verlängerung des Vordachs. Ein flexibler Raum mit veränderbarer Konfiguration.

1985 Genua Italien
Kolumbus-Gedenkfeiern
Bauzeit: 1988–1992

Urbane Wiederherstellung des alten Hafengebiets von Genua durch Umstrukturierung und Sanierung der Baumwollspeicher (erbaut gegen Ende des 19. Jahrhunderts), der vier Zollager (aus dem 17. Jahrhundert) und des Millo (ein weiteres neueres Lagerhaus). Neue Konstruktionen wurden hinzugefügt: das Aquarium (mittlerweile eines der meistbesuchten Gebäude Italiens), die Büros der Hafendirektion und der Bigo, ein gigantischer Lastkran, der damals das Wahrzeichen der Kolumbus-Feiern darstellte und heute Symbol der Wiedervereinigung des Hafens mit der Stadt ist.

Genua und der Hafen im Jahr 1937.

1992 organisierte die Stadt Genua anläßlich der Fünfhundertjahrfeier der Entdeckung Amerikas eine große internationale Ausstellung, für die ich um einen Beitrag gebeten wurde.
Wenn eine Stadt ein großes kulturelles oder sportliches Ereignis ausrichtet, das von kurzlebiger Natur ist, und dafür wertvolle Ressourcen einsetzt, kann das zu ihrem Schaden gereichen (Italien ist voll mit Geisterstädten, halbleeren Sportanlagen und baufälligen Ruinen). Andererseits kann ein solches Ereignis aber auch eine echte Gelegenheit bieten, mit Hilfe von konzentriertem Fleiß und Einsatz in kürzester Zeit Dinge zu verwirklichen, die andernfalls Jahrzehnte erfordert hätten.
Mein Projekt für die Kolumbus-Feiern basierte auf einer sehr einfachen Philosophie (die in gewissem Sinne der traditionellen genuesischen Aversion gegen Verschwendung entgegenkam), nämlich dauerhafte Werke für die Stadt zu erschaffen, indem man Einrichtungen bereitstellte, die auch nach dem Erlöschen der Festbeleuchtung eine bleibende Bereicherung für die Stadt darstellen sollten.

Die Marmorterrassen: Hafenlager, die 1835 zwischen der Stadt und dem Hafen erbaut wurden.

Diese Einstellung erschien mir die folgerichtige Antwort auf die Krise Genuas. Die Finanzierung der Kolumbus-Feiern war eine große Chance, die historische Stadt vor dem Verfall zu bewahren, und man mußte den bestmöglichen Gebrauch davon machen. Doch handelte es sich nicht allein um ein ökonomisches Faktum, sondern auch um ein Problem des Respekts. Warum sollte man den Besuchern ein falsches Gesicht der Stadt zeigen, wenn das wahre doch sehr schön ist? Warum in der Peripherie, abgelöst aus dem Gefüge der Stadt, Vergnügungsparks in der Peripherie errichten, die sich schnell überlebt haben würden? Warum nicht statt dessen den Besuchern die Stadt selbst präsentieren, ihre Denkmäler und ihre Geschichte?
Mein Vorschlag sah vor, dem vorübergehenden Charakter der Ausstellung mit bleibenden stadterhaltenden Maßnahmen im alten Hafengebiet etwas mehr Würde zu verleihen.
Die Idee beruhte auf einem bedeutsamen Präzedenzfall. Schon 1981 hatte ich auf die Anfrage der Stadt hin einen Sanierungsplan für das Molo Vecchio, eines der ältesten Viertel Genuas, ausgearbeitet.

Die sehr dicht bebaute historische Stadt wurde entlang einer von Bergen umschlossenen Bucht errichtet.

Gegenüberliegende Seite: Zwischen zwei Hafengebäuden aus dem 17. Jahrhundert hat man einen Blick auf die Rückseite des Millo, eines Kaffeespeichers Anfang des 20. Jahrhunderts.

Wie fast im gesamten historischen Stadtkern hatte der Platzmangel im Molo Vecchio dazu geführt, daß man im Laufe der Jahrhunderte bis zu sieben oder acht Stockwerke in die Höhe baute. Die Straßen zwischen den Häusern sind sehr eng, folglich schlecht beleuchtet und belüftet, und es herrscht ein feuchtes und stickiges Klima, das man schon im 17. Jahrhundert für gesundheitsschädlich hielt.

Unser Projekt lag auf einer Linie mit der Logik der »behutsamen Baustelle« und sah keinen Abriß vor, sondern eine schichtweise Neuorganisation des urbanen Raumes. Schwebende Laufstege in unterschiedlicher Höhe hätten die Gebäude verbunden und den Fußgängerverkehr auf verschiedenen Ebenen erlaubt. Einen interessanten Aspekt stellte die Idee dar, die obersten Geschosse in öffentliche Bereiche umzuwandeln, so daß die Bewohner hätten hintergehen können und nicht hochsteigen müssen, wenn sie nach Hause wollten. Das zu diesem Zweck entworfene vertikale Transportnetz sollte nicht im Privatbesitz von Haus- oder Wohnungseigentümern sein, sondern dem ganzen Bezirk zur Verfügung stehen, was die Anzahl der Fahrstühle merklich gesenkt hätte (im Musterfall für das Pilotprojekt hatten wir nur drei Aufzugsschächte vorgesehen).

Die Beleuchtungs- und Belüftungsprobleme der unteren Geschosse wären mit den »sanften« Methoden gelöst worden, die die ansässigen Bewohner schon immer angewendet hatten: reflektierende Blenden, Solarkamine und so weiter. Die Verbindung moderner Hilfsmittel mit der Altertümlichkeit des städtischen Raums hat mir schon immer gefallen.

Im einzelnen entwickelten wir ein System von Spiegeln, die das auf die Dächer fallende Licht reflektierten und nach unten in die dunklen Gassen abstrahlten. Das Projekt des Molo Vecchio wurde nie realisiert, bildete aber gewissermaßen die Keimzelle für die vielen Ideen, die wir dann im Zusammenhang mit den Kolumbus-Feiern umsetzten.

Die Arbeit in Genua bedeutete für mich, in eine der Ansichtskarten meiner Vergangenheit einzutauchen. Es handelte sich hier im alten Hafen um eine komplizierte chirurgische Operation am offenen Herzen, dem Herzen meiner Heimatstadt.

Ein roter Faden verbindet dieses Projekt mit denen des Lingotto, in Otranto und Burano. Es kennzeichnet die Entstehung einer Analyse- und Gestaltungsmethode des urbanen Raums. Im Grunde genommen ähnelt der alte Hafen – wie der Lingotto – einer stillgelegten Fabrik, mit dem Unterschied, daß er nicht im Laufe von fünf oder sechs Jahren entstanden ist, sondern im hundertfachen Zeitraum. Alle Jahrhunderte – vom 14. bis zum 20. Jahrhundert – sind hier repräsentiert. Die Hafenmolen beispielsweise wurden nach und nach immer weiter vorgelagert, sobald die vorigen veraltet waren: Die heutigen Anlegepiere im Meer stammen aus dem 19. Jahrhundert, aber diejenigen in der Nähe der Ripa sind älter als ein halbes Jahrtausend. Daß sich keine älteren Beweisstücke finden lassen, liegt daran, daß die Landstege aus Holz gefertigt waren und die Zeit ihre Spuren vernichtet hat.

Bei jedem Eingriff zur Wiederherstellung und Umnutzung der Gebäude war also eine Vielfalt an komplexen Stilen, Techniken und Bedeutungen zu berücksichtigen. Der Hafen ist ein in Raum und Zeit unbestimmter Organismus, und in seinem Umfeld entstanden die

Luftaufnahme des alten Hafens vor seiner Erneuerung.

Luftaufnahme des Geländes nach den baulichen Maßnahmen.

Das Foto zeigt die restaurierten Gebäude, das neue Aquarium, die Uferstraße und den Bigo, das Symbol der Kolumbus-Feiern.

Typische Details des Hafens: die Lastkräne, die Ankerringe, die Außenmauern und so weiter.

Überreste eines Kais aus dem 17. Jahrhundert, der während der Arbeiten entdeckt wurde.

Allgemeiner Lageplan für die Wiederherstellungsmaßnahmen im Hafengebiet.

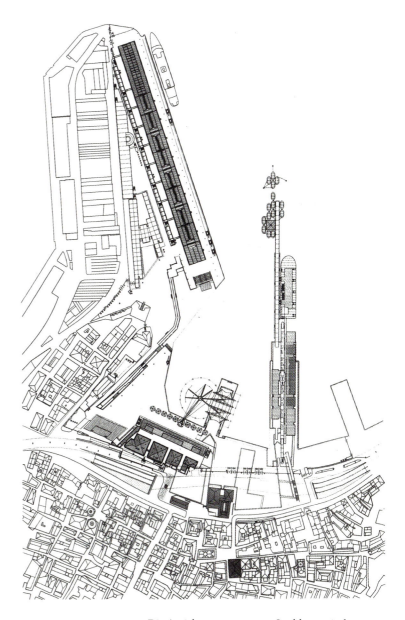

Die Ansicht verdeutlicht das Grundkonzept des Projektes, den alten Stadtkern mit dem Hafen wieder zu verbinden.

wichtigsten historischen Gebäude der Stadt – wie die Ripa und der Palazzo San Giorgio. Letzterer war Zeuge der Entstehung des modernen Bankenwesens: Er war die erste »city« der internationalen Finanzwirtschaft.

Mit der Errichtung von Zollbüros und Lagerhäusern vor San Giorgio wurde 1835 der unmittelbare Bezug zwischen Stadt und Hafen unterbrochen. Ende des letzten Jahrhunderts wurden sie dann wiederum abgerissen, um der ersten Eisenbahntrasse Platz zu machen, und 1965 stellte man die noch heute genutzte »sopraelevata«, eine erhöhte Stadtautobahn, daneben, unter der eine weitere vielbefahrene Straße verlief.

Dieser Exkurs verdeutlicht, warum der offensichtliche und natürliche Ansatzpunkt unseres Projekts darin bestand, die unterbrochene Verbindung zwischen der Altstadt und dem Hafen wiederherstellen zu wollen.

Unsere Empfehlung, die »sopraelevata« ganz abzutragen und sie durch einen Tunnel zu ersetzen, der unter dem Meeresboden unter der Hafenbucht verlaufen sollte, wurde aus Kostengründen abgewiesen. Dennoch wurde auf den Vorschlag der Hafengesellschaft hin entschieden, einen kurzen Abschnitt des Straßennetzes vor dem Palazzo San Giorgio abzusenken. Diese Entscheidung erwies sich später als sehr problematisch, da in dem Gebiet wichtige archäologische Fundstücke zutage kamen. Trotzdem setzte man sie durch – zum Nachteil einiger bedeutsamer antiker Landungsbrücken.

Über dem Tunnel lag die Piazza Caricamento, der Platz, wo – wie der Name schon sagt – ursprünglich die Schiffsladungen ankamen. Ein Stückchen weiter befindet sich die Börse. Der Handel, Verkehr und die Finanzwirtschaft waren Brennpunkte des öffentlichen Lebens von Genua, der Puls der Stadt.

Die neue Piazza Caricamento erstreckt sich von den Portalen der Ripa bis zum Wasser und den neu errichteten Gebäuden in Meeresnähe. Die Umlegung des Platzes ist ein erster, kleiner Schritt in Richtung auf die Zusammenführung von Hafen und Stadt.

Anläßlich der Kolumbus-Feiern durften wir einige hinreißende historische Bauwerke sanieren und wiederbeleben, wie beispielsweise die Baumwollspeicher an der Mole. Sie wurden von britischen Bauingenieuren im 19. Jahrhundert konstruiert und zeigen die typische Charakteristik der englischen Industriearchitektur der Epoche. Ihre Innenräume dienen jetzt als Ausstellungsflächen, wobei die Originalstruktur aus gußeisernen Säulen erhalten blieb. Am äußersten westlichen Teil des Gebäudes in Richtung auf das Meer haben wir hingegen ein Kongreßzentrum mit zwei identischen und sich spiegelnden Hallen mit je 800 Plätzen hinzugefügt.

Der Millo, ein weiteres Lagerhaus am Freihafen, war zwar riesig, aber von geringerer architektonischer Bedeutung, weswegen wir beschlossen, ihn zu verkleinern, um ihn nicht das ganze Gebiet dominieren zu lassen. Die zwei obersten Stockwerke wurden abgetragen und die Fassade eines dritten zurückgesetzt, so daß eine große Terrasse entstand. An der Rückseite und parallel zum Millo befinden sich vier Zollager aus dem 17. Jahrhundert, wahrscheinlich das erste historische Beispiel eines Freihafens. Sowohl die Gebäudestruktur als auch

Bühnenbild für die Aufführung des »Moby Dick« unter Mitwirkung von Vittorio Gassman unter dem Zeltdach der »Piazza delle feste« (Festplatz).

Versammlung auf der Baustelle.

Der Bigo: ein Lastarmgefüge, das einen Panoramalift hält, und die auf Zug beanspruchte Zeltdachstruktur der »Piazza delle feste«.

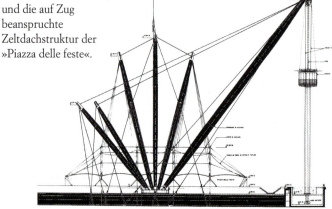

Die Kolumbus-Feiern waren eine großartige Gelegenheit für die Wiederherstellung des alten Hafens. Die Philosophie des Projekts bestand darin, dauerhafte Werke für ein vorübergehendes Ereignis zu schaffen, die der Stadt auch nach der Ausstellung noch dienen sollten. Es wurden bestehende Hafengebäude wie der Baumwollspeicher, der Millo oder das Freihafenlager aus dem 17. Jahrhundert restauriert und wiederhergestellt und neue Strukturen wie etwa das Aquarium und der Bigo errichtet.

Der noch aktive Hafen kurz vor Beginn der Arbeiten.

Der Hafen während der abschließenden Arbeiten.

Detailaufnahmen des Bigo.

Das Aquarium ist eines der neu entworfenen Gebäude. Es ruht auf dem noch bestehenden Sediment der Ponte Spinola und besteht aus einer Reihe von erhöhten Becken, in denen alle aquatischen und nicht aquatischen Ausstellungen Platz finden.
Seine eigentümliche Gestaltung erinnert an die Form des Schiffes.

Auf den Skizzen rechts befinden sich die zur Stadt hin gerichtete Stirnseite des Aquariums und der Querschnitt, der die für das Gebäude typische Gestaltung verdeutlicht. Unten sieht man die Längsseite, die sich entlang des Ponte-Spinola-Kais erstreckt.

Gegenüberliegende Seite: Querschnitt des ehemaligen Baumwollspeichers, ein völlig erneuertes Hafengebäude der Jahrhundertwende. Die Sanierung erfolgte unter Berücksichtigung der Originalstrukturen. Es wurden nur eine andere Raumaufteilung und der neuen Funktion gemäße Einbauten vorgenommen.

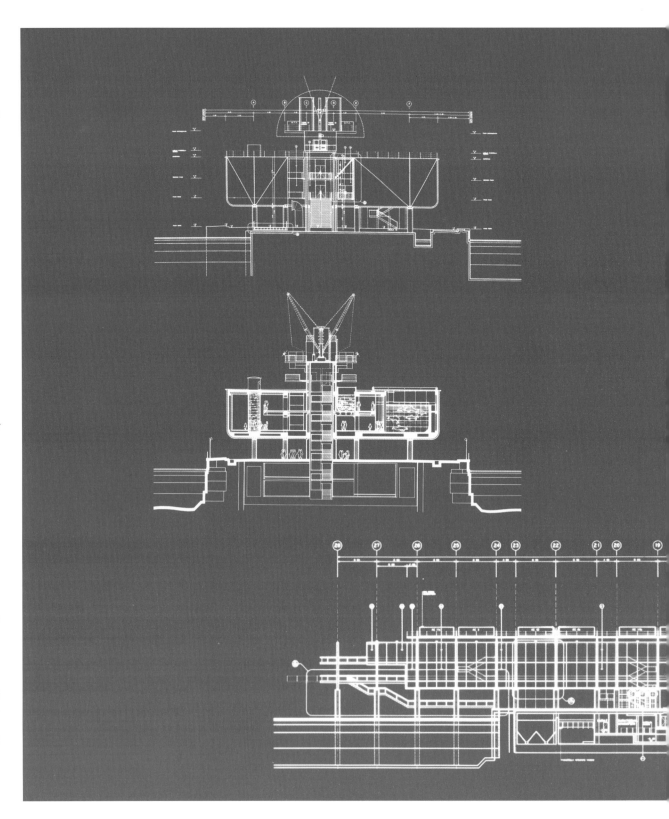

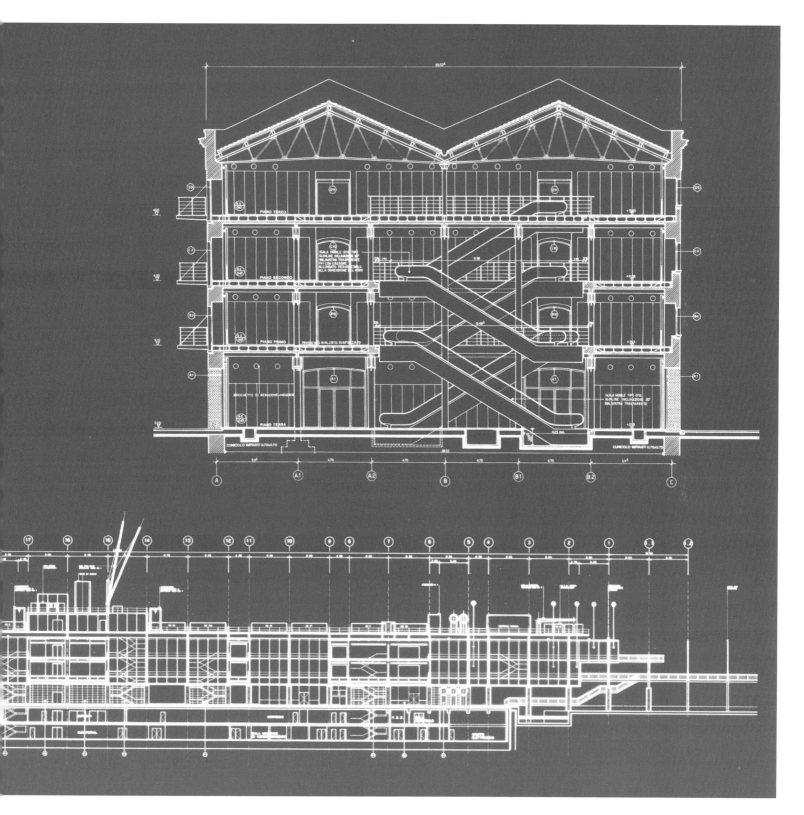

ihre kostbare Inneneinrichtung und die Trompe-l'œil-Fresken der Fassaden wurden mit großer Sorgfalt restauriert. Unter den neu errichteten Konstruktionen ist die auffälligste und prägnanteste wahrscheinlich der Grande Bigo, das Wahrzeichen der Ausstellung.
Der Bigo ist – für alle Meeresunkundigen – ein Lastkran. Er besteht aus hohlen Stahlauslegern, die sich auf einer Plattform auf der Meeresoberfläche aufspreizen. Im Falle »unseres« Bigo schraubt sich – gehalten durch den Hauptmast – ein Panoramalift um seine eigene Achse langsam nach oben und bietet einen umfassenden Ausblick über Stadt und Hafen. Zwei weitere Arme halten über einer auf Zug beanspruchten Struktur ein Zeltdach, das einen Veranstaltungsbereich, die »Piazza delle feste« (Festplatz) überwölbt. Aus Anlaß der Kolumbus-Feiern wurde hier eine Inszenierung des »Moby Dick« von Melville gezeigt (Hauptdarsteller war Vittorio Gassman, der auch Regie führte), für die wir das Bühnenbild gestalteten (Entwurf von Giorgio Bianchi). Im Kontext des Hafens erinnert das Zeltdach des Platzes ein wenig an ein Schiffsegel. Auch die Form des Aquariums spielt auf nautische Motive an: Es wirkt wie ein Schiff im Trockendock. Das Bauwerk, das auf runden Betonsäulen ruht, schwebt über einem alten Kai, wodurch der kuriose Eindruck entsteht, als wollten die Säulen die Fische vor dem Wasser schützen. Die großen Fischbecken sind so angeordnet, daß die Besucher sie von zwei verschiedenen Ebenen aus sehen können: Je nach dem Beobachterstandpunkt ist der Effekt der eines Eintauchens ins Wasser oder aber die Ansicht der Oberfläche, die von dem durch das Dach einfallende natürliche Licht angestrahlt wird.
Für Fragen der Technik und der Pflege der Ausstattung zogen wir das amerikanische Büro Cambridge Seven Associates zu Rate, das auf den Aquariumbau spezialisiert ist. Die Anlagentechnik wurde von dem Bauunternehmen Italimpianti betreut, während von unserer Seite Mark Carroll für das Projekt zuständig war.
Unterhalb der beiden Ebenen dieser Struktur wurden die Docks der »Ponte Spinola« zu einem großen überdachten Fußgängerbereich umgewandelt, in den auch die Versorgungstechnik integriert wurde. An diesem Projekt waren viele Architekten des Building Workshop beteiligt, darunter insbesondere natürlich Shunji Ishida neben Olaf de Nooyer (für den Bigo), Giorgio Grandi (für die Zollager und den Versorgungskorridor), Donald Hart (für das Kongreßzentrum), Musci Baglietto (für den Italienischen Pavillon) und Claudio Manfreddo (für die Mandracchio-Versorgung und die Hafendirektion).
Eine Bilanz zu ziehen ist schwierig. Viele Dinge, die wir gern realisiert hätten, waren nicht möglich. Während der Aushebungen für die Fundamente wurden im gesamten Hafengebiet bedeutende archäologische Funde entdeckt. Wegen des Zeitmangels konnten diese Schätze jedoch nicht abschließend beurteilt werden, so daß man sie zunächst zu ihrem Schutz wieder zuschüttete. Wenn Genua dieses Material eines Tages ans Licht bringt, wird es seinen Besuchern die bedeutendste archäologische Meeresausgrabungsstätte Europas zeigen können. Augenblicklich sind wir zusammen mit dem Denkmalschutz der Stadt Genua mit der Abfassung der Ausführung dieses Projektes beauftragt. Renzo Venanzio Truffelli arbeitet gemeinsam mit Daniele Piano und Vittorio Tolu daran.

Die Fassade der alten Hafendepots aus dem 17. Jahrhundert wurde entsprechend der typischen genuesischen Tradition komplett restauriert. Die alten Dekors konnten erhalten werden.

Große Fotos: das Aquarium und die Via del Mare.

Ansicht des Baumwollspeichers entlang des Molo Vecchio.

Der Bigo, der Millo und die dahinterliegende Altstadt.

Kleine Fotos: Innenansicht des Kongreßzentrums im Baumwollspeicher.

Zwei Innenräume des Baumwollspeichers nach der Restaurierung.

Die Panoramakabine des Bigo und die Windskulpturen von Susumu Shingu.

1986 Rhodos Griechenland
Sanierung des alten Stadtgrabens

Die für die UNESCO und die griechische Regierung angefertigte Studie enthielt den Vorschlag, den zweieinhalb Kilometer langen Ringgraben entlang der Stadtmauer als Grüngürtel zu nutzen, der die vielfältige Vegetation der Insel beherbergen sollte und überdies als Ort für Open-air-Kulturveranstaltungen dienen konnte.

Auch wenn es nie beendet wurde, war Rhodos ein interessantes Projekt, weil sich hier Aspekte der historischen Neubewertung mit der Umwelterhaltung verbanden.
Das Projekt, das Teil eines Schwerpunktes der UNESCO war, hatte die Sanierung der historischen Stadtmauer und des sie umgebenden Grabens zum Ziel. Es wurde auf die Initiative von Melina Mercouri, der damaligen griechischen Ministerin für Kultur und Jugend, und in Zusammenarbeit mit der Stadtregierung gefördert.
Die das antike Rhodos umgürtenden Mauern erstrecken sich über eine Länge von etwa zweieinhalb Kilometern und werden von einem Graben gesäumt. Im Laufe der Jahrhunderte wurde dieser Ringgraben mit Schutt angefüllt, von dem man ihn wieder säubern mußte. Es stellte sich anschließend das Problem der Gestaltung des langen Rundwegs, der im ehemaligen Graben angelegt werden sollte. Wir studierten die örtlichen Gegebenheiten und entdeckten dabei, daß die Insel Rhodos von vielen großen Epidemien verschont geblieben war, die die Tier- und Pflanzenwelt Europas heimgesucht hatten. Beispielsweise vernichtete Ende des letzten Jahrhunderts die Weinpest alle Rebarten Europas, während auf Rhodos die alte Weinrebe überlebte. Von daher ist es nicht nur möglich, sondern sogar geboten, auf dieser Insel einen Naturpark mit der ursprünglichen mediterranen Flora und Fauna anzulegen. Und der Stadtgraben war dafür der perfekte Ort: Dank seiner Ringförmigkeit war er allen Himmelsrichtungen zugewandt, bot an verschiedenen Stellen zugleich sonnige und schattige Plätze an und beherbergte eine außergewöhnliche Anzahl von Mikroklimata. Außerdem fungierten die großen nach Süden ausgerichteten Mauern als Wärmespeicher und sorgten auch nachts für ein laues Klima.
Die Idee des Naturparks wurde durch eine weitere Überlegung ergänzt. Ein von Mauern umgrenzter Graben ist ein ausgezeichneter Ort für den musikalischen Klang. Entsprechend hätte man seine akustischen Möglichkeiten zur Schaffung von auditiven Räumen nutzen können, um ein breites Spektrum von kulturellen Aktivitäten – Konzerte und Theateraufführungen, Shows und Straßenmusik – anzubieten. All das inmitten des milden mediterranen Klimas und umgeben von einer üppigen, jahrhundertealten Vegetation, die sonst nirgends mehr auf der Welt zu finden ist.

Lageplan der Altstadt, auf dem der Graben hervorgehoben ist.

Zwei Aufnahmen im Inneren des Stadtgrabens.

Typischer Schnitt durch den Graben, der die Vorschläge des Projekts illustriert.

1986　La Valletta _{Malta}
Stadttor

Eine weitere Studie für die UNESCO zum Thema der historischen Stadtkerne antiker Städte. Die Verkleinerung des Stadttores und dessen Zufahrtsbrücke hätte eine rücksichtsvollere Nutzung durch Fußgänger zur Folge gehabt.

Luftaufnahme von La Valletta mit dem Stadttor im Vordergrund.

La Valletta, die auf einem Vorgebirge angesiedelte, im 16. Jahrhundert gegründete Hauptstadt der Insel Malta, ist von Festungsanlagen umgeben, die sie gegen die türkischen Angriffe verteidigten. Die Republic Street, die Hauptstraße, bildet eine auf das Meer gerichtete Achse durch das Stadtzentrum. Dort, wo sie auf die Stadtmauer trifft, erhebt sich der historische Zugang zum Zentrum: das Stadttor.

Die von der UNESCO (Koordinator war Salvino Busuttil) in Auftrag gegebene Studie schlug eine Umgestaltung auf zwei Ebenen vor. Einerseits sollte die Bausubstanz (Tor und Mauer) restauriert werden, andererseits wollten wir die Vergangenheit der Stadt mit ihrer modernen urbanen Expansion in Beziehung setzen, vor allem durch die Republic Street.

Das heutige Stadttor, das im Laufe der Jahrhunderte diverse Male wiederaufgebaut worden ist, stammt aus den fünfziger Jahren. Eine breite befahrbare Brücke verbindet das Tor mit einem Verkehrskreisel, der als Busbahnhof genutzt wird.

Unser Entwurf schlug vor, das gegenwärtig überaus massive Stadttor zu entlasten und die Straßenbrücke durch eine schmalere Fußgängerbrücke aus Holz zu ersetzen. Unsere Skizze einer leicht gebogenen Brücke, die auf eine röhrenförmige Stahlstruktur mit einem Zuggestänge gespannt war, erinnerte in gewisser Weise an eine Zugbrücke.

Das Gefüge sollte im bewußten Kontrast zur massiven Stabilität der Stadtmauer den Eindruck des Provisorischen und der Leichtigkeit vermitteln.

Von der Brücke aus hätten die Besucher die im Stadtgraben angelegten Gärten bewundern und sie über Treppen zu beiden Seiten erreichen können. Unter den Gärten waren zwei Tiefgaragen vorgesehen, die die Begrenzung des Autoverkehrs kompensieren sollten und einen bequemen Zugang zum historischen Stadtkern ermöglicht hätten.

Sowohl das Stadttor als auch die Wände des Schutzwalls sollten mit Paneelen aus dem lokalen, sehr hellen und leuchtenden Kalkstein verkleidet werden.

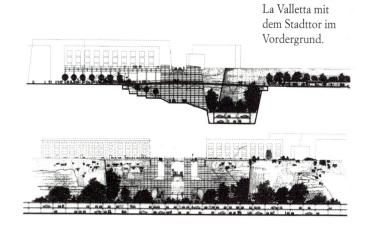

Schnitt und Aufsicht mit dem vorgeschlagenen neuen Zugang zur Stadt.

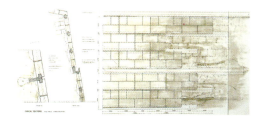

Details der Steinverkleidungen.

1986 Lyon Frankreich
Cité Internationale
Bauzeit: 1991–1995

Es geht hier um den Entwurf eines Modulsystems, das eine sukzessive Herstellung des Gesamtkomplexes ermöglicht. Bis heute sind mehrere Bürogebäude, ein Kongreßzentrum und das Museum für zeitgenössische Kunst entstanden. Ein Hotel, ein Kasino und ein Kinocenter befinden sich noch im Bau. Gestaltet wird ein Stadtsegment zwischen einem jahrhundertealten Park und der Rhone. Es handelt sich um die erste Anwendung der Studie über die »doppelte Haut« der Gebäude.

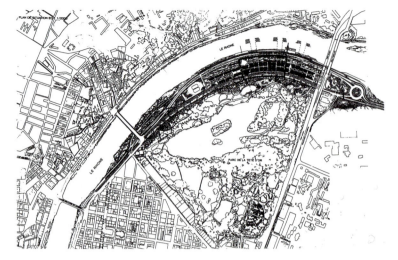

Allgemeiner Lageplan.

Lyon ist nach Paris und Marseille die drittgrößte Stadt Frankreichs und mit beiden durch den TGV (den französischen Schnellzug) verbunden. Durch seine zentrale Lage in Frankreich und ganz Europa ist Lyon wie geschaffen als natürlicher Sitz für Messen und Kongresse, beispielsweise für die Zusammenkünfte der G7, die Konferenz der sieben größten Industrienationen der Welt. Der Frühjahrsgipfel 1996 hat den Baukomplex eingeweiht, der zwar noch nicht fertiggestellt, dank seiner topographischen Planung aber schon funktionsfähig ist und mit Hilfe eines Modulsystems sukzessive voranschreiten kann.
1985 schrieb die Stadt einen Wettbewerb aus für die Umgestaltung der »Foire Internationale«, der internationalen Messe von Lyon: ein fünfzehn Hektar großes Gelände neben der Rhone, das an den Parc de la Tête d'Or angrenzt. Die städtebauliche Relevanz des Projektes und die Bedeutung seiner Beziehung zum Fluß und zu den öffentlichen Grünanlagen waren sofort offensichtlich. Deswegen erstellten wir den Entwurf in Zusammenarbeit mit dem Landschaftsarchitekten Michel Courajoud und gewannen den Wettbewerb. Das Programm der zukünftigen Messe verfolgte verschiedene Ziele, die nicht allein auf die Ausstellungsräume begrenzt waren, weswegen der Komplex in »Cité Internationale« umbenannt wurde. Angestrebt wurde ein polyvalenter und polyfunktionaler Raum, also ein echter urbaner Mikrokosmos. Auch in Lyon versuchte ich erneut, das von mir seit Jahren kultivierte »humanistische« Modell der Stadt umzusetzen, das ich hier im wesentlichen auf die öffentlichen Räume, in diesem Fall das innere Wegenetz, anwandte.

Perspektive von der internen Straße. Unten: Blick auf die Kongreß- und Büropavillons. Gegenüberliegende Seite: die interne Straße.

Das Risiko der Banalisierung ist bei vergleichbaren Projekten extrem hoch. Auch der Einsatz eines extrem ausgefeilten und elaborierten architektonischen Moduls führt bei stupider Wiederholung nur zu einem Luxusghetto. Wir wollten den Baukomplex zwar in homogene Module untergliedern, jedem Einzelelement aber gleichsam sinnbildlich seine spezifische Funktion bewahren; seine notwendige formale Einheitlichkeit garantieren, ohne in die Uniformität zu verfallen. Dafür mußten wir zunächst ein einheitsbildendes Element entwickeln, das seinen Ursprung in dem Ort selbst hatte.
Die 1918 konstruierten Messegebäude folgten der Windung der Rhone und fügten sich fächerförmig in den Park und die am Fluß

entlangführende Straße ein. Leider hatten sie eine unglückliche Ausrichtung: sie standen sich direkt gegenüber und verstellten die schöne Aussicht auf Park und Fluß. Eine Kostenertragsschätzung brachte zudem negative Resultate: Die kommerzielle Anziehungskraft der Gebäude wurde durch ihre Lage vereitelt, und sogar eine radikale Umgestaltung hätte nicht genügt, um der Messe zum Erfolg zu verhelfen und ihr einen Markt zu erobern. Also wurde ihr Abriß beschlossen. Wir erhielten nur den Eingangspavillon, der unter dem Namen »Atrium« bekannt ist.

Das wichtigste Erbe der alten Messe war jedoch die Straße, eine markante Trasse, die den Raum bestimmte, weil sie neben dem Fluß herlief. Sie bot uns das einheitsbildende Element, bezeichnete sozusagen die Grundform des Raumes, man brauchte ihr bei der Planung nur zu folgen.

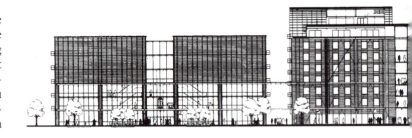

Plan der ersten Bauphase. Unten: die gerade errichteten Gebäude.

Die neuen Bauten der Cité Internationale ragen paarweise zu beiden Seiten der das Gelände begrenzenden Straße empor. Ihre gegenüber den vorigen Gebäuden rechtwinklige Anordnung bietet den Benutzern den Ausblick auf die umgebende Natur. Aber nicht nur das: Die Stellung der einzelnen Häuser ist so durchdacht, daß sie die Kommunikation zwischen Park und Fluß nicht unterbricht. Zwischen den Konstruktionen verlaufen Wege senkrecht zur Straßenachse.

Die Straße selbst wurde in eine Fußgängerallee umgewandelt und betont nicht länger ihre Verschiedenheit vom Parc de la Tête d'Or, sondern ihre Verbindung mit ihm. Die Allee beschreibt denselben Krümmungsradius wie die Rhone und die das Gelände flankierende Hauptstraße und bekräftigt dergestalt noch einmal die geographische Charakteristik des Ortes. Entsprechend nimmt sie gleich zweifach eine zentrale Stellung ein: in architektonischer Hinsicht bildet sie das Rückgrat des Raumes, im urbanen Kontext stellt sie einen für das soziale Leben Lyons bedeutsamen Ort der Begegnung, des Austausches und der Interaktion dar.

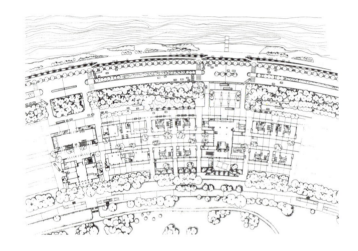

Es ist hier die Rede von einer Allee mit 750 Meter Länge, also einem echten Segment der Stadt, das sehr vertraulich, friedlich und ansprechend wirkt, weil es völlig ins Grüne eingebettet und vor dem Autoverkehr geschützt ist.

Im Stadtbezirk zwischen der Churchill- und der Poincaré-Brücke, in dem sich das Gelände erstreckt, wurde der Verkehr der die Messe flankierenden Hauptstraße durch Ampelanlagen in regelmäßigen Abständen beruhigt, die den Fußgängern die Straßenüberquerung erleichtern.

Die Durchsetzung dieser Maßnahme war ein kleines Meisterwerk von Paul Vincent, dem für das ganze Projekt verantwortlichen Architekten. Er verhandelte mit den städtischen Behörden über die Veränderungen der Verkehrsordnung und Verkehrsführung. Das Problem war ja im Grunde ganz einfach: Die Fahrgeschwindigkeit auf einer der Hauptverkehrsadern zum Zentrum mußte verringert werden, und kein Verwaltungsbeamter führt eine solche Entscheidung leichten Herzens durch. (Natürlich bedeutet ein Hochgeschwindigkeits-Streckenabschnitt im Stadtverkehr nur, daß mehr Autos im selben Moment am ersten Engpaß auflaufen. Mit der Änderung der Ordnungsfaktoren verändert sich die tatsächliche

Gebäudeansicht in der ersten Bauphase.

Das Museum für zeitgenössische Kunst, das durch den Abriß des alten Messegebäudes und die Umstrukturierung des alten Portals gewonnen wurde.

Eine Innenansicht des Museums.

Fahrdauer natürlich nicht. Aber wie dem auch sei, das Tempo wird zuerst von der Psyche des Autofahrers gemessen, dann erst von der Uhr.)

Außer Paul habe ich auch dem Stadtbaurat Henri Chaubert für seine Beharrlichkeit zu danken. Er war immer ansprechbar und im Grunde der hartnäckigste Handwerker unseres Projekts. Alle drei Bürgermeister, die in diesen Jahren die Stadt regieren, haben zur Cité Internationale einen überzeugenden Beitrag geleistet. Henri aber war derjenige, der die Bürde am längsten getragen und uns während der ganzen Abwicklung des Projekts begleitet hat.

Der erste Bauabschnitt betraf die fünf Blöcke, die sich vom alten Atrium aus nach Osten erstrecken.

Das Atrium wurde in ein Museum für zeitgenössische Kunst umgewandelt. Ihm gegenüber wird ein Kinocenter entstehen, anschließend sollen noch ein Vier-Sterne-Hotel und ein Kasino folgen. Diverse Bürogebäude und ein Kongreßzentrum wurden bereits in der ersten Projektphase konstruiert.

Überdies sollen weitere Gebäude nach demselben Konstruktionsschema immer »paarweise« errichtet werden: Jedes Objekt wird gleichzeitig mit seinem »Zwilling« auf der gegenüberliegenden Straßenseite hochgezogen. In einigen Fällen handelt es sich allerdings auch um einen isolierten Block. Das gilt sowohl für das Kongreßzentrum wie für das Hotel, die beide sozusagen »rittlings« auf die Hauptstraße gesetzt wurden, sie also überspannen. Die größeren Säle des Kongreßzentrums legten wir unterirdisch an, was ihre seitliche Ausdehnung bis zu den Nachbarblöcken ermöglichte.

Kultur- und Unterhaltungsangebote sind heute ein integraler Bestandteil eines jeden Messe- und Kongreßzentrums. Ihr Vorhandensein bedeutet für gelegentliche Gäste einen Anziehungsfaktor und für die Stadtbewohner einen permanenten Gewinn. Dasselbe kann man von den Grünanlagen behaupten.

Die Cité Internationale entsteht neben dem jahrhundertealten Parc de la Tête d'Or mit seinen hochstämmigen Bäumen. Das gesamte Gebiet zwischen Allee und Fluß wird von dem Landschaftsarchitekten Michel Curajoud gestaltet. Außer der schönen Aussicht auf ein natürliches Szenario soll eine bewußt eingesetzte Bepflanzung eine enge Beziehung zwischen Park und Fluß schaffen. So werden auf dem zur Straße gekehrten Hang verschiedenartige Bäume und Sträucher angepflanzt; neben der Churchill-Brücke beispielsweise zieht sich ein Weidengebüsch bis zur Rhone hinunter.

In Lyon hat nicht Menschenhand die »Form des Ortes« geprägt, der Architekt hat hier die Natur nur unterstützt. Die Hauptstraße, die Baumallee und der angrenzende Park wiederholen und betonen im Grunde nur die Flußwindungen. Das Basrelief modelliert also nicht die Örtlichkeit, es ist der Ort.

Wie die Straße sich den Schleifen des Flusses anpaßt, beugt sich auch die Konstruktion dieser natürlichen Hierarchie: Sie ist ein leichtes Geschöpf, das sich an den Park anschmiegt, ohne ihn zu durchschneiden oder ihn zu verletzen. Wieder finden Sie hier eine Anspielung auf das Treibhaus.

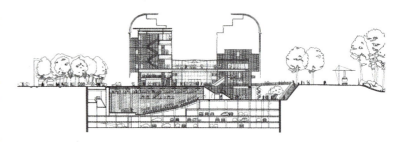

Oben: Schnitt durch das Kongreßzentrum.
Unten: der zum Parc de la Tête d'Or führende »Graben« neben den Kongreßgebäuden.

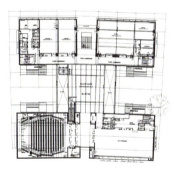

Pläne und Ansichten der Halle und des 300 Plätze umfassenden Saals des Kongreßzentrums.

Diese Analogie bezieht sich auch auf den natürlichen Mechanismus der Beleuchtung und Wärmeregulierung, den wir durch die Installation einer »doppelten Haut« imitiert haben. Der äußere Schutz der Gebäude wird primär durch eine Terrakottaverschalung gewährleistet, die nicht nur sehr gut auf die klimatische Beanspruchung reagiert, sondern den Häusern außerdem eine warme Färbung und eine feinkörnige Oberflächenstruktur verleiht. Über dieser Schutzschicht befindet sich eine Verkleidung aus Glaspaneelen, von denen sich einige öffnen lassen, da sie wie Blenden um ein Drehgelenk rotieren. Dergestalt wird die Kommunikation zwischen Innen- und Außenraum bereichert.

Der Hohlraum zwischen den beiden Oberflächen wirkt wärmeausgleichend und reduziert folglich den Energieverlust. Sowohl wegen der erforderlichen thermischen Wirksamkeit als auch im Hinblick auf eine ausdrucksstarke Lösung bot sich der Einsatz von Glas und Terrakottasteinen an: Die Kombination der beiden Materialien hat den optischen Effekt einer überraschenden Unbestimmtheit zur Folge, einer fortwährenden, leichten Vibration. Die Spiegelungen der Glasschale verändern die Ansicht der Gebäude, weil sie die Intensität der Farben und des Lichteinfalls variieren.

Alle Konstruktionen des Komplexes werden trotz ihrer unterschiedlichen Funktionen und Ausmaße mit denselben Verkleidungskomponenten ausgestattet, was der Cité Internationale eine Einheitlichkeit – wohlgemerkt: nicht Uniformität – garantiert, die nötig ist, um dem Raum einen unverwechselbaren Charakter zu verleihen.

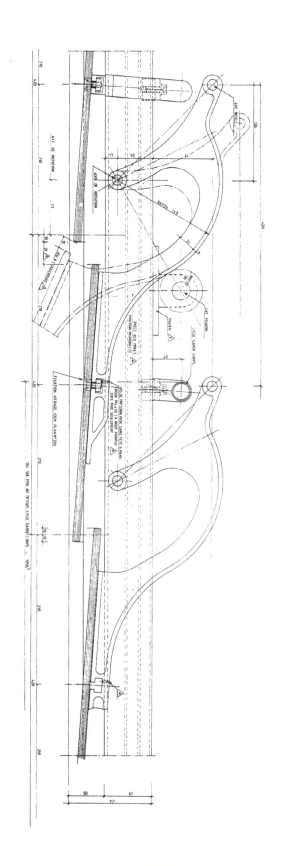

Fassade mit »doppelter Haut«. Oben rechts: Prototyp und Detailzeichnung des Öffnungssystems. Gegenüberliegende Seite: Fassade.

1987 Bari Italien

Stadion San Nicola
Bauzeit: 1987–1990

Ein Stadion für 60 000 Personen. Die Ränge bestehen aus 310 vorgefertigten Betonelementen. 26 »Blütenblätter« fächern die Ordnung der Sitzplätze auf und lösen so das große Problem der Sicherheit. Als Beispiel diente das Castel del Monte. Hervorstechende Merkmale des Stadions: die Homogenität des Materials und das Streben nach Leichtigkeit.

Ich bin nicht gerade das, was man einen Fußballfan nennt. Als man mir vorschlug, das Stadion von Bari zu bauen, versuchte ich mich zu erinnern, wann ich das letzte Mal ein Fußballspiel gesehen hatte. Es waren seitdem mehr als dreißig Jahre vergangen.
Peter Rice hingegen liebte den »soccer« über alles. Er träumte seit Jahren davon, ein Stadion zu bauen und drängte in jeder nur erdenklichen Weise darauf, diesen Auftrag gemeinsam zu übernehmen. Während der ganzen Arbeit prallten so meine Zurückhaltung und seine Leidenschaft aufeinander, und genau diese Dialektik war es, die das Projekt in unerwartetem Maße befruchten sollte.
Meine Rolle war es, dank meiner Unkenntnis einen großzügigeren Standpunkt zu vertreten und Lösungen erwägen zu können, die über das Bekannte hinausgehen. Peter wiederum sorgte dafür, daß die Konstruktion große Besuchermassen aufnehmen konnte und allen Sicherheitsanforderungen der Zuschauer genügte. Und als einer, der den Queen's Park Rangers quer durch die Stadien von halb England gefolgt war, kannte er jene in- und auswendig.

Ein Stadion ist per definitionem ein Behälter: ein Raum, der dazu bestimmt ist, Ereignisse und Personen, die ihnen beiwohnen, aufzunehmen. Insofern spielt der Raum beim Projekt des San-Nicola-Stadion (benannt nach dem Schutzheiligen von Bari) eine entscheidende Rolle, sowohl hinsichtlich der Spannung zwischen Fülle und Leere als auch angesichts der Spannung zwischen der Form der Konstruktion und der Form des Ortes.
Zum einen impliziert dieses Projekt eine Studie über die Ausdrucksmöglichkeiten der Leere: das Stadion ist durch Schnitte, Verdichtungen und Ausdehnungen charakterisiert, die die Leere zum Protagonisten machen. Wie wir sehen werden, sind sehr unterschiedliche Bewertungen in diese Option eingegangen, darunter vorrangig jene, die die Sicherheit der Anlage betreffen.
Von ebenfalls großer Bedeutung ist das Verhältnis zwischen der Form des gebauten Objekts und der Form des Ortes, zwischen der Vergänglichkeit der Architektur (aber auch des Fußballereignisses, das in ihr stattfindet) und der Permanenz der Topographie. Das Stadion liegt im Zentrum eines künstlichen Tals, das an den Krater eines Vulkans erinnert. Diesem schreibt sich das Spielfeld geradezu physisch ein: Wie in der Tradition der griechischen Tragödie ist die Arena in den Erdboden eingesenkt (zwei Meter unter Oberflächenniveau).

Die großen Zementvolumina der oberen Ränge reichen bis fast an den Boden, ohne ihn zu berühren. So entsteht eine räumliche Spannung zwischen den verdichteten und den gedehnten, nach außen gerichteten Zonen.

Der obere Teil der Tribünen erhebt sich wie eine Krone über diesem Krater. Von weitem sieht man nur diesen Teil des Stadions, eine Konstruktion, die die höhergelegenen Sektoren und die halbdurchsichtige Überdachung umfaßt.

Das Stadion von Bari wurde anläßlich der Fußballweltmeisterschaft 1990 realisiert. Das ursprüngliche Projekt sah lediglich das Spielfeld vor und hätte eine weitaus engere Beziehung von Zuschauer und Ereignis beinhaltet. Nachträglich beschloß die Stadt Bari auch die Einrichtung einer Bahn für Leichtathletik.

Die Jahre zuvor waren durch einige der furchtbarsten Katastrophen in der Geschichte des Fußballs gekennzeichnet gewesen, so daß eine diffuse Sensibilität für Fragen der Sicherheit bestand, denen das Projekt Rechnung trug.

Einmal mehr kam uns die Gegenüberstellung von laienhafter Intuition und einschlägigem Fanwissen zugute. Gemeinsam überlegten wir, daß die größte Gefahr nicht von den Exzessen einiger Hitzköpfe ausging, sondern von den kopflosen Reaktionen der Masse, die darauf folgten. So definierten wir einige allgemeine Prinzipien dessen, was man eine »Ergonomie der Panik« nennen könnte. Erstes Prinzip: Häufe nie zu viele Leute in einem einzigen Sektor an. Zweitens: Jeder Sektor muß einen eigenen Fluchtweg haben. Drittens: Entlang der Fluchtwege dürfen sich keine Fremdkörper befinden, die die Bewegungsfreiheit der Massen einschränken könnten. Viertens: Je besser die Sicht ist, desto unwahrscheinlicher die Gefahr kollektiver Hysterien.

Bei der Anwendung dieser Prinzipien auf Sportanlagen muß man mit dem enormen Fassungsvermögen – in unserem Fall mit 60 000 Personen – rechnen. Das erforderte eine kreative Anstrengung, die schließlich auch der Ästhetik des Bauwerks zugute kam.

Die meisten Stadien setzen sich aus übereinandergelagerten Ringen zusammen, wobei die horizontalen Segmentierungen (also die Barrieren, die die Anhänger der rivalisierenden Mannschaften voneinander trennen) von gefährlichen Eisengittern gebildet werden. In unserem Fall sind die oberen Ränge von den unteren getrennt und schwingen wie die Blätter einer Blume in hohem Bogen nach außen. Zwischen den einzelnen Blättern gibt es acht Meter breite Gassen, in welche die Zugangstreppen wie Zugbrücken eingelassen sind. Jeder Sektor verfügt somit über einen unabhängigen Fluchtweg.

Die Vorkehrungen, die eine Trennung der Fans in überschaubare Gruppen ermöglichen, verleihen der Konstruktion einen leichten, offenen Charakter. So hat uns die Sorge um die Sicherheit zu formal eleganten Resultaten geführt.

Das unmittelbar an das Stadion angrenzende Areal – von den Treppen zu den Parkplätzen – ist vollkommen leer und leicht abschüssig. Die Abwesenheit von Hindernissen erlaubt selbst in Notfällen ein fließendes Wegströmen. Das Gefälle garantiert ein sehr weites Sichtfeld: unter allen panikvorbeugenden Maßnahmen sicher eine der wirksamsten. Nichts schürt die Angst mehr als die Unmöglichkeit, eine Gefahr einzuschätzen.

Das Stadion wurde aus einem einzigen Material, aus Beton, gebaut, und hier war der Beitrag der Gebrüder Vitone und ihres Ingenieurbüros aus Bari entscheidend.

Castel del Monte, das Stauferschloß, das wie das Stadion aus der Landschaft zu wachsen scheint.

Eine harte, vom Stein geprägte Landschaft.

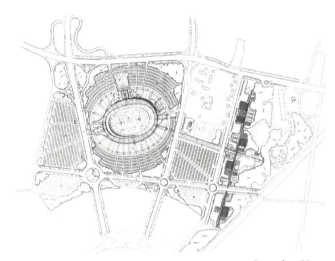

Lageplan. Unten: das Stadion bei Nacht.

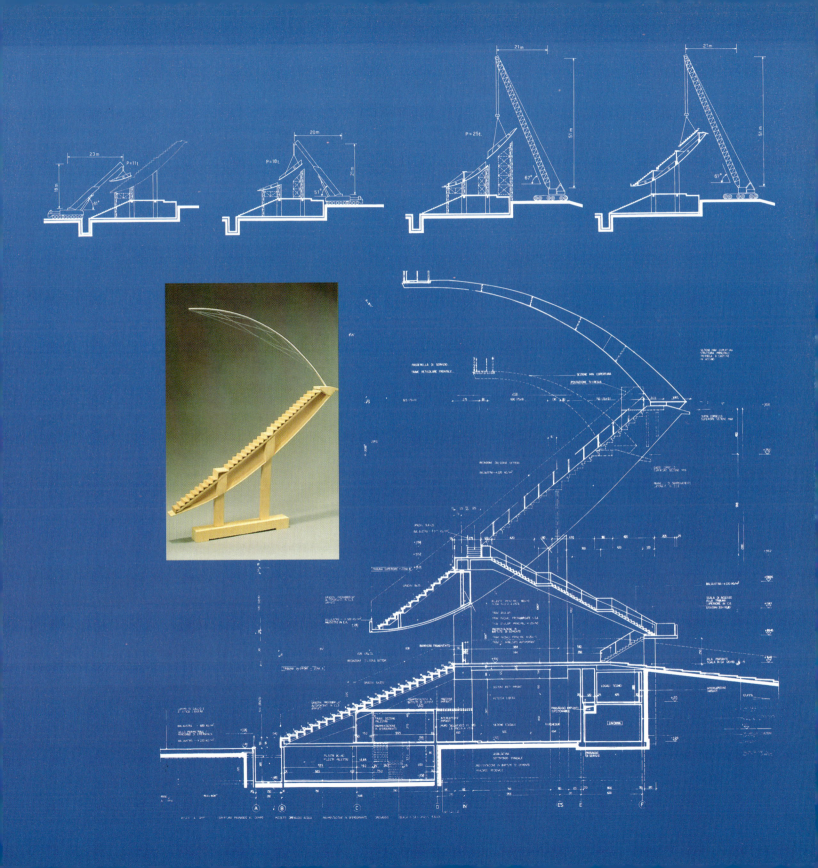

Die Form der Tribünen und der Balken verrät die Modularität der Konstruktion auf den ersten Blick. Die Ellipse des Stadions besteht aus insgesamt 26 »Blütenblättern«, die sich ihrerseits aus 310 halbmondförmigen Betonelementen zusammensetzen, die vor Ort angefertigt wurden. Obwohl die Blätter jeweils von vier massiven Pfeilern gestützt werden, scheinen sie vom Boden abzuheben.
Die Treppen der Zugänge sind extrem einfach gehalten und in einem Stück aus Beton gefertigt. Aus demselben Material sind auch die Geländer und Brüstungen überall im Stadion.
Die Serviceräume für die Mannschaften befinden sich unterhalb des unteren Rings und sind durch unterirdische Gänge miteinander verbunden, die wiederum von beiden Enden des Stadions zugänglich sind.
Auf der Höhe des Kraterrands wurde ein breiter Durchgang für die Zuschauer geschaffen. Hier kommen alle vorbei, die hinein- oder hinausgehen oder die hygienischen Anlagen aufsuchen wollen; hier werden während der Spiele Speisen und Getränke verkauft; von hier aus kann man das Spiel verfolgen, aber auch den Himmel oder die umgebende Landschaft sehen. Von diesem Punkt aus hat man das Gefühl größtmöglicher Öffnung.
Durch die Abstände zwischen den Blättern dringen das Licht und die Farbe der Landschaft in das Stadion ein, was den Rängen einen extrovertierten Charakter verleiht. Konkave Konstruktionen tendieren ja dazu, besonders bei großen Menschenansammlungen, Klaustrophobie zu erzeugen; ich glaube, daß die Transparenz, die wir durch die vertikalen Schnitte erreicht haben, diesen Effekt reduziert. Die Leichtigkeit und Transparenz trägt zu einer gewissen Heiterkeit des Ambientes und zu einem entspannteren Genuß des sportlichen Ereignisses bei.
Die Überdachung, die das Publikum vor Sonne, Regen und den heftigen Winden Apuliens schützt, ist eine durchgehende Konstruktion aus Stahl und Teflon, die auch die Zwischenräume zwischen den einzelnen Blättern abdeckt und so die Einheitlichkeit des Ganzen hervorhebt. Die Scheinwerfer zur Beleuchtung nächtlicher Spiele sind in die Stahlelemente eingebaut, die von den obersten Tribünen emporragen. Dadurch wurden zusätzliche Lichtmasten überflüssig.
Bei Nacht besehen, ähnelt das Stadion mit seinen erleuchteten unteren Rängen und dem durchscheinenden Teflondach einer fliegenden Untertasse oder einer gigantischen tropischen Pflanze.
Apulien ist eine weitgehend ebene Landschaft mit allenfalls sanften Gefällen. In dieser Szenerie ragt ein anderer Fremdkörper, ein weiteres Raumschiff hervor: das Castel del Monte, einstige Jagdresidenz Friedrichs II. von Staufen.
Alle Bescheidenheit außer acht lassend, haben wir uns von diesem unglaublichen Bauwerk inspirieren lassen. Wie der Architekt des 13. Jahrhunderts haben wir an einer geschlossenen und geschützten Form gearbeitet, die gleichwohl optimale Sichtverhältnisse garantieren mußte. Und das Resultat ist in gewisser Weise vergleichbar: ein Fremdkörper mit stark ausgeprägter Bindung an die Topographie des Ortes. Wie Castel del Monte scheint das Stadion von Bari aus der Landschaft herauszuwachsen und sie doch nicht zu berühren. Es ist ein monolithisches Gebäude, ganz aus Beton, tief in den Boden eingesenkt und dennoch schwebend.

Oben: die Baustelle zu Beginn.
Rechts: die Passung der Fertigbauteile.
Unten: das Stadion im Bau.

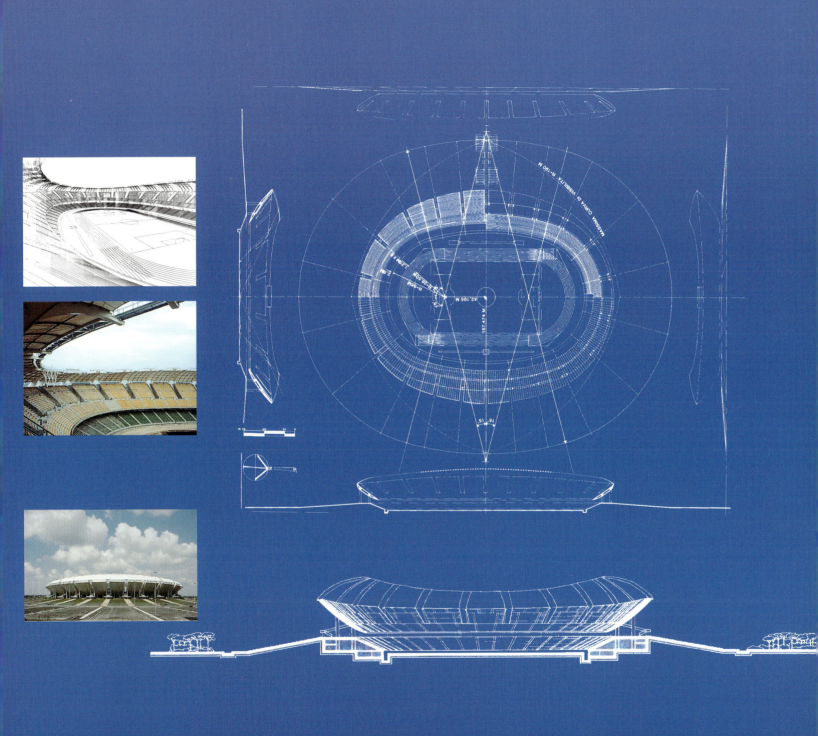

Auch die Leerräume spielen eine wichtige Rolle. Die vertikalen Schnitte, die die einzelnen »Blütenblätter« voneinander trennen, verleihen der Konstruktion Leichtigkeit und Transparenz.

1987 Pompeji (Neapel) Italien
Gestaltung der archäologischen Stadt

Ein Programm zur Verbesserung der Ausgrabungssituation, das sich mit dem Problem der Zugangswege beschäftigte und mit den Möglichkeiten, die Fundstellen zu schützen und zugleich das Publikum am Fortgang der Arbeiten teilhaben zu lassen.

Blick auf eine der Hauptachsen der antiken Stadt.

Der Ausbruch des Vesuv im Jahre 79 n. Chr. machte Pompeji dank eines exemplarischen Konservierungsverfahrens unsterblich. Zuerst eine Schicht Lapilli, also zerkleinertes Tongestein, das die Luft zirkulieren läßt und bewirkt, daß der verschüttete Inhalt trocken bleibt. Darauf dann eine dicke Schicht Asche, die zusammen mit dem Regen eine undurchlässige Kruste bildet. Auf diese Weise wäre Pompeji vor jeder Form des Verfalls »ad aeternum« bewahrt worden, wäre die Stadt nicht vor zwei Jahrhunderten entdeckt und der Zauber gebrochen worden.

Während des Faschismus hatte es sogar einen Leiter der Ausgrabungen gegeben, der absolut nicht einsehen wollte, warum sich die Arbeiten so lange hinziehen mußten. Empört über so viel staatliche Langsamkeit, drang der Schwachsinnige mit einem Bulldozer in die »insulae« ein. Er zertrümmerte alles, aber er bewies, was man in kurzer Zeit tun konnte.

Das Projekt für Pompeji, das aus der Zusammenarbeit mit Federico Zeri und Umberto Eco hervorgegangen war, verfolgte das entgegengesetzte Ziel: sehr, sehr langsam zu verfahren.

Archäologie heißt graben, es ist der Akt der Recherche par excellence. Wenn man das Objekt zutage gefördert hat, beginnen die technischen Probleme: Konservierung, Restaurierung, Interpretation – die Arbeit umsichtiger und peinlich genau vorgehender Spezialisten, die viel Ruhe und noch mehr Zeit brauchen.

Um dieses Schauspiel möglichst lange zu genießen, hatten wir die Idee, das noch nicht ausgehobene Gelände in fünfzig Ausgrabungsstätten zu je zwanzig Jahren Grabdauer aufzuteilen. Das würde Pompeji immerhin noch eine Frist von tausend Jahren einräumen. Dann würde man weitersehen.

Die Baustellen sollten nicht länger unter offenem Himmel sein, sondern nach und nach von transparenten Verkleidungen überdacht und somit vor den Einwirkungen des Regens und der ultravioletten Strahlen geschützt werden. Das Publikum hätte dabei die Ausgrabungen in Echtzeit verfolgen können; somit hätte sich die Idee eines mobilen Museums realisieren lassen.

Das Projekt stieß auf den Widerstand vieler Vereinigungen, allen voran die der Reiseführer und Grabhüter, die – wenngleich aus verschiedenen Beweggründen – keinerlei Entgegenkommen zeigten. Müßig zu erwähnen, daß aus unserer Idee nichts wurde.

Aufnahmen von der archäologischen Stadt par excellence.

Rechts: Lageplan.

Unten: Grundriß der Abdeckung einer der »Sphären« für den Publikumsverkehr und Axonometrie des Abdeckungssystems der Ausgrabungen. Daneben: die Querschnitte des Präsentations- und Schutzsystems.

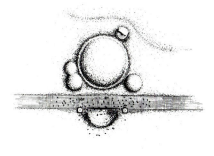

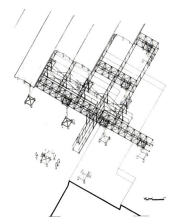

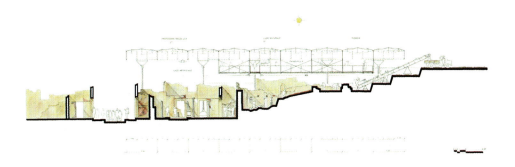

1987 Matera Italien
Sanierung der Sassi

**Die Grundidee des Projekts sah vor, das Problem der Sanierung wie ein Labor anzugehen und dabei zugleich die elementare Infrastruktur zu liefern: Wohnungen, Restaurants, Bars und Begegnungsstätten.
Ein Projekt zur Wiederherstellung antiker Techniken und des öffentlichen Lebens.**

Die Vorstellung, daß es Leute gibt, die in einem zivilisierten Land des 20. Jahrhunderts in Höhlen leben, mag absurd erscheinen. Genau dies jedoch trug sich bis vor kurzem in den Sassi von Matera zu.
Die Sassi bilden die Außenansicht eines Höhlensystems am Abhang oberhalb der Gravina. Sie wurden im 16. Jahrhundert auf einer mindestens viertausend Jahre alten unterirdischen Ansiedlung errichtet. Sie dienten einer reichen landwirtschaftlichen Infrastruktur zur Versorgung: Hier wurden Tiere gehalten, Wasser- und Lebensmittelvorräte gelagert. Der Standort erwies sich als günstig aufgrund der Sonneneinstrahlung und einer ausreichenden Ventilation.
Im vergangenen Jahrhundert verarmten viele Bauernfamilien im Zuge einer Krise der lokalen Landwirtschaft und zogen sich in die Sassi zurück. Aber die Höhlen boten weder genügend Licht noch Luft, und die Überbevölkerung führte zu hygienischen Problemen dramatischen Ausmaßes. Das bislang gut funktionierende Ökosystem, das für Wohnzwecke völlig ungeeignet war, brach zusammen.
Als wir in das Projekt zur Sanierung der Sassi einbezogen wurden, waren die Einwohner bereits in angemesseneren Quartieren untergebracht worden – ja, es gab sogar schon zaghafte Versuche der Rückkehr. Man erwartete von uns Lösungen für die Instandsetzung und Erhaltung des Viertels, das von großer historischer Bedeutung ist. Die Probleme waren gewaltig: das Fehlen von hygienischen Infrastrukturen, Kommunikationsnetzen und öffentlichen Einrichtungen.
Ausschlaggebend für die Entscheidung, unseren Rat einzuholen, waren offensichtlich unsere Erfahrungen mit den Labors von Otranto und in Burano. Auch in Matera sollte die Geschichte des Ortes rekonstruiert werden, um zu begreifen, auf welcher Grundlage die Sassi über Jahrhunderte hatten funktionieren können. Auch hier mußte mit sanften, überwiegend konservativen Techniken eingegriffen werden, auch hier mußte die örtliche Gemeinde einbezogen werden, um wenigstens einen Teil der Sassi wieder bewohnbar zu machen.
Unsere Vorschläge setzten besonders auf den didaktischen Aspekt und eine breite Beteiligung der Jugend. Das Thema reizte uns, es versprach ein gutes Projekt zu werden. Aber an diesem Punkt angelangt, stockte alles.
Was soll ich dazu sagen? Mit der Zeit begriff ich, daß Eingriffe diesen Typs zu den schwierigsten gehören. Sie setzen sehr viel Energie, Behutsamkeit und vor allem Zeit voraus: diese Zeiträume sind eher homöopathischer als chirurgischer Natur.
Bedingungen, die das Durchhaltevermögen und die Geduld kommunaler Verwalter bei weitem überstrapazieren.

Oben: Lageplan der Gegend.
Links: die Sassi.
Unten und gegenüberliegende Seite: Querschnitt und Grundriß des vorgeschlagenen Eingriffs.

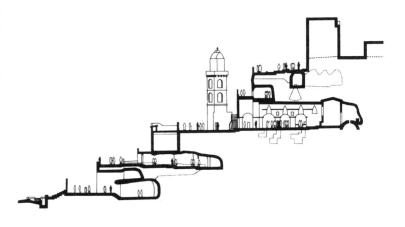

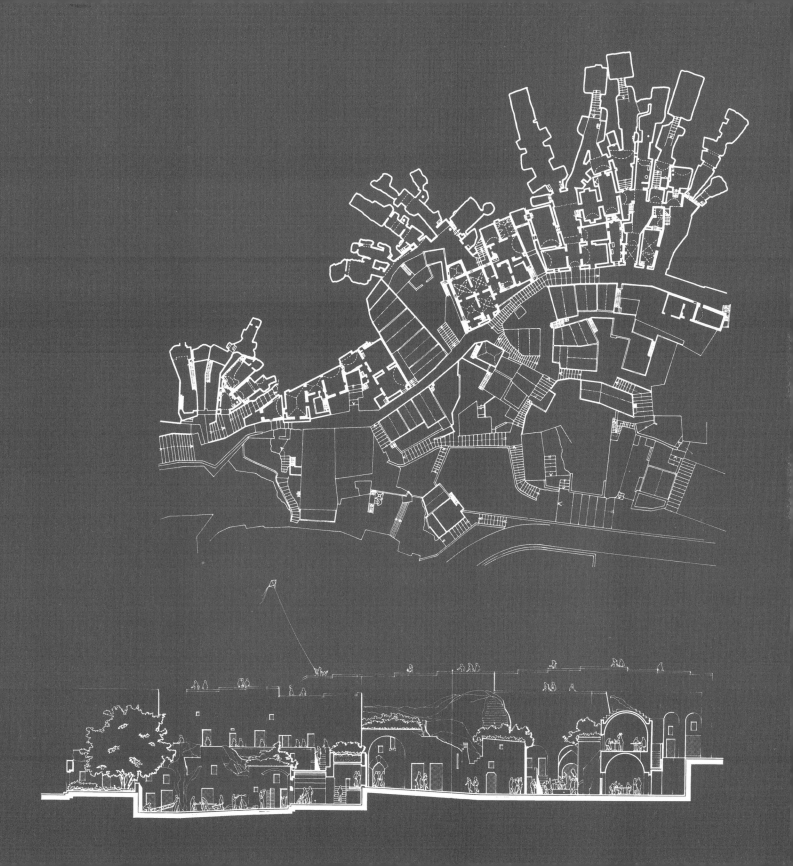

1987 Charenton le Pont (Paris) Frankreich
Einkaufszentrum von Bercy 2
Bauzeit: 1987–1990

Die Form dieses Zentrums ergibt sich aus seinem Kontext: das Geflecht von Zubringern am Autobahnkreuz von Bercy. Die Abdeckung besteht aus 27 000 Paneelen aus rostfreiem durchlöchertem Stahl in 34 verschiedenen Größen. Ein Beispiel für die Anwendung neuer Konstruktionsmethoden.

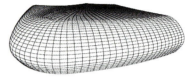

Ich neige dazu, mir den Genius loci als einen gutartigen Kobold vorzustellen, doch das ist er leider nicht immer. Vom Flugzeug aus gesehen, ist Charenton le Pont, östlich von Paris, ein Spaghettihaufen aus Autobahnen. Schauen Sie sich das Foto an, dann haben Sie eine Vorstellung davon.

Das Einkaufszentrum von Bercy 2 liegt an der Peripherie von Paris, zwischen dem Boulevard Périphérique und der Autobahn A4. Tausende von Autofahrern kommen hier täglich vorbei, und Aufgabe unseres Projekts war es, ihre Aufmerksamkeit auf das Gelände zu ziehen.

Die Arbeit ließ sich nicht gut an. Wir übernahmen sie von einem anderen Architekturbüro, weil der Vorschlag für die Überdachung vom Auftraggeber für zu konventionell befunden worden war. An jenem Punkt des Projekts waren jedoch bereits einige grundsätzliche Entscheidungen über die Konstruktionsanlage, die Zugänge, den Standort der öffentlichen Einrichtungen und der Parkplätze getroffen worden. All dies war mit den örtlichen Behörden von Charenton bereits abgesprochen und im Bebauungsplan festgelegt worden.

Wir akzeptierten diese Beschränkungen, so wie man das Vorhandensein von Häusern, Straßen oder Fabriken an einem Ort hinnimmt: als das Vermächtnis derer, die uns vorausgegangen waren. Das einfache weiße Blatt existiert nicht. Die Vorgaben des Kontexts sind das Wesen der Architektur.

Der Auftraggeber hatte ein klares Ziel, und das ist immer ein guter Ausgangspunkt. Bercy sollte ein Einkaufszentrum werden, und als solches mußte es – darin waren wir uns mit Nori Okabe von Anfang an einig – in erster Linie weithin sichtbar sein. Es durfte sich nicht in der urbanen Landschaft verstecken, sondern mußte die Blicke potentieller Kunden auf sich ziehen. Eine gewisse Unverschämtheit war notwendig und sogar gefragt.

Trotz seiner zukunftsweisenden Erscheinung ist Bercy in seinem Inneren ein ziemlich konventionelles Gebäude, hervorgegangen aus mühsamen Verhandlungen mit den Experten für die Geschäftsniederlassungen. Es gibt Gesetze, die die Zuteilung von Räumen und Wegen in den Einkaufszentren regeln und die strenger eingehalten werden als die Gesetze der Schwerkraft. Angesichts der geringen Möglichkeiten, an dieser Front etwas zu gestalten, konzentrierten wir unsere Arbeiten auf die äußere Form und die Verkleidungen.

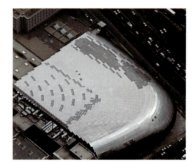

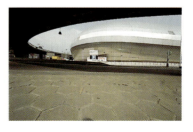

Das Autobahnkreuz, an dem das Einkaufszentrum von Bercy entstanden ist. Wie man den Aufnahmen seitlich entnehmen kann, ist die Form des Gebäudes stark von der Umgebung geprägt, auch wenn sie vage an ein Luftschiff erinnert.

Gegenüberliegende Seite: die Abdeckung des Gebäudes, im Hintergrund die Stadt.

Da der Genius loci in Charenton offenbar Auto fährt, lag es nahe, sich an Motiven der Bewegung und der Geschwindigkeit zu orientieren. Also paßten wir das Gebäude dem Kurvenverlauf der Umgehungsstraßen an, genau so, wie wir uns in Lyon von der Flußbiegung hatten inspirieren lassen. Auch hier – sogar hier – wirkten sich die Kräfte des Ortes auf die Entstehung des Bauwerks aus: ganz das Gegenteil einer spontanen Eingebung.

Auf der Grundlage dieser Konzeption bildete der Entwurf immer weichere, rundere Züge aus, um schließlich unerwartet die Form eines großen Meteoriten anzunehmen. Von diesem Punkt an wurde das Projekt auch technisch interessanter. Es ging darum, die tragende Konstruktion mit einem komplexen dreidimensionalen Profil zu verbinden, vor allem aber eine Abdeckung zu finden, die sich dieser Form anschmiegen würde.

Die einfachste Lösung wäre gewesen, Zinkbleche zu verwenden, ein auf den Dächern von Paris übliches Material, doch aus Gründen der Haltbarkeit zogen wir schließlich rostfreien Stahl vor. Der Vorteil bei der Verwendung dünner Metallblätter ist, daß man aus ihnen jede beliebige Form vor Ort modellieren kann. Aber Peter Rice setzte mir einen Floh ins Ohr: Warum nicht Fertigteile benutzen? Die Herausforderung war nicht ohne Reiz, denn sie setzte die enge Verknüpfung zwischen der Geometrie des Ganzen, dem Entwurf der Teilstücke und den Herstellungsverfahren voraus. Vielleicht erkannte ich darin eine Analogie zu meinen ersten Arbeiten. Tatsache ist, daß ich mich darauf einließ.

Nachdem wir die Definition der geometrischen Regeln für die Schnittlinie vervollständigt hatten, entwickelten wir daher ein mathematisches Modell, um die optimale Form der Dachverkleidungen zu bestimmen.

Dank der modularen Metallverkleidung – auch dies eine Hommage an den futuristischen Charakter der Umgebung – ähnelt Bercy heute einem leuchtenden Luftschiff, um das sich die Autobahnauffahrten wickeln.

Unter der Abdeckung findet man die Idee einer doppelten Haut realisiert. Nach demselben Prinzip wie in Lyon haben wir einen Zwischenraum freigelassen, der den Wärmeaustausch mit der Außenwelt verlangsamt. Diesmal jedoch haben wir ihn nicht an den Wänden angebracht, sondern an einem fast zwei Quadratkilometer großen Dach. Die Metallpaneele sind mehr als bloße Dekoration: Sie reflektieren die Sonnenstrahlen und tragen dazu bei, den darunterliegenden Zwischenraum kühl zu halten. Die abdeckenden Elemente sind aus rostfreiem und glattgeschliffenem Stahl, der je nach Lichteinfall mehr oder weniger matt glänzt. Das verleiht dem Gehäuse ein schillerndes Aussehen, das der rigorosen industriellen Standardisierung der Verkleidungen auffallend widerspricht.

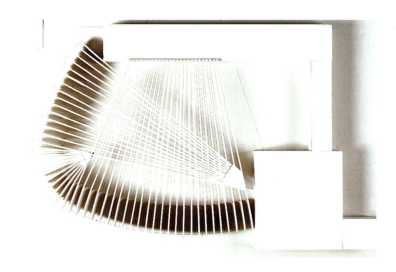

Oben: Modellstudie. Links: Numerierung und Zuordnung aller Paneele aus rostfreiem perforiertem Stahl.

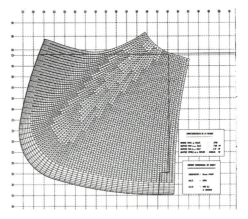

Unten: die tragenden Balken der Dachkonstruktion aus laminiertem Holz.

Oben: die Montage der Verkleidungspaneele.

Unten: Details der Abdeckung.
Rechts: Innenansicht.
Darunter: ein Längsschnitt.

1987 Paris Frankreich
Wohnanlage Rue de Meaux
Bauzeit: 1987–1991

**220 günstige Mietappartements in einem Gebiet mit hoher Wohndichte des XIX. Pariser Distrikts. Der Zugang erfolgt zentral über den Garten im Innenhof. Eine weiterentwickelte Anwendung der »doppelten Haut« und der Terrakotta. Auffallend ist das Verhältnis der Stille der Natur im Hof und dem Leben der Stadt draußen.
Thema: Der immaterielle Raum.**

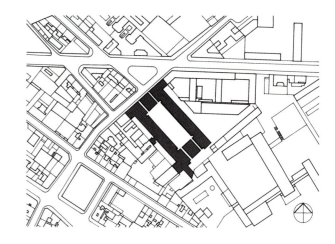

Ich habe im Zusammenhang mit Lowara von der ein wenig masochistischen Begeisterung gesprochen, mit der ich den Auftrag annahm, ein Bürohaus zum Serienbaupreis zu errichten. Bei der Rue de Meaux in Paris hingegen ließ ich mich auf den sozialen Wohnungsbau ein. Die Motivation war im Grunde die gleiche: Ich behaupte stets, daß die Qualität von Architektur nicht vom Preis abhängt, und wenn man mich herausfordert, dies unter Beweis zu stellen, fühle ich mich verpflichtet, darauf einzugehen.

Die Häßlichkeit der modernen Städte ist nicht das Resultat von Geldmangel, sondern eines sinnlosen Umgangs mit den Ressourcen. Die Verarmung des urbanen Lebens verdankt sich zwar Faktoren, die sich fast immer der Kontrolle der Architekten entziehen: Massenandrang, Verkehr, Mangel an öffentlichen Einrichtungen ... Dennoch tragen die Architekten ihren Teil Schuld daran, und das wird an jeder Straßenecke sichtbar: die ständige Wiederholung, die Gleichgültigkeit gegenüber der Umgebung, die Abwesenheit von Geschmack und Persönlichkeit. Was mich an der Rue de Meaux faszinierte, war die Idee, über das übliche »shelter, comfort and functionally usable space« hinauszugehen. Ich wollte zeigen, daß man auch mit den begrenzten Mitteln öffentlicher Bauträger Häuser voller Licht, Grün und Abwechslung anbieten kann.

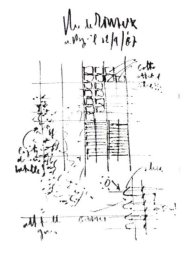

Lageplan des Standorts mit einer Skizze von Renzo Piano.
Oben: die Straßenfassade zur Rue de Meaux.
Unten: ein Detail der Gartenfassade.

Die Rue de Meaux liegt im XIX. Bezirk, einer volkstümlichen Gegend im Norden von Paris. Das Projekt wurde von der Stadtgemeinde oder besser von der »Régie immobilière de la Ville de Paris« unter der Leitung von M. Lombardini in Auftrag gegeben und hatte die Schaffung eines Wohnkomplexes mit 220 Appartements zum Billigtarif zur Aufgabe.

Ursprünglich war geplant, daß eine öffentliche Straße das Wohngebiet durchqueren sollte; auf meinen Rat hin jedoch hat man sich für eine anwohnerfreundlichere Lösung entschieden, die den Häuserverlauf entlang der Längsseite eines rechteckigen, von Bäumen gesäumten Gartens verlegt.

Die Querseiten des Rechtecks werden jeweils von zwei vertikalen Schnitten unterbrochen, die die Fassade in drei langgestreckte, den Proportionen der umliegenden Häuser angemessene Blöcke aufteilt. Diese Schnitte bilden den Zugangsweg ins Innere des Hofes, dessen Ruhe im Vergleich mit dem Straßenlärm angenehm überrascht.

Im Garten wurden zwei große Beete angelegt, die mit Gras, niedri-

gen Sträuchern und weißen Birken bepflanzt wurden. Das Grün der Baumreihen kündigt sich jedem an, der sich durch die Öffnungen der Fassaden dem Anwesen nähert.
Zu sämtlichen Appartements gelangt man über diesen zentralen Hof. Die Wohneinheiten weisen sowohl eine Stadt- als auch eine Gartenseite auf und sind je nach Lage verschieden groß. Durchgängig aber sind ein ziemlich großer Wohnraum längs der Nord-Süd-Achse mit Balkonen zu beiden Seiten sowie ein Schlafzimmer vorgesehen. In den oberen Stockwerken weicht die Stirnseite zurück, um einer Terrasse Platz zu machen: Auf dieser Ebene gibt es – wie im Erdgeschoß – Wohnungen, die sich über zwei Etagen erstrecken. Die zur Straße gelegenen unteren Stockwerke sind für Geschäftsräume reserviert.
Unter den äußersten Enden der äußeren Blöcke verlaufen die Zugangsstraßen für Lieferanten und zum unterirdischen Parkplatz, der sich unter dem gesamten Gelände erstreckt.
Alle Gebäude sind formal sehr schlicht gehalten. Öffentliche Wohnungsbauprogramme hindern den Architekten zwar nicht daran, gute Arbeit zu leisten, aber sie zwingen ihn, sich auf wenige Ressourcen zu konzentrieren. So haben wir zusammen mit Bernard Plattner, der dieses Projekt geduldig betreut hat, auf raffiniertere Gliederungen der Konstruktion verzichtet zugunsten von Fassadendekor und -anstrich, die für die Außenwirkung auf das urbane Milieu von größerer Bedeutung sind.

Dazu griffen wir auch in der Rue de Meaux auf eine bereits vielfach bewährte Lösung zurück: auf die doppelte Haut der Verkleidung. Für die Innenfassaden haben wir ein quadratisches Element von circa neunzig Zentimeter Seitenlänge in dreißig Zentimeter Abstand von der Mauer angebracht. Der Zwischenraum zwischen den beiden Oberflächen garantiert eine gute Belüftung der Wand.
Die Paneele bedecken nicht die gesamte Oberfläche: Hinter den offenen Modulen sind, geschützt von den Stäben des Gittertragwerks, traditionelle Fenster mit weißen Rahmen und gelben Vorhängen angebracht. Auf der Längsseite des Gartens beschirmen dieselben Vorhänge die exponiertesten Teile der Balkone.
Das aus der Mauer herausragende Element besteht aus einem Rahmen aus GRC (glasfiberverstärkter Beton), in den zuerst eine isolierende Schicht und sodann ein Verkleidungsmaterial montiert wird – entweder wiederum GRC oder naturfarben belassene Terrakottakacheln.
Im Falle des Rue-de-Meaux-Komplexes bedeutet die Terrakotta keine Hommage an die Umgebung: Die zur Verkleidung benutzten Kacheln sind viermal so groß wie gewöhnliche Ziegel, und darüber hinaus sind die meisten Fassaden der benachbarten Häuser verputzt. Ziel war es vielmehr, den Oberflächen farbige Vielfalt und Rauheit zu verleihen, um so einen angenehmen Kontrast zu der geometrischen Strenge der Fassaden zu schaffen. Der formale Reichtum, der daraus resultiert, ist bei vergleichbaren Billigkonstruktionen nicht üblich. Eine weitere Qualität dieser Fassadenkonzeption liegt darin, daß sie mit einer gewissen Anmut altern wird, insofern die Patina der Zeit dazu neigt, ihre Konturen aufzuweichen.

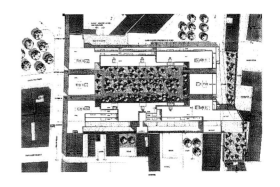

Lageplan. Unten: der Grundriß eines typischen Stockwerks.

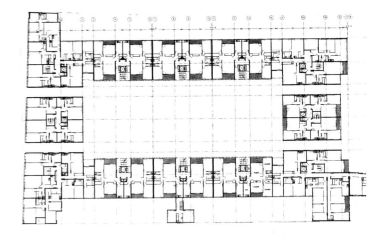

Grundriß einer typischen Wohnung.

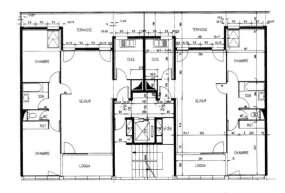

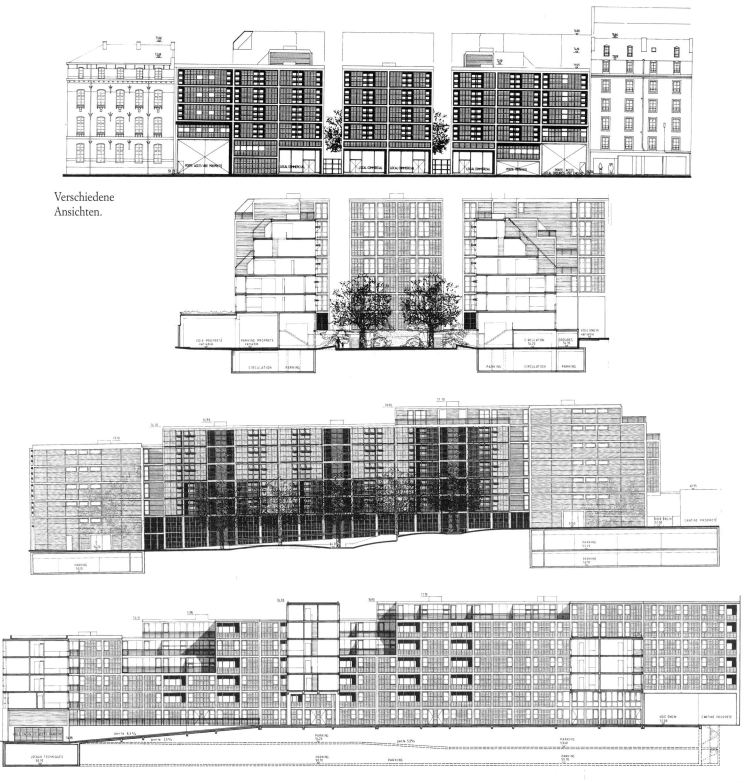

Verschiedene Ansichten.

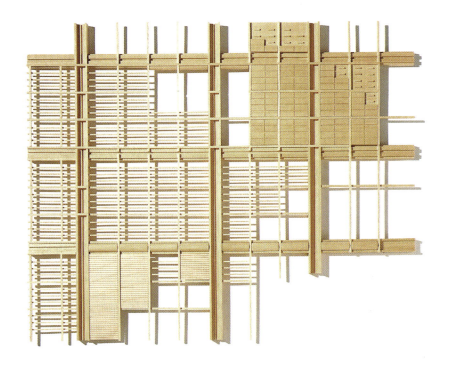
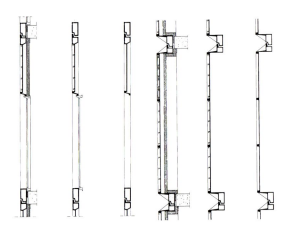
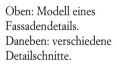
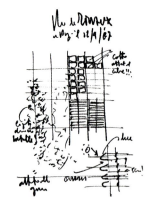

Oben: Modell eines
Fassadendetails.
Daneben: verschiedene
Detailschnitte.

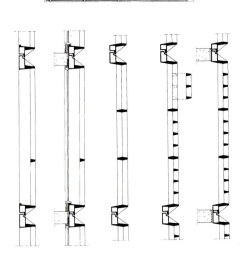

Auf der Straßenseite werden Motiv und Farben der Fassade wieder aufgenommen, doch ohne doppelte Haut: Die Verkleidung haftet hier direkt an der Primärkonstruktion.

Die Kombination modernster und traditioneller, wenngleich innovativ eingesetzter Materialien (GRC und Terrakotta) kommt in meinen Arbeiten häufig vor. Ebenso ist mir die Präsenz der Natur unverzichtbar als vitales Element einer Auflockerung und Verschönerung des urbanen Geflechts und in ihrer Spannung zu den umgebenden Bauten.

In der Rue de Meaux spielt das zarte, sehr subtile Grün der Birken mit dem technologischen Grau des GRC und dem Rot der Terrakotta. Dieser chromatische Kontrast, die Körnung der Materialien sowie die Proportion der Fassaden wurden entworfen, um eine leichte optische Vibration, ein unmerkliches Schillern zu erzeugen, das die Luft mit seinen farbigen Reflexen erfüllen soll.

Womit wir bei einem für Architekten wesentlichen Thema wären: dem Raum.

Die Konstruktion der Rue de Meaux ist die elementarste, die man sich vom Standpunkt der Volumetrie aus vorstellen kann. Zugleich nimmt jeder, der von außen in diesen Hof tritt, eine Veränderung des Raums, eine neue Dimension wahr. Es ist, als ob man die Stadt hinter sich läßt und sich an einem stillen, in sich gesammelten und geschützten Ort wiederfindet.

Das bedeutet, daß die Wahrnehmung des Raums komplexer ist als die Wahrnehmung des Volumens; hier spielen nicht nur kulturelle, sondern auch physische Faktoren (wie Klang und Licht) und psychologische (wie Intimität oder Geselligkeit) eine Rolle. Die Räumlichkeit des Immateriellen ist eines meiner bevorzugten Forschungsobjekte, und die Rue de Meaux war hierfür ein wichtiges Experimentierfeld.

Noch ein Wort zu dem Innenhof: Es ist ein heiteres, aber auch ein »privates« Ambiente, das sich insofern von einem Platz oder der Straße unterscheidet. Die ursprüngliche Anlage sah hier den Durchgang einer öffentlichen Straße vor. Wir haben uns dem höflich, aber bestimmt widersetzt. Der Wohnraum muß ein ruhiger Zufluchtsort sein.

Ob es vielleicht an solch einer Haltung liegt, daß die Qualität des sozialen Lebens und der gesellschaftlichen Teilhabe verfällt? Im Gegenteil. Die wahre Geselligkeit findet hier statt, in diesem gemeinsamen Innenhof, in dem alle Bewohner spazierengehen, sich unterhalten oder lesen können. Wer in den Garten der Rue de Meaux eintritt, spürt mit dem Gefühl der Geborgenheit auch eines der Zugehörigkeit zu der Gemeinschaft, die das Gebäude bewohnt. Der Hof ist der von allen geteilte Salon unter offenem Himmel.

Der Innenhof schafft eine große Distanz zum Straßenlärm. Das Licht wird von der Terrakotta gefärbt und von den fragmentierten Fassadenelementen in Vibrationen versetzt.

1988 Saint-Quentin-en-Yvelines
(Paris) Frankreich

Betriebsanlage Thomson Optronics
Bauzeit: 1988–1990

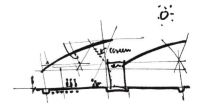

Eine modulare Lösung angesichts der Unmöglichkeit, genaue Vorgaben über den Raumbedarf dieses elektronischen Betriebs zu bekommen, der vor der Notwendigkeit eines Umzugs stand. Hohe Module von 14,4 Meter Breite mit einem Spielraum von 3,6 Metern für die Serviceeinrichtungen. Merkmale: die starke Präsenz des Grüns und die Verwendung des natürlichen Lichts.

Ich habe irgendwo geschrieben, daß der Architekt niemals von einem weißen Blatt ausgeht, daß es immer eine Gebrauchsanweisung, einen Kontext, ein Regelsystem gibt, das ihm seinen Weg weist. Im allgemeinen ist es auch so, doch es gibt Ausnahmen, und die Thomson Optronics war ein Grenzfall.

Thomson plante eine neue Produktionsanlage in der Gegend von Saint-Quentin-en-Yvelines, nahe Paris. Am dazu ausersehenen Ort gab es nicht ein einziges Bauwerk, das man als Bezugspunkt hätte nehmen können, und auch die Natur war flach und gestaltlos, durch keine besondere Vegetation gekennzeichnet. Darüber hinaus fehlten genaue Angaben seitens des Auftraggebers. Die Firma Thomson hat sich auf Elektronik spezialisiert, eine Branche, in der die fortschreitende Miniaturisierung der Komponenten die Betriebe dazu nötigt, ihren Raumbedarf ständig neu zu definieren. Gefragt war also ein überaus flexibler und entwicklungsfähiger Grundriß. Und so kam es, daß wir (allen voran Paul Vincent) mit einer einzigen Vorgabe ans Werk gingen: der Zeit. Man hatte die Pariser Niederlassung aufgegeben und sich verpflichtet, innerhalb von eineinhalb Jahren die Örtlichkeiten zu räumen. Unsere ganze Kreativität war demnach gefragt, denn wir mußten die Grenzen selbst abstecken. Die Aufteilung der Funktionen konnten wir jedenfalls vorab nicht genau bestimmen, nicht einmal die endgültige Ausdehnung des Komplexes stand fest: Wir mußten also einen vollkommen offenen Raum schaffen – ein uns durchaus vertrautes Problem.

Unser Basismodul war diesmal ein großes bogenförmiges Element von fast fünfzehn Meter Spannweite, aus dem weich abgerundete Gebäude hervorgehen. Für angenehme Arbeitsbedingungen sorgt eine reichliche Begrünung – um die sich Michel Desvignes gekümmert hat – sowie die extensive Nutzung des natürlichen Lichts. Außerdem wurden für Begegnungen und gesellige Zwecke eigens Nischen eingerichtet, die Thomson-Mitarbeiter heute noch »Piano-Ecken« nennen. Den fließenden Formen der Bauten antwortet die Landschaft mit einem streng rechtwinkligen Gitter aus Bäumen und Pflanzen.

Die Integration von Architektur und Natur basiert auf der Beachtung derselben formalen Regeln. Künftige Erweiterungen brauchen sich nur an sie zu halten.

Von oben nach unten: eine Skizze von Renzo Piano. Die Dächer, die aus einem Weizenfeld emporragen. Die erste fertiggestellte Phase.

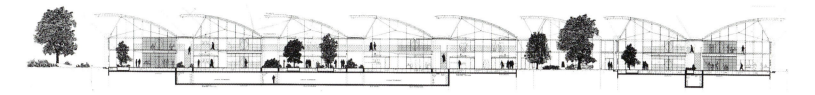

Ansicht einer von
Pflanzen belagerten
Glasfront an der
Stirnseite und Gebäude
bei Nacht.

1988 Paris Frankreich
Erweiterung des IRCAM
Bauzeit: 1988–1990

Es handelt sich um das Gebäude, in das die Büros des Instituts für akustisch-musikalische Forschungen von Pierre Boulez, das dem Centre Pompidou angegliedert ist, umgezogen sind. Es besteht aus neun Stockwerken, darunter sechs oberirdischen, und es erhebt sich auf einem winzigen Grundriß, der gerade die freie Ecke zwischen zwei bereits vorhandenen Gebäuden abdeckt. Charakteristisch ist die Verwendung von Terrakotta.

Aus Gründen größtmöglicher akustischer Isolation hatte das IRCAM sich einen geschützten Raum unter dem Boden von Paris gegraben. Die Notwendigkeit indes, Büros und Forschungseinrichtungen öffentlich sichtbar in Erscheinung treten zu lassen, legte einen Erweiterungsbau an der Oberfläche nahe, dem der Entwurf die Form eines veritablen Turms verliehen hat.

Die Erweiterung betrifft neun Stockwerke, darunter sechs oberirdische. Die Entscheidung, das Gebäude in die Höhe zu strecken, trug drei Ausgangsbedingungen Rechnung: der Begrenztheit der zur Verfügung stehenden Oberfläche; der Notwendigkeit, die Anbindung an das Centre Pompidou, zu dem das IRCAM gehört, hervorzuheben; dem Willen, Rolle und Bild des Instituts nach Jahren der Versenkung in den Katakomben unter dem Place Saint Merri nachdrücklich ins Bewußtsein zu rufen.

Der Turm ist höher als die Gebäude, an die er sich anlehnt, und seine vertikale Präsenz wird noch durch die Gliederung der Aufwärtsbewegung in einen opaken und zwei transparente Sektoren (einen für die Aufzugskabine und eine Reihe übereinandergelagerter Fenster) betont.

Viel Sorgfalt wurde auf die Einbindung in den Kontext verwandt. Der Verweis auf das Beaubourg springt nicht nur durch die Höhe des Bauwerks ins Auge, sondern auch durch die Stahlkonstruktion, die über dem oberen Ende des Fahrstuhlschachts hervorragt, sowie durch das Gittertragwerk aus Aluminium für die Glasfronten und die Verkleidung.

Der opake Sektor, der die Ecke des Platzes markiert, ist in derselben rötlichen Farbe gehalten wie die umstehenden Gebäude – nur daß es sich in diesem Falle nicht um eine offenliegende Mauer, sondern um Verkleidungspaneele aus Terrakotta handelt. Die Komponenten aus Terrakotta sind an unsichtbaren Stützstäben aufgehängt und durch Aluminiumelemente, die den einzig sichtbaren Teil der Verankerung bilden, auf Abstand gehalten.

Die Fassadenelemente ähneln der Farbe und der Rauheit nach Ziegelsteinen; um diese Wirkung zu verstärken und dieselbe Raumwahrnehmung zu erzeugen, wurden sie obendrein horizontal schraffiert. Ein kleines Beispiel handwerklicher Akkuratesse, die dazu beiträgt, den Bezug zum Kontext zu unterstreichen.

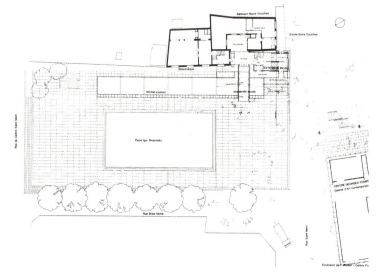

Der IRCAM-Turm vom Platz aus gesehen. Unten: der Grundriß.

  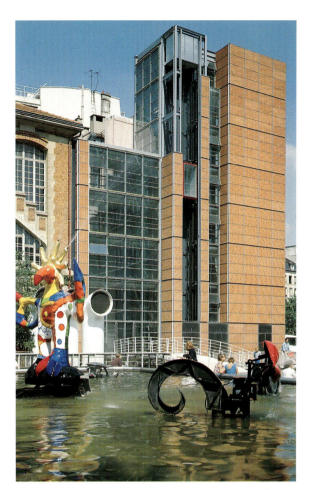

Details der Terrakottapaneele. Daneben: der Turm an der Ecke zwischen dem Place Pompidou und dem Place Stravinsky. Unten: der Längsschnitt erfaßt das alte Institut und den Erweiterungsbau.

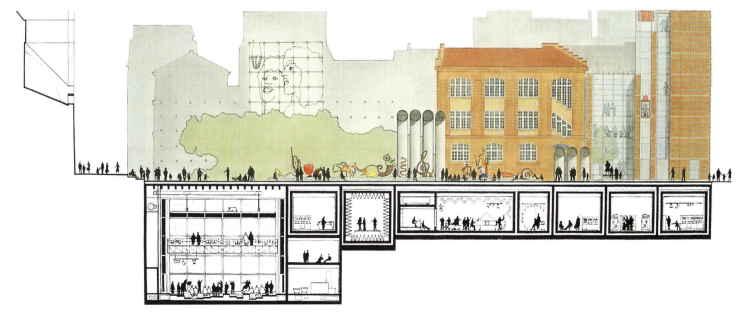

1988 Osaka Japan
Kansai International Airport Terminal
Bauzeit: 1990–1994

Das 1700 Meter lange Flugabfertigungsgebäude mit einer Kapazität von 100 000 Passagieren täglich befindet sich auf einer künstlichen Insel. Das Dach besteht aus 82 000 identischen Edelstahlpaneelen. Seine Form wurde von den inneren Luftströmungen beeinflußt, die Struktur hingegen mußte einem Erdbeben gewachsen sein, das dann auch tatsächlich stattfand, ohne Schaden anzurichten.

Jedes Abenteuer beginnt so: Ein Zusammenhang wird erkannt, man eignet ihn sich an und interpretiert ihn. Manchmal ist der Kontext reich an Anregungen wie ein altes Stadtviertel; manchmal ist er so arm wie ein großes leeres Feld, und manchmal ist er auf das Einfachste reduziert – wie im Fall des Kansai-Flughafens, wo Meer und Wind die einzigen markanten Anhaltspunkte für die Gestaltung waren.

Vor unserer Teilnahme am Wettbewerb für Kansai bat ich den Bauherrn – was ich in diesen Fällen immer tue – um eine Ortsbesichtigung. Seitens der Japaner kam Verlegenheit auf, weil es den Ort noch nicht gab.

Japan ist ein großes, überbevölkertes Land, und daher mangelte es Osaka an Platz für einen neuen Flughafen. So hatten die zuständigen Behörden entschieden, ihn auf dem Meer zu bauen. Man konstruierte eigens eine künstliche Insel, keine »schwimmende« Plattform, sondern eine auf dem Meeresboden aufgeschüttete Plattform, die von tief in den Meeresgrund eingerammten Pfählen stabilisiert wurde. Diese Insel ist ein herausragendes Werk der Ingenieurskunst und wurde überraschend schnell realisiert, denn zum Zeitpunkt der Wettbewerbsausschreibung existierte sie noch gar nicht.

Die Freundlichkeit der Japaner kennt keine Grenzen. Sie machten mit Peter Rice, Nori Okabe und mir einen ganzen Nachmittag lang eine Bootsrundfahrt. »Wo soll der Flughafen denn entstehen?« fragte Nori Okabe, der die Leitung meines Büros in Osaka übernommen hatte. »Hier«, antwortete unser Führer. Wir befanden uns auf offener See. Haben Sie geglaubt, daß mein Verweis auf Robinson Crusoe nur metaphorisch gemeint war?

In jenem Moment jedenfalls fühlten wir uns wie Schiffbrüchige auf einem treibenden Floß, waren im Unendlichen verloren und berauscht vom uns umgebenden Raum. Also begannen wir, Anhaltspunkte jenseits des physischen Kontextes zu suchen: im kollektiven Unbewußten, in der Erinnerung und in der Kultur.

Der Architekt ist ein Bodentier und gehört im wesentlichen der Welt der Schwerkraft und der Materialität an. Seine Materialien schweben nicht, sondern sind erdverbunden. In dieser Hinsicht bin ich atypisch, was vielleicht auch wieder mit meinen Jugendlieben zu tun

Anflug auf den Flughafen. Gegenüberliegende Seite: Abflugkorridor mit den Gates zu den Flugzeugen. Der Raum, dessen Ende man nicht ausmachen kann, scheint sich ins Unendliche fortzusetzen. Die Krümmung des Dachs, das von zwölf Meter Höhe auf vier Meter abfällt, verstärkt diesen Effekt.

hat: mit dem Hafen, den vergänglichen Strukturen, den an Kränen schwebenden Lasten und den Wasserspiegelungen.
Auf diesem Boot versuchten wir in den Begriffen des Wassers und der Luft zu denken und nicht in denen der Erde. Luft und Wind, das heißt langgezogene, leichte Formen, entworfen, um den Erdbeben dieser Region zu trotzen.
Wasser, Meer, Ebbe und Flut – flüssige Formen in Bewegung, Energie, Wellen.
Viele Ideen, die das Projekt inspiriert haben, wurden hier geboren. Jener Tag auf dem Meer war eine Art Zen-Erfahrung.

Ich sage dies und komme mir vor wie ein Epigone der organischen Architektur. Vielleicht wäre es besser, auf den Boden zurückzukehren, wo Tom Barker sich aufhält, mein langjähriger Arbeitskollege in Sachen Konstruktions- und Umwelttechnik. Mit ihm begann eine lange und wunderschöne Arbeit mit den dynamischen Strömungslinien der Luft, aus denen sich dann die Form des Terminaldaches entwickelte. Nach der Phase der poetischen Inspiration haben wir, wie jedesmal, geduldige Handwerksarbeit geleistet.
Der Querschnitt des Dachs zeigt einen unregelmäßigen Bogen (in Wirklichkeit besteht es aus einer Reihe von Bögen mit unterschiedlichem Radius). Es wurde in dieser Weise konstruiert, um die Abluft der Passagierhalle ohne den Einsatz von geschlossenen Klimarohren zur Flugpiste hin zu leiten. Offenliegende blattähnliche Leitbleche führen den Luftstrom am Dach entlang und reflektieren das von oben einfallende Licht. Es wurden alle Elemente gemieden, die die Sichtbarkeit der Struktur verhindert hätten. Da uns nur die inneren Luftströme interessierten, schufen wir ein umgekehrt aerodynamisches Dach, mit dessen Hilfe wir die Luftbewegungen disziplinieren und lenken konnten. Mit den Berechnungen wurden exzellente Konstrukteure und ein Computer betraut, der uns mit den notwendigen Angaben über Geschwindigkeit und Präzision versorgte. Wenn in der Gestaltung eine »naturalistische« Komponente anzutreffen ist, dann ist sie nicht in der Nachahmung der Wellenform zu suchen, sondern in der maximalen Reduktion der notwendigen Komponenten, die für Kansai typisch ist, insbesondere im Hinblick auf das Dach.

Kansai ist ein Präzisionsinstrument, ein Kind der Mathematik und der Technologie. Es prägt dem Gelände ein starkes und wiedererkennbares Zeichen ein, weil es eine klare, einfache Form hat, die sich unmittelbar mitteilt. Trotz dieser Schlichtheit vermittelt es eine außergewöhnliche Raumerfahrung.
Ein Kritiker bemerkte, daß sich Kansai durch eine zukunftsweisende Modernität auszeichnet, ohne dabei kindisch futuristisch zu sein – ein wie ich finde sehr schönes Kompliment.
Es handelt sich um eine wellenartige Struktur mit asymmetrischem Verlauf, wobei sich die sichtbaren Träger trotzdem mit dem regelmäßigen Rhythmus einer Filigranarbeit wiederholen. Das Gebäude entwickelt sich zunächst auf verschiedenen Ebenen, bis es schließlich unversehens in eine einzige große zentrale Halle mündet, in die die Vegetation von außen in den Ankunftsbereich der Passagiere hereinbricht wie ein erster Willkommensgruß Japans.

Eine Skizze von Renzo Piano. Links: Die Entstehung der künstlichen Insel.

Der Flughafenpräsident Takeuchi.

Nori Okabe.

Die Zeremonie des »Umgrabens der Erde«.

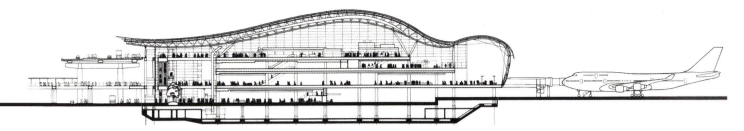

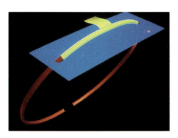

Querschnitt.

Ein das Flughafendach beherrschendes Strukturdetail.

Der Flughafen von oben, der wie ein auf dem Boden ruhendes Segelflugzeug aussieht.

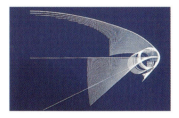

Computerbilder.

Arbeiter bei der täglichen Morgengymnastik vor Arbeitsbeginn.

Renzo und Milly Piano.

Rechts daneben: die Bauherren.

Der Flughafen erstreckt sich über die Insel in Form eines Segelflugzeuges, ähnlich einer archetypischen Flugmaschine, die das fehlende Glied zwischen der Erde und dem modernen Flugzeug darstellt. Aufgrund des Mangels an anderen Bindungen und Begrenzungen waren die einzigen raumbestimmenden Elemente der Platzbedarf und der Manövrierraum der Flugzeuge, die eigentlichen Herren der Insel. Wir haben diesen Lokalgottheiten mit einem 1700 Meter langen und 42 Gates zählenden Abflugterminal gehuldigt. Es ist eines der größten Gebäude, die je konstruiert wurden: Es hat die dreifache Länge des Lingotto.

Auf dem Grundriß ist die Form des Segelflugzeuges sehr gut erkennbar. Die Zufahrtsstraßen bezeichnen die beiden Querruder des Schwanzteiles, während das Hauptgebäude den Rumpf bildet. Die Abflugterminals stellen die ausgestreckten Flügel dar, die die Insel in einer Geste der symbolischen Besitzergreifung umarmen.

Über diese Flügel gibt es eine Anekdote: Man wollte sie nämlich stutzen. Zu Beginn der neunziger Jahre war Japan von einer ernsten wirtschaftlichen Krise betroffen, die zu harten Kürzungsmaßnahmen aller Budgets – unseres inbegriffen – führte. Deswegen wurde um die Berücksichtigung der neuen Ausgabengrenzen gebeten, was ein ernstes Problem darstellte, weil sich das Projekt schon im fortgeschrittenen Stadium befand. Man hätte kein Element weglassen können, ohne das Gleichgewicht zwischen den einzelnen Teilen zu zerstören. Etwas provokativ beschlossen wir deshalb eine wirkliche Verstümmelung: die Kappung der Flügel.

Natürlich war das ein absurder Vorschlag, dennoch hatte unser Bluff den erwünschten Effekt. Sechs Monate nach Beginn der Bauarbeiten wurde das Budget wieder aufgestockt, so daß die Flügel ihre ursprüngliche Länge behalten konnten.

Das Grundkonzept des Terminals beruhte auf einer für die Aéroports de Paris angefertigten Funktionsanalyse von Paul Andreu. Der Hauptkörper des Gebäudes, der die Fluggäste aufnimmt und verteilt, ist auf der zur Rollbahn liegenden Seite erhöht, so daß die Passagiere sich leichter zurechtfinden können. Seine asymmetrische Struktur bietet von jedem Punkt aus eine klare Orientierung.

Das Transportsystem entlang der Gebäudeflügel basiert angesichts der großen Entfernungen auf dem Pendelverkehrssystem. Die zu den Abfluggates führenden Wege liegen auf verschiedenen Ebenen und münden in ein übergroßes, von Pflanzen überwuchertes Atrium, das in unserem Jargon »Canyon« heißt.

Die riesigen dreidimensionalen Dachstützen sind über achtzig Meter lang. Ihr asymmetrisches Profil hat seinen Ursprung in denselben Berechnungen, die auch die Ableitung des unsichtbaren Luftstromes ermöglichten.

Aus diesen Strukturstudien ergab sich die Suche nach einem mathematischen Modell, das ein Höchstmaß an Standardisierungen der Komponenten erlaubte. Die Ergebnisse waren unglaublich. Für die 27 000 Verkleidungspaneele des Einkaufszentrums von Bercy waren 34 verschiedene Maße notwendig gewesen – und schon das war ein hervorragendes Verhältnis. Beim Kansai-Flughafen sind (auch dank der gesamten Dimension des Gebäudes, die es gestattete, in den

Kurven die kleinen Abweichungen untergehen zu lassen) alle 82 000 Edelstahlpaneele identisch. Ebenfalls baugleich sind die sekundären Strukturelemente. Die Primärteile wurden alle mit derselben Gußform hergestellt, und nur in einigen Fällen bedurfte es kleinerer Nachbearbeitungen.

Auch die subtilen Flügelkrümmungen sind das Ergebnis der rigorosen Anwendung eines Berechnungsgesetzes und wurden auf der Basis einer Ringgeometrie definiert. Konzeptionell repräsentieren die Flügel den oberen Abschnitt eines Kreises von 16 800 Meter Umfang mit einem um 68 Grad geneigten Durchmesser, der durch die Erde geht und über dem Horizont der Insel auftaucht. In Wirklichkeit ist die Krümmung kaum wahrnehmbar, war für den Seitenausblick des Kontrollturms aber notwendig.

Der Flughafen war das letzte mit Peter Rice entwickelte Projekt, der dessen Einweihung nicht mehr miterleben durfte. All diese strukturellen Meisterstücke sind sein Werk, wobei Kansai die umfassendste Erfahrung unserer Zusammenarbeit war. Das Projekt wurde vor Ort in Zusammenarbeit mit Nikken Sekkei, einem der größten japanischen Ingenieurbüros, entwickelt.

Kansai war auch ein großes Abenteuer der Baustelle, das 38 Monate andauerte, und auf der 6000 Arbeiter beschäftigt waren, in Spitzenzeiten sogar an die 10000. Ich erinnere mich an diese Unmenge von Leuten, wie sie vor Arbeitsbeginn in der Morgendämmerung auf der nackten Plattform zusammen Gymnastik machten. Damals war die Insel nichts als ein großer Schotterhaufen, doch nahm sie Tag für Tag mehr Form an, bis schließlich das Gebäude auf ihr entstand, das wir bis dahin nur auf Plänen gesehen hatten. Kansai lehrte mich, was die Redewendung »die Wüste fruchtbar machen« bedeutet.

In Japan existiert für alles ein Ritual, auch für die Kommunikation mit der Belegschaft. Der Architekt muß zeigen, daß er sich in erster Linie um die Sicherheit der Arbeiter kümmert. Die gebräuchliche Formel dafür ist sehr schön: »Ich habe diesen Traum erfunden. Ich danke euch, weil ihr ihn in die Realität umsetzt. Geht in Sicherheit, und seid vorsichtig.«

Der Architekt ist in Japan ein Künstler: Er entscheidet, was zu tun ist, aber macht es nicht selbst. Deswegen bittet er die Arbeiter, kein Risiko einzugehen, und wünscht, daß sie sich nicht verletzen mögen. Es ist bekannt, daß die Versicherungsgesellschaften Statistiktabellen zu Rate ziehen, um die durchschnittliche Anzahl der Arbeitsunfälle auf einer Baustelle vorhersagen zu können. Diese Tabellen dienen als Grundlage für die Risikoberechnung und für die zu zahlende Versicherungsprämie. Im Falle Kansais wurden die Tabellen Lügen gestraft, weil es nur sehr wenige Unfälle gab und keiner davon tödlich ausging. Der japanische Segenswunsch hatte wohl gewirkt.

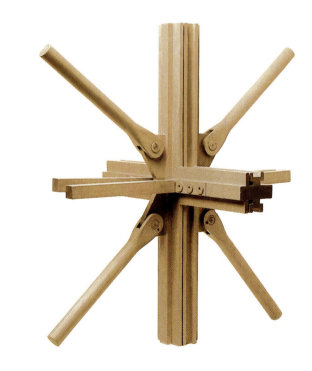

Die imaginäre Insel gibt es nicht. In diesem Fall gab es noch nicht einmal die wirkliche. Als die Plattform für Kansai aufgeschüttet wurde, vergrößerte sich Japan um fünfzehn Quadratkilometer, was der Flughafenpräsident Takeuchi immer wieder gern betonte. Ein bißchen kokett fügte er hinzu, daß deswegen eigentlich alle japanischen Geographiebücher hätten neu gedruckt werden müssen.

Linke Seite: seitliche Glaswand des Terminals.
Unten: Holzmodell eines Verbindungsstücks.

Eincheckbereich der internationalen Abflughalle im vierten Obergeschoß. Die unter die Decke gespannten Planen reflektieren das Licht und lenken die Luftströmung, die von einer filigranen Skulptur des Künstlers Shingu sichtbar gemacht wird.

Kansai ist übrigens auch die Insel, die für einen Tag verschwand. Das ist eine lustige Geschichte, aber um sie erzählen zu können, muß ich erst einige technische Daten erläutern.
Ich habe bereits erwähnt, daß die Plattform ein herausragendes Werk der Ingenieurskunst ist. Sie liegt auf mehr als tausend Stützpfosten auf, die zwanzig Meter Wasser und weitere zwanzig Meter Schlammschicht durchqueren und sich schließlich vierzig Meter tief in Felsen hineingraben. Das erste Problem besteht darin, daß sich die Schlammschicht setzt, und das zweite darin, daß dieser Verfestigungsprozeß nicht gleichmäßig erfolgt.
Die für dieses Problem entwickelte Lösung ist äußerst komplex. Spezielle Sensoren zeigen an, wann die Verfestigung an einem bestimmten Punkt die maximale Toleranzgrenze von zehn Millimeter Stärke überschritten hat. Jeder Pfahl wird durch ein eigenes Eichsystem ausgesteuert, das mit Hilfe von extrem leistungsfähigen hydraulischen Winden funktioniert: In dem Augenblick, in dem der Alarm losgeht (wobei gesagt sein muß, daß ein solcher Fall lange vorhersehbar und absolut unter Kontrolle ist), wird der betreffende Pfahl wieder justiert und in seiner neuen Position fixiert. Die Taxierung der Pfeiler wird noch zehn Jahre andauern, danach werden die Winden endgültig blockiert.
In der ersten Phase hatte das Phänomen ein bemerkenswertes Ausmaß: Die Insel senkte sich zwischen 1992 und 1996 um einen halben Meter ab. Diese technische Information erfolgte regelmäßig und amüsierte die Journalisten immer sehr. Artikel erschienen mit dem Titel »Kansai ist um ... Zentimeter abgesunken«.
Bis eines Tages die angesehene »Japan Times« die dramatische Nachricht brachte: »Kansai ist ganz untergegangen.« Es gab einen ziemlichen Aufruhr, weil die Information auch von anderen Zeitungen verbreitet wurde. Nicht alle bemerkten das Datum: 1. April 1990. Es war ein Aprilscherz.

Eine letzte Reflexion über die Leichtigkeit der Konstruktion sei mir noch gestattet. Während des Briefings führten wir mit den Vertretern des Bauherrn lange Diskussionen über die geforderte Erdbebensicherheit des Gebäudes. Es waren ruhige, ernste und schicksalsgläubige Gespräche. Als ich von dem Erdbeben in Kobe im Januar 1995 hörte, erinnerte ich mich wieder an sie. In diesem Moment verstand ich, was es für ein Volk bedeuten muß, in einem Erdbebengebiet zu leben.
Der Kansai-Flughafen ist vom Epizentrum des Erdbebens genausoweit entfernt wie Kobe, und die Intensität der Erschütterungen war identisch. Doch unser Werk, so immateriell und zart es scheinen mag, hielt stand. Das Gebäude trug keinen Schaden davon, nicht einmal zerbrochene Fensterscheiben. Die Gewalt der Elemente vermag eine Eiche zu fällen, nicht aber das leichte und flexible Schilfrohr.

Abfertigungsflügel.

Gegenüberliegende Seite: Eingangshalle des Flughafens, die auch »Canyon« genannt wird.

1989 Kumamoto Japan
Verbindungsbrücke des Archipels von Ushibuka

Bauzeit: 1989–1995

**Eine 900 Meter lange Brücke in Bogenform, bei der Balkenkonstruktionen von 150 Meter Länge eingesetzt wurden.
Thema ist die Berücksichtigung des Windes und der Umwelt.**

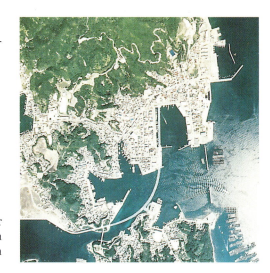

Auch das Projekt der Brücke von Ushibuka ist stark auf das Meer bezogen. Mit einer Länge von 900 Metern verbindet sie drei Inseln des Amakusa-Archipels und soll so die Kommunikation zwischen dem Hafen und den südlichen Stadtteilen verbessern.
Ushibuka gehört zum Amtsbezirk von Kumamoto im Süden von Japan. Seine Haupteinnahmequelle ist der Fischfang. Der Gouverneur des Bezirks, Herr Osokawa, war der Auftraggeber für die Brücke. Der Abkömmling einer angesehenen Familie der Region und hochgebildete Mann war auch für die kurze Zeit von 1994 bis 1995 japanischer Premierminister.
Das Projekt stellte uns im wesentlichen zwei Aufgaben: zum einen ging es um die Erhaltung des wunderschönen natürlichen Szenarios und zum anderen um die Sicherheit der Passanten, insbesondere der Fußgänger und Fahrradfahrer, denn die Brücke steht in einer Gegend, wo der Wind eine bemerkenswerte Geschwindigkeit erreicht.
Um das formale Gleichgewicht der Bucht nicht zu zerstören, mußte die Beziehung zum Kontext sehr klar und deutlich sein. Deswegen vereinigten wir die drei vorgelagerten Inseln mit einer bogenförmigen Trasse, die ein einziges stark gekrümmtes Zeichen darstellt anstelle einer abgeknickten Linie, die aus Segmenten einer Geraden zusammengesetzt gewesen wäre. Aus demselben Grund wurde die Anzahl der Stützpfeiler auf ein Minimum reduziert, indem wir 150 Meter lange Balkenkonstruktionen einsetzten.
Das Problem des Windes wurde in zweifacher Weise gelöst: Die Brückenunterseite ist abgerundet, um den Luftdruck zu mindern. An den Fahrbahnseiten wurden eigens dafür bestimmte Blenden angebracht, die im Windkanal erprobt worden waren, um Fußgänger oder Fahrradfahrer zu schützen. Diese beiden Elemente rufen einen einzigartigen optischen Effekt hervor: Der untere, rundliche Teil scheint die Stützen nicht einmal zu berühren, was den Eindruck großer Leichtigkeit vermittelt. Durch die Spiegeleffekte der Blenden, die die Träger mit einem Spiel von Licht und Schatten zieren, wird dieser Eindruck noch gesteigert.
Bei fast allen japanischen Brückenkonstruktionen kann man den Einsatz ähnlicher Gestaltungstechniken beobachten: Um den Eindruck von Plumpheit zu vermeiden, das Ausmaß der zu fertigenden Produkte zu verringern und das Objekt der Umgebung leicht einfügen zu können, muß man an der Struktur arbeiten.

Oben: Luftaufnahme und Lageplan, auf dem die drei Verbindungselemente der Brücke zu sehen sind.
Unten: Details der Verbindungsstücke des Windschutzes.

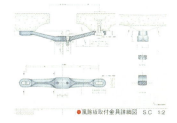

Oben: Holzmodell.
Unten: Test im Windkanal.

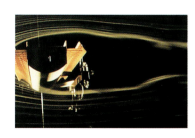

1989 Punta Nave (Genua) Italien
UNESCO-Laboratorium-Workshop
Bauzeit: 1989–1991

Ganz aus Glas gebaut und mit einer Dachkonstruktion aus Schichtholzbalken, ähnelt das Gebäude den traditionellen »Gesichtern« des ligurischen Küstengebietes. Der Forschungszusammenhang mit der UNESCO und der Europäischen Gemeinschaft wurde herausgestellt.

Das Büro auf dem Punta Nave ist meine persönliche Interpretation eines »Interieurs mit Menschen bei der Arbeit«. Das ist etwas, was ich bei der Arbeit am Projekt für das Atelier Constantin Brancusis gelernt habe, der sein Atelier als ein »Interieur mit bestehenden und zukünftigen Werken« sah.

Der Unterschied besteht darin, daß ich in meinem Fall nicht die Metapher des Waldes, sondern eher die des Hafens verwenden würde. Leute kommen, Leute gehen, die Objekte bleiben. Diese Objekte haben eine Geschichte: der Bambus steht für Nouméa, eine Lampe für den Lingotto, eine Terrakottafliese für Berlin, und zusammen ergeben sie eine Geschichte.

Brancusi empfand Studio und Werk als eine Einheit und dachte, daß die Präsenz der früheren Arbeiten die Schöpfung neuer Werke inspirieren und lenken könnte. Ich kann mich in seiner Denkweise wiedererkennen. Während ich zwischen den Arbeitstischen herumlaufe, betrachte ich die neuen Projekte und sehe Fotos und Skizzen der schon realisierten Bauwerke, und so sehe ich die Welt.

Der UNESCO-Laboratorium-Workshop ist eine ausdrückliche Hommage an meine Heimat. Fast völlig verglast, läßt das Gebäude das Sonnenlicht und die Wasserspiegelungen des Golfes von Genua eindringen und erscheint wie eines von den vielen Gewächshäusern in diesem Teil der Riviera. An einen terrassenförmigen Abhang geschmiegt, schwebt es zwischen den Bergen und dem Meer. Dabei hat es die Eigenschaften dieses Terrains, das so deutlich eingekerbt, umgegraben und von Menschenhand bearbeitet ist, so stark berücksichtigt, daß es dieselbe Stufenstruktur sogar in seinem Inneren wiederholt. Dennoch hat dieses Gebäude, das derart mit einem Topos verbunden ist, seinen eigentlichen Ursprung im Senegal.

Die Erfahrung des Dakar-Projektes, das wir gemeinsam mit der UNESCO entwickelten, endete für uns mit einer doppelten Enttäuschung. Auf der einen Seite hatten wir den ungleichen Kampf mit den Wellblechdächern verloren, andererseits mußten wir die sehr interessante Untersuchung über die Eigenschaften von Pflanzenfasern und ihren Gebrauch in der Architektur abbrechen: ein Forschungsobjekt, das anfangs nur eine lokale Bedeutung zu haben schien, uns dann aber begeistert hatte. Die Fasern hatten ein überraschendes Potential entfaltet, da sie nicht nur für die Gebäudeverkleidung und die Wärmedämmung, sondern auch als Strukturkomponenten eingesetzt werden konnten.

Weil es schön gewesen wäre, die Recherchen fortzusetzen, kam irgend jemand (vielleicht Peter Rice) auf die Idee, der UNESCO eine Station

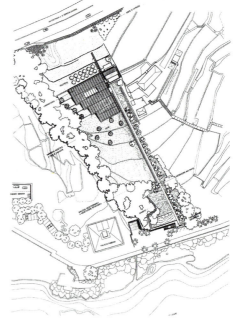

Oben: Foto des ursprünglichen Geländes.
Unten und auf der gegenüberliegenden Seite: Außen- und Innenansicht des Laboratoriums. Der Raum des Gebäudes wird von Transparenz, Lichtvibrationen und beständigen Veränderungen der Details beherrscht und erlangt so eine immaterielle Qualität.

für die anwendungsorientierte Erforschung der Konstruktionsprinzipien von natürlichen Materialien vorzuschlagen. Zur experimentellen Züchtung von Pflanzenfasern, die sich als besonders vielversprechend erwiesen hatten, wollten wir ein Forschungs- und Entwicklungszentrum hinzufügen, das gemeinsam mit der UNESCO hätte genutzt werden können.

Die UNESCO akzeptierte den Vorschlag und finanzierte das kulturelle und edukative Programm unter der Bedingung, daß wir für die Konstruktion des Laboratoriums alleine aufkämen.

Der Bau wurde von der Firma meines Bruders Ermanno durchgeführt. Das war seit meinen ersten Baustellenerfahrungen und der Zeit meiner frühen Studien der vergänglichen Strukturen nicht mehr vorgekommen. Bei dieser Gelegenheit wurden die zwei Seelen unserer Familie wiedervereinigt: die des Architekten und die des Bauunternehmers. Papa wäre glücklich gewesen.

Heute werden im Inneren des Laboratoriums und auf den angrenzenden Terrassen Felder von Bambus, Schilf und Agaven kultiviert. In absehbarer Zeit sollen im Meer unterhalb des Grundstücks auch Wasserpflanzen gezüchtet werden.

Aus diesem ersten gemeinsamen Projekt gingen weitere hervor. Zur Zeit arbeiten wir mit der UNESCO an zwei faszinierenden Themen, die uns besonders am Herzen liegen: der Klimaeinfluß und der Gebrauch des natürlichen Lichts in der Architektur.

Auch mit der Europäischen Gemeinschaft entwickelten wir zwei Programme, die Überdachungssysteme mit hoher Wärmeträgheit betreffen und darauf abzielen, den Energieverbrauch zu senken und die Lebensdauer der Baumaterialien zu erhöhen.

Zusammen mit dem Londoner Ingenieurbüro Ove Arup & Partners bearbeiten wir gerade ein Thema, das schon in verschiedenen unserer Arbeiten vorgekommen ist: die Doppeldachkonstruktionen, bei denen ein Luftzwischenraum Außen- und Innentemperatur ausgleicht.

Auf dem Punta Nave bildet der Widerschein der grünen Landschaft im Inneren der Werkstatt eine grundlegende und dominierende Raumkomponente. Die notwendigen Maßnahmen für die Kultivierung der Pflanzen bestimmen die Morphologie des ganzen Geländes, das nach und nach abgesprengt und von Menschenhand terrassiert wurde, um das unwegsame Terrain fruchtbar zu machen. Die landestypische Vegetation an den Steilhängen gibt dem Ort seine Form, die exotischen Pflanzen hingegen sind ein bestimmendes Moment seiner Funktion.

Die Pflanzen umwuchern die Werkstatt und dringen in sie ein, sie sind durch die Glaswände überall sichtbar und in die Arbeitsbereiche gewissermaßen einbezogen. Die Arbeit in diesen Räumen evoziert eine ganz besondere Form der Sammlung und Konzentration, die verbunden ist mit dem Gefühl, in einem unmittelbaren Kontakt mit der Natur, dem Klima und den Jahreszeiten zu stehen. Die Architektur hat hier etwas Immaterielles eingefangen.

Das Laboratorium zieht sich vom Felsgipfel aus den steilen Berghang nach oben, wobei die einzelnen Arbeitsbereiche einander sukzessive in stufenförmiger Anlage folgen. So wird eine suggestive Raumsequenz

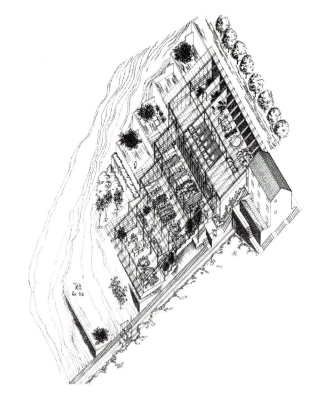

Axonometrie.
Fotos: Die Glaswände bieten den Blick aufs Meer.

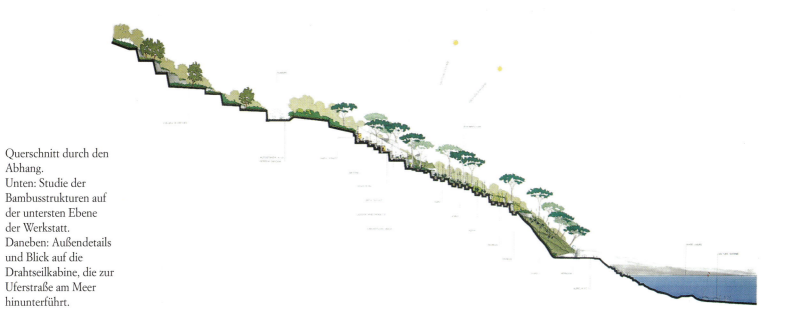

Querschnitt durch den Abhang.
Unten: Studie der Bambusstrukturen auf der untersten Ebene der Werkstatt.
Daneben: Außendetails und Blick auf die Drahtseilkabine, die zur Uferstraße am Meer hinunterführt.

geschaffen, die von jeder Ebene aus den Blick auf die umgebende Natur und das Meer erlaubt. Durch die nach Genua hingewandten Glaswände sieht man das Schauspiel der Schiffe, die den Hafen anlaufen und wieder auslaufen.

Durch das schräge, transparente Dach fällt Sonnenlicht auf die abgetreppten Arbeitsräume. Den ganzen Tag kann man mit natürlichem Licht arbeiten, das durch solarzellengesteuerte Blenden automatisch reguliert wird. Eine Lampe, auch die allerschönste, taucht die Dinge in eine zeitlose Kälte, während unser Licht einer natürlichen Uhr entspricht: Es wechselt mit jeder Stunde und mit der Witterung, es wirft unterschiedliche Farben und Formen auf Mauern, Arbeitstische und Zeichnungen. Die Lamellenbeschichtung des Daches zeichnet Schattenmuster auf die Dinge und verleiht allen Oberflächen unterschiedliche Strukturen. Vielleicht hat der Schriftsteller und Journalist Mario Fazio, ein langjähriger guter Freund, recht mit seiner Behauptung, daß das Licht des Zenits der wahre Protagonist dieses Schauplatzes sei.

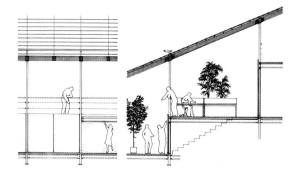

In einem transparenten Gebäude verändert sich selbst das Konzept von drinnen und draußen, da es eben keine strenge Trennung gibt und sich zwischen mir und der Welt keine Mauer, sondern nur eine fast unsichtbare, hauchdünne Membran befindet. Und das ist gut so. Denn in einer Schachtel neigt ein Architekt dazu, schlechter zu werden, sich einen Stempel aufdrücken zu lassen, ein Etikett zu entwickeln und immer dasselbe Produkt anzubieten.

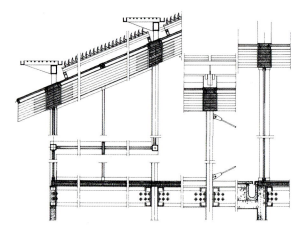

Das Studio hat einen spektakulären Eingang. Der Aufstieg von der auf Meereshöhe gelegenen Straße zum Steilhang über dem Fels (Punta Nave), wo das Gewächshaus-Laboratorium erbaut wurde, erfolgt in einer gläsernen Seilbahnkabine, die im Freien durch eine sehr steile Schlucht und durch den Berg läuft. Etwa auf halber Höhe der Strecke verlangt die Orographie des Geländes einen plötzlichen Wechsel des Gefälles, was einen »montagne-russe«-Effekt hervorruft. Das Kind in mir findet diesen Augenblick sehr spaßig, und dies ist nicht der einzige.

Man fährt inmitten üppiger Vegetation, und der Blick auf das Wasser erweitert sich allmählich, bis sich schließlich der ganze Meereshorizont darbietet. Und an dieser Stelle taucht unser Gewächshaus auf: Der UNESCO-Laboratorium-Workshop heißt uns willkommen.

Die Konstruktion entfaltet sich wie ein Schmetterlingsflügel. Die parallel zu den Seilbahngleisen entlangführende Gebäudeseite verläuft in gerader Linie. Hinter der Glaswand verbindet eine innenliegende Treppe alle Ebenen des Gebäudes. Die gegenüberliegende Seite besitzt ein unregelmäßig gestuftes Profil, das nach unten immer weiter zurückspringt und an den Ecken weite Ausblicke auf das Meer und das dichtbepflanzte Gelände bietet.

Lichtspiele, die von den Lamellenjalousien und den Segelbespannungen gedämpft werden.

Das die Konstruktion sichtbar beherrschende Element ist natürlich das aus Holzlamellen bestehende Jalousiendach, das durch feine Stahlverstrebungen verstärkt ist. Auch die Verbindungsgelenke sind aus Stahl.

Die Wände hingegen bestehen aus ungerahmten Glaspaneelen, die lediglich von sehr feinen Glasrippen ausgesteift und fixiert werden. Die Außenmauer wurde im Gebäudeinneren mit Stuck bedeckt und

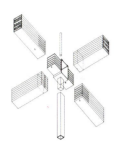

Detailausschnitte der Verbindungen der Schichtholzbalken, der sie tragenden Stahlpfosten und des Parketts.

gestrichen, während sie draußen mit Feldstein verkleidet wurde. Den zarten Rosaton des Putzes haben wir von den für die Gegend typischen Häusern übernommen.

Der Lichteinfall wird von »intelligenten« Jalousien gesteuert, die sich mit Hilfe von Solarzellensensoren schließen und den Innenraum vor der Sonne abschirmen, wenn die Außenhelligkeit zunimmt. Während der Dämmerung gehen plötzlich die Lampen an, die auf unter die Decke gespannte Leinenbahnen gerichtet sind, die das Licht reflektieren. So wird die Charakteristik der Umgebung erhalten: auch das künstliche Licht kommt von oben.

Der Architekt baut sein Leben lang Häuser, Fabriken und Bürogebäude, die die Wünsche anderer erfüllen sollen. Hier habe ich ein Kleid auf mich zugeschnitten, das meinen Bedürfnissen und denen des Building Workshop entspricht.

Zu Beginn des Buches habe ich geäußert, daß der Punta Nave ein Refugium ist und eine Antwort auf die Informationsflut unserer Tage darstellt. Das darf man aber nicht mit Flucht vor der Stadt verwechseln (ein Phänomen, das ich weder praktiziere noch theoretisieren will). Es gefällt mir einfach, diesen Ort als ein posturbanes Laboratorium – nicht als antiurbanes – zu denken.

Das Gebäude ist ein Gebilde aus Raum, Sonne und Natur, wie Le Corbusier es definiert hat, es ist aber mit Hilfe von modernsten elektronischen Kommunikationsmitteln mit der ganzen Welt verbunden. Reyner Banhams Studien zum »wohltemperierten Raum« verdankt es viel, weil hier die Technologie im Dienst des Menschen steht und nicht umgekehrt. Der Punta Nave ist die Umsetzung meiner Arbeitsmethode in eine architektonische Form: Zusammenarbeit im Team und Reflexion, Technik und Geist, Liebe zur Tradition und die beständige Suche nach Neuem gehen hier eine glückliche Verbindung ein. Aber es steckt noch mehr dahinter: Das Gebäude ist Ausdruck einer Ethik, meiner und unserer Ethik.

Die eingesetzte Technologie zerstört die Natur nicht, sondern hilft uns, besser mit ihr zu leben. Das Innere des Workshop kennt keine hierarchische Ordnung, damit alle Mitarbeiter dieselbe Freude an der Arbeit finden können. So sind auch soziale und berufliche Grenzen aufgehoben: Architekten, Forscher, Kunden und Techniker sind alle unter demselben Dach vereint und können einander auf den verschiedenen terrassierten Ebenen sehen.

1991 Nouméa Neukaledonien
Kulturzentrum J. M. Tjibaou
Bauzeit: 1993–

**Es besteht aus zehn »Häusern« verschiedener Größe mit jeweils anderer Funktion zur Pflege der Kanakenkultur: ein richtiges kleines Dorf mit Promenaden, Grünanlagen und öffentlichen Plätzen in ständigem Bezug zum Ozean.
Die Nutzung des Windes und die Suche nach modernen Ausdrucksformen für die Tradition des Pazifik.
Ein entscheidender anthropologischer Beitrag.**

Die Kanaken sind eine verstreut im Pazifik, vor allem auf Neukaledonien lebende Ethnie. Die Insel mit der Hauptstadt Nouméa, ist französisches Territorium auf dem Weg in die Autonomie. Während der Verhandlungen über die Unabhängigkeit forderte die lokale Verwaltung die Finanzierung eines großen, der Kanakenkultur gewidmeten Kulturzentrums, die von Paris bewilligt wurde.

Das Zentrum, das nach dem 1989 unter dramatischen Umständen ums Leben gekommenen Häuptling Jean Marie Tjibaou benannt wurde, sollte Dauerausstellungen zur Wahrung der Tradition, aber auch aktuellen Veranstaltungen zu ihrer lebendigen Vergegenwärtigung Raum bieten. So spielt zum Beispiel der Tanz in der Kanakenkultur eine große Rolle. Darüber hinaus sollte das Zentrum als Brücke zwischen Tradition und Modernität, zwischen Vergangenheit und Zukunft des Kanakenvolkes dienen. Um dieses Projekt zu realisieren, wurden im Rahmen eines internationalen Wettbewerbs Architekten auf die Insel eingeladen.

Wenn wir »Kultur« sagen, meinen wir für gewöhnlich die unsrige: ein erlesenes Gericht aus Leonardo und Freud, Kant und Darwin, Ludwig XIV. und Don Quichotte. Im Pazifik ist nicht nur das Rezept ein anderes, sondern sind auch die Zutaten völlig andere. Diesem Gericht können wir uns unter Wahrung eines gewissen Abstands mit unserem mitgebrachten Besteck nähern; oder wir können versuchen zu verstehen, woraus es besteht, wohin es sich entwickelt und von welcher Philosophie es beseelt wird.

Ich gewann den Wettbewerb vermutlich, weil ich nicht mit dem vertrauten Besteck kam, sondern nur mit meiner Kompetenz und der meines Building Workshop, Räume zu schaffen und Gebäude zu errichten. Mein Vorschlag war dort entstanden, aus dem Versuch, mich in das Denken der Kanaken einzufühlen.

Im Kontext einer fremden, der unseren geradezu entgegengesetzten Kultur zu arbeiten und mit einer Bevölkerung, von deren Existenz ich einige Monate zuvor noch kaum etwas gewußt hatte, war eine große Herausforderung.

Hinzu kam, daß ich kein Touristendorf bauen, sondern einem Symbol Gestalt verleihen sollte: dem Zentrum der Kanakenkultur. Die repräsentative Stätte schlechthin für Einheimische und Fremde und das lebendige Gedächtnis ihrer Überlieferung für künftige Generationen.

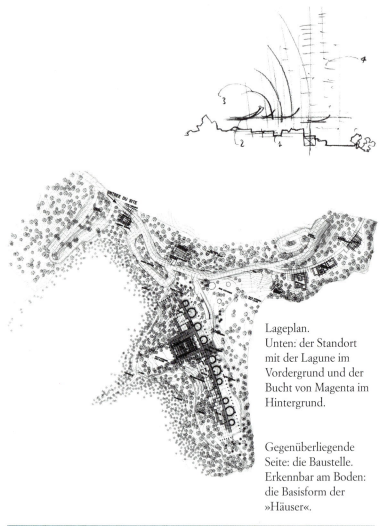

Lageplan.
Unten: der Standort mit der Lagune im Vordergrund und der Bucht von Magenta im Hintergrund.

Gegenüberliegende Seite: die Baustelle. Erkennbar am Boden: die Basisform der »Häuser«.

Flüchtig wie der Geist des Pazifiks sind auch die Konstruktionen der Kanaken. Sie gehen aus dem Einklang mit der Natur hervor, deren witterungsanfällige Materialien sie nutzen; die Kontinuität des Dorfes ist daher nicht an die Lebensdauer des einzelnen Gebäudes gebunden, sondern an die Wahrung einer Topologie und eines Konstruktionsschemas.

Bei der Formulierung des Projekts zogen wir beide Ebenen in Betracht. Wir suchten einen starken Bezug zum Territorium, der möglichst das Zentrum der Insel markieren sollte, und wir nahmen von der lokalen Kultur jene dynamischen Elemente auf, die die Spannung zwischen Gebäuden und Einwohnern aufbauen sollten.

Das Kulturzentrum Jean Marie Tijbaou erhebt sich auf einer Landzunge im Osten von Nouméa vor einem wunderschönen Naturszenario.

Als Ausdruck eines in Jahrtausenden gewachsenen Naturverhältnisses konnte (und durfte) das Zentrum nicht in ein monumentales Bauwerk eingeschlossen werden. Und so ist nicht ein einziges Gebäude entstanden, sondern ein Ensemble von Dörfern und Plätzen, von Funktionen und Wegen, von Leere und Fülle.

Durch das Gelände, das nach drei Seiten vom Meer begrenzt und von dichter Vegetation bedeckt wird, schlängeln sich die Fußgängerwege und gruppieren sich die eng an den Kontext gebundenen Konstruktionen, die mit ihrer halbkreisförmigen Anordnung öffentliche Plätze markieren. Hier werden die Zeugnisse der Kanakenkultur ausgestellt und in periodischen Abständen altüberlieferte Zeremonien abgehalten.

Die säulenähnlichen Pinien sind für die Landschaft Neukaledoniens kennzeichnend und daher ein wichtiges Element für den Entwurf des Zentrums.

Längs des Vorgebirgskamms verbindet eine überdachte und leicht bogenförmig gekrümmte Promenade die einzelnen Teile des Komplexes, die unübersehbar – sowohl ihrer Anlage wie ihrer Bauweise nach – an die traditionellen Kanakendörfer anschließen. Es handelt sich nämlich um hüttenähnlich gekrümmte Konstruktionen aus Holzlatten und gebogenen Schichtholzelementen: archaisch anmutende Hülsen, deren Innenräume jedoch mit allen Schikanen der zeitgenössischen Technologie ausgerüstet sind.

Diese zehn großen monothematischen Räume öffnen sich plötzlich auf der inneren Promenade des Zentrums und bieten so einen dramatischen Übergang vom komprimierten zum unerwartet weiten Raum.

Die Dauben der äußeren Verkleidung sind von unterschiedlicher Breite und ungleich verteilt: Der damit erzielte leichte Vibrationseffekt steigert die Affinität zur windbewegten Vegetation.

Verwendet wurde widerstandsfähiges Iroko-Holz, das wenig Pflege braucht und so, wie wir es eingesetzt haben, an die einheimischen Flechtwerkkonstruktionen erinnert.

Zu den Besonderheiten des Projekts gehört die Erforschung der Materialbeschaffenheiten: Wir haben natürliches und laminiertes Holz verwendet, Beton und Koralle, gegossenes Aluminium und Glaspaneele, Baumrinde und rostfreien Stahl – immer im Sinne einer Komplexität und eines Reichtums der Details.

Trotz der Homogenität des Ausgangsmodells können die jeweils gewonnenen Räume sehr unterschiedlich ausfallen. So sind etwa die

Tänze und Gesänge spielen in der Kanakenkultur eine große Rolle.

Seite 178:
Ein traditionelles Dorf. Detaillierter Querschnitt auf der Grundlage des Umfangs eines »Hauses«.

Seite 179:
Der Wettbewerbsentwurf: Übersichtsplan und zwei Schnitte. Die Mediathek im Querschnitt.

Verkleidungspaneele der Ausstellungshütten mit weißen Innenseiten, die der Schulräume mit Buchregalen versehen.
Wo es die Funktion der Hütte erfordert, sind Dach und Seitenflächen transparent. Die Glaspaneele werden von äußeren Blenden abgeschirmt.

Dank der starken formalen Analogie zur Vegetation und den einheimischen Siedlungen stellen die Hütten das vereinheitlichende Element des Projekts dar; mit ihrer Präsenz – es sind insgesamt zehn, verschieden dimensioniert – dominieren sie auch das Areal. Einige sind ziemlich klein, andere können sich mit den höchsten umstehenden Bäumen messen, die größte Hütte ragt mit ihren 28 Metern wie ein neunstöckiges Haus aus der Landschaft empor. Diese Bauten drücken ein harmonisches Verhältnis zum typischen Ambiente der Kanakenkultur aus.
Das ist nicht nur eine ästhetische, sondern auch eine funktionale Anbindung: Unter Ausnutzung klimatischer Besonderheiten Neukaledoniens wurden die Hütten mit einem äußerst effizienten System passiver Belüftung ausgestattet.
Einmal mehr wurde eine doppelte Abdeckung angewendet: Die Luft zirkuliert frei zwischen zwei Schichten der Verkleidung aus laminiertem Holz. Die Öffnungen der äußeren Hülle wurden eigens auf die Nutzung des vom Meer wehenden Monsuns beziehungsweise zur Führung der erwünschten Konvektionsströme ausgerichtet.
Die Luftströme werden über Blenden reguliert. Bei leichter Brise öffnen sie sich, um die Belüftung zu begünstigen; bei zunehmendem Wind schließen sie sich, von unten beginnend. Diese Lösung wurde mit Hilfe des Computers ausgeklügelt und anhand von Modellen im Windkanal getestet.
Dieses System der Luftzirkulation verleiht den Hütten auch eine »Stimme«. Zusammen erzeugen sie den eigentümlichen Klang der Kanakendörfer oder ihrer Wälder – oder für Seefahrer den eines Hafens an einem windigen Tag.

Der Zugang zum Jean-Marie-Tjibaou-Zentrum erfolgt über einen Weg, der sich vom Parkplatz ausgehend durch dichte Vegetation die Küste entlang bis zu einer Treppenflucht windet, die zum Kamm des Vorgebirges hinaufführt und in einem Eingangshof endet. Das Zentrum verteilt sich auf drei Dörfer.
Das erste ist Ausstellungsaktivitäten vorbehalten. In der Hütte unmittelbar neben dem Eingang führt eine Dauerausstellung den Besucher in die Kanakenkultur ein. Die Gebäude weiter unten, hangabwärts, sind der Geschichte der Gemeinschaft und der natürlichen Umwelt der Insel sowie zeitlich begrenzten Ausstellungen gewidmet. Dieses Areal umfaßt auch ein teilweise versenktes Auditorium für vierhundert Plätze und ein Amphitheater für Freiluftspektakel auf seiner Rückseite.
Im zweiten Dorf befinden sich die Büros des Zentrums, in denen Historiker und Forscher, die Kuratoren der Ausstellungen und die Verwaltungsbeamten ihrer Arbeit nachgehen. In den Hütten gegenüber den Büros sind ein Konferenzsaal und multimediale Archive untergebracht. Die Terrassen unterhalb dieser Anlage bieten einen Querschnitt durch die landesüblichen Anbauprodukte.

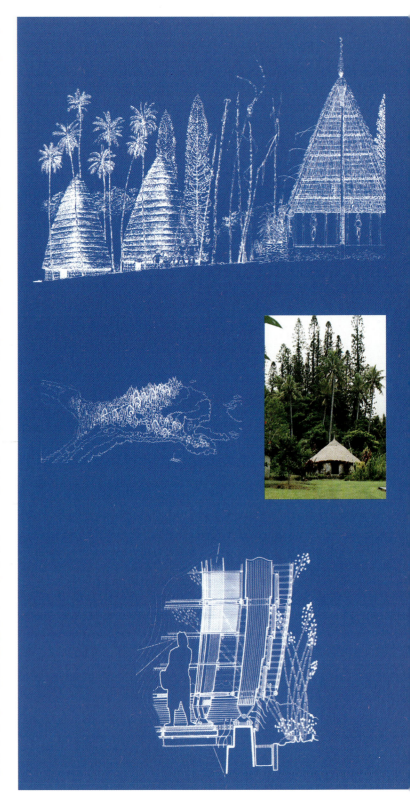

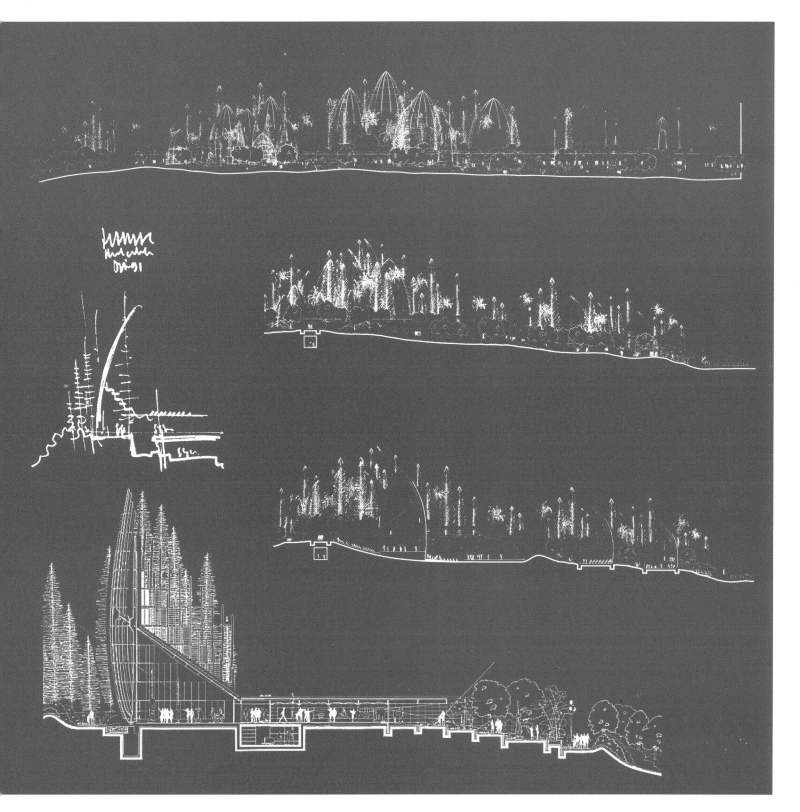

Das dritte Dorf am Ende der Promenade liegt etwas abseits vom Besucherfluß und ist für kreative Tätigkeiten vorgesehen. Die Hütten beherbergen Tanz-, Mal-, Skulptur- und Musikstudios. Daneben gibt es eine Schule, in der die Kinder in die Ausdrucksformen der lokalen Kunst eingeführt werden.

Zwischen dem Rand der Lagune und der Spitze des Vorgebirges wurde noch eine andere Strecke angelegt, diesmal unter thematischen Gesichtspunkten. Dieser »Pfad der Geschichte« wurde unter Mitwirkung des Anthropologen Alban Bensa, der das Projekt von Anfang an mitbetreut hat, konzipiert.

Die kanakische Darstellung der menschlichen Evolution ist reich an Naturmetaphern. Die Schöpfung ist hier ein von blühenden Bäumen umgebener Teich, die Landwirtschaft wird durch die typischen Terrassenkulturen, wo Süßkartoffeln und andere eßbare Pflanzen wachsen, veranschaulicht. Ähnliches gilt für die Themen der Umwelt, des Todes und der Wiedergeburt.

Die Herausforderung, dieses Programms anzunehmen, erforderte den Mut, die Denkformen des europäischen Architekten abzulegen und in die Welt der pazifischen Zivilisation einzutauchen.

Auf einem Anthropologentreffen sagt sich so etwas leicht, aber versuchen Sie mal, sich mit solch einem Konzept auf einem Kanakenbankett verständlich zu machen, wo Ihnen weder die Sprache, noch die Umgangsformen, noch das Essen vertraut sind. Unter allen meinen Projekten, mit denen ich mich auf fremdes Terrain begab, war dieses, das ich zusammen mit Paul Vincent entwickelt habe, sicher das gewagteste.

Die Gefahr, ins Pittoreske, in den Folklorekitsch abzugleiten, hat mich wie ein Alptraum während des gesamten Projektes verfolgt. An einem bestimmten Punkt habe ich die Ähnlichkeit zwischen »meinen« Hütten und denen der einheimischen Tradition bewußt reduziert: In der endgültigen Version treffen die gekürzten vertikalen Dauben an der Spitze nicht mehr zusammen, was den Hüllen eine offenere Form verleiht. Der Windkanal bewies außerdem, daß sich so die dynamische Ventilation verbessern ließ.

Die Einwohner brachten mir Sympathie und Verständnis für mein Projekt entgegen, in dem sie eine ehrliche Hommage an ihre Tradition erkannten und das sie nach Kräften unterstützten. Namentlich Marie Claude Tjibaou – die Witwe von Jean Marie – und Octave Togna standen uns unermüdlich zur Seite.

Nun hätte es zu den guten Absichten, der Ablehnung jeglicher kolonialistischen Haltung und dem Respekt gegenüber der fremden Kultur, ohnehin keine Alternative gegeben. Ein auf unseren westlichen Architekturstandards basierender, lediglich mimetisch angepaßter Vorschlag hätte schlichtweg nicht funktioniert: Er hätte wie ein von Palmenblättern bedecktes Panzerfahrzeug gewirkt.

Eine falsch verstandene Universalität hätte mich dazu verleiten können, meine Vorstellungen von Geschichte und Fortschritt außerhalb des Kontexts, in dem sie entstanden sind, anzuwenden. Das wäre ein großer Fehler gewesen, denn die wahre Universalität der Architektur realisiert man nur in der Rückbindung an die Wurzeln, der Anerkennung des Vergangenen, dem Respekt vor dem »Genius loci«.

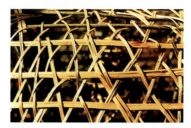
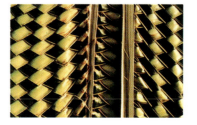

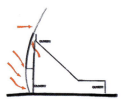
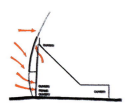
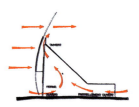
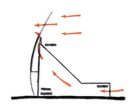

Funktionsschema des natürlichen Belüftungssystems.

Links:
Konstruktionsdetails traditioneller Hütten.

Oben: Das Verhalten der »Häuser« im Windkanal wird getestet. Rechts: ein Holzmodell.

Ein Prototyp vor Ort.
Gegenüberliegende
Seite: Detail des Rasters
eines Hauses.

1991 San Giovanni Rotondo
(Foggia) Italien

Wallfahrtskirche Padre Pio
Bauzeit: 1995–

**Eine Kirche, die die stetig wachsende Schar der Pilger aufnehmen kann, die zu den Stätten des für seine Wundmale berühmt gewordenen Padre Pio, kommt.
Die Herausforderung des Projekts liegt im Gebrauch des örtlichen Steins auch als Konstruktionsmaterial.**

Das Kloster zur Zeit Padre Pios. Daneben: ein Foto des Paters.

Ich neige dazu, Hartnäckigkeit positiv zu bewerten, da ich in ihr eine legitime Verteidigung der eigenen Überzeugungen sehe – im Gegensatz zu der Sturheit, die sich nichts sagen läßt. So betrachtet, wird Insistenz zu einem moralischen Imperativ, zu einer Art Mission. Und da muß ich an Pater Gerardo denken.
Pater Gerardo ist Verwalter der Provinz von San Giovanni Rotondo, wo der Kapuzinermönch Padre Pio da Montalcina lebte. Seit einem halben Jahrhundert ist der kleine Ort Wallfahrtsziel unzähliger Gläubiger: Einst kamen sie, um die Predigten des schon zu Lebzeiten vor der Heiligsprechung stehenden Padre Pio zu hören, später um seiner zu gedenken. Um die Hunderttausende, die jährlich hierherkommen, würdig zu empfangen, beschlossen die Kapuzinerbrüder, eine neue Kirche zu bauen.
Die Wege des Herrn sind unergründlich, und so werden wir niemals wissen, wer oder was Pater Gerardo veranlaßt haben mag, eines Tages, zusammen mit Giuseppe Muciaccia, dem heutigen Bauleiter, an meine Tür zu klopfen.
Die Anfrage war sehr schmeichelhaft: Ich sollte den neuen Tempel entwerfen. Ich zögerte, dann lehnte ich ab: Der Gedanke schreckte mich. Damit hielt ich die Angelegenheit für beendet. Dabei hatte sie gerade erst angefangen.
Am nächsten Morgen erhielt ich per Fax eine ungewöhnliche Botschaft. Es war der persönliche Segen von Pater Gerardo. Er sollte mir auch am nächsten Morgen und am übernächsten und noch weitere drei Wochen lang zuteil werden – bis ich zusagte. »Mit Geduld und Ausdauer werdet ihr eure Seelen gewinnen« (Lukas 21,19).

Das Padre Pio gewidmete Gebetshaus wird sich auf dem Hügel von San Giovanni Rotondo, unweit des Kapuzinerklosters und der alten Kirche, erheben. Man wird dorthin über eine neue Umgehungsstraße gelangen, die die Fahrzeugkolonnen der Pilger außerhalb des historischen Stadtzentrums leiten wird.
Wie in Assisi wird eine große Mauer den Aufgang flankieren: Sie wird zwölf riesige Glocken stützen, mit denen die Kirche die Gläubigen zum Gottesdienst rufen wird. Mit dieser Klangkulisse und ihren beachtlichen Dimensionen (25 Metern an der höchsten Stelle) wird die Mauer schon von weitem erkennbar sein. Die vergleichsweise flache und von Bäumen umgebene Kuppel des Gotteshauses

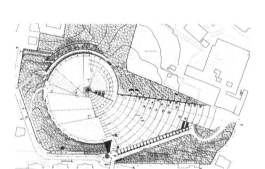

Renzo Piano mit Pater Gerardo.

Gegenüberliegende Seite: Computergrafiken, der Grundriß und Längsschnitt. Der große Kirchhof und die Kirche gehen ineinander über und bilden für große Gelegenheiten einen einzigen liturgischen Raum.

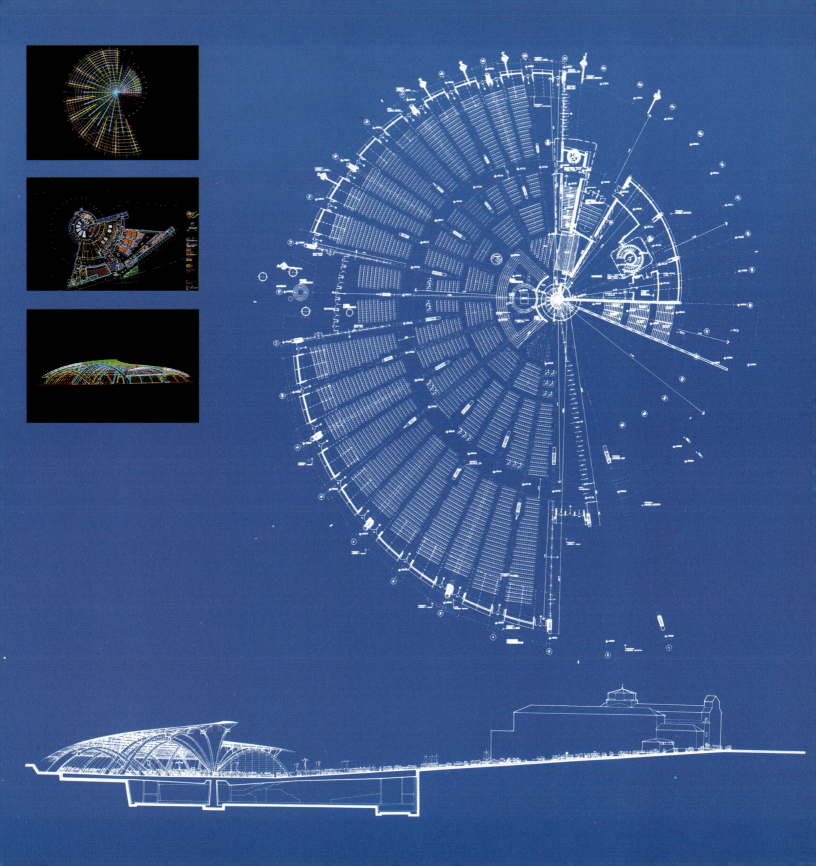

hingegen wird erst in unmittelbarer Nähe des vorgelagerten Platzes sichtbar sein.

Vom alten Kapuzinerkloster wird dieser leicht abfallende, dreieckige Platz die Gläubigen in die Kirche geleiten. An festliche Tagen können sich hier bis zu 30 000 Menschen versammeln. Weitere 6 000 werden im Inneren der Kultstätte sitzen.

Ziel des Projekts, an dem von Anbeginn Giorgio Grandi mitarbeitet, ist die Schaffung einer offenen Kirche, die nicht einschüchternd auf die Gläubigen wirkt, sondern sie einlädt, näherzukommen. Darum ist keine monumentale Fassade vorgesehen, sondern lediglich eine verglaste Front. Durch diese transparente Wand wird das Innere des Tempels vom Platz aus sichtbar sein. Darüber hinaus wird sich die Kuppel dem Platz entgegenwölben – eine freundliche Geste des Willkommens, die eine Art Arkade bilden und so dem Eingangsbereich die Emphase nehmen soll. Dieser Minimalisierung des Abstands zwischen »innen« und »außen« dient auch das durchgehend einheitliche Pflaster von Platz und Kirchenboden. Die hier zugrundeliegende Idee – sie ist so alt wie die Liturgie selbst – ist die der Kirche als »offenes Haus«.

Im Kirchenraum wird ein konkav vertiefter Boden in gewisser Weise die Kuppel spiegeln. Deren steinerne Stützbögen werden – wie von Peter Rice zu Beginn ausgeklügelt – radial angelegt sein. Dank neuer Technologien (computergeführte Konstruktionsrechnungen, maschinengesteuerter Steinschnitt) sind wir dabei, neue Möglichkeiten bei der Verwendung des mit Abstand ältesten Baumaterials auszuprobieren. Aus Stein werden in der Kirche von Padre Pio der Boden, das Dach und die Konstruktionselemente sein: Mit über fünfzig Meter Spannweite wird der tragende Hauptbogen der längste sein, der je realisiert wurde. Es geht uns hierbei nicht um Rekordleistungen, sondern um die Erforschung dessen, was man heute – tausend Jahre nach den gotischen Kathedralen – mit Stein machen kann.

Die technische Virtuosität ist nicht Selbstzweck, sondern einer präzisen formalen Option zugeordnet. In San Giovanni Rotondo wächst die Kirche aus dem Stein des Gebirges heraus. Die Mauer, der Platz, die Stützarkaden und Dachverkleidungen werden ebenfalls aus Stein sein. Diese Einheitlichkeit des Materials verleiht dem Projekt seine expressive Kohärenz.

Der Innenraum der Kirche erhält seine suggestive Kraft aus dem spiralförmigen Verlauf der Kuppel, die ihre maximale Weite über dem Vorplatz erreicht, um sich zur anderen Extremität hin allmählich zu verengen. Dieser komplexe und artikulierte Raum wird in Halbdunkel getaucht sein. Direktes Licht wird hingegen auf den Altar fallen und die Aufmerksamkeit auf den Fokus der religiösen Zeremonie lenken. Der große Raum wird von einer Taufquelle unterbrochen, an die sich die Ausläufer eines draußen beginnenden und ins Kircheninnere eindringenden Gartens anschließen (ein Aspekt, an dem meine Frau Milly arbeitet).

Eine große Rolle wird auch die Kunst spielen: Bedeutende Künstler sind aufgerufen worden, das von Monsignore Crispino Valenziano erarbeitete ikonographische Programm zu interpretieren.

Computerstudie des Kuppeldachs.

Das Modell veranschaulicht die Tragfähigkeit der Stützbögen.

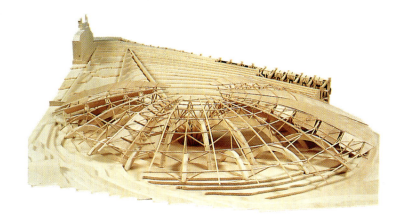

Holzmodell der Konstruktion.

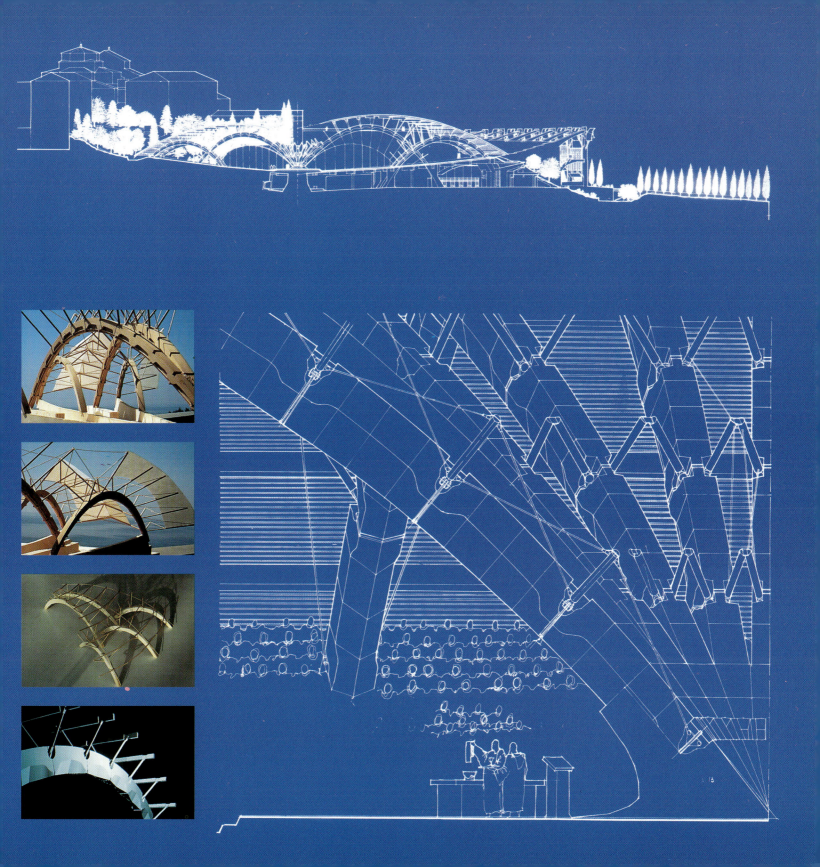

1991 Lodi (Mailand) Italien
Banca Popolare di Lodi
Bauzeit: 1993–

**Es handelt sich um den neuen Sitz dieses wichtigen lombardischen Kreditinstituts. Und um die Gelegenheit zu einem urbanen Eingriff, der den Bankbüros weitere Büros, Läden, ein Auditorium und öffentliche Plätze im Grünen anschließt.
Eine neue Variante des Einsatzes von Terrakotta.**

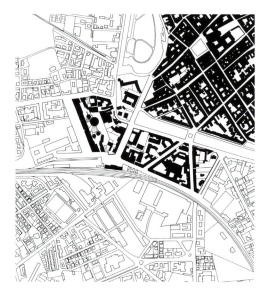

Urbane Eingliederung der Maßnahmen.

Bei diesem Projekt geht es einmal mehr um eine Firma, die sich dazu entschließt, das eigene Gelände für Grünflächen und Passanten zu öffnen: eine Tendenz, die man allenthalben beobachten kann und die private Interessen (Eigenwerbung) mit öffentlichem Nutzen verbindet. Die so entstehenden urbanen Abschnitte sind für alle Beteiligten sicher angenehmer als die alten umzäunten, bewachten und strikt monofunktionalen Verwaltungszentren.

Das Gelände, auf dem das neue Gebäude der Banca Popolare di Lodi entstehen soll, war einst Sitz der Käsefabrik der Polenghi Lombardo. Das von Giorgio Grandi und Vittorio de Furi ausgearbeitete Konzept sieht eine Rekonstruktion des urbanen Blocks durch die Schaffung einer homogenen Front vor: eine nicht ganz durchgehende, von Breschen, Durchblicken und Fußgängerwegen unterbrochene Fassade. Eine derart fragmentierte Front stellt keine Barriere dar, sondern eine Reihe abgestufter Möglichkeiten, die dahinterliegenden Räume zu entdecken.
Im Inneren bildet ein großer Platz den Anziehungspunkt für Passanten; er wird von einer extrem leichten, auf Zug beanspruchten Konstruktion aus Glas und Stahlseilen abgedeckt. Von diesem Platz aus öffnen sich die Zugänge zur Bank und zu einem neuen Auditorium, das zugleich als Konzert- und Konferenzsaal konzipiert ist und den Aktionären als Versammlungsraum dienen kann. Mit seiner – für eine Kleinstadt wie Lodi beträchtlichen – Kapazität von achthundert Plätzen stellt das Auditorium eine wichtige Bereicherung des kulturellen Lebens dar.
Dieser Raum erhält sein charakteristisches Aussehen durch zylindrische Körper mit unterschiedlichen Durchmessern, die mit einer sehr schönen Terrakotta, wie man sie in den typischen Getreidespeichern der Gegend wiederfindet, verkleidet sind. Wie die Bauern den Reichtum des Bodens in Silos lagern, so sollen die Bürger den Reichtum ihrer Arbeit den Banksilos anvertrauen. Nicht ohne Ironie haben wir, in Abstimmung mit den Verantwortlichen der Bank, zwei dieser Behälter die Rolle von Weinkellern zugedacht.
Dieses Projekt bezieht die ganze Stadt mit ein und vervollständigt sie in gewisser Weise: mit einer Bank, *der* Bank, einem Platz und einer Grünanlage, die sich gut in das Stadtbild einfügen.

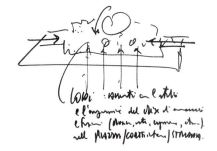

Skizze von Renzo Piano: das Verhältnis zwischen dem Platz und den unterschiedlichen Funktionen.

Montage der Backsteinpaneele.

Die Terrakottaverkleidung, die auch als »zweite Haut« eingesetzt wurde, ist das vereinheitlichende Element des Gebäudes.

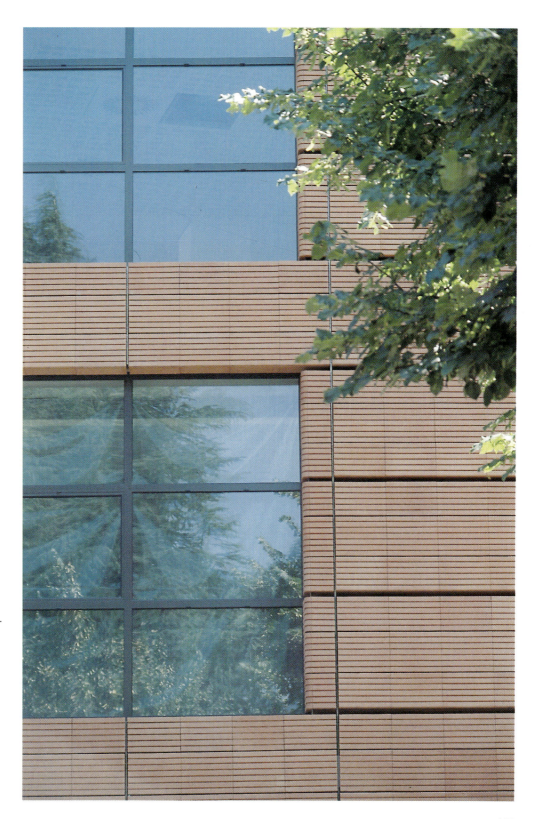

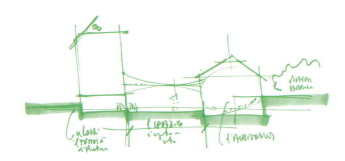

Skizze, Plan und Detailansichten der Platzüberdachung.

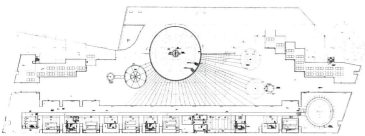

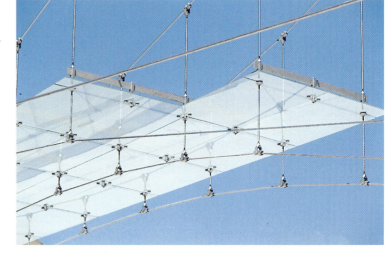

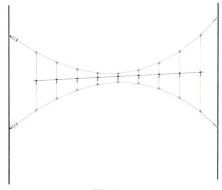

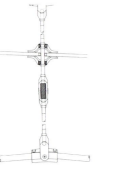

Der Platz verbindet die öffentlichen und privaten Funktionen des Projekts und stellt die Beziehung zur Stadt her.

1992 Berlin Deutschland
Projekt Potsdamer Platz
Bauzeit: 1996–

Dieses Projekt sieht die Wiederherstellung eines ganzen Stadtteils vor, ausgehend vom mythenträchtigen, vom Krieg und von den Stadtplanern zerstörten Potsdamer Platz. Nicht allein Büros, sondern auch Wohnungen, ein Hotel, Läden, Restaurants, ein Kino, ein Spielsalon und ein Theater.

In Berlin erreichen die Probleme des Städtebaus ihre höchste Komplexität und Brisanz. Denn im Lauf des 20. Jahrhunderts hat Berlin sämtliche Exzesse, zu denen eine Metropole fähig ist, stellvertretend durchlebt. Es ist das Zentrum des kulturellen und sozialen Lebens Europas gewesen und die während des Krieges am stärksten zerstörte Stadt; Berlin war anschließend das leibhaftige Symbol der Trennung der Blöcke und ist jetzt Schauplatz der frenetischsten Entwicklung im Städtebau am Ende dieses Jahrhunderts.

Noch bis vor wenigen Jahren war Berlin von der Mauer geteilt gewesen, auf den öffentlichen Gebäuden flatterten die Fahnen der vier Siegermächte des Zweiten Weltkrieges: Vereinigte Staaten, Sowjetunion, Frankreich, England. Es gab keine deutschen Fahnen, zumal alle großen Institutionen der Bundesrepublik anderswo residierten. Es war fast ein Niemandsland, geliebt und geachtet, aber ein wenig vergessen.

Seit Berlin wieder Metropole und Hauptstadt ist, suchen Behörden und Unternehmen hier wieder Fuß zu fassen, wodurch eine rasante Geschäftigkeit auf dem Immobiliensektor eingesetzt hat.

Der Potsdamer Platz, Herzstück der Stadt in den zwanziger Jahren, erst bombardiert, dann von den Stadtplanern während des kalten Krieges dem Erdboden gleichgemacht. Ein Vakuum, das jetzt von einem neuen Stadtsegment gefüllt wird.

Mit dem enormen Zustrom an Personen und Kapital sind der Stadt zwar die Ressourcen für die Gestaltung ihrer Zukunft zugeflossen, doch zugleich auch die denkbar größten Probleme. Denn Städte sind schön, weil sie langsam entstehen, weil sie von der Zeit geschaffen werden. Eine Stadt wächst aus einem Gewirr von Monumenten und Infrastrukturen, von Kultur und Markt, von nationaler Geschichte und kleinen Alltagsgeschichten. Eine Stadt braucht fünfhundert Jahre, ein Stadtviertel fünfzig. Wir (ich sage wir, denn es sind selbstverständlich viele andere Architekten mit an diesem Prozeß beteiligt – an diesem und an anderen Projekten) sind aufgerufen, einen großen Teil Berlins in fünf Jahren wiederherzustellen.

Nach der Wiedervereinigung beschlossen viele Unternehmen, Fonds zur Restrukturierung diverser Areale der Stadt bereitzustellen. Alle Projekte waren Gegenstand internationaler Wettbewerbe, allen voran natürlich der für den Gesamtbebauungsplan.

Auf der einen Seite standen also gewaltige private Kapitalvermögen zur Verfügung, auf der anderen mußten wir uns an die Vorgaben eines (nach den Richtlinien des Senatsbaudirektors Hans Stimman erstellten) Bauplans halten, der den Immobilienbedarf nach Maßgabe öffentlicher Interessen definierte.

Als erstes wurde das größte und berühmteste Gelände ausgeschrieben: der Potsdamer Platz zwischen dem alten Ost- und dem alten Westberlin, unweit von Reichstag und Brandenburger Tor, in dessen Nähe Hitler im Führerbunker seine letzten Tage verbrachte.
Das Projekt sah nicht nur die urbanistische Wiederherstellung des Platzes, sondern auch den Wiederaufbau von mehr als der Hälfte der Gebäude des Viertels vor.
Sponsor dieses Unterfangens war Daimler-Benz, das im Rahmen der Rekonstruktion auch seinen neuen Hauptsitz zu errichten beabsichtigt. Chef des Unternehmens war zu jener Zeit Edzard Reuter, Sohn des ersten Berliner Bürgermeisters nach dem Krieg.

Unter den fünfzehn eingeladenen Teams gewannen wir den Wettbewerb, vielleicht weil in unserem Entwurf die Einheitlichkeit des gesamten Komplexes am stärksten betont wird. Wir hatten dabei auf unsere einschlägigen Erfahrungen mit Stadtsegmenten in Genua (Molo), Turin (Lingotto) und Lyon (Cité Internationale) zurückgreifen können, wo wir gelernt hatten, die wichtigen urbanen Zusammenhänge zwischen dem Neuen und dem vorhandenen Kontext zu begreifen. Zu den Vorgaben des Gesamtbebauungsplans (dessen Ausarbeitung für das Areal des Potsdamer Platzes dem deutschen Architekturbüro Hilmer & Sattler zugesprochen worden war) gehörte die Orientierung am Zuschnitt des traditionellen Berliner Blockrasters. Als Leitlinie galt, eine Brücke zur Vergangenheit zu bauen und historische Straßen und Gebäude Berlins durch eine neue Interpretation ihrer Modelle wiederaufleben zu lassen.
Dies war eine der unverrückbaren Vorgaben Stimmans, der uns zu wahrhaft preußischer Disziplin zwang. Wir hatten die Wahl: entweder die Devise ohne Wenn und Aber befolgen oder mit guten Gründen den Gehorsam verweigern.

Die Vergangenheit. Das sagt sich so leicht. Die Berliner, die einen Kult um ihre Vergangenheit machen, löschen doch deren Spuren am liebsten aus – eine (verständliche) Art, ihre Unschuld zu beteuern.
Jetzt sollst du also an diesem historischen, ja mythischen Ort arbeiten. Man denke nur daran, was der Potsdamer Platz in den zwanziger Jahren war: das Zentrum des kulturellen und sozialen Lebens in Berlin, zu einer Zeit, da Berlin das Zentrum des kulturellen Lebens in Europa war – ein einmaliger Ort, an dem alles pulsierte: das Geschäftsleben, die Musik, das Theater, das Kino ... Du gehst hin, suchst nach Spuren von alledem – und findest nur Gespenster. Es ist alles verschwunden, lediglich die Trasse des historischen Straßennetzes kann man noch erkennen. Was der Krieg an Trümmern übrigließ, wurde von den Stadtplanern beseitigt. Geblieben ist eine Wüste.
Viele Städte wurden von den alliierten Bombardements zerstört, erstanden aber von neuem aus ihren Ruinen. Auch nach den Bomben bleiben immer genügend Spuren für eine Rekonstruktion.
In Berlin nicht. Hier wollten die Politiker partout vergessen, und die Stadtplaner waren auf ihre Tabula rasa erpicht. In einem gemeinsamen Raptus radierten sie die Vergangenheit aus.
Und dieses Unschuldsbedürfnis, dieser Wunsch zu vergessen, ist auf geradezu unheimliche Weise wiedergekehrt. Die Mauer von Berlin beispielsweise, sicher kein schöner Anblick, aber ein Monument, das

Der Lageplan macht die Bedeutung der Anbindung an die Staatsbibliothek von Scharoun (das Gebäude zur Linken) deutlich.

Die Piazza, zentrales Element urbaner Anziehung, verbindet die Alte Potsdamerstraße mit dem Theater und der Staatsbibliothek in seinem Rücken. Oben: Ansicht der Gebäudezeile mit den je nach Funktion unterschiedlich transparenten Fassaden.

die Geschichte der Stadt 28 Jahre prägte. Nach 1989 mußte man offenbar wieder alles hinter sich lassen. Und so ist die Mauer verschwunden. Abgerissen. Abgetragen. Einfach weg.

Das Gelände des Potsdamer Platzes schließt den großen Komplex des Kulturforums mit ein, der von der Nationalgalerie (Mies van der Rohe), der Philharmonie und der Staatsbibliothek (beide Hans Scharoun) gebildet wird.
Scharouns Bibliothek entstand 1967, als auf dem Höhepunkt des kalten Krieges sich niemand mehr eine Wiedervereinigung Berlins vorstellen konnte. Den tiefen Groll zwischen den beiden Stadthälften und den zwei politischen Systemen verwandelte Scharoun in Architektur: seine Bibliothek kehrt der Mauer wie einer Stadtgrenze den Rücken zu und wendet sich dem zu, was Scharoun als »Zentrum« der westlichen Stadt ansah. Was jenseits der Mauer war, interessierte ihn schlicht nicht, es existierte gar nicht. Ähnlich verhielten sich die Ostarchitekten, die im Namen eines falsch verstandenen gesellschaftlichen Auftrags des Wohnungsbaus auf der anderen Seite ihre häßlichen Mietskasernen hochzogen.
Nun waren wir also mit einem Gebäude von monumentalen Ausmaßen konfrontiert, das falsch ausgerichtet worden war: kein geringes Problem. Natürlich ist es ungerecht, von einer falschen Ausrichtung zu sprechen, denn Scharouns Provokation ging weit darüber hinaus: Von der komplexen, schwer faßbaren Konstruktion der Staatsbibliothek strahlte (und strahlt) eine außerordentliche innere Energie aus. Es ging also darum, den Meister nicht zu verraten, ihn nicht einer mutmaßlichen »städtischen Planung« einzuverleiben – und seinen heiligen Berg nicht auf ein normales Niveau abzuflachen. Also haben wir ihm, gleichsam zur Vollendung des Massivs, die beiden ebenfalls anomalen und unberechenbaren Volumina des Theaters und des Spielkasinos zur Seite gestellt, mit dem überdachten Platz, der sie trennt und vereint. Dieser neue Komplex erfüllt die Kriterien einer urbanistischen »Ratio« ebenso wie die einer funktionalen, insofern er einen neuen Eingang zur Bibliothek vorsieht.
Berlins urbanes Geflecht gewinnt also genau an der Stelle, die früher von der Mauer durchschnitten war, wieder an Komplexität, Vielfalt und Multifunktionalität. Erstmals wird das Kulturforum in die Stadt integriert, indem es nach Osten an die dichte Bebauung anschließt, während es sich im Westen und Nordwesten weiterhin zum Tiergarten hin auflöst.

Mehrfach haben wir uns mit dem Problem urbaner Leerräume und mit der Wiederverwertung aufgegebener Industrieanlagen befaßt. Aber das war nicht dasselbe. Der Lingotto in Turin oder der Hafen von Genua – sie hatten ihre Funktion verloren, aber eine starke Identität und einen hohen symbolischen Wert bewahrt: Von diesen Leerräumen ging wie von den schwarzen Löchern im Weltraum eine unglaubliche Energie aus. Und mit dieser Energie konnten wir bei der Neustrukturierung des Geländes arbeiten.
Die Mauer hatte hingegen eine stadtfeindliche Funktion: denn Städte bestehen aus sozialen Bindungen und ökonomischen Beziehungen, und die Mauer repräsentierte die Negation von beiden. Auch und

Das Holzmodell veranschaulicht den unvermeidlichen Bezug des Theater- und Spielbankgebäudes zu Scharouns Staatsbibliothek.

Gegenüberliegende Seite: Ansicht. Grundriß der Abdeckung. Grundriß des Theaters und Längsschnitt.

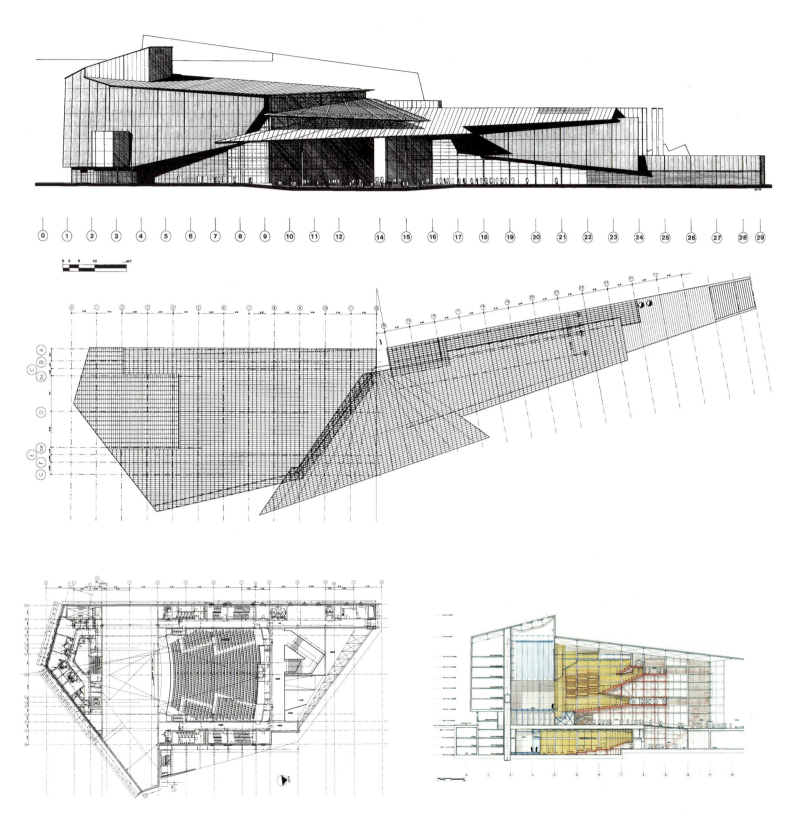

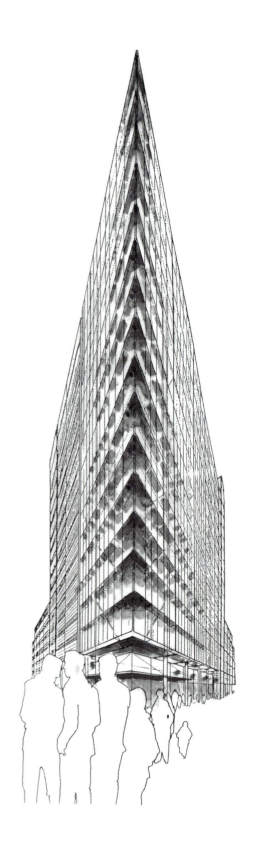

Das Bürogebäude am nordwestlichen Ende der Alten Potsdamerstraße.

In dem Modell stellt das Gebäude rechts das Weinhaus Huth dar, das als einziges vom Prunk der Vergangenheit zeugt.

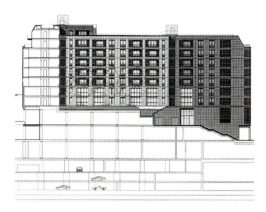

Wohnblock mit Garten
im Innenhof.

erst recht nach ihrem Fall war sie eine Wunde, die geheilt werden mußte. Also haben wir uns die vernarbende Macht der Stadt, all ihre Funktionen und ihr Potential an Alltagsleben zunutze gemacht, ohne zu vergessen, daß es sich um einen Teil Berlins und nicht irgendeiner Stadt handelt. Also um eine Stadt voller Brachen und Leerräume, voller Natur- und Wasserflächen.
Die neue Rolle der Landschaft ist der gewagteste und zugleich faszinierendste Schwerpunkt des Projekts. Anstelle der alten von Menschenhand geschaffenen Teilung haben wir als neue Verbindungs- und Scharnierelemente Grünanlagen und Wasser gesetzt.
Von Nordwesten soll der Tiergarten in das Projektgelände hineinwachsen und das Kulturforum darin einbinden; von der anderen Seite setzt sich der Landwehrkanal in einem großzügig bemessenen See fort, der von Süden in das Areal eindringt.
Die flüssige Oberfläche nimmt mit ihrer Transparenz, ihrem unaufhörlichen Vibrieren den Volumina die Schwere und die Materialität; zugleich eignet sie sich vorzüglich als Bindeglied und Übergang, die das neue Gelände mit der übrigen Stadt, der landschaftlichen Dimension Berlins verklammert.
Gegen Osten und Nordosten gehorcht das Projekt dem vom Bebauungsplan gewollten disziplinierten Blockraster. Diese härtere, strengere urbane Ordnung knüpft an eine andere an: an die historische Seite Berlins.
Die Ausdehnung der betroffenen Flächen ist gewaltig: sie umfaßt 600 000 Quadratmeter; nach Beendigung der Arbeiten sollen dort 40 000 Menschen wohnen und arbeiten, eine Zahl, die sich dank der Anziehungskraft der auf diesem Gebiet konzentrierten öffentlichen, kulturellen und kommerziellen Einrichtungen tagsüber verdoppeln wird. Der Maßstab des Projekts ist also der einer kleinen Stadt und entsprechend haben wir versucht, die Mischung der Funktionen auf die Bedürfnisse einer Stadt abzustimmen. Dazu gehörte vor allem die Schaffung eines Epizentrums des sozialen Lebens: eine Piazza.

Die vom Projekt vorgesehene neue Piazza bildet das Scharnier zwischen der Alten Potsdamerstraße und dem Kulturforum und kann sowohl in formaler als auch in urbanistischer Hinsicht als der Dreh- und Angelpunkt der gesamten Neugestaltung bezeichnet werden.
Berlin ist eine spröde, oft graue Stadt. Unser Entwurf zielt auf eine andere Dimension städtischen Lebens, eine vitale, fröhliche, von öffentlichen Aktivitäten pulsierende; er möchte damit nach den Tragödien des Krieges und der Nachkriegszeit an die Dynamik der zwanziger Jahre anknüpfen.
Darum werden die wichtigsten Nutzungsvorhaben des Masterplans an der Piazza angesiedelt: Läden und Geschäfte jeder Art, Wohnräume (ein Wohnblock und ein Hotel), Büros und Freizeiteinrichtungen (Restaurants, Theater, ein Spielkasino): Heiliges und Profanes, an einem Ort.
Der Einsatz von Kunst soll nach einem von Hans Jürgen Baumgart umsichtig und kompetent betreuten Programm die disparaten Räume miteinander verbinden – ein großes Werk von Tinguely wurde bereits angekauft.

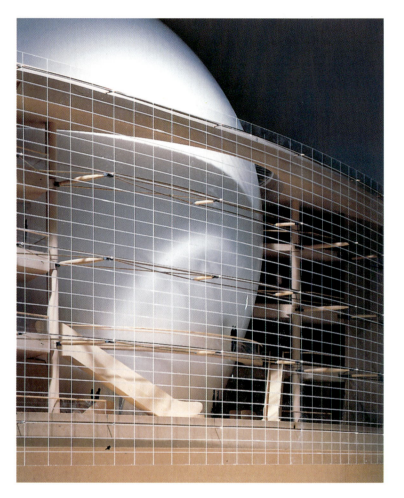

Das sphärische Imax-Kino in einem ursprünglich für Büros vorgesehenen Block.

Das Kino wird sich wie ein herabgesenkter Mond auf dem Komplex des Potsdamer Platzes ausnehmen. Auch diese neue Funktion wird zu jener Urbanität beitragen, die sich erst ab einer gewissen Komplexität der Ansiedlungen ergibt.

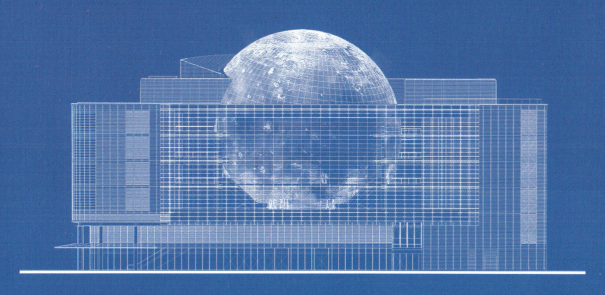
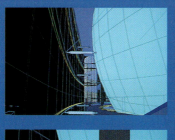
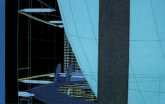
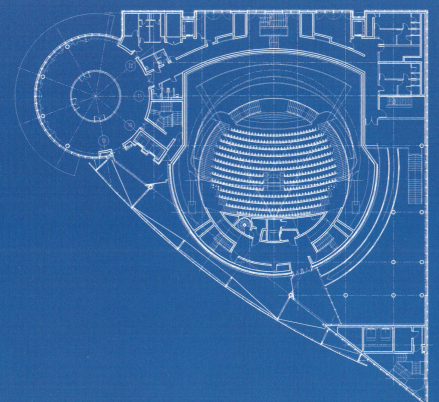

Der Büroturm der Debis, der Daimler-Benz-Immobiliengesellschaft, die das Bauvorhaben durchführt. Die Transparenz der Fassade nimmt proportional zum Einsatz der Terrakottaelemente ab, die nicht nur ein typisches Motiv anderer Piano-Bauten aufnehmen, sondern auch im Rahmen des Masterplans für eine gewisse Kohärenz unter den ansonsten von verschiedenen Architekten ausgeführten Bauten sorgen.

Eine Gebäudezeile wird entlang der Alten Potsdamerstraße den östlichen Rand der Piazza bis zur Krümmung des Kanals säumen. Ungefähr in der Mitte der Zeile wird ein großes Kino mit Panoramavision entstehen, dessen sphärisches Volumen nach außen hin den ungewohnten Anblick eines heruntergefallenen Mondes – eines sympathischerweise just in Berlins Mitte abgestürzten Meteoriten – bieten wird.

Ihren Abschluß findet die Gebäudezeile in dem Turm der Debis-Büros (die Daimler-Benz-Gesellschaft, die als Bauherr das gesamte Vorhaben leitet).

Der Debis-Turm wird sich in den Rest der Bauten integrieren und zugleich in Höhe und Aussehen seine Identität hervorheben, insbesondere durch eine Mischung aus transparenten und opaken Oberflächen, wobei letztere (in Fortführung des in der Rue de Meaux und im IRCAM-Anbau erprobten Systems) aus einer doppelten Terrakottaverkleidung bestehen soll. Vom Debis-Turm ausgehend, nimmt die Transparenz der Gebäude sukzessive ab, um in die solidere Ziegelsteinfaktur traditioneller Berliner Häuser überzugehen.

Bei urbanen Eingriffen dieser Größenordnung darf der Charakter der Stadt nicht in Mitleidenschaft gezogen werden. Die Terrakottaverkleidung garantiert eine gewisse Einheitlichkeit noch über unser Projektgelände hinaus, da das Material vom Gesamtbebauungsplan übernommen wurde und zu den Schlüsselelementen eines Konzeptes gehört, das von unserem Büro (das für acht der zu errichtenden Gebäude und für den Masterplan verantwortlich ist) verbindlich für alle anderen am Areal beteiligten Architekten erarbeitet wurde: Arata Isozaki, Hans Kohlhoff, Lauber und Wöhr, Rafael Moneo, Richard Rogers.

Wenn die Stadtlandschaft in solch gewaltigen Ausmaßen umgestaltet wird, bleiben soziale Umschichtungen nicht aus, vor allem nicht in Berlin, das ohnehin seit dem Mauerfall eine Periode stürmischer Veränderungen durchlebt.

Es war die Stadt der Alten und der ganz Jungen, der Rentner und der Punks, die aber Leuten mittleren Alters an Arbeits- und Lebensbedingungen wenig zu bieten hatte. Und plötzlich wurde sie von Unternehmen mitsamt ihren Angestellten, Leitern und Beratern regelrecht überschwemmt und mußte zugleich von der anderen Seite den Ansturm der Ostdeutschen mit all ihren Erwartungen und ihrer Naivität, ihren Ängsten und Hoffnungen verkraften. Die Baustellen ihrerseits zogen massenweise Russen, Polen und Türken an. Diese Einwanderung ist – mit den Worten des Schriftstellers Peter Schneider – eine große Energiespritze: lauter »gute Wilde« zwar, aber unverbraucht und voller Vitalität. Männer und Frauen, die sich mit elementaren Bedürfnissen und zuweilen etwas verworrenen Zielen auf eine ihnen unbekannte Welt einlassen.

Wir teilen mit Peter Schneider die Hoffnung, es mögen diese »guten Wilden« eine überaus kultivierte, aber nach fünfzig Jahren der Isolation geschwächte und verkümmerte Stadt mit ihrer Energie und ihrer Fröhlichkeit wiederbeleben.

Auf Baustellen habe ich schon vieles erlebt, aber vor Berlin hatte ich niemals mit Tauchern auf dem Festland arbeiten müssen.

Die gigantische Berliner Baustelle. Taucher waren notwendig, um die Pfähle für die Fundamente zu legen, ohne das Wasser abzupumpen.

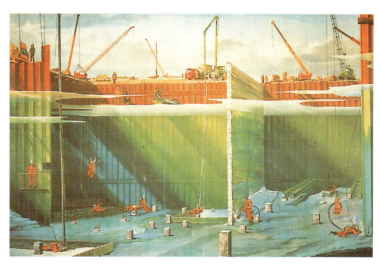

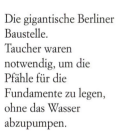

Das kam so. Da der Debis-Turm auf halber Strecke zwischen der Spree und dem Landwehrkanal liegt, stießen wir bei der Aushebung der Fundamente schon nach wenigen Metern auf Wasser. Um die Arbeiten fortzusetzen, mußte es abgepumpt werden, wogegen sich Protest seitens der Grünen erhob: Eine Dränage solchen Ausmaßes würde den Grundwasserspiegel absenken – mit unvorhersehbaren Folgen für den Boden und die Wasserversorgung der Stadt. Man mußte eine andere Lösung finden, und so setzten wir uns mit dem Ingenieurbüro Faulkner zusammen.

Wenn man das Wasser nicht entfernen konnte, mußte unter Wasser gearbeitet werden, also mußten Taucher her. 120 insgesamt kamen: aus Rußland, hauptsächlich aus Odessa, und aus Holland. Alle im Unterwasserbau erfahren. Sie arbeiteten in fünfzehn Meter Tiefe, bei völliger Dunkelheit.

Dann wurde es Winter, und die Wasseroberfläche fror zu. Unsere Taucher waren darüber hocherfreut: Unter diesen fürchterlichen Bedingungen war für sie alles viel einfacher. Der Taucheranzug war natürlich klimatisiert und die Stelle leicht zu finden, wo der Kollege von der vorhergehenden Schicht seine Arbeit unterbrochen hatte. Man mußte sich nur durch dasselbe Eisloch hinunterlassen.

Nach der Fertigstellung des Debis-Turms Ende Oktober 1996 gab es in Berlin ein großes Richtfest unter Anwesenheit der höchsten Würdenträger der Stadt und des gesamten Daimler-Benz-Vorstands. Ich war dort mit Christoph Kohlbecker, unserem Partner vor Ort, und Bernard Plattner, der als assoziierter Architekt für das Projekt verantwortlich zeichnet. Es war ein großes Fest: vom Building Workshop waren auch Roger Baumgarten, Giorgio Ducci, Nayla Mecattaf, Joost Moolhuijzen, Jean Bernard Mothes und Mauritz van den Staav zugegen; von unserer Arbeitsgruppe fehlten lediglich Morten Bush Peterson, Antoine Chaava, Patrick Charles, Misha Kramer, Joachim Ruoff und Erich Volz. Und dann waren da unsere Freunde von Daimler-Benz: Edzard Reuter, den wir schon lange nicht mehr gesehen hatten, und Manfred Gentz, Projektbeauftragter und unermüdlicher Ansprechpartner neben Hans Jürgen Albrecht und Karlheinz Bohn.

Das Schauspiel, das zu diesem Anlaß veranstaltet wurde, war einzigartig: ein Kranballett. Daniel Barenboim dirigierte das Orchester von einer Hebebühne aus, damit die Kranführer ihn sehen konnten. Auf der Grundlage der Partitur bewegten sich zwanzig Kräne im Takt. Dieses Schauspiel zeugte von der ungeheuren Energie dieser Baustelle: einer großen Kraft, die sich in gemessenen, intelligenten und vornehmen Bewegungen auszudrücken wußte.

Ein Freund von mir pflegte zu sagen, daß Kräne ein unverzichtbarer Teil der Stadtlandschaft sind. Er hätte sie tanzen sehen sollen. Ich habe noch nie so große Gegenstände sich mit solcher Leichtigkeit bewegen sehen.

Eine Baustelle ist stets ein Abenteuer, immer passiert etwas Unvorhergesehenes. Auf dem Potsdamer Platz konnte man sogar die Kräne tanzen sehen unter der Leitung von Daniel Barenboim.

1992 Houston (Texas) USA
Twombly-Pavillon
Bauzeit: 1993–1995

Dieses kleine Gebäude neben der Menil Collection beherbergt die Dauerausstellung der Werke von Cy Twombly. Auch sorgt hauptsächlich natürliches Licht, gefiltert durch vier Abdeckungen aus verschiedenen Materialien, für die Beleuchtung.

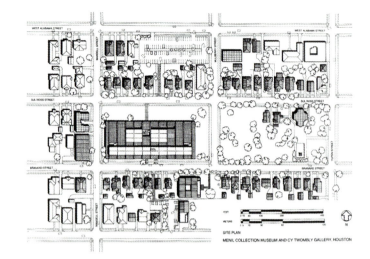

Ich versuche stets, meinen Werken etwas von lebendigen Geschöpfen zu verleihen, von Projekten, die offen und empfänglich für Veränderungen oder Erweiterungen bleiben. Und so geschieht es manchmal, daß mich diese Geschöpfe heimsuchen.
Eines Tages bekam ich den jederzeit willkommenen Besuch von Dominique de Menil und Paul Winkler. Es ging darum, der Menil Collection ein kleines Museum von einigen Tausend Quadratmetern für die Gemälde und Skulpturen von Cy Twombly anzugliedern. Dieser Pavillon sollte dieselbe Handschrift wie das Hauptgebäude tragen und doch etwas Eigenständiges sein, also nicht einfach ein zusätzlicher Flügel, aber noch weniger ein konkurrierendes neues Bauwerk.

Cy Twombly lebt in Rom und in Virginia und gehört offensichtlich zu Madame de Menils bevorzugten Künstlern. Eine scheue Persönlichkeit, der, um seine Meinung zu mehreren Entwurfsalternativen gefragt, stets für die schlichteste und unauffälligste votierte. Man hatte ihm eine Steinverkleidung vorgeschlagen, und er hatte unverkleideten Zement vorgezogen; für den Fußboden wollte er naturgefärbte amerikanische Eiche anstelle der schwarzgestrichenen des Menil-Museums. Ich hatte bereits einige Projekte in engem Kontakt zu Künstlern der verschiedensten Gattungen entwickelt. Außer mit Musikern (Boulez, Berio, Nono, Abbado) hatte ich mit Jean Tinguely im Zusammenhang mit den Skulpturen für das Beaubourg, mit Emilio Vedova anläßlich von Nonos »Prometeo« und mit Shingu in Genua, Amsterdam und Turin gearbeitet.

Auch Cy Twombly hatte dezidierte Ansichten über Materialien und Farben, und mir erging es wie Philip Johnson bei der Realisierung der Rothko Chapel, die sich unweit der Menil Collection befindet. Rothko hatte sich ausbedungen, daß die Räume nur schwach beleuchtet werden sollten, weil er der Ansicht war, daß man nur so seine Werke angemessen rezipieren würde.
Die neue Galerie liegt zwischen den Bungalows, die das »village museum« einrahmen. Um nicht nach einer bloßen Dependance der Menil Collection auszusehen, entfällt hier die Säulenhalle und die Verkleidung aus Holzlatten, die durch einen ockerfarbenen Zementverputz ersetzt wird.
Trotz eines ähnlichen Maßstabs wirken die beiden Gebäude sehr gegensätzlich. Der Twombly-Pavillon ist verhaltener, anspruchsloser, ein Eindruck, der durch die stärkere Filterung des Lichts im Inneren verstärkt wird.

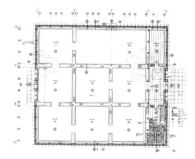

Lageplan des »village museum«. Der neue Pavillon befindet sich unmittelbar im Süden der Menil Collection unweit der Rothko Chapel.

Außenansicht des Pavillons.
Daneben: das Museumsgebäude.

Der Grundriß des Pavillons basiert auf einem quadratischen Modul.

Renzo Piano mit Cy Twombly und Octavio Paz.

Für den Pavillon wurden auf Wunsch des Künstlers vergleichsweise schlichte Elemente verwendet. Die Außenverkleidung ist aus Zementverputz, der Boden aus naturbelassener amerikanischer Eiche.

Das Menil-Museum ist als durchgehender, flexibler Raum konzipiert, der mit Hilfe von beweglichen Trennwänden unterteilt und je nach Auswahl der Sammlungsstücke verschieden eingerichtet werden kann. Der Cy-Twombly-Annex hingegen ist auf die Werke eines einzigen Künstlers zugeschnitten, seine Struktur ist daher strenger definiert.

Während das Museum verschiedene öffentliche Einrichtungen beherbergt, ist das neue Gebäude ausschließlich Ausstellungsräumen vorbehalten. Der Entwurf der einzelnen Säle basiert auf einem Konstruktionsraster von drei mal drei Fuß, das sich jeweils drei Mal pro Seite wiederholt. Jedes Quadrat bildet eine selbständige Galerie. Alle Galerien werden, mit Ausnahme der mittleren, von natürlichem Oberlicht erhellt.

Die Abdeckung ist als eine Serie von übereinandergelagerten Ebenen konzipiert, die das Licht filtern. Die oberste besteht aus einem metallenen, die unterste (also unmittelbar über dem Ausstellungsraum) aus einem Stoffgitter. Zwischen diesen beiden Schichten finden wir ein Gitter mit Sonnendeflektoren und eine Glasoberfläche mit festen Blenden. Auch hier werden alle Systeme zur Öffnung, Schließung und Regulierung der Deflektoren elektronisch gesteuert, um stets eine optimale Lichtquantität zu garantieren.

Auch bei diesem Projekt war, wie schon zuvor bei der Menil Collection, die Mitarbeit von Shunji Ishida und Mark Carroll sehr wertvoll, denen sich Michael Palmore angeschlossen hatte.

Im Menil-Museum werden die Werke nach einem Rotationsverfahren immer nur für kurze Perioden ausgestellt; in der Twombly-Galerie ist hingegen eine Dauerausstellung untergebracht, die naturgemäß den schädlichen Einwirkungen des Lichts eher ausgesetzt ist. Darum sind die Helligkeitsniveaus hier niedriger und konstanter: nur 300 Lux gegenüber den 1000 des Museums. Der Boden aus Naturholz reflektiert darüber hinaus das Licht stärker und trägt so zu einer diffusen, mehr indirekten Beleuchtung ohne zenitale Dramatik.

Am Tag der Einweihung hatte ich Gelegenheit, lange mit Cy Twombly zu sprechen. Der Dichter Octavio Paz war dabei, der sehr treffende Dinge über das Verhältnis zwischen dem Twomblyschen Werk und der Atmosphäre des kleinen Museums sagte. Dieses gefilterte Licht hatte beiden sehr gut gefallen. Uns allen schien, daß es dazu beiträgt, das Vibrieren dieser zarten und geheimnisvollen Werke zu verstärken.

Querschnitt eines Ausstellungsraums. Sichtbar sind die verschiedenen Dachelemente.

Ansicht.

Längsschnitt.

Einige Details des Abdeckungssystems.

Innenansichten einiger Ausstellungsräume.

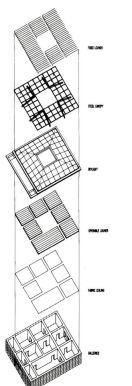

Axonometrie des aus übereinandergelagerten Ebenen gebildeten Abdeckungssystems.

1992 Amsterdam Niederlande
Nationales Zentrum für Wissenschaft und Technologie
Bauzeit: 1994–1997

Ein Gebäude, in dem das NINT mit seinen interaktiven Ausstellungen wissenschaftlichen und technologischen Charakters untergebracht wird. Von der Piazza auf seinem Dach blickt man auf die Dächer von Amsterdam.

Das Nationale Museum für Wissenschaft und Technik ragt ganz allein mitten im Hafen von Amsterdam ins Meer. Und zwar buchstäblich über der Einfahrt zum Unterwassertunnel, der von Oosterdok nach Norden führt.
Und welcher Ort hätte passender sein können für ein Monument der Wissenschaft und der Technik in einer Stadt, ja, einem ganzen Land, das seinen Lebensraum dem Meer abgetrotzt hat? In den Niederlanden ist Raum kostbar und der gewählte Platz geeignet, ein offenes, kompromißloses Verhältnis zur Stadt herzustellen.
Amsterdam ist zwangsläufig eine flache Stadt, eine der wenigen in Europa, wo es keine erhöhten öffentlichen Räume gibt: keine Plätze, weder Festungen noch Terrassen. Man kann die Stadtlandschaft von den Fenstern der Häuser aus sehen, aber niemals von der Straße aus. In Paris oder Rom steigt man eine Treppenflucht hoch und nimmt sofort die Stadt in ihrer Weite wahr; in Amsterdam geht das nicht, es gibt keinen Blick von oben.
Unser Dach, das auch eine Piazza ist, dürfte der einzige öffentliche Ort in Amsterdam sein, der einen Eindruck vom Szenario der Altstadt vermittelt. Dies ist die urbane Dimension dieses Projekts.

Die Spannung zum Baugelände und seiner Umgebung ist zwar da, aber sie rührt nicht von der Natur des Ortes, sondern von einem Werk der Ingenieurskunst, das vor einem Vierteljahrhundert errichtet wurde.
Die Antwort des Museums auf den Kontext läßt an Klarheit nichts zu wünschen übrig. Eine zweidimensionale Stadt? Dann wird die Konstruktion die Dreidimensionalität betonen, bis sie eine unerwartet nach außen und in die Höhe geworfene Form annimmt. Tauchen die Autos unter dem Museum in den Unterwassertunnel? Dann wird eine Rampe in entgegengesetzter Richtung die Fußgänger zum Schrägdach, zur »Piazza« des Komplexes, hinaufführen.
Die Piazza wird allen offenstehen und zumal in der Sonne (wenn sie scheint) angenehm zu begehen sein. Einige auf der Interaktion von Sonne, Wind und Wasser basierende Skulpturen von Shingu werden dort ebenfalls Platz finden. Nach vorne und zu den beiden Seiten: nichts als das Meer.
Die Gesamtkonstruktion ähnelt einem Schiff, sie gibt also nicht vor, ein Teil der Stadt zu sein, sondern betont ihre Zugehörigkeit zum Hafen. Sie stützt sich nicht auf den Tunnel, sie »schwimmt« vielmehr, von einem System von Unterwasserbalken getragen. Die Ziegelsteinmauern

Oben: die Hafenmole, Standort des Projekts. Verweis auf die großen Ingenieursbauten in Holland.
Unten: Modell des hafenwärts gerichteten Gebäudes. Daneben: die Baustelle.

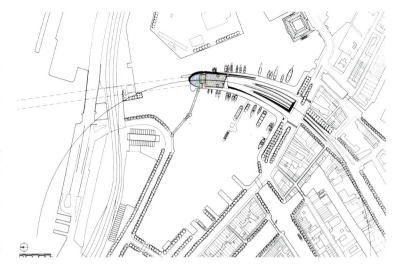

im unteren Bereich wiederum sichern die Rückkopplung an die Stadt. Der Rest der Konstruktion ist gänzlich mit Kupfer verkleidet. Auch hier haben wir die uns mittlerweile vertraute Technik angewendet, komplexe Kurven mit standardisierten Metallpaneelen zu verkleiden. Die Witterungseinflüsse werden recht bald die Oberfläche grün verfärben. Der Sockel ist zwar aus Ziegelsteinen wie die Stadt, aber die sichtbare Oberfläche ist aus Metall: das macht die Spannung zwischen dem Objekt und der Topographie aus.

Wie in Bercy und in Kansai hat die Konstruktion eine Form, die auf den Kontext reagiert und nicht eine Artikulation des Innenraums darstellt.

Die Organisation des Gebäudeinneren sieht mehrere diagonal aufwärts gestufte Ebenen vor, die durch große Oberlichthöfe miteinander verbunden werden, in denen sich die Treppenaufgänge befinden. Die Lichthöfe schaffen eine raffinierte Raumsequenz, die die verschiedenen Abteilungen der Ausstellung visuell zueinander in Beziehung setzt. Von der Eingangshalle aus nimmt der Blick sofort den Zusammenhang der Räume wahr. Höhepunkt der Sequenz ist das Zimmer an der Spitze der Konstruktion, das von der Rundung des Bugs eingefaßt wird.

Auf einer fünften Ebene, die man über einen anderen Treppenaufgang erreicht, findet man ein Panoramarestaurant mit einer kleinen Terrasse.

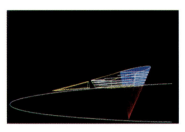
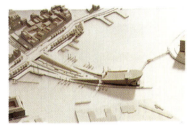

Das Erdgeschoß ist fast vollständig verglast; die Kupferverkleidung scheint auf der Höhe einer imaginären Wasserlinie unterbrochen. An dem der Altstadt zugewandten Ende dieser Ebene öffnet sich der Haupteingang auf einen kleinen Platz (der auch von den Autos aus, die in den Tunnel fahren, sichtbar ist). Seitlich davon der obligate Museumsshop und die Werkstätten. Wie schon beim Menil-Museum kann das Publikum auch hier einen Blick »hinter die Kulissen« werfen.

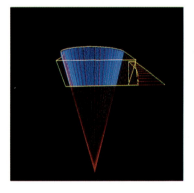

Oben: Lageplan.
Darunter: das Modell.
Links:
Computerstudien.
Unten: Ostansicht.

Der Boden des Erdgeschosses ist gänzlich mit Fliesen ausgelegt, die das Muster der Außenbepflasterung aufnehmen; das verleiht dieser Ebene einen extrovertierten Charakter im Unterschied zum darüberliegenden Museum. Die Räume auf den anderen Ebenen vermitteln durch das Oberlicht und die schrägen Wände eine eher introvertierte, wissenschaftlichen Ausstellungen angemessene Atmosphäre.

Auf 10 000 Quadratmetern werden thematische Dauerausstellungen zu Fragen der Energie, der Kommunikation und der Biotechnologien eingerichtet.

Man wird auch auf dem Seeweg, über einen langen Steg vom Amsterdamer Hauptbahnhof aus, zum Museum gelangen können. Der Hafen wird hier einmal mehr den Bezug zur Stadt vermitteln.

November 1996 waren wir zusammen mit Olaf de Nooyer, dem Architekten unseres Büros, der das Projekt betreut, und unserem Auftraggeber Joost Douma auf der Baustelle. Er schaute gedankenversunken, nickte zu meinen Erläuterungen, um schließlich, mit der für Holländer typischen Trockenheit herauszuplatzen: »Ich weiß wirklich nicht, wie man das anders hätte machen können.« Er wollte mir ein großes Kompliment machen, und ich habe es so verstanden.

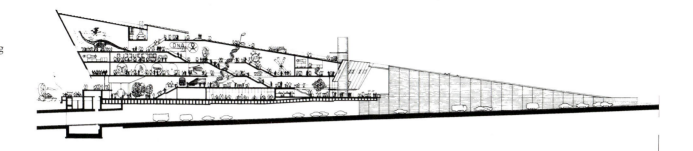

Der Längsschnitt verdeutlicht den Weg der Besucher vom Vorplatz in das Museum.

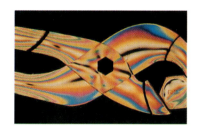
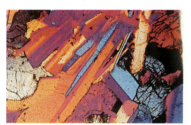
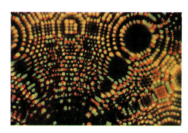
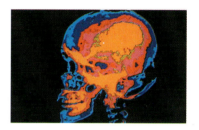

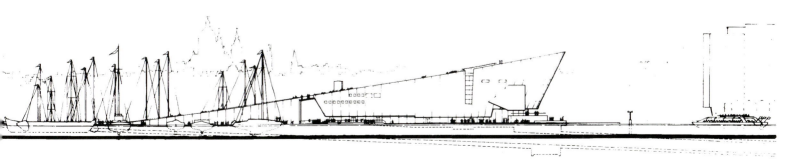

Die Montage der
Holzpaneele, die die
Wände des Gebäudes
bilden.

Die Baustelle: verschiedene Ansichten und Arbeitsphasen. Die Außenfassade besteht aus bereits oxydierten Kupferpaneelen. Aufgelegt werden sie nach demselben System, das für Kirchendächer oder für Zinkabdeckungen verwendet wird.

1992 Plateau Beaubourg
(Paris) Frankreich

Rekonstruktion des Ateliers von Brancusi
Bauzeit: 1993–1996

Gegenüber dem Centre Pompidou wird das Ende der fünfziger Jahre abgerissene Atelier Brancusis im Geiste des Künstlers wiederaufgebaut.

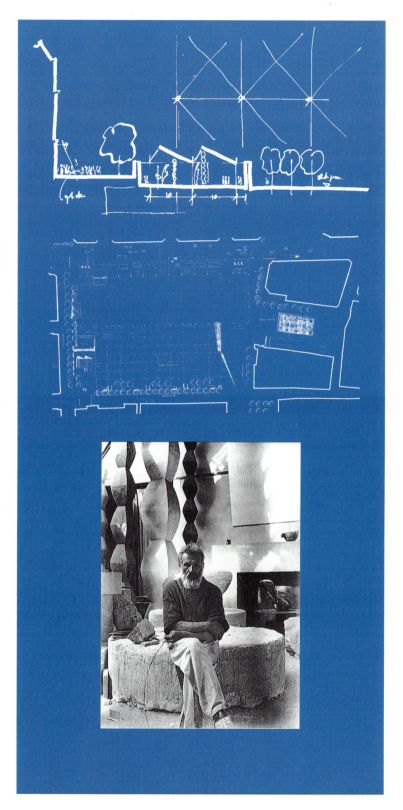

Das Atelier Constantin Brancusis war sein bedeutendstes Kunstwerk. Ein Raum, angefüllt mit zahllosen Objekten: Holz-, Marmor-, Stein- und Gipsstücke, vollendete Skulpturen oder solche, die dabei waren, Gestalt anzunehmen. Brancusi hatte sogar Maschinen erfunden, um seine Werke kreisen zu lassen, aber die Rotation war so langsam, daß man sie erst nach minutenlangem Hinschauen bemerkte: Diese innere Landschaft sollte sich allmählich verändern. Das war der Geist dieses Ateliers.

Eines Tages, kurz vor seinem Tod, wurde der Abriß des gesamten Geländes beschlossen (»Impasse Ronsin«, wie es genannt wurde, wo viele Künstler, unter ihnen der junge Jean Tinguely, arbeiteten). Daraufhin verfaßte Brancusi sein Testament: Er würde dem französischen Staat seine gesamten Arbeiten – Skulpturen, Zeichnungen, Gemälde, Fotografien – unter der Bedingung vermachen, daß sie in seinem Atelier verblieben.

Hoffte er so, die Planierraupen aufhalten zu können? Oder wollte er den Kontext seiner Werke wahren und verhindern, daß sie in alle Winde verstreut werden?

Als ich mit der Errichtung des Brancusi-Museums beauftragt wurde, sprach ich lange mit allen, die ihn noch persönlich gekannt hatten, insbesondere mit Pontus Hulten. Wir fragten uns gemeinsam, wie man dem Testament des Künstlers gerecht werden könnte. Ich schloß sofort die Idee aus, eine getreue Kopie des alten Ateliers anzufertigen. Bis zu welchem Punkt hätte die Wiedergabe gehen müssen? Bis zu den Rissen in der Wand oder den Flecken auf dem Teppich? Sicherlich nicht. Daraus wäre eine ziemlich überflüssige Reliquiensammlung oder bestenfalls die anthropologische Rekonstruktion eines Künstlerlebens entstanden.

Worauf es hingegen ankam – und was wir mit Bernard Plattner und Ronnie Self auch umsetzten –, war, das Gefühl wiederzugeben, von der Explosion einer Kunst umgeben zu sein, die aus vielen Stücken in verschiedenen Stadien bestand. Das Ganze macht das Werk aus, nicht die Teile: das, was ein Kunstobjekt ist, zusammen mit dem, was eines werden könnte. Der Prozeß und nicht das – scheinbar – endgültige Resultat.

Das ist der Sinn des Brancusi-Ateliers, das auf dem Platz des Beaubourg entstanden ist. Hier offenbart sich die Kunst als ein »Kontinuum«, das den Inhalt unauflöslich an seinen Behälter bindet.

Gegenüberliegende Seite: unter einer Skizze von Renzo Piano der Lageplan für die Renovierung des Umfeldes vom Centre Pompidou und das fotografische Selbstporträt von Constantin Brancusi.

Oben: eine Aufnahme des alten Ateliers und daneben Entwürfe des neuen.

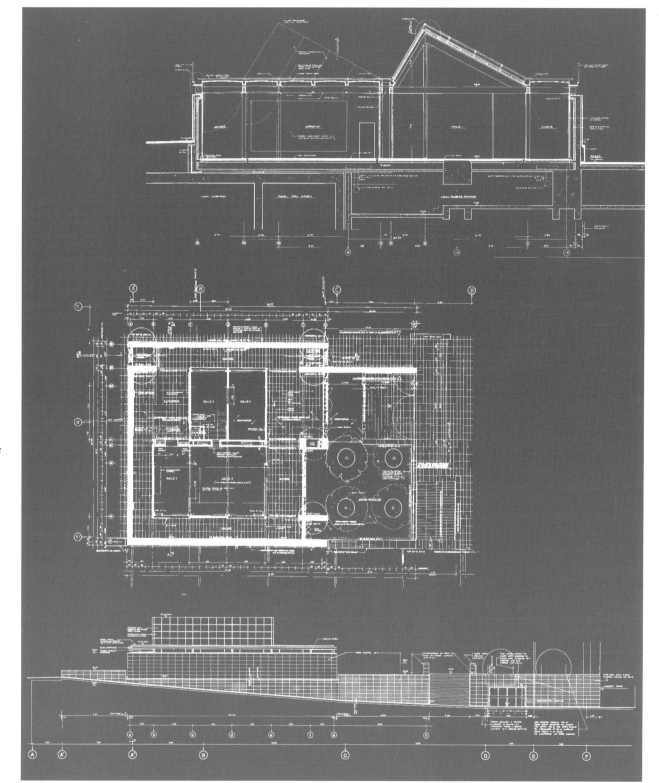

1992 Riehen (Basel) Schweiz
Museum der Beyeler-Stiftung
Bauzeit: 1994–1997

Noch ein Museum, ins Grüne eines Baseler Vorortes getaucht. Das Konzept des natürlichen Oberlichts wird weiterentwickelt, der Bezug zur Umgebung ganz den Pflanzen und Steinen anvertraut.

Nach Madame de Menil ist Ernst Beyeler der zweite Sammler, mit dem ich das Glück hatte, zusammenzuarbeiten. Beide Persönlichkeiten sind sich in mancher Hinsicht sehr ähnlich, und der Geist, der diese Mäzenaten unserer Tage beseelt, wird mir allmählich vertraut.
Der Künstler schafft ein Werk, der Kunstliebhaber hingegen legt eine Sammlung von Werken an: Das ist seine Art, Kunst zu machen, seine Sensibilität und Leidenschaft für das Schöne auszudrücken. Mit einem Museum gibt der Sammler seinen Geschöpfen ein Zuhause, bewahrt sie vor dem Wandel der Zeitläufte und verschafft ihnen zugleich eine zweite Identität. Diese Exponate werden als Werke von Picasso oder Kandinsky in die Geschichte eingehen, aber auch als Stücke der Sammlung Beyeler.

Das Holzmodell auf einem Luftbild veranschaulicht den Eingriff in den Park der Villa Berower.

Ernst Beyeler ist ein sehr anspruchsvoller Mann, vor allem sich selbst gegenüber. Er ist ein Perfektionist, der keine Überraschungen liebt: Bevor er mir den Auftrag erteilte, hatte er sich alle meine Arbeiten angeschaut. Er ist ein wachsamer Klient, der von Anfang an auf seiner Mitarbeit bestanden hat. Ich muß stets sehr aufmerksam sein, um seine Wünsche zu begreifen und umzusetzen, aber auch sehr energisch, um mich nicht in falsche Richtungen drängen zu lassen.
Eines Tages, zu Beginn der Bauarbeiten, kam eine Dame zu mir und sagte: »Erlauben Sie mir, daß ich mich Ihnen vorstelle: ich bin seit 25 Jahren eine Mitarbeiterin von Herrn Beyeler, und ich muß Ihnen ein Kompliment machen.« Ich meinte spöttisch, dafür sei es noch zu früh, aber sie fügte hinzu: »Nicht für das Museum. Für Ihre Geduld.«

Bernard Plattner, Ernst Beyeler und Renzo Piano auf der Baustelle.

Das Museum der Beyeler-Stiftung entsteht in Riehen bei Basel. Es wird zwischen den uralten Bäumen des einstigen privaten Parks der Villa Berower aus dem 19. Jahrhundert gebaut, die sich heute als historisches Denkmal in Staatsbesitz befindet. Auf dem Grundriß nimmt sich das Gebäude genauso streng und exakt aus wie sein Auftraggeber. Vier gleich lange Außenmauern laufen in Nord-Süd-Richtung parallel zu den Einfriedungsmauern. Entsprechend geradlinig ordnen sich die daraus entstehenden Ausstellungsräume an.
Der Schnitt ergibt allerdings ein viel dynamischeres Bild. So haben die Außenwände unterschiedliche Höhen, wobei die gegen Osten verlaufende sich in den Park hinein verlängert und in eine niedrige Mauer übergeht, die die Besucher zum Eingang geleitet.
Die Bedachung bildet ein transparenter Aufsatz. Die vielen Beleuchtungstests haben abermals erwiesen, daß natürliches Oberlicht die Werke in ihrer ursprünglichen Farbigkeit erstrahlen läßt.
Dieses Dach ist vom Gebäude unabhängig: Es wird von einer einfachen Metallkonstruktion gestützt und erstreckt sich merklich über

Das Gelände um den Standort des Museums.

Ansicht des Museums vor dem Hintergrund des Parks.

Claude Monet.

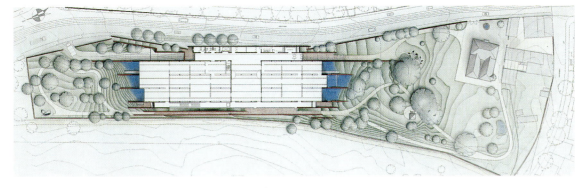

Der Grundriß zeigt, wie das Gebäude aus einer Folge parallel geführter Wände strukturiert wird.

Piet Mondrian.

Pierre Matisse.

Afrikanische Kunst.

Mark Rothko.

Einige Exponate der Sammlung Beyeler.

Paul Klee.

Miró.

Alberto Giacometti.

Pablo Picasso.

Ernst.

die Begrenzungsmauern hinaus, ohne von den darunterliegenden Galerien sichtbar zu sein. Dies verleiht der felsigen Konsistenz der Außenwände aus dem Kontrast heraus eine gewisse Leichtigkeit.

Alle Mauern, einschließlich derjenigen, die den Park umfriedet, werden mit einem Stein verkleidet, der dem roten Sandstein der Basler Kathedrale ähnelt, aber von Bernard Plattner auf der anderen Seite der Welt aufgetrieben wurde.
Die Verwendung dieses Materials sollte unsere Hommage an den Standort sein und dem Bauwerk das zerfurchte Aussehen des örtlichen Felsgesteins verleihen. Aber der Sandstein, der für diese Schweizer Gegend ein typisches Baumaterial darstellt, altert schnell und zerfällt leicht. In unserem Fall hätte dies kontinuierliche Wartungsprobleme mit sich gebracht.
Bernard Plattner, selbst Schweizer und ein geduldiger Handwerker, gibt so leicht nicht auf. Er entdeckte, daß es einen ähnlichen Stein an den Hängen des Machu Picchu in Peru gibt. Daraufhin fährt er mit Louis Couton hin und nimmt ihn persönlich in Augenschein, ist aber noch nicht zufrieden. Schließlich findet er das Gesuchte in Argentinien und treibt auch einen russischen Frachter auf, der den Stein nach Europa transportiert. Während ich dies schreibe, hadert er noch mit einem Matrosenstreik, aber ich zweifle nicht daran, daß er auch mit diesem letzten und vergleichsweise kleinen Problem fertig werden wird, so wie auch unser Ingenieur vor Ort, Jurg Burkhardt, alle anfallenden Schwierigkeiten gemeistert hat.

Im Westen wird unter dem überhängenden Dach eine Glaswand den Raum eines langen und schmalen Wintergartens abtrennen, der als Skulpturengalerie dienen wird. Dieser Wintergarten wird den Besuchern den Übergang vom intensiven ästhetischen Erlebnis im gefilterten Licht des Museums zum vollen Licht und dem erholsamen Grün des Parks erleichtern.
Auf diese Weise findet der kontemplative Kunstgenuß eine angemessene Ergänzung in der entspannten Wahrnehmung der Natur.

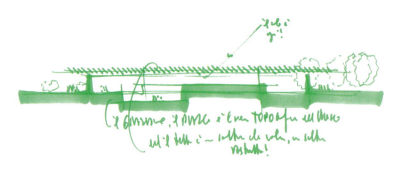

Erstes Studienmodell für das Schedsystem des Dachs.

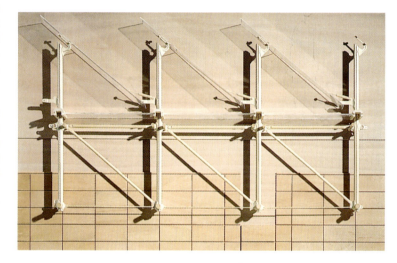

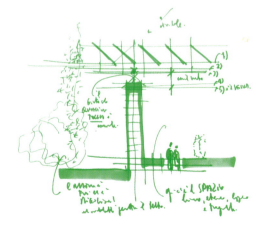

Die Skizze zeigt das Konstruktionsprinzip des Museums. Über die steinverkleideten Mauern erhebt sich ein transparenter Dachaufsatz, der von einem leichten Metallgerüst getragen wird, dessen Stützen über die Mauern hinausragen.

Die Baustelle kurz vor der Fertigstellung des Gebäudes.

Gesamtansicht des Gebäudes vor dem Hintergrund der Parkanlage.

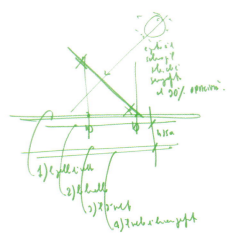

Metallgerüst zur Stützung der Schedelemente aus Glas.

Metallgerüst zur Stützung der transparenten Abdeckung.

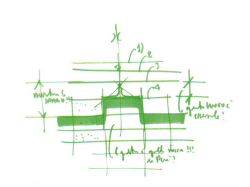

Die Skizzen illustrieren jeweils das Konzept der Abdeckung in Schedbauweise und das Prinzip, nach dem die Dachkonstruktion sich an die Mauern lehnt.

1993 Sindelfingen (Stuttgart) Deutschland
Design Center von Mercedes-Benz
Bauzeit: 1994–

Es handelt sich um ein Gebäude von etwa 30 000 Quadratmetern, dessen Form sich nicht nur aus der Funktion ergibt, sondern auch aus dem Standort an der Begrenzungskurve des Firmenareals. Das Dach aus Aluminiumpaneelen wird mit Hilfe einer toroidalen Geometrie entwickelt.

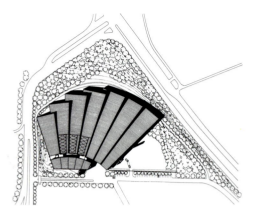

Grundriß der Abdeckung.
Auf dem großen Foto: die Baustelle. Die »Finger« sind jeweils einer anderen Abteilung zugeordnet und werden aus Sicherheitsgründen von Oberlichtfenstern beleuchtet.

Das neue Designzentrum von Mercedes-Benz entsteht als Teil des großen Werkes in Sindelfingen nahe Stuttgart. Wie alle Konstruktionen dieses Typs mußte es zunächst zwei Bedingungen erfüllen: den Designern die für ihre Arbeit notwendige Konzentration ermöglichen und ihre Resultate vor indiskreten Blicken schützen.
Man kann sich nur schwer vorstellen, wie sehr die Industriespionage in der Automobilbranche gefürchtet wird; ein im Entwicklungsstadium befindliches Modell wird mit geradezu militärischem Sicherheitsaufwand bewacht. Die Logistik einer Entwicklungsabteilung erfordert die Isolierung der Mitwirkenden nicht nur von der Außenwelt, sondern auch vom Rest der Belegschaft.
Zur gleichen Zeit dürfen diese Vorsichtsmaßnahmen nicht die interne Kommunikation behindern, die zum Ideenaustausch notwendig ist.
Mit diesen beiden Aspekten des Problems konfrontierte uns eines Tages der Leiter des Design Centers von Mercedes. Diese überaus wichtige Funktion hat seit Jahren Bruno Sacco, ein Italiener aus Turin, inne, der als leidenschaftlicher Verfechter von Qualität im Stuttgarter Werk das optimale Betätigungsfeld gefunden hat.
Bruno ging in unserem Studio umher, betrachtete alles mit Interesse und Sympathie, um uns schließlich (zu unserer eigenen Überraschung) mitzuteilen, daß er sich für Sindelfingen – in anderem Maßstab und Kontext – genau so etwas vorstellt.
Das war natürlich nicht möglich. Im Design Center von Mercedes arbeiten Hunderte von Personen nicht ein paar Dutzend; und in solchen Fällen macht die Quantität einen entscheidenden Unterschied aus: Man kann nicht einen Raum mit dem Pantographen vergrößern und erwarten, daß er dieselben Eigenschaften beibehält. Aber die Botschaft war klar: Er wollte ein offenes Ambiente, das den Teamgeist anregt oder, in seinen eigenen Worten, wo die Kommunikation zwischen den Mitarbeitern »nicht eine Pflicht, sondern ein atmosphärisches Element ist«.
Trotz alledem fiel unsere erste Skizze noch ziemlich konventionell aus. Hatten wir uns von der geradlinigen Struktur der nahegelegenen Montageketten beeindrucken lassen? Oder hatte uns der Auftraggeber eingeschüchtert? In diesem Fall befreite uns Bruno

Von Süden nach Norden nimmt die Länge der einzelnen Finger zu. Das Ensemble rotiert in einem Winkel von neun Grad.

Sacco selbst aus unserer Verlegenheit: »Schön, aber zu regelmäßig. Zuviel Bauhaus. Nehmt euch mehr Freiheiten«, kommentierte er unseren Entwurf. Wir ließen uns das nicht zweimal sagen.
Das Gebäude des Design Center von Mercedes-Benz ähnelt jetzt mehr einer offenen Hand, deren »Finger« die verschiedenen Abteilungen beherbergen: Planung, Entwurf, Modell, Prototyp und so weiter. Es gibt sieben Finger, die vom selben Zentrum jeweils im Winkel von neun Grad strahlenförmig ausgehen. Vom Süden nach Norden nimmt die Länge der Einheiten zu, so daß der Grundriß auch an einen Fächer erinnern könnte: in Wahrheit handelt es sich um einen einfachen Schedbau, dessen Bestandteile wie durch ein freundliches Beben etwas durcheinandergeworfen scheinen.
Alle Finger grenzen nach Nordwesten an einen gemeinsamen Garten. Die Betonmauern sind außen mit speziellen Aluminiumpaneelen verkleidet, die aus Gründen der Gleichmäßigkeit auf eine Polyäthylen-Unterlage montiert sind.

Die Dächer schließen nicht rechtwinklig mit den Außenwänden ab, sondern wölben sich über sie hinaus, wodurch Zwischenräume entstehen, in denen große Oberlichtfenster sich (entsprechend der Drehung der Finger) von Nordosten nach Nordwesten hin öffnen. Auf diese Weise werden zugleich die Beleuchtungs- und die Sicherheitserfordernisse erfüllt, denn die Oberlichter ersetzen faktisch Glasfronten auf der Arbeitsebene. Im Querschnitt verraten sowohl Mauern als auch Dächer einen gekrümmten Verlauf. Die großen Spannweiten der Abdeckung werden von einem ausgeklügelten System aus Stützen, Gelenken und Zugelementen getragen, das der Dachwölbung Spannung verleiht.
Der Abstand zwischen Dach und Wand nimmt zum Ende jeder Schnittlinie zu und mit ihm die Größe der Oberlichtfenster und somit die Helligkeit der Räume.
Das eigentliche Dach besteht aus einem »Sandwich« aus zwei Stahloberflächen, zwischen denen sich eine dicke Schicht aus wärmedämmendem Material befindet. Bemerkenswert ist, daß die dreidimensionale Dachform wie in Kansai auf der Basis einer toroidalen Geometrie entwickelt wurde.
Zu Beginn wirkte noch Peter Rice bei dem Projekt mit, danach fiel der geduldigen Musci Baglietto die Aufgabe zu, die vielen und sehr unterschiedlichen Beiträge zu koordinieren, darunter den des örtlichen Ingenieurs Cristoph Kohlbecker, der die zentrale Idee des Projekts stets auf Kurs gehalten hat.
Östlich der drei kürzeren Finger befindet sich ein Saal für die Präsentation der Modelle. Dieses öffentlich zugängliche Areal haben wir vom übrigen Komplex abgekoppelt, aber doch so, daß es von Besuchern des anliegenden Empfangsbereichs leicht erreichbar bleibt. Die Geometrie des Daches wurde beibehalten, die Stahlverkleidungen allerdings durch transparente ersetzt, die für eine optimale Beleuchtung sorgen.
Das natürliche Licht wird im Inneren durch riesige opalisierende Blenden linsenförmigen Zuschnitts dosiert. Dieser große Raum wird eine Art Vorführbühne sein, auf der man die Projekte im naturgetreuen Maßstab wird studieren können.

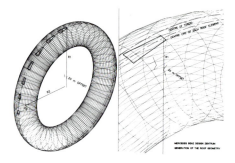

Toroidalgeometrisches Schema der Dachkrümmung. Die Ansicht der Baustelle läßt die Drehung der Gebäude und die Krümmung der Dächer erkennen.

Verschiedene Ansichten der Konstruktion.

Das Dach besteht aus einem »Sandwich« aus zwei geprägten Stahlblechen mit einem wärmedämmenden Material dazwischen.

1994 **Rom** Italien
Auditorium
Bauzeit: 1996–

**Drei unterschiedlich große Säle (2 700, 1 200 und 500 Plätze) mit unterschiedlichen Eigenschaften (insbesondere hinsichtlich ihrer Verwendbarkeit); ein Amphitheater im Freien für 3 000 Personen.
Die ans Tageslicht gekommenen Reste einer antiken römischen Villa haben den Bezug zum Ort verstärkt.
Das Grün, das die Gebäude umgibt, ist die Verlängerung des Parks der Villa Glori.**

Lageplan mit den drei Konzertsälen und dem Amphitheater.

Auf das Boot flüchte ich, wenn ich einmal nicht an meine Arbeit denken will. Und für gewöhnlich funktioniert das auch. Aber es gibt mindestens zwei Ausnahmen.
Die erste klingt geradezu abenteuerlich. Ich treibe vor der korsischen Küste im Sommer 1974, als mich ein Boot der französischen Küstenwache erreicht: »Pardon, Monsieur, aber der Präsident wünscht Sie zu sprechen. Sofort.« Giscard d'Estaing, soeben Nachfolger Pompidous geworden, wollte dem Beaubourg eine Etage wegnehmen. Es gelang ihm zwar nicht (der Bau war bereits zu weit vorangeschritten, um solch eine substantielle Änderung zu verkraften), aber er versaute mir die Ferien.
Weniger dramatisch – ja angenehm – hingegen die zweite Unterbrechung. Ich war in Sardinien mit Luciano Berio, als sich uns ein Boot näherte. Man hatte im Hafen erfahren, daß man mich suchte und sich freundlicherweise beeilt, mir die Nachricht zukommen zu lassen. Sie kam von Francesco Rutelli, dem Bürgermeister von Rom: Er legte Wert darauf, mich persönlich davon in Kenntnis zu setzen, daß ich den internationalen Wettbewerb für den neuen Konzertsaal gewonnen hatte.

In Rom fehlte ein Aufführungsort für klassische Musik, der der Bedeutung und der Größe der Stadt entsprochen hätte. Das neue Auditorium wird mit seinen unterschiedlich großen Räumen diese Lücke füllen, insbesondere mit dem für 2 700 Plätze ausgelegten Hauptsaal, dessen Dimension die Obergrenze für eine natürliche Akustik von hoher Qualität markiert.
Im historischen Zentrum Roms hätte ein so großer Komplex selbstverständlich keinen Platz gefunden. Auch unter urbanistischen Gesichtspunkten schien es angebracht, ihm einen leicht dezentralen Standort zuzuweisen, in einem Gebiet, das auf den Zustrom großer Besuchermassen eingerichtet ist: zwischen dem olympischen Dorf, das für die Athleten von 1960 gebaut wurde, dem Sportpalast und dem Flaminio-Stadion von Pierluigi Nervi.
Um ein Maximum an Flexibilität zu garantieren, ohne Einbußen bei der Akustik in Kauf zu nehmen, beschlossen wir, die drei vorgesehenen Säle in einem einzigen Gebäude, aber in drei unabhängigen Konstruktionen unterzubringen. Auf diese Weise führten wir auch ein von den Ausschreibungsbedingungen nicht vorgesehenes

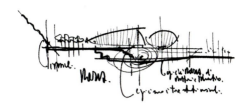

Oben: Längs- und Querschnitte des mittleren Saales.

Unten: Der große Saal für 2700 Plätze. Ausschnitt.

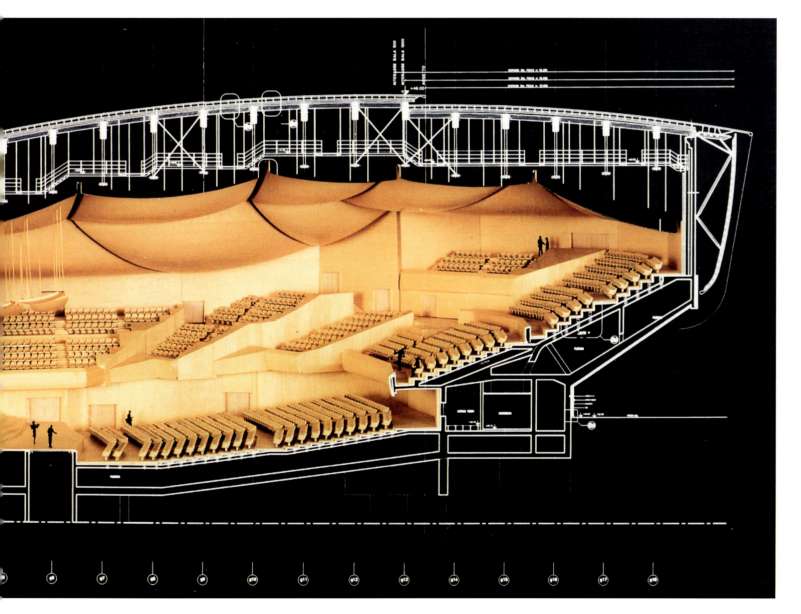

Element ein. In unserem Projekt sind die drei jeweils in einem Behälter wie in einem Resonanzkörper untergebrachten Säle symmetrisch um einen leeren Raum angeordnet, der zu einem vierten Auditorium, einem Amphitheater im Freien, geworden ist.
Eine üppige Vegetation soll diese Bauwerke mit dem angrenzenden Park der Villa Glori verbinden.

Als Architekt in einer Stadt wie Rom zu arbeiten heißt, sich mit einer extrem schwierigen »Form des Ortes« als Ausgangsbedingung messen zu müssen. Eine derart starke Identität kann man nicht ignorieren, selbst wenn man will.
Die erste Analogie, die sich bei dem Konzertsaal aufdrängt, ist eine funktionale: die zu einem Musikinstrument – seiner Form und seinem Baumaterial, dem Holz.
Eine zweite Analogie leitet sich aus der Lage und der Anordnung der Gebäude ab. Diese atypischen, ins Grüne getauchten Konstruktionen haben etwas Archäologisches; es könnten Ruinen von Piranesi sein, ein Sinnbild für die klassische Welt.
Man sollte die Kraft von Metaphern nicht unterschätzen. Aus den metaphorischen Ruinen sind nämlich reale geworden: die Grundmauern einer großen römischen Villa aus dem 6. Jahrhundert v. Chr. Sicher, Rom ist berühmt dafür: Egal wo man gräbt, es kommt immer etwas zum Vorschein. Aber dies hier sind nicht nur ein paar Steine, sondern eine bedeutende Entdeckung. Der Genius loci war freundlich und hat uns zugleich einen Streich gespielt: Einerseits hat er uns ein Geschenk gemacht – dafür sei ihm Dank –, andererseits hat er die Arbeiten für ein Jahr unterbrochen.
Das Problem war jetzt also nicht nur, diese Grundmauern zu »bewahren«, sondern sie in den Komplex zu integrieren. Und zu diesem Zweck war eine Zusammenarbeit mit dem Generaldirektor der städtischen Ausgrabungen, Professor Carandini, unerläßlich, der die archäologische Sicherung mit seiner bunten Schar von Studenten leitete. Nunmehr mußte die Position der Gebäude neu definiert werden: In den begehbaren Zwischenräumen wird das Publikum handwerkliche Zeugnisse aus dem Fundort bewundern können; die Grundmauern hingegen wird man im unterirdischen Foyer sehen, dem zentralen Sammelraum, von dem aus man zu den drei Konzertsälen gelangt.
Diese Umarbeitung des Projekts hat, wie oft bei unseren Arbeiten, alle am Team Beteiligten unter Druck gesetzt. Dennoch ist es Donald Hart, Susanna Scarabicci und Maurizio Varratta gelungen, die sehr engen Zeitvorgaben einzuhalten, die uns die Stadtverwaltung, vertreten durch Stadtrat Domenico Cecchini und dem Projektverantwortlichen Maurizio Cagnoni, gesetzt hatte.

Rom ist meine vierte Arbeit auf musikalischem Gebiet, und mittlerweile wußte ich, wo ich mir den kompetentesten Rat holen konnte. Und so waren Komponisten wie Luciano Berio oder Pierre Boulez sowie selbstredend die Accademia Nazionale di Santa Cecilia an der Entwicklung des Projekts beteiligt. Der Akustikexperte Helmut Müller (derselbe, der uns auch beim Lingotto zur Seite stand) baute zunächst Modelle mit reflektierenden Oberflächen. Durch die Emission von Lasersignalen und die Aufzeichnung ihres Reflexionsweges konnten

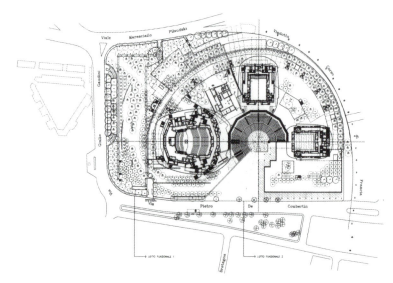

Lageplan mit den drei Sälen, dem Amphitheater, den archäologischen Ausgrabungen und dem umgebenden Grün.

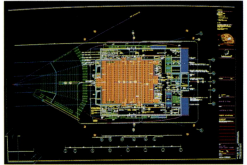

Computergestützte Entwürfe der Säle. Der große Saal. Der Grundriß macht die Aufteilung des Publikumsraums in »Weinbergen« deutlich. Auf diese Weise erhält man für alle Zuhörer eine optimale Akustik. Darüber hinaus bietet diese Anordnung eine direktere Teilnahme an der Veranstaltung.

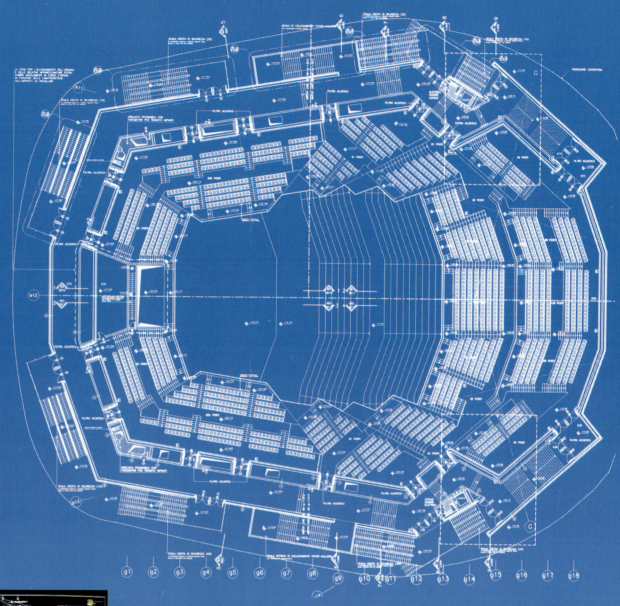
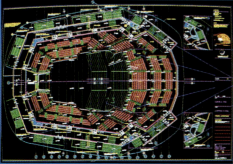

so die ersten Grafiken des akustischen Widerhalls erstellt werden. Als nächstes wurden am Computer die Reflexionen der Schallwellen simuliert. Schließlich gingen wir zu analogen Tests über, also mit richtigen Klängen und Modellen in größerem Maßstab (bis zu Zimmergröße): Jetzt konnten wir die Leistungen der realen Säle ermitteln.

Die drei Räume haben verschiedene Dimensionen und Eigenschaften. Bekanntlich verhalten sich Größe und Vielseitigkeit umgekehrt proportional zueinander.

So ist der kleinste, 500 Plätze umfassende Saal ein extrem flexibler Raum, der einige Lösungen des zwanzig Jahre zuvor gebauten IRCAM-Saals wieder aufnimmt: die Beweglichkeit von Decke und Fußboden und die Möglichkeit, die akustischen Eigenschaften der Wände zu verändern.

Der auf 1200 Plätze ausgelegte mittlere Saal verfügt über eine bewegliche Bühne und eine regulierbare Deckenaufhängung – eine Anknüpfung an das Lingotto-Auditorium. Hier sollen Kammermusik und Ballett aufgeführt werden.

Der Hauptsaal schließlich kann 2700 Besucher aufnehmen (mehr geht aus Gründen der Akustik nicht, weil in den hinteren Reihen sich das Echo über den Klang legen würde) und ist in mancher Hinsicht eine Hommage an die Berliner Philharmonie Hans Scharouns.

Ich halte es für angebracht, Vorbilder und Referenzen anzugeben. Es ist eine sinnlose Anmaßung, um jeden Preis innovativ sein zu wollen: Man würde verkennen, daß die Architektur ein gemeinsames Gut darstellt, das in ständiger Evolution begriffen ist. In diesem Sinne wäre ich stolz, wenn es mir gelänge, der außerordentlichen Leistung Scharouns in puncto Klangqualität, visueller Funktionalität und atmosphärischer Dichte etwas hinzufügen zu können.

Wie in Berlin ist die Bühne nahezu im Zentrum dessen, was Scharoun »Weinberge« nannte: Sitzplätze, die auf Blöcken unterschiedlicher Niveaus rund um das Orchester verteilt sind.

Diese Anlage bietet dem Publikum die Möglichkeit, dem musikalischen Geschehen besonders intensiv beizuwohnen. Zum Erlebnis der physischen Nähe kommt das Gefühl, mit den Protagonisten eins zu sein: ein immaterielles, aber nicht minder mitreißendes Moment.

Akustisches Modell.

Holzmodell des großen Saals.

Computerverarbeitung akustischer Simulationen.

Einige akustische Messungen, die im Inneren des Modells durchgeführt wurden.

Während der Aushebung der Fundamente wurden die Reste einer antiken römischen Villa gefunden. Das Projekt wurde modifiziert, um dieses neue Element zu integrieren, das den Bezug zur »placeform«, dem historischen Kontext des Ortes, verdichtet.

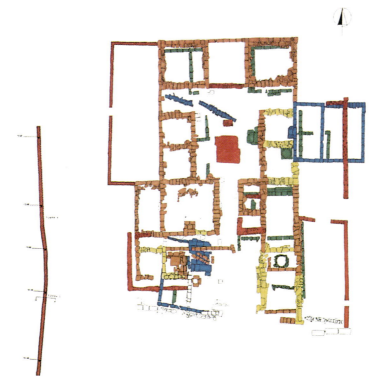

1995 Saitama (Tokio) Japan
Polyfunktionale Arena
Wettbewerb

Die Stadt Saitama bat um einen Entwurf für die Realisierung eines riesigen Kultur- und Ausstellungszentrums, das auch für kommerzielle Zwecke genutzt werden konnte und 45 000 Zuschauer fassen sollte. Thema des Projekts ist der »geographische« Charakter.

Saitama ist eine von niedrigen Gebäuden geprägte Stadt, die an der äußersten Peripherie von Tokio liegt und der der Wallfahrtstempel von Hirakawa das charakteristische Gesicht verleiht.
Die Stadtverwaltung von Saitama beschloß, für die Erschließung eines neuen urbanen Areals, das einen Platz und ein polyfunktionales Zentrum aufnehmen sollte, einen internationalen Wettbewerb auszuschreiben, dem dann noch ein zweiter folgte. Wir wurden sehr herzlich von Herrn Kumagai eingeladen, daran teilzunehmen.
Unsere Reise nach Tokio zur Präsentation des Projektes verlief ziemlich turbulent. Zusammen mit Shunji Ishida erreichte ich die Stadt einen Tag nach dem Nervengasattentat in der U-Bahn.
Obwohl unser Entwurf nicht angenommen wurde, möchte ich ihn hier vorstellen, weil er mir sehr gut gefällt. Ihn nicht realisiert zu haben, bleibt eine schmerzliche Erfahrung.
Da die Arena in einem noch nicht strukturierten Stadtsegment entstehen sollte, war es erforderlich, sie deutlich zu markieren. So entschieden wir, das Gebäude als geographisches Motiv in den Kontext einzufügen und ihm Form und Farbe eines Hügels zu verleihen. Der »Hügel« hätte zwischen zwei Eisenbahnlinien auftauchen sollen – als ob er aus dem konvergierenden Zusammenspiel natürlicher Kräfte geboren worden wäre. Die tragende Grundstruktur sollte aus leichten Stahlbögen bestehen (die wir gemeinsam mit dem Ingenieur Kimura entwarfen). Für jedes Dachsegment war jeweils ein Bogen vorgesehen, der aus Gründen der Stabilität horizontal mit dem nächsten verbunden worden wäre. Die Kupferverkleidung wäre schnell oxidiert und hätte den charakteristischen Grünton angenommen. Der Kontrast zwischen der Leichtigkeit des Materials und der Dynamik der Struktur sollte dem Gebäude eine natürliche Eleganz verleihen.
Ein Fokus funktioniert als solcher nicht nur dank seiner Ausmaße, sondern auch aufgrund seiner Positionierung im städtischen Gefüge. Das starke Moment der Arena war in ihrer Beziehung zum Tempel von Hirakawa und zum ihn umgebenden Park von Omiya zu suchen. Die Hauptverbindungsstraße hätte in der Achse verlängert und mit einer neuen Brücke versehen werden müssen, um den Platz, die Arena und den Wallfahrtsort in einer Linie zu verbinden.
Auf diese Weise wäre eine urbane Symmetrie entstanden und vielleicht sogar – wer weiß? – eine Bindung an die Götter des Tempels. Was bleibt noch zu sagen? Es siegte die Suche nach einer falsch verstandenen Modernität. Die resultierende Struktur wird ohne Zweifel effizient sein, ignoriert jedoch den Kontext. Sie hätte überall aufgestellt werden können, wie eine Tankstelle.

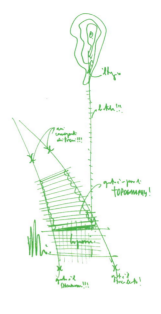

Der Plan zeigt die Verbindungsachse zwischen dem Projektgelände, dem Omiya-Park und dem Hirakawa-Tempel. Im Modell bringt eine Bodenauffaltung zwischen den beiden Bahngleisen den »Hügel« hervor.

Gegenüberliegende Seite: Computerbilder und Modelle der Dachstruktur. Unten: Längsschnitt durch die Arena.

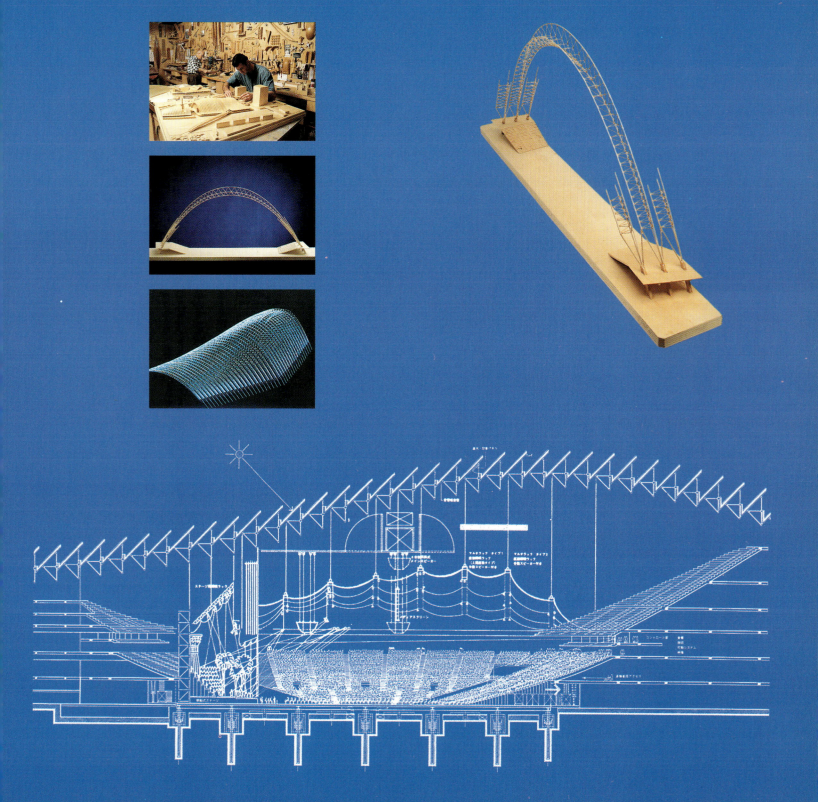

1995   Nola (Neapel) Italien
Servicekomplex

Es handelt sich um ein Areal, das eine Reihe von Dienstleistungsbetrieben aufnimmt, die den »Interporto«, das Zwischenlager des Hafens von Nola, ergänzen. Thema ist der Platz als wichtiges Element des urbanen Raumes und der Bezug zum »guten Vulkan«.

In der Region Campania existiert ein großes und modernes Warenvertriebszentrum, dem sich heute viele Betriebe angeschlossen haben, die früher an der Piazza Mercato in Neapel angesiedelt waren. Der Komplex von Nola, der nicht weit von der Landeshauptstadt entfernt liegt, ist ein Beispiel für die Polyfunktionalität, wie sie nur selten in Süditalien zu finden ist. Ein großer Supermarkt, aber auch andere kommerzielle Aktivitäten aller Art und verschiedenen Umfangs werden sich hier ansiedeln.

Die Gesamtheit dieses Zentrums, das die C.I.S. (ein internationales Vertriebszentrum) und den »kumai« umfaßt, wird mit energischem Einsatz und großer Lebendigkeit verwaltet. Eine der Führungspersonen ist Gianni Puncto, der beispielhaft jenen Unternehmergeist repräsentiert, der den wahren Reichtum Neapels ausmacht. Nicht als Verkäufer, sondern als Händler, wie er sich selbst gern beschreibt, bedient er sich bei seinen Unternehmungen einer beeindruckenden Intuition, die er in vielen Jahren kontinuierlicher Erfahrung erworben hat.

Unser Entwurf mußte sich mit den üblichen Problemen aller polyfunktionaler Zentren auseinandersetzen: Wie konnte man das banale Nebeneinander der einzelnen Bauelemente und ihrer Funktionen vermeiden und statt dessen den verschiedenartigen Dienstleistungsgewerben eine einzigartige und unverkennbare Prägung geben? Die Form unseres Projekts wurde hier wie nie zuvor von der Morphologie des Territoriums angeregt, nämlich dem »Campania felix«, dem »glücklichen Kampanien«, und dem nahegelegenen Vesuv. In der Tat ist der Gebäudekomplex in einen künstlichen Hügel eingebettet, der dem Betrachter von weitem wie eine Bewegung der Erdoberfläche, wie ein friedlicher Vulkan erscheint.

Die Größe des Hügels wurde infolge eines radialgeometrischen Versuchs festgelegt, bei dem die Rotationsschnittpunkte dreier kreisender Festkörper gemessen wurden. Die Kraterhöhe bewegt sich zwischen 25 und 41 Metern. Entsprechend sind die verschiedenen Funktionen des Zentrums auf mehreren Ebenen verteilt und um einen zentralen Garten gruppiert. Dieser Garten ist ein großer, offener Raum mit einem Durchmesser von über 170 Metern. Die Form des Gebäudes schützt ihn im Winter vor kalten Winden, im Sommer ist er wegen der Präsenz von natürlichen Elementen wie Bäumen, Grünflächen, Springbrunnen und Wasserspielen erfrischend kühl.

Zwei Schlüsselelemente prägen dieses Projekt: Aus der Ferne betrachtet, verschmilzt der bebaute Raum mit seiner Umgebung, während der umschlossene Platz an der freudigen Geschäftigkeit des Zentrums teilnimmt und den urbanen Ort kollektiver Erfahrung repräsentiert.

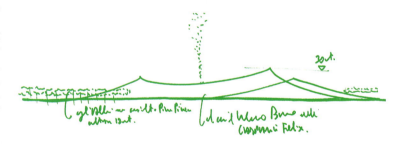

Grundplan und Skizze zeigen den künstlich aufgeschütteten Hügel. Im Inneren des Kraters verteilen sich die unterschiedlichen Funktionselemente der Arena auf drei Ebenen und umschließen einen Gartenplatz von 171 Meter Durchmesser.

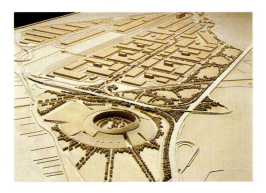

Studienmodell zur Aufschüttung des Kraterhügels im Gebiet von Nola.

Typenschnitt, der die einzelnen Gebäudefunktionen auf verschiedenen Ebenen im Kraterinneren zeigt. Die Gebäudehöhe variiert zwischen 25 und 41 Metern.

Computermodelle der Kraterstruktur.

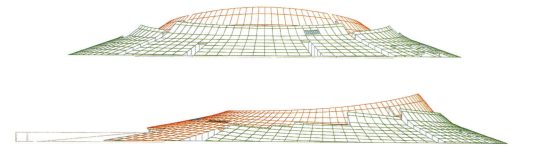

Der allgemeine Schnitt durch das Projekt weist auf die Bedeutung des Gartens hin, auf den alle Gebäudeeinheiten blicken.

1995 Plateau Beaubourg

(Paris) Frankreich

Interne und externe Umgestaltung
Bauzeit: 1996–

Nach fast zwanzig Jahren wird das Centre Pompidou renoviert und umgestaltet, um den innovativen kulturellen Charakter wiederzuerlangen, der es Ende der siebziger Jahre auszeichnete. Die Bibliothek und die Ausstellungsräume werden vergrößert, aber auch die öffentlichen Räume werden neu organisiert. Die Maßnahme ist dank des »offenen« Grundkonzepts des Gebäudes möglich.

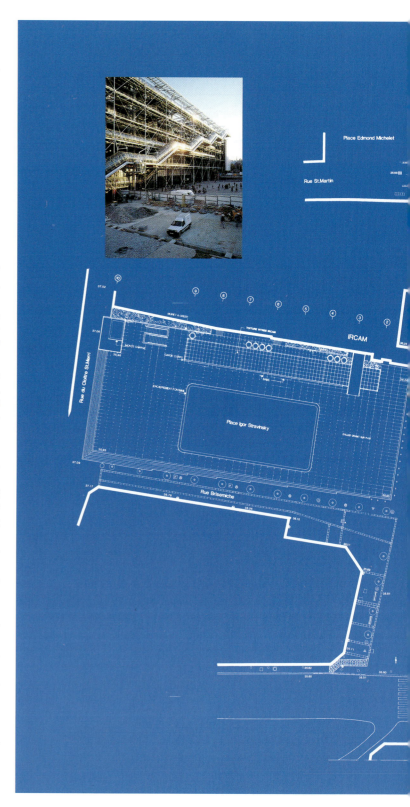

Mit den eigenen Arbeiten bleibt man durch eine Art Nabelschnur verbunden. Es sind eigene Geschöpfe, und irgendwie verliert man sie nie aus den Augen.
Nehmen wir zum Beispiel das Centre Pompidou. Vor zwanzig Jahren eröffnete ich hundert Meter davon entfernt mein Büro, und da befindet es sich immer noch. Ich komme mir ein wenig wie der Turmwärter Quasimodo vor.
Natürlich ist es das Beaubourg, das mich nicht mehr losläßt. Eines Tages kam eine japanische Dame zu uns ins Büro und fragte uns nach den Plänen. »Verkaufen Sie sie mir«, sagte sie, »und ich werde das Gebäude in Tokio nachbauen.« – »Leider gehören sie dem französischen Staat, verehrte Dame, wenden Sie sich an ihn«, antwortete ich. Ich glaube nicht, daß die Sache eine Nachspiel hatte.
Zuerst die Säle des IRCAM, dann der Turm, danach Brancusi und jetzt das »Grand Beaubourg«.
Das Beaubourg ist ein Garant der Kontinuität. Seine Neugestaltung bedeutet für mich die Rückkehr an den »Ort der Tat« oder – besser gesagt – den Beweis, daß ich mich nie wirklich von ihm entfernt habe.
Das Centre Pompidou wurde im Hinblick auf 5000 bis 6000 Besucher pro Tag geplant. Es kann fünfmal soviel aufnehmen, und seit zwanzig Jahren werden bei großem Andrang mehr als 50000 Personen täglich gezählt.
Insgesamt haben etwa 150 Millionen Menschen das Beaubourg besucht. Es hat sich eine Ruhepause verdient und bedarf nun einiger Pflege.
Dies wird auch Gelegenheit für einige Verbesserungen bieten. Die Verwaltungsbüros sollen aus dem Gebäude ausgelagert werden, was die Erweiterung der Ausstellungsräume, die Vergrößerung der Bibliothek und die Neuordnung der öffentlichen Flächen im Erdgeschoß erlaubt. Eine weitere Reihe von Maßnahmen wird die Organisation der Eingänge und deren näherer Umgebung betreffen. Das alles ist nur möglich, weil das Gebäude von Anfang an mit der nötigen Flexibilität und Anpassungsfähigkeit entworfen wurde. Als wir von der »Kulturmaschine« sprachen, deren Modulbauweise nicht nur ästhetischen Zwecken dienen sollte, meinten wir genau das.

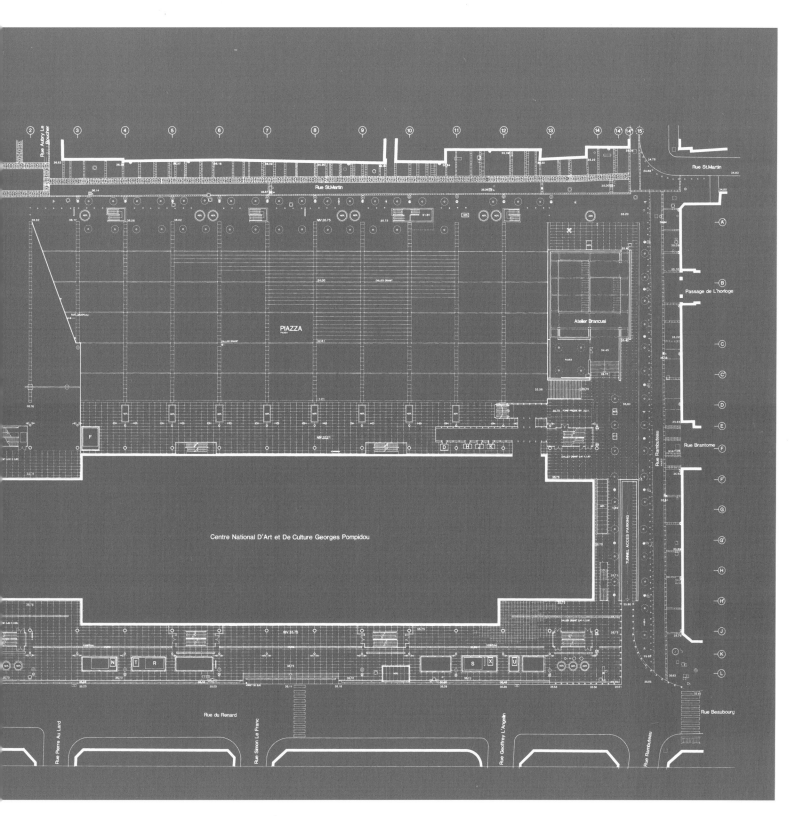

1996 Maranello (Modena) Italien
Windkanal für Ferrari
Bauzeit: 1996–

Das Projekt möchte die Funktion des Gebäudes offenlegen und unterstreicht sie sogar noch. Eine riesige Maschine von achtzig auf siebzig Metern.

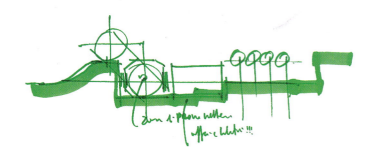

Das Autohaus Ferrari bat uns um einen Entwurf für einen Windkanal, eine Maschine zur Überprüfung des Luftwiderstandes der Rennwagen (oder jedes anderen Objektes, das dem Wind ausgesetzt ist; wir haben eine solche Maschine beispielsweise eingesetzt, um die Hütten von Nouméa zu erproben).
Alles, was für Ferrari angefertigt wird, muß im Grunde dem Mythos der Firma und dem seines Gründers gerecht werden: dem Genie Enzo Ferrari. Er war ein leidenschaftlicher Mann, der das Rennfahren ebenso wie den Benzingeruch und das Motorendröhnen liebte. Und so begann er eines Tages an einem geschichtslosen Ort, der genausogut ein Kartoffelfeld hätte sein können, seine Autos zu bauen. Außergewöhnliche Autos.
Wir sind nun dabei (nachdem wir einen von Luca di Montezemolo veranstalteten Wettbewerb gemeinsam mit unserem Freund Gianfranco Dioguardi, dem »philosophischen Konstrukteur«, gewonnen haben), eine entsprechende Inszenierung desselben Ereignisses zu wiederholen: Aus dem Nichts lassen wir eine gigantische Maschine in ein Kartoffelfeld fallen. Und Maria Salerno hat, unter der aufmerksamen Leitung von Paul Vincent, begonnen, zwischen Paris und Maranello hin- und herzupendeln, um das Feld zu erschließen.

Es gibt zwei Möglichkeiten, einen Windkanal zu bauen. Die eine verschließt ihn in einer Schachtel, während die andere, die wir angewendet haben, darin besteht, den ganzen Mechanismus nach außen zu kehren und seine Apparaturen und Funktionen darzustellen. Auf diese Weise ähnelt die Anlage selbst ein wenig dem Motor eines Autos.
Um den Effekt noch zu dramatisieren, haben wir zudem einen Trick angewendet: Der Windkanal wurde so positioniert, daß er den Eindruck einer leichten Instabilität erweckt (natürlich nur dem Anschein nach; in Wirklichkeit ist er höchst stabil). Er ist gekrümmt und lehnt sich an einen kleinen Hügel an, was in Wahrheit sogar die funktionalere Lösung ist, da so zwei Zugänge zum Proberaum gewährleistet sind.
Um eine Vorstellung von den Dimensionen zu vermitteln: Der Windkanal ist achtzig Meter lang und siebzig Meter breit, eine Maschine oder besser noch ein völlig überproportionierter Motor, der in einem klaren Verhältnis zur ihn umgebenden Natur steht. So wird gewissermaßen die Beziehung evoziert, die zwischen den technologischen Wunderwerken Enzo Ferraris und der ländlichen Kultur, die den Hintergrund bildet, immer bestanden hat.

Der Ferrari Testarossa.

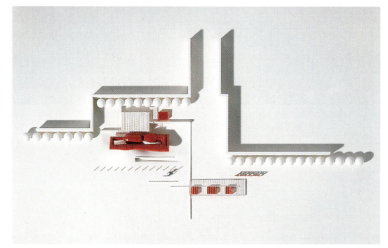

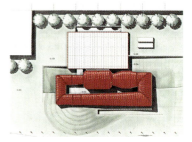

Das Studienmodell und der Plan betonen die Beziehung zwischen Windkanal, Produktionsanlage und der sie umgebenden Landschaft.

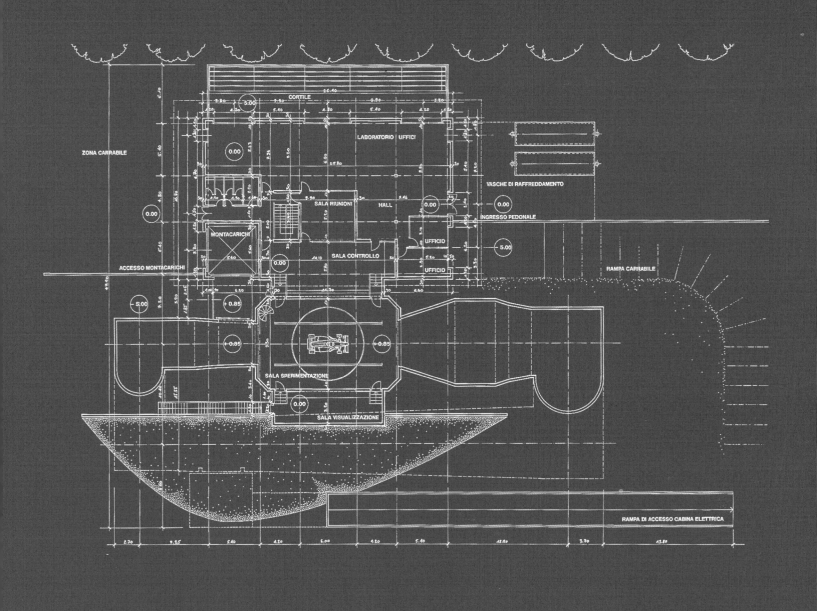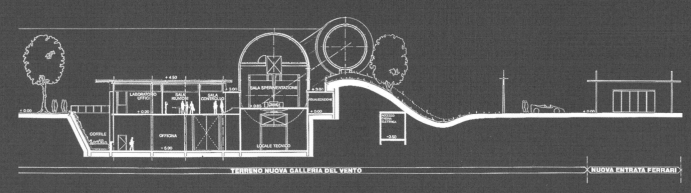

1996 Sydney Australien
Bürohochhaus und Wohnanlage
Bauzeit: 1997–

**Diesen Auftrag haben wir erst kurz vor der Veröffentlichung dieses Buches erhalten: ein Büroturm und eine Wohnanlage in Sydney. Das Projekt stellt die Herausforderung dar, Funktionalität und gesellschaftliches Zusammenleben aufeinander abzustimmen: ein Wolkenkratzer, der die Meeresbrise einfängt und mit dem nahegelegenen Park und dem Opernhaus kommuniziert.
Erneut handelt es sich um die Idee, eine »sanfte«, erträgliche Architektur zu schaffen.**

Die Bucht von Sydney und Ortsbesichtigung auf dem Boot.

Auch wenn es bisher nichts als einen Auftrag gibt, schließe ich mit Sydney, weil es mir richtig erscheint, das Buch mit dem Abenteuer zu beenden, das erst beginnt.
Der Anfang ist immer ein magischer Augenblick. Unter allen vorhandenen Möglichkeiten sucht man Hinweise und Spuren, die einen auf den richtigen Weg bringen.
Die Lend Lease, das größte Bauunternehmen Australiens und eines der größten in der ganzen Welt, ist unser Kunde. Das Projekt dreht sich um einen Wolkenkratzer, der bis zum Jahr 2000, dem Jahr der Olympiade in Sydney, fertiggestellt werden soll. Obwohl es sich um einen privaten Auftraggeber handelt, wird der Turm eine Hommage an die Stadt darstellen, weswegen ich mit der Zusammenarbeit der Stadtverwaltung und der Öffentlichkeit rechne. Schon bei meiner ersten Ortsbesichtigung hatte ich die Gelegenheit, den Bürgermeister, den Minister für Öffentlichkeitsarbeit und den Premierminister von New South Wales zu treffen und ihr großes Interesse an diesem Projekt zu ermessen. Bei derart weitreichenden Bauvorhaben ist die Teilhabe der öffentlichen Macht so fatal und unausweichlich, wie sie notwendig und nur natürlich ist. Man darf sich davon nicht abschrecken lassen: Dieses Phänomen ist Teil der Geschichte unseres Handwerks. Das wichtigste ist, weder den Kopf zu verlieren noch den eigenen Weg.

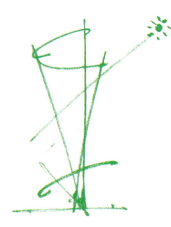

Erste Skizzen, Zeichnungen und Modelle des Büroturms.

Das Gebäude soll die Meeresbrise einfangen und mit dem davor befindlichen Park und dem Opernhaus einen Dialog aufnehmen.

Der Wolkenkratzer ist zweihundert Meter hoch und besteht aus einem Hauptkörper, an den sich ein kleinerer anschließt. Unsere Ambition geht selbstverständlich dahin, mit einem solch imposanten Bauwerk eine Denkwürdigkeit zu schaffen, mehr also als nur ein Hochhaus unter vielen in Sydney (von denen übrigens einige von bester Qualität zeugen). Vier oder fünf Fährten können wir dabei verfolgen, und eine davon ist die historische. Der Bauplatz liegt am Macquire Boulevard, einer alten Straße. Vielleicht sollte man das Adjektiv in Anführungszeichen setzen, da in Australien natürlich keine »alte« Stadt im europäischen Wortsinn existiert. Es ist von Bauten die Rede, deren Spannbreite von der letzten Jahrhundertmitte bis in die heutige Zeit reicht. Immerhin ist aber bei einigen benachbarten Gebäuden eine architektonische Qualität anzutreffen, die nicht unbeachtet bleiben darf und sich manchmal im schönsten Detail offenbart.

Einige urbane Bezugspunkte sind bereits vorhanden, andere muß man noch schaffen. Sydney beeindruckt durch seine Größe, Dynamik und Relevanz, auch wenn es eine junge Stadt ist, was letztlich von Vorteil sein kann: Neue Projekte könnten hier in der Tat eine bedeutende Rolle spielen und das noch nicht vollständig durchformulierte urbane Gewebe vervollständigen und verdichten.
Dann gibt es den sozialen Zugang. Auf alle Fälle gilt es, den Turm von Babel zu vermeiden, das heißt eine unmotivierte Abfolge von Geschossen, die ohne innere Bindungen, ohne eine funktionale Logik und ohne eine gemeinsame Sprache übereinandergestapelt werden. In Manhattan trifft man auf diese riesigen hermetischen Quader mit einem bombastischen Eingang, einem Liftmännchen, das dir »Good Morning« wünscht und dich dann, puff!, hochschießt. Wir wollen ein anderes Konzept von Gemeinschaft einführen.

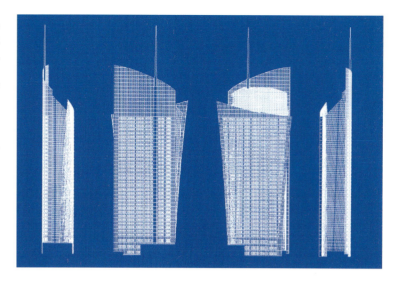

Unsere erste Idee besteht darin, nach jeweils zwei oder drei Etagen eine Art schwebenden Platz einzuziehen, wo sich Menschen treffen. Selbstverständlich müssen diese Plätze eine Entsprechung auf ebener Erde finden: eine Art Forum oder einen offenen Platz (da das Wetter hier ja das ganze Jahr über ziemlich gut ist) oder vielleicht auch ein überdachtes Foyer. Es soll ein Raum geschaffen werden, von dem aus das Gebäude schon von außen als ein urbaner Ort der Begegnung wahrgenommen werden kann.
Dieser Idee liegt eine formale und eine stilistische Untersuchung zugrunde: der unmittelbarste, nicht zu übersehende Bezugspunkt ist das Sydney Opera House von Jørn Utzon, das nach architektonischen Maßstäben eines der städtischen Symbole darstellt. Da es kaum achtzig Meter entfernt liegt, wird unweigerlich ein Dialog zwischen den beiden Gebäuden stattfinden. Und überdies existiert eine ausgeprägte Kultur des Details, die für die Architektur dieser Stadt typisch ist.
Schließlich wären noch die sehr wichtigen Aspekte der Umwelt und des Klimas zu nennen, denen man in Australien eine besondere Aufmerksamkeit zukommen läßt. In gewisser Hinsicht gehören sie einer »Kultur des Pazifiks« an, die mit dem Sinn für die Natur verwandt ist, den wir für das Kanak-Projekt im nur drei Flugstunden vor Sydney gelegenen Neukaledonien entwickelt haben.

Ein kleines Beispiel dieser Sensibilität stellt die Forderung dar, daß das Gebäude keinen Schatten auf die Bäume des benachbarten botanischen Gartens werfen soll, um diesen nicht in Mitleidenschaft zu ziehen. Natürlich ist es schwierig, sich ein Hochhaus vorzustellen, das keinen Schatten wirft, doch kann man Richtungsstudien anstellen, um den Pflanzen das Licht nicht in den wichtigsten Stunden des Tages zu stehlen. Wir wollen diese Auflage nicht nur der Form halber, sondern in ihrer Substanz berücksichtigen und versuchen, das Projekt zum Träger und Förderer einer Botschaft werden zu lassen, die tief in diesem Land verwurzelt ist.
Die Architektur ist eine Humanwissenschaft und per Definition gewissermaßen »nicht-ökologisch«, weil der Mensch mit ihr sein Recht auf Selbstverteidigung ausübt und sich vor der Umwelt schützt. Aber es ist eine erträgliche Architektur vorstellbar, wie auch für den Fortschritt ein neues Erscheinungsbild denkbar ist: Er kann aufhören, die muskulöse Behauptung der Macht zu sein und sich der Erforschung eines subtileren Gleichgewichts verschreiben.

Vom Sohn des Bauunternehmers zum Architekten

Dreißig Jahre Arbeit

Die fünfzig Projekte, die wir betrachtet haben, sind entsprechend ihrer Chronologie angeordnet; ohne es zu wollen, ohne irgendeine bestimmte Absicht zu verfolgen, haben sie eine Geschichte nachgezeichnet: einen roten Faden, ein natürliches Wachstum, in dessen Verlauf aus dem Sohn eines Bauunternehmers ein Architekt wurde.
Deutlich wird das sich allmählich weitende Gesichtsfeld – vom einzelnen Stück, von den Strukturen der ersten Arbeiten zum vollständigen architektonischen Organismus; vom Gebäude an sich zum Gebäude in seinem Kontext, im Verhältnis zur Umwelt; von der Architektur zur Stadt als einem komplexen Organismus.
Im Mittelalter gab es die Gestalt des »artisan superieur«, des emanzipierten Handwerkers, der sich der heiligen Sphäre der Kunst genähert hatte. In der Renaissance steht Brunelleschi für diese Möglichkeit einer Verwandlung des Technikers zum Künstler. Die Vorstellung, daß Technik und Kunst zwei getrennten, parallelen Welten angehören könnten, ist ebenso neu wie schädlich.
Neben dem Abenteuergeist gehört zweifellos die Hartnäckigkeit zu den treibenden Kräften meiner Arbeit.
Ausdauer und Beharrlichkeit sind sowohl auf beruflicher als auch auf kultureller Ebene von großer Bedeutung.
Das hat nichts mit Arroganz zu tun – für mich ist das vielmehr eine Frage intellektueller Redlichkeit. Ich bin kein »Gutmensch«, zähle mich nicht zu den Pfadfindern, die alte Damen über die Straße begleiten; aber ich glaube, daß es ein Ethos in der Architektur gibt, der aus der Übereinstimmung zwischen den eigenen Ideen, dem persönlichen Einsatz und der Methode resultiert.
Das Problem ist: Wie kann man dieses Ethos praktizieren, ohne moralisch zu werden? Wie kann man beharrlich seinen Weg gehen, ohne dogmatisch zu erstarren?
Ich glaube, man kann die Methode ebenso zwanglos handhaben wie die Intelligenz.

Die scheinbaren Widersprüche

Die Architektur ist eine Kunst voller Widersprüche. Gebildetere pflegen diese Widersprüche in Antithesen zu übersetzen: zwischen Freiheit und Disziplin, Umwelt und Technologie, Tradition und Moderne. Andere entblöden sich nicht, einen vor nackte Alternativen zu stellen: Bist du für die Kunst oder für die Wissenschaft? Für die Natur oder die Kultur? Für Juventus oder Mailand?
Ein Mittel, die Widersprüche einzuebnen, findet sich immer: Genau das aber wäre ein Beispiel für eine starre Anwendung der Methode. So treibt man unserem Handwerk die Komplexität, den Reichtum und die positiven Werte aus.
Ich habe diesen Gemeinplätzen seit jeher mißtraut. So scheint es einen Widerspruch zwischen Freiheit und Disziplin zu geben. Aber stimmt das wirklich?

Die Disziplin bezeichnet zwar die Grenze der Freiheit, aber auch ihre Fassung: das, was ihr eine Form verleiht. Beide Elemente koexistieren und interagieren.

In der Architektur ist es das weiße Blatt, das einen lähmt, nicht der Kontext. Der Kontext bedeutet Reichtum, stellt einen Materialfundus dar, aus dem man schöpfen kann, eine Partitur, die ihrer Interpretation harrt. Eine solche Beziehung kann man auch zwischen Originalität und Gedächtnis beobachten. Die Kunst ist ein ständiges Bezugnehmen auf ihre eigene Vergangenheit – das kann bis zu ihrer Plünderung gehen, in dem Maße, in dem sie das Überlieferte zitiert, interpretiert und manipuliert.

Die architektonische Erfindung kann von Geschichte und Tradition ebensowenig absehen wie vom vorgegebenen baulichen Kontext. Sie kann sich gegen all das entscheiden, aber sie wird ihm auch in ihrer Opposition Rechnung tragen.

Etwas anderes ist es, die Abwesenheit von Gedächtnis zu fingieren. Es gibt nichts Lächerlicheres als die Sucht, um jeden Preis originell sein zu wollen. Dabei zeugt der Wunsch, Aufsehen zu erregen, unbedingt zeigen zu wollen, wie toll man ist, einzig von Unsicherheit.

Ich persönlich finde, daß meine Lust, unbetretene Pfade zu begehen, mit meiner Anerkennung der Tradition vollauf harmoniert.

Vielleicht ist das ein europäischer Zug, vielleicht auch ein typisch italienischer. Mit Sicherheit ist diese Haltung das Erbe einer humanistischen Kultur, die die kühnsten Drahtseilakte gestattet: Unten spannt sich immer das Netz unserer Vergangenheit, um uns notfalls aufzufangen.

In der ersten Hälfte des 20. Jahrhunderts verbannte der Rationalismus im Namen der Moderne alles Ornamentale aus der Architektur. Diese Position wurde damals aus legitimen und durchaus ehrenwerten Gründen bezogen. Doch sie ist zum Persilschein – oder, wenn man will, zum Alibi – für die Dürftigkeit des Bauens in der gesamten Nachkriegszeit geworden. Man kann auf diese Auswüchse, auf diese exzessive Plünderung der Architektur, mit einem Sprung in die Tradition reagieren, die so reich an ornamentalen Elementen war. Das ist besonders leicht, wo diese in Städten wie Venedig, Florenz oder Rom noch lebendig ist. Es handelt sich hierbei jedoch um eine die freie, kreative Intelligenz lähmende Irritation, um eine ästhetische Seiltänzerei, die den Körper nachahmt, aber den Geist mißachtet. Die für uns heute Klassiker sind, waren zu ihrer Zeit große Erneuerer. Wer sich nach ihnen richtet, muß ihre Werte wiederentdecken, nicht ihre Resultate: ansonsten wird er ein formales Verfahren anwenden und die authentische Intention verraten. Und wie immer führt der Versuch, Komplexität zu umgehen, zu einer Verarmung: Auf der einen Seite stehen diejenigen, die alles vergessen wollen, auf der anderen jene, die alles beim alten lassen möchten.

Das Thema der Kreativität, das all diese Antithesen durchzieht, stellt sich abermals im Kontrast zwischen Instinkt und Vernunft.

Im Laufe jahrelanger Arbeit konnte ich mich davon überzeugen, daß der sogenannte Instinkt, der die Kunst und die Erfindung leiten soll, nichts anderes als ein Prozeß schnell aufeinanderfolgender Synthesen, eine Art Turboversion rationalen Denkens ist.

Früher war es mir lästig, von Intuition zu sprechen, ich schämte mich sogar ein bißchen, weil sie mir in verschleierter Form Vorstellungen wie die des

begnadeten oder des von der Muse geküßten Künstlers – die ich immer verabscheut habe – wiederaufleben zu lassen schien.
Jetzt schäme ich mich nicht mehr, weil ich verstanden habe, daß die Intuition nichts anderes als meine verwandelte Erfahrung ist. Wenn ich einen Entwurf betrachte, sehe ich schneller als andere, worauf es ankommt – aber mit Genie hat das nichts zu tun; das ist Handwerk. Dasselbe gilt für den erfahrenen Fischer ebenso wie für den Pilzesammler – oder den improvisierenden Jazzmusiker. Kürzlich habe ich in der Scala Keith Jarrett live spielen gehört. Er kennt die Musik – die ganze Musik – derart, daß er in seinen Improvisationen mit der größten Selbstverständlichkeit Klassik, Bebop, Rock, Folk und so weiter zitiert. Die Hände bewegen sich von selbst, sie wissen wohin.

Eine vertretbare Architektur

Die Architektur ist eine zweite Natur, die die erste überlagert. Wenn einer in unserem Beruf von Umwelt spricht, sollte er das immer bedenken. Der Architekt ist gewissermaßen ein kleiner Herrgott, der die Umwelt neu erschafft.
Wir leben an geschützten Orten, die man Häuser nennt, weil es den meisten Leuten auf diesem Planeten die meiste Zeit entweder zu kalt oder zu warm ist. Von diesem Gesichtspunkt aus ist die Natur feindselig – der Gegner des Architekten. Wir verändern das Gelände, um es für den Menschen angenehm und bewohnbar zu gestalten. »Respekt vor der Umwelt«, der darauf hinausläuft, daß man Schlappen anzieht, um durch den Garten zu spazieren, interessiert mich nicht.
Hingegen ist es richtig, nach der Vertretbarkeit von Architektur zu fragen: Das impliziert ein Verständnis der natürlichen Zusammenhänge, den Respekt vor Flora und Fauna, die angemessene Aufstellung von Gebäuden und Anlagen, die Berücksichtigung von Licht- und Windverhältnissen. Das versuchen wir gerade bei zwei Projekten im Pazifik (dem Kulturzentrum Kanak in Neukaledonien und dem Turm von Sydney) zu realisieren: eine intelligente Beziehung zur Umwelt, die – wie alle intelligenten Beziehungen – auch ein gewisses Spannungsverhältnis zwischen Bauwerk und Natur vorsieht.
Noch lächerlicher scheint mir die Haltung gegenüber fortgeschrittenen Technologien, die in hitzigen akademischen Debatten entweder zur Verdammung oder zur Heiligsprechung von High-Tech führt.
Der Architekt arbeitet mit den Instrumenten, die ihm seine Zeit bietet. Auch Brunelleschi entwirft und realisiert die Kuppel von Santa Maria del Fiore in Florenz mit den modernsten Mitteln des 16. Jahrhunderts. Die Weigerung, sich mit dem zeitgenössischen Stand technischer Errungenschaften zu messen, hat etwas Steriles, vielleicht auch etwas Masochistisches.
Um es auf den Punkt zu bringen: die Technologie ist wie ein Autobus. Du nimmst ihn, wenn er dich ans Ziel bringt, das du dir vorgenommen hast; fährt er eine andere Strecke, nimmst du ihn nicht. Ob du ein- und dieselbe Musik von einem CD-Player oder von einem alten Grammophon hörst, hat schließlich auf ihre poetischen Qualitäten nicht den geringsten Einfluß.

Neue Technologien bieten darüber hinaus die Möglichkeit, traditionelle Materialien wieder aufzuwerten. In der Kirche von Padre Pio benutzen wir den Stein für eine extrem schwierige strukturelle Übung; das geht nur dank moderner Rechenverfahren und eines Computers, der sie durchführt.
Im Ergebnis läuft es auf ein Understatement hinaus: Man bedient sich der Technologie, man benutzt sie auf höchstem Niveau, aber man stellt sie nicht zur Schau. Sie wird Teil der Szenerie, ohne sie zu beherrschen. Das genaue Gegenteil also eines gewissen High-Tech-Muskelspiels.
Im übrigen sind die beim Menil-Museum – um mich auf meinen Erfahrungsbereich zu beschränken – eingesetzten Herstellungs- und Einrichtungstechnologien wesentlich raffinierter als die des Beaubourg: Sie sind schlicht unsichtbar.

Regionalismus und Universalismus

Architektur ist per definitionem lokal, das heißt, an den Ort, die Topographie, das Gelände gebunden. Doch sie verkörpert ästhetische Werte und entwickelt Wohnmodelle, die die Grenzen des Ortes, selbst die Grenzen von Nationen überschreiten.
Das Streben nach universeller Gültigkeit ist für die Architektur seit der Antike bezeugt. Aber die Universalität der Botschaft liegt paradoxerweise in der Anpassungsfähigkeit der Sprache. Die Architektur ist ein Kind ihrer Zeit und muß fähig sein, sie auszudrücken. Dazu braucht sie alle verfügbaren Instrumente, aber auch die Anerkennung des Vergangenen ebenso wie die Neugier auf die Zukunft.
Die Universalität der Sprache hängt zwar nicht von der Geschwindigkeit der Kommunikation ab, wird aber von ihr beeinflußt. Die neuen Technologien ermöglichen den Austausch von Menschen und Kulturen mit einer in der menschlichen Geschichte noch nicht dagewesenen Leichtigkeit. Es wäre töricht, auf diese Möglichkeit zu verzichten.
Der Kansai-Flughafen von Osaka etwa entsteht zwar gemäß den Wünschen eines japanischen Auftraggebers, aber die CAD-Zeichnungen des Entwurfs haben via Modem die halbe Welt bereist, Fernsehaufzeichnungen von den im Gang befindlichen Arbeiten waren in vielen Ländern zu sehen, Teilstücke wurden in England, Frankreich und Italien gefertigt und per Schiff oder Flugzeug an den Bestimmungsort gebracht – wie mittlerweile üblich, kommen die einzelnen Komponenten aus fünf oder sechs verschiedenen Ländern.
Und im übrigen: Wenn ich für eine Arbeit in Kobe eine bestimmte Schweißtechnik benötige, die es nur in den USA gibt – warum sollte ich darauf verzichten?
Das gleiche gilt auch umgekehrt. Es kann durchaus sein, daß jemand in Neukaledonien oder in Sydney ein Gebäude errichten will und daß er den passenden Architekten ausgerechnet auf dem Punta Nave oberhalb von Genua, also am anderen Ende der Welt, findet. Dank Telefon, Fax, Modem und Internet beziehungsweise einiger Flugstunden, wenn man sich sehen muß, ist das alles kein Problem. Das meine ich, wenn ich von der »technologischen Ubiquität« spreche, die zweifellos einen großen Fortschritt für die zeitgenössische Lebensqualität bedeutet.

Komplexität und Widerspruch

Kurzum: wir dürfen uns von den vielen scheinbaren Widersprüchen unseres Berufs nicht einschüchtern lassen. Es gibt einen Grad an Komplexität, der unausweichlich ist und der übertriebene Vereinfachungen der Lächerlichkeit preisgibt.
Aus meiner dreißigjährigen Laufbahn als Architekt weiß ich, daß es einen unlösbaren Konflikt zwischen Geschichte und Gegenwart, Individuum und Gesellschaft, Gedächtnis und Erfindung nicht gibt, nicht geben kann. Nicht, weil »es nicht richtig wäre«, sondern einfach deshalb, weil es sich nicht so verhält. Diese Antinomien sind nicht Widersprüche, sie machen das Leben interessant: sie sind die Quintessenz der Architektur.
Die Arbeit eines Architekten besteht nicht darin, Materialien zu trennen, sondern sie zusammenzubringen.

Mein Kurs

Wenn meine Methode, wie programmatisch zwanglos auch immer, eine ist, dann kann man sie auf die Inhalte der Architektur selbst anwenden. Wohin also steuert die Architektur Renzo Pianos?
Eine erste Frucht unserer Arbeit, gereift im Laufe vieler Projekte, ist die Art und Weise, in der wir mit der Umwelt in Beziehung treten.
Die modernen Kommunikationsmittel haben unsere Wahrnehmung von Entfernungen verändert, heute sind Genua und New York nicht mehr so weit voneinander entfernt wie noch vor einem Jahrhundert. Ein in sich gekrümmter Raum umfängt die Dinge anders als früher. Ich betone daher nochmals: Ich suche nach einem zeitgenössischen, einem nostalgiefreien Bezug zum Raum.
Andererseits ist das Problem des Verhältnisses zwischen lokalen und universellen Elementen kein rein logistisches: Es ist auch ein kulturelles, ästhetisches, symbolisches. Kenneth Frampton hat kürzlich eine Unterscheidung eingeführt (die er im Vorwort zu diesem Buch erneut aufnimmt): die zwischen der »Form des Ortes« (placeform) und der »Form des Produkts« (productform) – zwischen diesen beiden Begriffen spannt sich der Bogen der Architektur.
Sie scheinen mir gelungene Ausdrücke zu sein für die Dialektik zwischen dem Boden und den Bauten, der Umwelt und den Eingriffen, dem Lokalen und dem Universellen.
Denn das ganze Problem liegt eben in dem Bezug, der Einbindung, der Spannung. Mich interessiert die Möglichkeit, Ort und Produkt gemeinsam zu formen: den Boden zu meißeln, ein Zeichen zu hinterlassen, das die Natur oder den vorgegebenen urbanen Kontext aufkratzt – und umgekehrt: die Architektur komplizenhaft an den Eigentümlichkeiten des Ortes teilnehmen, sie von ihnen durchdringen zu lassen.
Wie man anhand der Projekte sehen kann, ist der Bezug zwischen der Primärstruktur und dem eigentlichen Gebäude vor allem in den letzten Arbeiten immer stärker geworden.
Die tragende Struktur eines Gebäudes besteht für gewöhnlich aus Materialien, die vor Ort gewonnen werden – sie ist gleichsam ein in den

Untergrund gemeißeltes Basrelief. Dadurch bekommt jeder Entwurf eine topographische Dimension. Das gilt für das Stadion in Bari, für die Bauten auf Neukaledonien, für Sydney.

Ein angemessenes Verständnis der »Form des Ortes« erfordert bei jedem Projekt das Studium seiner spezifischen Bedingungen: von Geschichte, Geographie, Geologie und Klima. Einmal wurde diese Hommage an den Kontext sogar erwidert: Während der Ausgrabungen für das Auditorium von Rom haben wir die Grundmauern einer Villa aus dem 6. Jahrhundert v. Chr. gefunden: Da wurde der metaphorische Topos plötzlich ganz real.

Das Bett eines Gebäudes drückt ebenso wie ein Flußbett eine steinerne Zugehörigkeit zum Ort aus: Masse, Undurchdringlichkeit, Dauer, etwas Ewiges.

Umgekehrt ist das Bauwerk leicht, transparent, vergänglich – nicht, weil man es wieder abreißen kann, sondern weil es einer anderen Ordnung, einer anderen Wertigkeit angehört.

Der Raum

Mein Insistieren auf Transparenz wird oft mißverstanden. Als ob ich keinen Sinn für den »Raum« der Architektur hätte, was in unserem Metier so ziemlich die schlimmste Beleidigung darstellt.

Es gibt aber für diese Fehleinschätzung einen Grund in der Geschichte unserer Wahrnehmung: Unbewußt sind wir darauf programmiert, mit Architektur vor allem »Haus«, »Schutz«, »Sicherheit« und »Solidität« zu assoziieren. Leichtigkeit kontrastiert diese Erwartungen. In Bauten suchen wir instinktiv den Abschluß, die Begrenzung. Der Raum existiert nur, insofern er genau – und solide – umrissen ist.

Das ist ein Raumbegriff, der mich aufregt. Er erinnert mich an die Füllung eines Sandwichs aus Ziegeln, an eine von umgebenden Mauern komprimierte Luftschicht.

Meine Raumvorstellung hingegen hat nichts Erstickendes an sich: Sie meint einen Mikrokosmos, eine innere Landschaft. Nehmen wir zum Beispiel das Atelier von Brancusi (ich meine das ursprüngliche am Impasse Ronsin). Für ihn war das Atelier ein metaphorischer Wald aus Rumänien. Der Raum war eins mit den Objekten, die er enthielt – Skulpturen, Steine, Baumstümpfe. Einige Stücke waren bereits Kunst, andere nahmen allmählich Gestalt an: für Brancusi machte das keinen Unterschied.

Die immateriellen Elemente des Raums

Gewiß, der Raum besteht aus Volumen, hohen und niedrigen, aus Verdichtungen und Ausdehnungen, Ruhe und Spannung, horizontalen Ebenen und schrägen: alles Elemente, die zur Erzeugung von Emotionen eingesetzt werden. Aber es sind nicht die einzigen. Ich glaube, daß die immateriellen Elemente des Raumes von größter Bedeutung sind – sie zu gestalten ist das eigentlich Fesselnde an meiner Arbeit und einer der Schwerpunkte meiner Architektur.

Die gotische Kathedrale spricht einen durch ihre hoch in den Himmel aufschießenden Volumina an, die die Seele des Sünders nach oben saugen; aber sie bewegt einen auch durch die schmalen Fenster, die Lichtklingen in das dunkle Kircheninnere werfen, und durch das Farbenspiel der Glasmalereien.
Unser Handwerk muß das Vermögen wiedergewinnen, Emotionen zu wecken – durch die Schaffung dramatischer, heiterer, besinnlicher, öffentlicher Räume. Die Wahl hängt von der Funktion und der Nutzung des jeweiligen Ambientes ab.
Ein Museum muß einen Raum der Kontemplation bieten. Da genügt es nicht, daß der Lichteinfall stimmt – es braucht Ruhe, Gelassenheit und Sinnenfreude, die sich mit der Betrachtung des Kunstwerks verbinden. Das ist es, was Ernst Beyeler – Matisse paraphrasierend – damals von mir verlangte.
Ein Konzertsaal wiederum muß mehr bieten als eine perfekte Akustik: nämlich die Möglichkeit für alle, an der Musik teilzuhaben. Warum genießt man live eine Sinfonie, die selbst aus der besten Hi-Fi-Anlage nichtssagend bleibt? Weil man am Geschehen im Saal teilnimmt, den Dirigenten am Pult miterlebt, die hundertzwanzig Musiker, die hundert, fünfhundert oder zweitausend Personen, die im selben Augenblick dasselbe empfinden.
Bei einem Wohnhaus hingegen geht es um Gefühle des Geborgenseins und des Wohlbehagens. Man muß eine Sphäre der Intimität für die Bewohner schaffen – aber ohne die Außenwelt, die Natur, die Stadt oder die Leute auszugrenzen.
Die Aufgaben sind jeweils andere, aber sie kreisen um den Anspruch, Emotionen zu schaffen.
Vor dreißig Jahren schrieb Reyner Banham ein schmales Büchlein mit dem Titel »The architecture of the well-tempered environment« und eröffnete mit diesem bedeutenden Beitrag eine Debatte über das Problem einer immateriellen Raumkonzeption.
Der Kern seiner Argumentation ist, daß man den Raum nicht einfach auf eine expressive Größe reduzieren kann; er ist vielmehr – wie die Kammermusik – an das emotionale Ergebnis gebunden, das man erzielen will.

Leichtigkeit und Transparenz

Ich habe von immateriellen Elementen gesprochen. Das sind Licht, Transparenz, Vibrationen, Körnungen, die Farbe: alles Elemente, die mit der Form des Raums interagieren – zum Teil aus ihr hervorgehen –, aber nicht auf sie reduzierbar sind.
Um die immateriellen Elemente auszuwerten, bin ich – naiv, auch ein bißchen primitiv – von der Leichtigkeit ausgegangen.
Mit aufwendigem Materialeinsatz kann jeder bauen. Man zieht eine ein Meter dicke Mauer hoch – klar, daß die steht. Nimmt man den Dingen jedoch das Gewicht, so lernt man, die Form der Strukturen arbeiten zu lassen, die Grenzen der Widerstände einzelner Komponenten auszuloten, das Starre durch das Elastische zu ersetzen.
An der Ecole des Arts et Métiers in Paris habe ich einmal am Unterricht von Jean Prouvé teilgenommen. Er gab den Studenten ein Blatt, ein

Kärtchen und ein paar Scheren in die Hand. Er sagte: »Machen sie aus diesem Stück Papier eine Brücke von hier nach da.« Die Strecke »von hier nach da« war länger als das Blatt, also mußte man sich etwas einfallen lassen. Und so wurde geschnitten, gefaltet, gerollt ... Und Jean legte jedem im Vorübergehen seinen Bleistift auf die Brücke, um zu sehen, ob sie hielt. Das ist eine schöne Art, Strukturen zu erklären, denn Theorie alleine genügt hier nicht, und mit Zeichnen kommt man nicht weiter. Man muß – wie eh und je – seine Hände gebrauchen, um das Prinzip zu verstehen. Die Strukturen auf das Wesentliche zu reduzieren heißt, mit Auslassungen zu arbeiten, und darin liegt eine gewisse ikonoklastische Lust. Wegnehmen ist eine Wette, ein Spiel. Wenn du damit fertig bist, weißt du, worauf es wirklich ankommt und wieviel im Grunde überflüssig war. Vielleicht findet man deshalb dieselbe Herausforderung auch in der Malerei, der Literatur und der Musik.
Strebst du Leichtigkeit an, findest du automatisch eine andere wertvolle und poetisch bedeutsame Eigenschaft: die Transparenz. Je mehr du wegnimmst, desto mehr nimmst du dem Material auch seine Opazität. Anfangs habe ich lieber mit durchsichtigen plastischen Stoffen und mit Glas gearbeitet. Irgendwie lag darin bereits eine ungenaue, fast unbewußte Suche nach Eleganz.
Wichtig ist der Übergang von der Leichtigkeit zur Transparenz: Es ist der vom Instrument der Poetik zu ihrem Inhalt.

Das Licht

Wenn man mit Licht arbeitet, gibt es zwischen Leichtigkeit und Transparenz eine logische und poetische Kontinuität.
Das natürliche – meist von oben einfallende – Licht ist eine Konstante meiner Arbeit.
In all unseren Projekten, von meinem ersten Atelier in Genua bis zum gegenwärtigen Punta Nave, vom IBM-Pavillon über die Fabrikanlagen bis zu den Museen, wird den Einwirkungen des Lichts auf das Ambiente – sowohl hinsichtlich der Wahrnehmung der Volumina als auch der emotionalen Reaktion – immer größte Aufmerksamkeit gewidmet.
In der Menil Collection wurde das Licht bewußt dazu eingesetzt, den Raum zu entmaterialisieren, um so die nötige Konzentration auf die Kunstwerke zu erzielen. In der Kirche von Padre Pio hingegen arbeiten wir daran, dem Licht eine andere Rolle zukommen zu lassen: Gedacht ist an eine diffuse und indirekte Beleuchtung in der ganzen Kirche, die durch Lichteinschnitte in Richtung Altar dramatisiert wird.
Um alle Möglichkeiten des Lichts auszunutzen, haben wir Räume wiederholt durch vielfach aufeinanderfolgende vertikale Ebenen gegliedert. Das Museum, in dem sich die Menil Collection befindet, ist kein besonders großes Gebäude, aber es vermittelt einen Sinn fürs Unendliche; das hängt mit den etagenweise übereinandergestaffelten Räumen zusammen, die dem Gesichtsfeld Tiefenschärfe verleihen.
Etwas ähnliches passiert in der großen Durchgangspassage des Flughafenterminals Kansai: Man sieht das Ende nicht – teils, weil es sich tatsächlich um riesige Dimensionen handelt, teils aber auch, weil die

Perspektive forciert wird: In der Mitte ist der große Raum noch zwanzig, am äußersten Ende nur noch sechs Meter hoch.
Neben der Intensität gibt es auch eine Vibration des Lichts, die ein glattes Material aufzurauhen oder einer flachen Oberfläche Dreidimensionalität zu verleihen vermag.
Das Licht, die Farbe, die Körnigkeit des Materials sind Teil eines geduldigen »work in progress« meines Ateliers.

Das Ornament

Durch diese Elemente stelle ich das Problem des Ornaments – nicht der Dekoration – neu zur Diskussion.
Im Barock, im 19. und einem großen Teil des 20. Jahrhunderts wurde das Ornament als etwas außerordentlich Expressives erlebt (auch wenn man sich immer noch vor der Falle des Akademismus in acht nehmen muß). Man sollte der Architektur den Reichtum ihrer Details zurückgeben: Auch daran bemißt sich schließlich die Qualität eines Gebäudes. Man muß an ihr die Signatur des Erbauers wahrnehmen können, das, was Peter Rice »die Spur der Hand« genannt hat.
Eine interessante Analogie ergibt sich zur Mathematik der Fraktale. Man kann die Komplexität eines Segments unendlich steigern und auf die gleiche Weise die Hierarchien des Details vervielfältigen. In der japanischen Architektur ist dieser Aspekt von großer Bedeutung. Es gibt ein Ritual des Häuserbauens nach einer bestimmten Hierarchie der Details: vom Tatami zur Leichtbauwand. Aber die Wände sind ihrerseits ein Ganzes, das aus Einzelteilen besteht: der Rahmen, das eingefaßte Reispapier. Natürlich hat auch das Reispapier seine eigene Körnung, das ist wiederum eine Wissenschaft für sich. Und so weiter. Die Qualität basiert auf der völligen Kohärenz aller Komponenten im Resultat. Wichtig kann auch etwas sein, das man erst bei näherer Betrachtung schätzen lernt, das aber ebenso zu den Annehmlichkeiten des Wohnens beiträgt wie der allgemeinere Entwurf von Gebäude und Aufenthaltsräumen. In meinem Fall hat diese Aufmerksamkeit fürs Detail nicht selten die der Erprobung neuer Materialien überlagert. Mein Building Workshop hat die Terrakotta, das Holz und den Stein – Materialien, die bereits aus den Anfängen der Architektur bekannt sind – erforscht und versucht, deren Verwendung neu zu »erfinden«. Manchmal wurden diesen Materialien strukturelle Aufgaben überantwortet – wie beim steinernen Bogen in der Kirche von Padre Pio –, manchmal Aufgaben der Verkleidung oder des Ornaments – wie bei der extrudierten Terrakotta für den Turm des IRCAM (Institut für Forschung und Koordination von Akustik und Musik). In beiden Fällen fiel die Wiederentdeckung funktionaler Qualitäten mit einem kontextgebundenen Zugewinn an Expressivität zusammen.

Die Natur

Mein Gebrauch natürlicher Materialien und Formen hat oft zu Mißverständnissen Anlaß gegeben, zu der Meinung, ich würde in meinen

Arbeiten der Natur nacheifern. Ich denke gar nicht daran. Es ist nur so, daß die Natur ihre Sache gut macht und man durch aufmerksame Beobachtung immer eine Menge von ihr lernen kann. Schiere Nachahmung jedoch wäre naiv, um nicht zu sagen lächerlich. Allenfalls kann man von gemeinsamen Elementen sprechen, die sich aus der Anwendung physikalischer und mechanischer Gesetze ergeben.
Die Abdeckung eines Gebäudes kann an eine Muschel erinnern, weil die Muschel eine phantastische Konstruktion ist, das Ergebnis von Millionen Jahren Evolution; doch Vorsicht, sie ist keine Metapher, es gibt da keine verborgene Bedeutung. Eine Kirche ist eine Kirche, und eine Muschel ist eine Muschel.
Dort, wo man eine gewisse Ähnlichkeit nicht leugnen kann, würde ich eher von Anspielung als von Nachahmung reden: Man erkennt etwas wieder – wie manchmal beim Hören von Musik –, aber man weiß nicht was. Und damit wären wir wieder beim Verhältnis von Struktur, Raum und Emotion, das im Zentrum meines Werkes steht.

Der Stil

Irgend jemand hat gesagt, daß man den Projekten aus meiner Werkstatt ansieht, woher sie kommen; es sei ziemlich schwierig zu sagen, woran man sie erkennt, aber man erkennt sie immer. In der Tat gibt es bei uns weder das, was man eine einheitliche Formgebung nennen könnte, noch eine Konstante in der Komposition der Volumina.
So gibt es – Gott sei Dank! – keine »Piano-Räumlichkeit«, sondern eine Räumlichkeit der Kirche, eine des Museums, eine des Konzertsaals.
Wenn der Stil zum Stempel, zur persönlichen Note wird, kann er für den Architekten zum Käfig werden. Der Wille, sich um jeden Preis zu erkennen zu geben, ist für den Architekten und seine schöpferische Freiheit tödlich. Das Wiedererkennbare liegt in der Komplexität, in der Annahme der Herausforderung – eher in der Methode als in einem Markenzeichen.
Vielleicht beruht mein Stil auf eben diesem Verständnis von Architektur: auf einer anderen, offenen Art, den ständig wechselnden Ansprüchen und Erwartungen zu begegnen.
»Man steigt nicht zweimal in denselben Fluß«, sagte Heraklit. Alles fließt und ändert sich zwischen unseren Fingern: Aus den Steinbrüchen der Erfahrung und der Tradition zu schöpfen bedeutet nicht, auf identische Lösungen zurückzugreifen. In der Rue de Meaux, beim IRCAM-Turm, in Lodi und in Berlin habe ich Keramik eingesetzt, aber jedesmal auf eine andere Weise.
Vielleicht liegt das Geheimnis darin, die Träume nicht in der Schublade zu lassen. Man muß sie nutzen. Man muß sie wagen.
Ich höre es nicht gern, wenn jemand sagt: Ich hatte eine schöne Idee, aber der Klient wollte nichts davon wissen, und so ist sie ein Traum geblieben. Wenn du von deinem Projekt wirklich überzeugt bist, wirst du es früher oder später realisieren, denn du wirst die Ausdauer haben, es immer wieder vorzuschlagen, es weiterzuentwickeln und zu verbessern. Und nach seiner Realisierung wirst du einen Schritt vorwärts tun, um später, beim nächsten Abenteuer, einen Schritt weiterzugehen.

Die Sprache

Das Problem einer individuellen Sprache ist allerdings mit der Ablehnung einer Logik des Autorenstempels keineswegs aus der Welt geschafft.
Ob als Student oder Lehrer, Wissenschaftler oder Techniker, Künstler oder Handwerker: wir sind alle auf der Suche nach der Sprache unserer Zeit. Einer Zeit, die durch die rasantesten Veränderungen seit Menschengedenken gekennzeichnet ist: einer permanenten Revolution der Umgangsformen und Gewohnheiten, von Gesellschaft, Technik und politischer Geographie.
Man kann von diesem raschen Wandel nicht absehen und Projekte entwerfen, als ob nichts wäre: Unsere Ansprüche an ein Haus sind andere als die unserer Eltern oder Großeltern. Mit den Mitteln und den Zielen verändert sich auch die Sprache der Architektur, und ich fühle mich herausgefordert, an dieser Entwicklung teilzuhaben. Hier, auf dem unsicheren Terrain des Experiments, lauert zwar das Risiko, aber auch das Abenteuer.
Welche Form diese Sprache haben wird? Ich kann nur über meine Wunschvorstellungen sprechen. Wie ich sie gerne hätte und wie nicht. Zum Teil müßte sie aus neuen oder auf neue Weise gestellten Problemen hervorgehen, wie etwa jene, die die Umwelt betreffen. Die Architektur reagiert darauf mit der Berücksichtigung von Grünanlagen, der Wahl von Materialien oder Vorschlägen für Energieeinsparungen.
Ein anderer Teil resultiert direkt aus der Rolle der Technologie und aus der wissenschaftlichen Forschung: Die Suche nach zeitgenössischen Ausdrucksformen kann nicht von den technischen Innovationen – also dem, was unsere Zivilisation am nachhaltigsten prägt – absehen. In der Architektur hält diese Dimension in der Sprache der Computer, der Telematik, der Systeme zur Kontrolle des Mikroklimas Einzug (aber auch mit neuen Rechenverfahren, Klebern, Transportsystemen).
Vor allem müßte die neue Sprache auf die Evolution der Bedürfnisse antworten: mit einer größeren Berücksichtigung von Lebens- und Arbeitsqualität, mit dem Bewußtsein, daß ein Großteil des sozialen Unbehagens auf unangemessene Wohnverhältnisse zurückgeht.
Wovon müßte sich die Sprache der Architektur hingegen befreien? In erster Linie, denke ich, von der Rhetorik der Modernität.
Aber was ist eigentlich modern? Wir machen oft den Fehler, in Aktualitätskategorien zu denken, als ob es um Kleider ginge. Das ist dieses Jahr Mode, also ist es modern. Aber das ist ein Mißverständnis, die Chronologie reicht als Kriterium nicht aus.
Die Straßenbahn verschmutzt nicht die Umwelt, ist ökonomisch, rational, zuverlässig: sie ist ein wesentlich moderneres Verkehrsmittel als der Autobus, obwohl sie hundert Jahre alt ist. Die vorgefertigten Zementpaneele wiederum schaffen starre, unveränderliche Räume; die Wände tragen dank eines Metallgerüsts, so daß man im Haus nichts versetzen kann: keine Tür, kein Fenster und keine Trennungswand. Das Ambiente ist gegenüber der Funktion nicht flexibel. Warum also sollte Eisenbeton moderner sein als Holz oder Ziegelstein? Man sollte sich vor diesem Selbstbetrug hüten. Die wahre Modernität kann im Material ebenso liegen wie in der Konstruktionstechnik oder in der ältesten Idee.

Die Modernität der antiken Stadt

Wenn man mich fragt, wie die Stadt der Zukunft aussehen wird, antworte ich: Ich hoffe wie die der Vergangenheit.
Unser Jahrhundert hat diese große Erfindung des Menschen, die man Stadt nennt, verkommen lassen. Ihre positiven Werte – das soziale Leben, die Mischung der Funktionen, die Qualität der Bauwerke – sind Überbleibsel einer fernen Zeit, die nur mühsam in den urbanen Zentren von heute überleben. Und dennoch sind dies unbestritten moderne Werte.
Wir sprechen heute von Polyfunktionalität und versuchen, sie in unseren Projekten zu realisieren; aber bis vor wenigen Jahrzehnten waren die Städte per definitionem polyfunktional. Die Spezialisierung der Viertel (City – Industriegebiet – Schlafstadt) ist eine ziemlich junge Erscheinung.
Es gibt eine Mikrogeschichte der zeitgenössischen Metropolen, die ich zur Erläuterung dieser Phänomene immer anführe. In der Nachkriegszeit und bis in die sechziger Jahre hinein explodierten die Städte; sie fraßen die Landschaft und die Gemeinden der Umgebung auf. Die vielen verwahrlosten Peripherien, die uns umgeben, sind Ausfluß der urbanistischen Exzesse jener Zeit. In den siebziger Jahren hörten die Städte auf zu wuchern, hatten irgendwie ihre physiologische Wachstumsgrenze erreicht. Seit den achtziger Jahren implodieren sie nun und absorbieren die von der Deindustrialisierung hinterlassenen Leerräume.
Heißt dies, daß die Stadt sich regeneriert, daß sie ihre Wunden heilt? Vielleicht. Aber dies ist ein langwieriger Prozeß, den man unterstützen muß, damit sich bestimmte Fehler nicht wiederholen.
Man wird auf das Beispiel der antiken Städte zurückgreifen müssen, deren urbanistisches Modell fähig war, sich im Laufe der Jahrhunderte allen möglichen Veränderungen anzupassen und so zu überleben.

Eine humanistische Annäherung an die Architektur

Die Grenze zu bewohnen heißt, die Grenze zu mißachten. Ich habe mich, was meine Arbeit betrifft, dazu entschlossen, die Disziplinen zu mischen. Mich interessieren nicht die Unterschiede zwischen den Künsten und den Wissenschaften, sondern ihre Ähnlichkeiten – und ihrer gibt es viele: dieselben Ängste, dieselben Erwartungen, dieselbe Erforschung von Regeln, um sie außer Kraft zu setzen.
Das ist die allen Disziplinen gemeinsame, unendliche Perspektive der Recherche. Der Sozialphilosoph Norbert Bobbio sagt: »Ich bin oft bis zu der Schwelle des Tempels gelangt, aber ich bin nie hineingegangen.«
Man kann den Tempel nicht betreten, niemandem gelingt es. Und man sollte auch nicht eine makellose Perfektion anstreben: Die Perfektion tötet die forschende Neugier, sie tötet die Architektur.
Pierre Boulez sagte einmal, daß die Recherche wie der Hunger sei: Er quält einen, bis man ihn befriedigt, dann beginnt er von neuem.
Im 16. Jahrhundert entwendeten die Ärzte von Padua die Leichen, um die menschliche Anatomie zu studieren. Zur selben Zeit studierte Galilei die Bewegung der Sterne. Das Fernglas war erfunden worden, um die Schiffe zu sichten; er hingegen hatte beschlossen, damit die Sterne zu erforschen.

Das sind Bilder, die mir sehr viel bedeuten, einen lebendigen Begriff von Humanismus vermitteln. Galilei ist Teil unserer Vergangenheit, gewiß, seine Leistungen sind ein großartiges Erbe, vor allem aber eine großartige Lektion in selbständigem Denken; sein Vorbild macht Mut, das Unbekannte zu erforschen.

Auch der Architekt ist ein Entdecker: Er lebt an der Grenze, und hin und wieder überschreitet er die Grenze, um zu sehen, was auf der anderen Seite ist. Auch er benutzt das Fernglas, um das zu suchen, was in den heiligen Texten nicht geschrieben steht.
Die Grenze zu bewohnen heißt auch, ein wenig staatenlos zu sein, weil man sich keiner der beiden Parteien zugehörig fühlt. Das löst immer den Vorwurf der Zweideutigkeit aus.
Aber wenn derjenige zweideutig ist, der sich nicht weigert, sich den Forderungen der Komplexität zustellen, dann akzeptiere ich die Definition, ja, ich bestehe darauf. Denn einer so verstandenen Duplizität kommt große Würde zu.
Ich glaube, daß der Architekt beide Momente in sich vereinen muß: auf der einen Seite die Lust an der Entdeckung, an der Grenze, an der Weigerung, die Dinge so hinzunehmen, wie sie sich bieten; auf der anderen Seite eine tiefempfundene, nicht bloß beteuerte, Dankbarkeit gegenüber Geschichte und Natur, den beiden nicht zu umgehenden Kontexten seiner Arbeit.
Vielleicht wäre dieses doppelte Streben die Quintessenz dessen, was man heutzutage noch als humanistische Haltung definieren könnte.

Die Architektur-Werkstatt
Giulio Macchi

Mit diesem Buch ist das Abenteuer des Architekten Piano nicht beendet, vielmehr kündigt sich ein neues Abenteuer auf einem noch kaum erforschten Terrain an, nämlich das der sehr wünschenswerten und eindringlich geforderten Lehre durch einen Architekten, der immer »gebaut« und nie »ex cathedra« unterrichtet hat. Die »Werkstatt« Pianos stellt heute schon eine Art Akademie dar, in der seine jüngsten Mitarbeiter Tag für Tag am Prozeß des architektonischen Gestaltens teilhaben. Die beiden Werkstattbüros Renzo Pianos in Vesima bei Genua und in Paris, wenige Meter vom Beaubourg entfernt, erinnern stark an die Renaissancewerkstätten, in denen der Architekt noch als »Handwerksmeister« galt, der, im Gegensatz zum einfachen Handwerker, die Praxis mit dem theoretischen Diskurs und die Herstellung mit der intellektuellen Spekulation zu verbinden wußte.

Die strenge antike Trennung zwischen den vom Wort und der Reflexion geprägten »artes liberales« – den freien Künsten – und den ihnen untergeordneten mechanischen Künsten, die in der griechischen Tradition als unrein und niedrig galten, weil sie vom Gebrauch der Hand und der Werkzeuge abhängen, scheint hier aufgehoben. In den beiden Werkstattbüros sind alle Mitarbeiter an jeder Phase der Werkentstehung mit Hand und Kopf beteiligt. Jeder – gleichgültig, ob er das Telefon bedient, eine Zeichnung anfertigt, am Computer arbeitet oder ein Holzmodell baut – erkennt letztlich im fertiggestellten Produkt seine Rolle und seinen Beitrag, wie groß oder klein sie auch sein mögen.

Auch wenn es keinen strengen und starren Tätigkeitsablauf gibt, läßt sich bei genauerem Hinsehen dennoch ein subtiler Initiationsritus entdecken, der zwar den Neulingen, nicht aber dem aufmerksamen Beobachter entgehen mag. Der Arbeitsrhythmus ist von hoher Geschwindigkeit geprägt, und die »Eingeweihten« legen keine Rechenschaft über die Regeln ab, die zwar jedem vertraut, aber nicht offensichtlich sind und an die sich dennoch alle halten. Wie soll man aber die Leute nennen, die zu Dutzenden an den letzten Details eines Projekts arbeiten, kurz bevor es auf den Prüfstand der Baustelle – den »Ort der Tat« – geschickt wird? Wie soll man diejenigen definieren, die über den noch weißen, unbeschriebenen Blättern eines neuen Auftrags brüten? Offenbar ist ein jeder hier auf eine so spezifische Art und Weise Architekt, daß man am ehesten eine althergebrachte Terminologie verwenden möchte, um ihn zu bezeichnen: als »doctor lathornarum« oder »docteur espiorres« – wie sich Pierre de Montreuil im 13. Jahrhundert selbst nannte –, als »maestro di muro«, als »architectarius«, »artifex«, »ingeniator«, »carpentarius«, »geometricus« oder schließlich einfach nur als »operarius«, als Arbeiter. Diese letztere, elementare Bestimmung paßt am besten zu den Beschäftigten in der Werkstatt Pianos, wo ein Stein auf dem anderen, Idee auf Idee, Zeichnung auf Zeichnung und Berechnung auf Berechnung aufbaut.

Die Mitarbeiter Pianos erforschen Stein, Stahl, Holz, Zement und Ton. Das Experimentieren in der Werkstatt kennt keine Grenzen, ist ein kontinuierlicher Prozeß des Verschmelzens verschiedener Elemente, was der ursprünglichen Aufgabe des Architekten im Grunde am ehesten entspricht. Der Begriffsetymologie zufolge ist er der »αρχὴ τέκτων«: der »oberste Zimmermann«, der Baumeister. Den beiden Werkstattbüros Pianos würde ich gerne ein drittes hinzufügen: eine Art Luftobjekt, in dem sich der »Diskurs« wie in einer Druckkammer klärt, zur Einheit synthetisiert und gewissermaßen gewappnet am »Ort der Tat« eintrifft. Die Baustelle ist die einzig echte und wahre Universität, die Architektur vermittelt.

Das vorliegende Buch möchte diese uralte und zugleich moderne Methodologie aufzeigen, der noch ein letztes Vorhaben beizusteuern ist. Es handelt sich dabei nicht um einen Prototyp in Form eines weiteren Gebäudes, sondern um einen neuartigen Versuch, die Arbeit des »Architektur-Machens« zu vermitteln. Der gedruckte Text wird hierbei durch andere Kommunikationsmittel ergänzt – etwa CD-Rom und Film –, aber auch durch traditionelle didaktische Hilfsmittel wie Modellbau oder Fotosequenzen, die bei Wanderausstellungen eingesetzt werden, die mit den Werkstattbüros und den Baustellen durch Liveschaltungen verbunden sind.
Modernste Technologie steht so immer im Dienste der alten Handwerkstradition, der es vor jeder Abstraktion immer um Verständlichkeit zu tun war.
Das visuelle Miterleben der Konstruktion kann vielleicht ein Verständnis für die immanente Prozeßhaftigkeit architektonischer Gestaltung bewirken und schließlich zur Neueinschätzung einer Architektur führen, die nicht in der eleganten Aufmachung traditioneller Fachzeitschriften präsentiert wird. In ihnen erinnern die sterile Sauberkeit und die Abwesenheit von Menschen an die verlassenen Stadtlandschaften eines De Chirico, wo schwarze Schatten die letzten Signale des Lebens aussenden.
Eine Architektur, die sich mitteilt, lebt von der Präsenz ihrer Benutzer, die sie zwar in gewisser Hinsicht »beschmutzen«, zugleich aber deren Vorzüge und Mängel bewerten und beurteilen. Die Architektur ist ein lebendiger Organismus, der allein durch die Anwesenheit der Menschen genährt wird und sich diesen nicht überstülpen darf, sondern sich an sie anpassen muß. Sie muß ihre dynamischen Möglichkeiten zum Ausdruck bringen.
Manchmal ist der Schöpfer vom Einsatz der von ihm entwickelten Manufakte überrascht, manchmal dienen sie ihm für zukünftige Projekte. Der Prozeß des Konstruierens ist in der Praxis und Theorie gleichermaßen in Bewegung – er ist nie abgeschlossen. Die Beobachtung der verschiedenen Gestaltungsphasen erlaubt dem Betrachter einen Einblick in die vorrangigen Zielsetzungen der besten zeitgenössischen Architekten, die im Zuge der Überwindung des überladenen und sperrigen Baustils der Vergangenheit eine Verbindung von Transparenz und Leichtigkeit anstreben, welche den Dialog zwischen Konstrukt und Natur ermöglicht, alles Überflüssige vermeidet und die Struktur selbst in den Vordergrund stellt.
Es gilt, mit Umsicht und Liebe zu bauen, wie es unsere Vorfahren taten, nachdem sie die Höhlen verlassen hatten und mit großem Geschick die ersten Hütten zum Empfang ihrer von der Jagd heimkehrenden Leute errichteten.

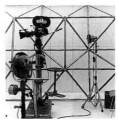

Biographie

Eine Baustelle.

Carlo Piano.

Ermanno Piano.

Nachdem ich meinen beruflichen Werdegang geschildert habe, werde ich jetzt versuchen, meine Biographie nachzuzeichnen, auch wenn es mir etwas schwerer fällt, von mir selbst zu erzählen.

Ich bin 1937 in Genua geboren und stamme aus einer Familie von Bauunternehmern. Ich habe bereits des längeren von meinem Vater gesprochen, dem ich meine Leidenschaft für die Architektur verdanke. Der Betrieb meines Vaters wurde von meinem Bruder übernommen, mußte aber wegen dessen frühzeitigem Ableben 1993 geschlossen werden. Es versteht sich, daß es zwischen den beiden – meinem Vater und meinem Bruder – und mir eine besondere Beziehung gab, die aus unserer gemeinsamen Begeisterung für das Bauen resultierte. Aber auch zu den Frauen meiner Familie gab es immer eine starke affektive Bindung: zu meiner Mutter Rosa, die sich stets hinter ihren faulen und undisziplinierten Sohn stellte; und zu meiner Schwester Anna, die nicht wenig unter meinen ersten Experimenten in Mechanik zu leiden hatte.

Die Unterstützung meines Vaters und meines Bruders ermöglichte mir, nach dem Studienabschluß sofort mit der Erforschung von Materialien und Technologien zu beginnen: Erfahrungen, die bestimmend werden sollten für meine weiteren Abenteuer.

Carlo Piano Jr.

Matteo Piano.

Giulio Macchi.

Liest man die Nachweise zu »Habitat« (die Fernsehsendung, die ich mit Giulio Macchi realisiert habe), fällt der Name Magda Arduino auf, meine erste Frau und Gefährtin meiner langen Entwicklung. Aus dieser Ehe sind drei Kinder hervorgegangen: Carlo, Matteo und Lia. Carlo ist inzwischen 31, Journalist und sehr begabt, das Tagesgeschehen mit ironischer Feder zu begleiten. Matteo, 28, ist halb Erfinder, halb Archimedes und arbeitet als freischaffender Industriedesigner. Lia, 24, hat sich in den Kopf gesetzt, Architektin zu werden. Ich hoffe, daß sie einige der indirekten Ratschläge dieses Buches befolgen wird.

Lia Piano.

Giulio Macchi, Mario Fazio und Giovanni Berengo Gardin.

Jean Prouvé.

Von denen, die ich als meine »Lehrmeister« betrachte, war anläßlich der Projektbeschreibungen zwar wiederholt die Rede, aber hier ist der Ort, einen ganz besonderen Dank an Jean Prouvé auszusprechen, dem ich mich nicht nur gefühlsmäßig verbunden fühle, sondern auch wahlverwandt hinsichtlich einer bestimmten Art, diesen Beruf auszuüben.

An Franco Albini möchte ich erinnern, der im strengen Sinne mein Lehrer war, insofern ich in seinem Studio während der Zeit an der Mailänder Universität gearbeitet habe. Viel verdanke ich darüber hinaus auch dem Unterricht von Ernesto Rogers, der mein Professor am Polytechnikum von Mailand war, und Giancarlo De Carlo, der den Studenten meiner Generation ein Vorbild an Integrität war. Zwei ferne Lehrer, denen ich praktisch nie begegnet bin, sind schließlich Buckminster Fuller und Pierluigi Nervi gewesen. Nach dem Studium hat eine zweijährige Arbeit als Assistent bei

Louis I. Kahn.

Pierluigi Nervi.

Marco Zanuso mein Interesse für das Industriedesign geweckt. Bruno Zevi hat mir in entscheidenden Augenblicken beruflicher Weichenstellungen mit energischem Rat zur Seite gestanden. Ich habe viel von Gino Valle übernommen, treffe oft Herman Hertzberger in Amsterdam und diskutiere gern mit Cesare De Seta den konzeptuellen Einstieg in ein Projekt. Und ich liebe es, mit Schriftstellern, Musikern, Künstlern, Dichtern und allen, die einen anderen Zugang zur Arbeit des Architekten haben, die Grenzen der Architektur zu überschreiten.

Ich würde gern über meine besten Freunde sprechen, die berühmten und die unbekannten; es sind nicht sehr viele, die ich als solche betrachten würde.
Ich halte es jedoch für richtiger, sie an dieser Stelle summarisch zu erwähnen, so wie es sich letztlich auch in der Realität verhält: jeder von ihnen ist ein Teil von mir, so wie ich hoffe, ein Teil von ihnen zu sein.
Ich mache eine Ausnahme für Peter Rice, weil er nicht mehr unter uns weilt. Sie werden ihm in diesem Buch oft begegnet sein, denn er hat an vielen Projekten mitgewirkt. Er war ein großer Freund, jemand, von dem ich gelernt habe, nicht aufzugeben, immer wieder alles zur Diskussion zu stellen, um schließlich zu einer optimalen Lösung zu gelangen.

Wer die Nachweise aufmerksam gelesen hat, dem wird ein Name nicht entgangen sein, der bei den Projekten der letzten sechs, sieben Jahre häufiger auftaucht: E. Rossato. Es handelt sich um Milly, mit der ich seit 1992 verheiratet bin. Und hier fällt es mir schwer, Worte zu finden, die die ganze Bedeutung der Rolle wiedergeben könnten, die sie in meinem Leben spielt.

Einige wichtige Daten: 1964 habe ich mein Diplom am Mailänder Polytechnikum gemacht, nachdem ich zwei Jahre die Universität von Florenz besucht hatte. Von 1964 bis 1970 habe ich vorwiegend in Mailand gearbeitet, mit häufigeren Abstechern nach London. 1970 setzte die Partnerschaft mit Richard Rogers ein, die in der Teilnahme am Wettbewerb für das Centre Pompidou ihren Gipfel erreichte. In diesen Jahren begann auch die fruchtbare Zusammenarbeit mit Peter Rice. Anfang der achtziger Jahre verwandelte sich das Studio in einen Building Workshop mit Büros in Paris und Genua. Der neue Name sollte vor allem den Team-work-Charakter unserer Arbeit unterstreichen. Ich danke allen, die dieses Abenteuer begleitet haben, ihre Namen sind im Zusammenhang mit den einzelnen Projekten aufgeführt. Aber man wird dort auch auf viele andere stoßen; und viele weitere bleiben ungenannt. Man wird sie alle im »Verzeichnis der Tausend« am Ende des Buches wiederfinden – so viele nämlich sind durch unseren Building Workshop gegangen. Und alle haben sie, die einen mehr, die anderen weniger, ihre Spur hinterlassen. Ich hoffe, daß auch ihnen etwas davon geblieben ist.

Genua.

Richard Rogers und Milly Piano.

Tania und Luciano Berio.

Flavio Marano.

Robert Bordaz und Richard Rogers.

Peter Rice.

Reyner Banham und Peter Rice.

Shunji Ishida.

Bernard Plattner.

Verzeichnis der Projekte

1964-1965 Genua, Italien
Raumstrukturen aus verstärktem Polyester

Entwurfsteam: Studio Piano

1965 Genua, Italien
Werkstatt für Holzverarbeitung

Entwurfsteam: Studio Piano
Mitarbeiter: R. Foni, M. Filocca, L. Tirelli
Ausführung: Impresa E. Piano

1966 Pomezia (Rom), Italien
Mobile Anlage zur Schwefelgewinnung

Entwurfsteam: Studio Piano
Ausführung: Impresa E. Piano

1966 Genua, Italien
Raumstruktur aus kleinen aufblasbaren Einheiten

Entwurfsteam: Studio Piano

1966 Genua, Italien
Konstruktion aus vorgespanntem Stahl und verstärktem Polyester

Bauherr: Ipe, Genua
Entwurfsteam: Studio Piano
Mitarbeiter: F. Marano
Ausführung: Impresa E. Piano

1966 Mailand, Italien
Pavillon für die XIV. Mailänder Triennale

Bauherr: Triennale di Milano
Entwurfsteam: Studio Piano
Mitarbeiter: F. Marano, O. Celadon, G. Fascioli

1967 Bologna, Italien
Konstruktionssysteme aus Stahlbeton

Bauherr: Vibrocemento, Bologna
Entwurfsteam: Studio Piano
Mitarbeiter: F. Marano, G. Fascioli mit R. Iascone

1968 Genua, Italien
Fertigbausystem für ein Wohnquartier

Bauherr: Ipe, Genua
Entwurfsteam: Studio Piano
Mitarbeiter: F. Marano, O. Celadon, G. Fascioli
Fachingenieure: Sertec Engineering
Ausführung: Impresa E. Piano

1968 Scarmagno (Ivrea), Italien
Dachdeckung der Olivetti-Werke

Bauherr: Olivetti S.p.A.
Entwurfsteam: Studio Piano
Für das Dachdeckungssystem: F. Marano, O. Celadon, G. Fascioli
Für den Entwurf der Werkshallen: M. Zanuso, E. Vittoria

1968-1969 Genua, Italien
Werkstatt für das Architekturbüro Renzo Piano

Bauherr: R. Piano
Entwurfsteam: Studio Piano
Mitarbeiter: F. Marano, G. Fascioli, T. Ferrari
Ausführung: Impresa E. Piano

1968-1970 Harrisburg, USA
Elemente der Dachdeckung für das Olivetti-Werk Underwood

Bauherr: Olivetti Ltd., Harrisburg
Entwurfsteam: Studio Piano
Für das Dachdeckungssystem: G. Fascioli
Für den Entwurf der Werkshallen: L.I. Kahn
Fachingenieure: Sertec Engineering

1968-1971 Aybrook Street, London, England
Erweiterung durch Aufstockung

Bauherr: DRU (Design Research Unit)
Entwurfsteam: DRU, Studio Piano & Rogers
Mitarbeiter: M. Goldschmied, J. Young, P. Botschi, Y. Kaplicky

1968-1971 Cambridge, England
Einkaufszentrum Fitzroy Street

Bauherr: Cambridge City Council
Entwurfsteam: Studio Piano & Rogers
Mitarbeiter: J. Young, M. Goldschmied, J. Morris

1969 Crema (Cremona), Italien
Dachdeckung der Olivetti-Werke

Bauherr: Olivetti S.p.A.
Entwurfsteam: Studio Piano
Für das Dachdeckungssystem: F. Marano, G. Fascioli
Für den Entwurf der Werkshallen: M. Zanuso, E. Vittoria
Ausführung: Impresa E. Piano

1969 Garonne (Alessandria), Italien
Wohngebäude mit freiem Grundriß

Entwurfsteam: Studio Piano
Mitarbeiter: F. Marano, G. Fascioli, T. Ferrari
Ausführung: Impresa E. Piano

1969-1970 Osaka, Japan
Pavillon der italienischen Industrie für die Weltausstellung in Osaka

Entwurfsteam: Studio Piano
Mitarbeiter: F. Marano, G. Fascioli, G. Queirolo, T. Ferrari
Fachingenieure: Sertec Engineering
Ausführung: Impresa E. Piano

1970 Washington, USA
Standardisiertes Krankenhausmodul ARAM

Bauherr: ARAM (Association for Rural Aids in Medicine), Washington
Entwurfsteam: Studio Piano & Rogers
Mitarbeiter: M. Goldschmied, J. Young, P. Flack

1970-1971 Rom, Italien
Wettbewerb für ein neues Fertigteilsystem für Tankstellen

Bauherr: Esso Standard Italiana, Rom
Entwurfsteam: R. Piano, F. Marano, B. Bassetti

1970-1974 Cusago (Mailand), Italien
Free-Plan-Häuser

Bauherr: Lucci, Giannotti, Simi, Pepe
Entwurfsteam: Studio Piano & Rogers
Mitarbeiter: C. Brullmann, R. Luccardini, G. Fascioli, mit: R. Lucci, S. Lucci
Fachingenieur: F. Marano

1971-1973 Novedrate (Como), Italien
B&B-Italia-Bürohaus

Bauherr: B&B Italien, Como
Entwurfsteam: Studio Piano & Rogers
Mitarbeiter: C. Brullmann, S. Cereda, G. Fascioli
Fachingenieur: F. Marano

1971-1978 Paris, Frankreich
Centre Pompidou

Bauherr: Ministerium für Kultur, Paris
Entwurfsteam: Renzo Piano und Richard Rogers; G.F. Franchini (Wettbewerb Innenraumkonzepte); W. Zbinden mit H. Bysaeth, J. Lohse, P. Merz, P. Dupont (Infrastruktur und Installationen); L. Abbott mit S. Ishida, H. Naruse, H. Takahashi (Aufbauten und Inbetriebnahme der Installationen); E. Holt (Fassaden und Galeriebauten); A. Staton mit M. Dowd, R. Verbizh (audiovisuelle Systeme innen und außen); C. Brullmann (Ambiente und Bühnenbereich); B. Plattner (Koordination und Sicherheit); M. Davies, N. Okabe, K. Rupard, J. Sircus (Institut für Forschung und Koordination IRCAM); J. Young mit F. Barat, H. Diebold, J. Fendard, J. Huc, H. Sohlegel (Möblierung); B. Merello, F. Marano (erste Entwurfsphase); F. Gouinguenet, C. Spielmann, C. Valensi (Sekretariat); Fachingenieure: Ove Arup & Partners
Entwurfsteam: P. Rice, L. Grut, R. Peirce (Konstruktion); T. Barker (Haustechnik); M. Espinoza (Kostenkontrolle)
Bauunternehmen: GTM, Grands Travaux de Marseille; Jean Thaury (Bauleiter) mit den Firmen Krupp, Mont-à-Mousson, Pohlig (Konstruktion); CFEM (Fassaden); Otis (Aufzüge und Rolltreppen); Voyer (Sekundärkonstruktionen); Industrielle de Chauffage, Saunier Duval (Haustechnik)

1972 Genua, Italien
»Vergnügungsdampfer« aus Stahlbeton

Bauherr: ATIB s.r.l.
Ausführung: R. Piano
Mitarbeiter: R. Gaggero, F. Marano, C. Brüllmann, G. Fascioli, T. Ferrari

1972 Paris, Frankreich
Umbau eines Flußschiffes

Bauherr: Piano & Rogers, Paris
Entwurfsteam: Studio Piano & Rogers
Mitarbeiter: C. Brullmann, F. Marano

1973-1974 Ashford, England
Chemisches Labor für Parfümherstellung

Bauherr: UOP Fragrances Ltd., London
Entwurfsteam: Studio Piano & Rogers
Mitarbeiter: M. Goldschmied, J. Young, R. Bormioli, P. Flack, N. Winder, P. Ullathorne
Fachingenieure: Antony Hunt Associated (beratende Statiker)

1973-1974 Paris, Frankreich
Atelier Paris

Bauherr: Atelier Piano
Entwurfsteam: Atelier Piano

1973-1976 Ovada, Italien
Industriebau

Bauherr: ATIB s.r.l.
Entwurfsteam: Studio Piano & Rogers
Mitarbeiter: G. Fascioli
Fachingenieur: F. Marano

1976 Cambridge, England
Labor für Elektromechanik

Bauherr: PAT Division, Cambridge
Entwurfsteam: Studio Piano & Rogers
Mitarbeiter: J. Young, M. Goldschmied,

M. Burckhardt, D. Gray, D. Thom, P. Ullathorne
Fachingenieur: Felix J. Samuely (beratender Statiker)

1976
Telefonzentralen

Bauherr: F.lli Dioguardi spa.
Entwurfsteam: Studio Piano & Rice & Associati
Mitarbeiter: S. Ishida, N. Okabe

1977 Mailand, Italien
Bürosysteme

Entwurfsteam: Studio Piano & Rice
Mitarbeiter: S. Ishida, N. Okabe

1977-1980 Genua, Italien
Atelier und Werkstatt

Bauherr: Studio Piano
Entwurfsteam: Studio Piano

1977-1980 Marne-la-Vallée (Paris), Frankreich
Wohnungen und Werkstätten

Bauherr: Etablissement Public de la Ville Nouvelle de Marne-la-Vallée (Paris)
Entwurfsteam: Studio Piano & Rice & Associati
Mitarbeiter: B. Plattner, W. Zbinden, J. Lohse

1978 Selestat (Straßburg), Frankreich
Fabrikgebäude für die Brauerei Kronenbourg

Bauherr: Kronenbourg
Entwurfsteam: Studio Piano & Rice & Associati
Mitarbeiter: M. Dowd, B. Plattner, R. Verbizh, W. Zbinden, N. Okabe, J. Lohse, C. Ostrej
Fachingenieur: Gettec, Inex, NNN

1978
Wandsystem

Bauherr: F.lli Dioguardi spa
Entwurfsteam: Studio Piano & Rice & Associati
Mitarbeiter: S. Ishida, N. Okabe

1978 Cergy, Pontoise, Frankreich
Wettbewerbsentwurf für ein Wohnquartier

Entwurfsteam: Studio Piano & Rice & Associati
Mitarbeiter: M. Dowd, B. Plattner, R. Verbizh, W. Zbinden

1978 Dakar, Senegal
Bewegliche Konstruktionseinheit

Bauherr: Unesco, Regionalbüro Dakar, M. Senghor, Breda von Dakar
Entwurfsteam: Studio Piano & Rice & Associati
Mitarbeiter: R. Verbizh, O. Dellicour, S. Ishida

1978 Perugia, Italien
Industrialisiertes Konstruktionssystem für Wohnbauten mit einer sich entwickelnden Typologie

Bauherr: Vibrocemento, Perugia
Koordinator: R. Iascone
Entwurfsteam: Studio Piano & Rice & Associati,
S. Ishida, N. Okabe
Mitarbeiter: S. Ishida, N. Okabe
Mit: E. Donato, G. Picardi
Fachingenieur: P. Rice mit F. Marano, H. Bardsley mit Vibrocemento, Perugia

1978 Turin, Italien
Flying Carpet

Bauherr: Idea Institute
Entwurfsteam: Studio Piano & Rice & Associati,
S. Ishida, N. Okabe
Mitarbeiter: S. Ishida, N. Okabe, F. Mantegazza, W. De Silva

1978-1980 Turin, Italien
VSS (Experimentalfahrzeug)

Bauherr: Fiat Auto spa. Turin, Idea Institute
Koordination: G. Trebbi, Idea Institute
Entwurfsteam: Studio Piano & Rice & Associati
Mitarbeiter: L. Abbot, S. Ishida, N. Okabe, B. Plattner, A. Stanton, R. Verbizh, E. Donato, G. Fascioli, mit: S. Boggio, F. Conti, O. Di Blasi, W. De Silva, M. Sibona, F. Mantegazza
Fachingenieur: Ove Arup & Partners (unter der Leitung von T. Barker)
Akustik: S. Brown

1978-1982 Corciano (Perugia), Italien
E H, Evolutive Housing (Entwicklungsfähiger Wohnraum)

Bauherr: Gemeinde Corciano
Entwurfsteam: Studio Piano & Rice & Associati, S. Ishida, N. Okabe, L. Custer (verantwortliche Architekten)
Mitarbeiter: E. Donato, G. Picardi, O. Di Blasi,
Fachingenieur: P. Rice, unterstützt durch: H. Bardsley, F. Marano, Edilcooper, RPA Associati, Vibrocemento
Bauleitung: L. Custer
Mitarbeiter: F. Marano

1978-1982 San Luca di Molare (Alessandria) Italien)
Ferienhäuser

Bauherr: Immobiliare S. Luca
Entwurfsteam: Studio Piano
Mitarbeiter: S. Ishida, G. Picardi, E. Donato, O. Di Blasi, F. Marano, G. Fascioli
Bauleitung: O. Di Blasi

1979
Habitat, Fernsehbeitrag

Auftraggeber: RAI, Rete 2
Sendung von G. Macchi
Regie: V. Lusvardi
Entwurfsteam: Studio Piano & Rice & Associati
Mitarbeiter: S. Ishida, N. Okabe, G. Picardi, S. Yamada, M. Bonino, R. Biondo, G. Fascioli, R. Gaggero
Texte und Bearbeitung für das Fernsehen: M. Arduino

1979
Entwurf für ein Büro- und Fabrikationsgebäude

Bauherr: Studio Piano & Rice & Associati
Mitarbeiter: M. Dowd (verantwortlicher Architekt)

1979 Otranto (Lecce), Italien
Mobile Werkstatt, UNESCO-Neighbourhood-Workshop

Bauherr: Unesco (S. Busutill, W. Tochtermann)
Entwurfsteam: Studio Piano & Rice & Associati, F.lli Dioguardi
Mitarbeiter: S. Ishida, N. Okabe, R. Verbizh, E. Donato, G. Fascioli, R. Melai, G. Picardi, R. Gaggero
Fachingenieure: Ove Arup & Partners (P. Beckmann), Idea Institute, Turin, unterstützt durch: G.P. Cuppini, G. Gasbarri, F. Marano, F. Marconi, Editech und M. Fazio für die Stadtteilwerkstatt, G. Macchi für den Film der RAI
Koordination der Durchführung und Leitung: G. Dioguardi
Programm: M. Arduino.

1979-1981 Macolin, Schweiz
Prototyp für eine Notunterkunft

Bauherr: Département Affaires Etrangères de la Conféderation Helvetique
Entwurfsteam: Studio Piano & Rice & Associati (Wettbewerb), B. Plattner, P. Rice (Realisierung)

1980 Burano (Venedig), Italien
Entwurf zur Neugestaltung der Insel Burano
Bauherr: Gemeinde Venedig
Entwurfsteam: Studio Piano & Rice & Associati, mit: P.H. Chombard De Lauwe, S. Ishida, Universität Venedig
Koordination: Fondazione 3 Oci, G. Macchi, A. Macchi, mit: H. Bardsley, M. Calvi, L. Custer, C. Teoldi
Programm: M. Arduino

1980 Genua, Italien
Mehrzweckzentrum für Ernährungskunde

Bauherr: Gemeinde Genua
Entwurfsteam: Studio Piano/Building Workshop srl
Mitarbeiter: S. Ishida, F. Marano, E. Donato, F. Doria, G. Fascioli, mit: F. Torrieri, Ansaldo spa, Elsag spa, Molinari Appalti srl, Aerimpianti spa, Termomeccanica spa

1980 Bettona-Passage (Perugia), Italien
Kultur- und Ausstellungszentrum

Bauherr: Lispi
Entwurfsteam: Studio Piano & Rice/Building Workshop srl
Mitarbeiter: S. Ishida, L. Custer, F. Marano, mit: F. Icardi, R. Ruocco

1980 Mailand, Italien
Ausstellungskomplex

Bauherr: Nidosa - Gruppo Cabassi
Entwurfsteam: Studio Piano/Building Workshop srl
Mitarbeiter: S. Ishida, F. Doria, E. Frigerio, A.Traldi, F. Marano, G.Trebbi, (Koordination), unterstützt durch: M. Carroll, O. Di Blasi, R. Melai, E. Miola, G. Fascioli, R. Gaggero
Filmische Dokumentation: M. Arduino, M. Bonino, S. Battini
Fachingenieure: C. Giambelli, D. Zucchi, Ove Arup & Partners
Berater: Italian Promoservice (für den Messebetrieb), B. Richards (Transportsysteme), G. Lund (Technik), APT (Brandschutz und Sicherheit)

1980 Loano (Savona), Italien
Detailplanung für den Sandstrand und Hafen

Bauherr: Gemeinde Loano
Entwurfsteam: Studio Piano/Building Workshop srl
Mitarbeiter: S. Ishida, A.Traldi, F. Doria, M. Carroll, G.Picardi
Fachingenieur: Brizzolara

1980 Loano (Savona), Italien
Bürgerzentrum

Entwurfsteam: Studio Piano/Building Workshop srl
Mitarbeiter: S. Ishida, A.Traldi, F. Doria, M. Carroll, G.Picardi

1980-1981 Cremona, Italien
Röhrenkonstruktionssystem Arvedi

Auftraggeber: Arvedi spa
Entwurfsteam: Studio Piano & Rice & Associati/Building Workshop srl
Mitarbeiter: S. Ishida, O. Di Blasi
Fachingenieur: P. Rice mit H. Bardsley in Zusammenarbeit mit dem technischen Büro von Arvedi, Gosi und Galli

1980-1981 Mailand, Italien
Tragwerkkonstruktion für das Kongreßzentrum Milanofiori

Bauherr: WTC Mailand
Entwurfsteam: Studio Piano/Building Workshop srl
Mitarbeiter: S. Ishida, F. Marano

1980-1982 Bari, Italien
Stadtteilwerkstatt für die örtlichen Städtischen Dienste

Bauherr: Impresa F.lli Dioguardi, Bari
Entwurfsteam: Studio Piano/Building Workshop srl, Impresa Dioguardi
Mitarbeiter: N. Costantino, S. Pietrogrande, G. Ferracuti, S. Ishida, F. Marano, E. Frigerio, E. Donato, G. Fascioli, C. Teoldi, SES Engineering, L. Malgieri, unterstützt durch: A. Alto, G. Amendola
Programm: M. Arduino

1981 Berlin, Deutschland
Entwurf für die IBA - Erweiterung der Nationalgalerie und Wohnhaus

Bauherr: IBA, Berlin
Entwurfsteam: Studio Piano/Building Workshop srl, S. Ishida, C. Süsstrunk (verantwortliche Architekten)
Mitarbeiter: F. Doria, N. Okabe, A. Traldi

1981 Genua, Italien
Sanierungsentwurf für das alte Stadtviertel Molo und kleines Dienstleistungszentrum

Bauherr: Gemeinde Genua
Ertwurfsteam: Studio Piano/Building Workshop srl, S. Ishida, A. Traldi
Mitarbeiter: S. Ishida, A. Traldi, F. Marano, A. Bianchi, E. Frigerio
Für den Sanierungsentwurf für das alte Stadtviertel Molo Zusammenarbeit mit R. Ruocco, F. Icardi, R. Melai und E. Miola
Für die Einhaltung der Rechtsvorschriften: V. Podestà, G. Amedeo, Tekne Planning, Beratung durch F. Pagano (Rechtsanwalt)
Programm: M. Arduino

1981 Turin, Italien
Neuordnung und Sanierung eines Wohnblocks in der Altstadt

Bauherr: Gemeinde Turin
Entwurfsteam: Studio Piano/Building Workshop srl
Mitarbeiter: S. Ishida, F. Marano, R.Ruocco, F. Icardi, E. Frigerio
Programm: M. Arduino

1981-1983 Reggio Emilia, Italien
Gebäude für die Banca Agricola Commerciale, den Automobile Club Italiano und allgemeine Dienstleistungseinrichtungen

Bauherr: Banca Agricola Commerciale
Koordinator: S. Ferretti
Entwurfsteam: Studio Piano/Building Workshop srl
Mitarbeiter: S. Ishida, A. Traldi, F. Doria, E. Donato, F. Marano, C. Süsstrunk
Fachingenieur: A. Rossi

1981-1984 Montrouge (Paris), Frankreich
Umgestaltung Schlumberger

Bauherr: Compteurs Montrouge (Schlumberger Ltd.), Paris
Koordinatoren: A. Vincent, R. Lafon, unterstützt durch: G. Messand
Entwurfsteam: Renzo Piano/Atelier de Paris
Mitarbeiter: N. Okabe, B. Plattner, unterstützt durch: I. Hartman, J.F. Schmit, J. Lohse, P. Vincent, G. Saint-Jean, J.B. Lacoudre, S. Ishida, M. Alluyn, A. Gillet, F. Laville, G. Petit, C. Süsstrunk, M. Dowd
Berater:
Kostenkontrolle: Gec, Paris, R. Duperrier, F. Petit
Spannstruktur: P. Rice, London
Landschaftsarchitekt: A. Chemetoff, Paris, unterstützt durch: M. Massot, C. Pierdet

1982-1986 Houston, USA
Menil Colletion

Bauherr: Menil Foundation
Präsidentin: D. de Menil, Direktor: W. Hopps, stellvertretender Direktor: P. Winkler
Entwurfsteam: Piano & Fitzgerald Architects
Mitarbeiter: S. Ishida, M. Carroll, F. Doria, M. Downs, C. Patel, B. Plattner, C. Süsstrunk
Berater:
Leitung und Geschäftsführung des Projekts: P. Kelly, unterstützt durch: L. Turner, E. Hickaby
Konstruktion und Installationen: Ove Arup & Partners (P. Rice, T. Barker, A. Guthrie, N. Nobel, J. Thornton)
Konstruktion: Gentry Hayne & Whaley Associates
Anlagenbau: Galewsky & Johnston, Beaumont
Brandschutz: R. Jensen, Houston
Sicherheitseinrichtungen: E. B. Brown, Fort Worth
Realisierung: E. G. Lowry, Houston

1982 Modena, Italien
Bankfiliale für die Banca Agricola Commerciale

Bauherr: Banca Agricola Commerciale
Koordinator: E. Ferretti
Entwurfsteam: Renzo Piano/Building Workshop srl
Mitarbeiter: S. Ishida, E. Frigerio
Fachingenieur: Ceccoli, Jascone
Assoziierte Fachingenieure:
Innenraumorganisation: M. Dowd, J. Huc
Ausführung: Contractant general, GTM, Paris
Generalunternehmer: Albaric Rontaix (Nord-Frankreich), Paris Bateg (Campenon-Bernard), Paris

1982
Wettbewerb für den Sitz der Arabischen Organisation der ölexportierenden Länder in Kuwait

Bauherr: Organization of Arab Petroleum Exporting Countries
Entwurfsteam: Studio Piano/Building Workshop srl
Mitarbeiter: S. Ishida, A.Traldi, F. Doria, B. Mehren, M.Carroll, E. Frigerio, Tekne VRC, mit: C. Bottigelli, Parodi, Seratto

1982 Paris, Frankreich
Studien für die Weltausstellung 1989

Auftraggeber: Ministerium für Kultur, Frankreich
Entwurfsteam: Renzo Piano/Atelier Piano
Mitarbeiter: N. Okabe, B. Plattner, J.F. Schmit, B. Vaudeville, G. Petit, C. Clarisse
Berater:
Konstruktion und Anlagen: Ove Arup & Partners (P. Rice, J. Thornton mit H. Bardsley)
Geschichtsforschungen: C. Hodeir

1982 Roma-Centocelle, Italien
Entwurf für das neue Centro Direzionale von Torrespaccata

Bauherr: Brioschi Finanziaria spa, Mailand, Gruppo Cabassi
Entwurfsteam: Studio Piano/Building Workshop
Mitarbeiter: S. Ishida, F. Marano, A. Traldi, R. V. Truffelli, B. Mehren, M. Carroll, E. Frigerio, A. Bianchi, F. Doria, unterstützt durch: M. Mattei, F. Santolini
Statik (Konstruktion): F. Clerici, Mailand, Studio Alfa, Rom

1982 Turin, Italien
Retrospektive Alexander Calder

Auftraggeber: Gemeinde Turin, Toro Assicurazioni
Kurator der Ausstellung: G. Carandente
Entwurfsteam: Studio Piano/Building Workshop
Mitarbeiter: S. Ishida, O. Di Blasi, unterstützt durch: G. Fascioli, F. Marano, P. Terbuchte, A. Traldi, E. Frigerio
Beratende Ingenieure:
Anlagenbau: Ove Arup & Partners
Spannstruktur: Tensoteci, Mailand
Beleuchtung: P. Castiglioni, Mailand
Grafik: P. Cerri, Mailand

1982-1984
IBM Wanderpavillon

Auftraggeber: IBM Europa
Generalkoordinator: G. L. Trischitta
Bildkoordination: R. Lanterio, F. Moisset
Entwurfsteam: Renzo Piano Building Workshop
Mitarbeiter: S. Ishida, A. Traldi, unterstützt durch: O. Di Blasi, F. Marano, M. Carroll, R. Gaggero, P. Nestler, A. Stanton, F. Doria, G. Fascioli
Koordinierung der Installationen: Atelier Piano, N. Okabe, unterstützt durch: J. B. Lacoudre, P. Vincent
Beratende Ingenieure: Ove Arup & Partners, London (P. Rice, T. Barker)
Ausführung: Calabrese Engineering spa, Bari

1983-1994 Genua, Italien
Metro-Stationen

Bauherr: Gemeinde Genua
Konzessionärin für den Generalentwurf und die Realisierung: Ansaldo trasporti spa, Genua
Entwurfsteam: Renzo Piano Building Workshop
Mitarbeiter: D.H. Hart, S. Ishida, C. Manfreddo, F. Marano, Y. Tolu, M. Varratta, M. Carroll, O Di Blasi, E. Frigerio, unterstützt durch: A. Alborghetti, E. Baglietto, K. Cussoneau, G. Fascioli, N. Freedman, P. Maggiora, M. Mallamaci, M. Mattei, B. Merello, D. Peluffo
Modell: D. Cavagna, E. Miola
Beratende Ingenieure:
Konstruktion der Bahnhöfe: Mageco srl (L. Mascia, D. Mascia)
Konstruktion der Gleise: Inco spa, Genua; Reico spa, Genua
Installationen: Aerimpianti spa, Mailand
Realisierung: Imprese Riunite, Genua

1983 Omegna (Novara), Italien
Detailplanung des Gebiets Pietra

Bauherr: Gemeinde Omegna
Entwurfsteam: Renzo Piano Building Workshop

Mitarbeiter: S. Ishida, E. Frigerio,
D.L. Hart, F. Marano, A. Bianchi,
unterstützt durch: M. Calosso, mit:
R. Ripamonti, F. Santolini
Beratende Ingenieure für die
städtebaulichen Vorschriften: Studio
Ambiente srl, Mailand

1983 Paris, Frankreich
Neuordnung und Erweiterung
des Centre Pompidou

Bauherr: Centre Georges Pompidou
Entwurfsteam: Renzo Piano/Atelier de
Paris
Mitarbeiter: N. Okabe, J. Lohse,
B. Vaudeville, P. Vincent
Beratende Ingenieure:
Statik (Konstruktion): Albion, Paris,
E. Lenglume
Kostenkontrolle: Gec, Paris
(R. Duperrier, F. Petit)
Thermik: Inex, Paris (M. Jorgacevic, C.
H. Reiss)
Installationen: Cegef, Paris (E. Picard)
Beleuchtung: P. Castiglioni

1983 Genua, Italien
Erweiterung und Einbindung in
das urbane Gefüge der Kläranlage
Valpolcevera

Bauherr: Gemeinde Genua
Entwurfsteam: Renzo Piano Building
Workshop
Mitarbeiter: S. Ishida, M. Carroll,
D.L. Hart, F. Marano, unterstützt durch:
P. Beccio, F. Icardi, L. Ruocco,
Italimpianti spa

**1983-1984 Venedig/Mailand,
Italien**
Musikalischer Raum für »Prometeo«

Auftraggeber: Ente Autonomo, Teatro
alla Scala, Mailand
Entwurfsteam: Renzo Piano Building
Workshop
Mitarbeiter: S. Ishida, A. Traldi,
C. Avagliano, D. L. Hart, M. Visconti
Beratende Ingenieure:
Konstruktion (Statik) und Bauleitung:
M. Milan, S. Favero, Venedig
Ausführung: F.lli Dioguardi spa, Mailand
Musik: L. Nono
Texte: M. Cacciari
Leitung: C. Abbado, R. Cecconi
Beleuchtung: E. Vedova
Realisierung der Live-Übertragungen:
Experimental-Studio der Heinrich-
Strobel-Stiftung des Südwestfunks e. V.,
Freiburg (Breisgau), L. Nono, H.P.
Haller, mit: R. Strauss und B. Noll
Realisierung der Informatik: Laboratorio
per l'informatica musicale della
Biennale, Centro di Sonologia,
Computazione dell'Università Padova,
L. Nono, A. Vidolin, mit: S. Sapir und
M. Graziani

1984 Sestriere (Turin), Italien
Studie für die Neuordnung des
Urlaubsortes Sestriere

Bauherr: SAES spa, Turin
Entwurfsteam: Renzo Piano Building
Workshop/Atelier de Paris
Mitarbeiter: S. Ishida, E. Frigerio, F.
Marano, unterstützt durch: M. Mattei,
R. V. Truffelli, M. Visconti, M. Varratta
Atelier de Paris: A. Vincent, N. Okabe,
T. Hartman, unterstützt durch: J.B.
Lacoudre, B. Plattner, N. Prouvé,
P. Vincent
Beratende Ingenieure:
Vermessungsarbeiten und Konstruktion:
AI Engineering srl, Turin
Städtebauliche Aspekte: AI Studio srl,
Turin

1984 Cremona, Italien
Studie für ein Freizeitzentrum

Bauherr: Acciaieria tubificio Arvedi
Entwurfsteam: Renzo Piano Building
Workshop
Mitarbeiter: S. Ishida, O. Di Blasi,
unterstützt durch: G. Fascioli,
F. Santolini
Beratende Ingenieure:
Dokumentation: A. Stanton, London

1984 Genua, Italien
Ausstellungsbereich

Entwurfsteam: Renzo Piano Building
Workshop
Mitarbeiter: S. Ishida, M. Carroll

1984 Houston, USA
Menil Collection: Eingangsbereich,
Cafeteria, Museums-Shop

Bauherr: Menil Foundation, Houston
Entwurfsteam: Piano und Fitzgerald
Architects
Mitarbeiter: S. Ishida, M. Carroll,
M. Downs, T. Hartman, unterstützt
durch: F. Santolini
Beratende Ingenieure:
Konstruktion und Installationen
(Anlagen): Ove Arup & Partners,
London (P. Rice, T. Barker)

1984 Sestriere (Turin), Italien
Gebäude für eine Anlage zur
Herstellung von künstlichem Schnee

Bauherr: Sporting Club Sestriere spa
Entwurfsteam: Renzo Piano Building
Workshop
Mitarbeiter: S. Ishida, E. Friggerio, F.
Marano, unterstützt durch: G. Fascioli,
D.L. Hart, M. Mattei, M. Varratta
Ausführung der Anlagen: York spa,
Frankreich
Bauunternehmen: Gemeinschaft der
Arbeiter und Maurer der Gemeinde
Cesena
Metallkonstruktionen: F.lli Vaccarini,
Alessandria

1984 Neapel, Italien
Olivetti-Bürogebäude

Bauherr: Coginvest spa, Neapel
Allgemeine Koordination: G. Di Meglio
Entwurfsteam: Renzo Piano Building
Workshop
Mitarbeiter: S. Ishida, M. Carroll,
F. Marano, unterstützt durch: G.
Fascioli, F. Santolini, M. Varratta
Beratende Ingenieure: Santolo Cirillo,
Neapel
Bauleitung: R. Cecconi, Neapel
Ausführendes Unternehmen: Cogeco
Napoli spa

1984 Lissone (Mailand), Italien
Entwurf für ein Geschäftshaus mit
Austellungsräumen (Golf Center)

Bauherr: A. I. Nasreddin, Mailand
Entwurfsteam: Renzo Piano Building
Workshop
Mitarbeiter: S. Ishida, F. Marano,
F. Santolini, A. Traldi

1984 Nairobi, Kenia
Entwurf für die »Kenya Energy
Laboratories«

Bauherr: Energieministerium Kenia
Entwurfsteam: Renzo Piano Building
Workshop, Joint-venture-Projekt
zusammen mit Cesen
Mitarbeiter: S. Ishida, M. Carroll,
unterstützt durch: F. Doria, G. Fascioli,
F. Santolini
Modellbau: E. Miola
Beratende Ingenieure:
Konstruktion und Anlagenbau: Studio
Phoebus, Catania

1984-1985
Entwurfsatelier für den Haushalts-
Elektrogerätehersteller Indesit

Bauherr: Indesit elettrodomestici spa,
Turin
Entwurfsteam: Renzo Piano Building
Workshop
Mitarbeiter: N. Okabe, J.B. Lacoudre,
unterstützt durch: N. Prouvé
Modell: D. Laville
Beratende Ingenieure:
Akustik: Peutz & Associés, Den
Haag/Paris (H. Straatsma, Y. De Querel)
Industrialisierung: S. Boggio, Turin

**1984-1985 Montecchio Maggiore
(Vicenza), Italien**
Bürohaus Lowara

Bauherr: Lowara, Montecchio Maggiore
(Vicenza)
Entwurfsteam: Renzo Piano Building
Workshop
Mitarbeiter: S. Ishida, O. Di Blasi,
unterstützt durch: G. Fascioli, D.L.
Hart, M. Mattei, M. Varratta
Beratende Ingenieure:
Konstruktion und Bauleitung: M. Milan,
S. Favero, Venedig
Anlagenbau: Studio Sire, Venedig
Ausführung: Trevisan Tachera

1985 Paris, Le Bourget, Frankreich
Wettbewerb für die Umstrukturierung
der Hangars auf dem Flughafen Le
Bourget

Bauherr: UTA Union Transport Aériens,
Paris
Entwurfsteam: Renzo Piano/Atelier de
Paris
Mitarbeiter: A. Vincent, N. Okabe, J.B.
Lacoudre, unterstützt durch: F. Laville,
N. Prouvé
Beratende Ingenieure: Gec - Bureau
d'études techniques, Paris
Kostenkontrolle: F. Petit

1985 Paris, Frankreich
Bau einer Wohnsiedlung mit 250
Wohneinheiten

Bauherr: Stadt Paris
Entwurfsteam: Renzo Piano/Atelier de
Paris
Mitarbeiter: A. Vincent, B. Plattner, J.F.
Schmit, unterstützt durch: J. Lohse
Beratende Ingenieure: Gec - Bureau
d'études techniques, Paris
Kostenkontrolle: F. Petit

1985 Genua, Italien
Wettbewerb für den Bau des Obst- und
Gemüsemarktes

Bauherr: Stadt Genua
Entwurfsteam: Renzo Piano Building
Workshop
Generalunternehmer: Ansaldo sistemi
industriali spa, Genua
Mitarbeiter: Building Workshop:
S. Ishida, D.L. Hart, F. Marano,
unterstützt durch: G. G. Bianchi,
C. Manfreddo

1985 Genua, Italien
Regionales Kongreßzentrum
Bauherr: Centro congressi spa, Genua
Entwurfsteam: Renzo Piano Building
Workshop
Mitarbeiter: S. Ishida, D.L. Hart, F.
Marano, R. V. Truffelli
Konstruktion und Anlagenbau:
Ansaldo sistemi industriali spa, Genua,
Italimpianti spa, Genua, Elsag spa,
Genua, unterstützt durch: G.G. Bianchi

1985 Bari, Italien
Kalabrisches Verwaltungszentrum

Bauherr: Calabrese veicoli industriali
spa, Bari

Entwurfsteam: Studio Piano/Building Workshop
Mitarbeiter: S. Ishida, E. Frigerio, F. Marano, unterstützt durch: M. Mattei
Konstruktion und Anlagenbau: Calabrese Engineerig spa, Bari

1985 Lecce, Italien
Gebäude für die Geschäftsstelle der Banca Vallone

Bauherr: Le Valli Immobiliare srl, Lecce
Entwurfsteam: Studio Piano/Building Workshop
Mitarbeiter: S. Ishida, E. Frigerio M. Mattei, unterstützt durch: G. Fascioli, F. Marano, M. Visconti
Beratende Ingenieure:
Konstruktion, Anlagenbau und Bauleitung: Calabrese Engeneering spa, Bari
Ausführung: Brizio Montinari, Lecce

1985 Turin, Italien
Entwurfsstudie für einen Präsentationsraum für Prototypen

Bauherr: Centro Stile Fiat spa, Turin
Entwurfsteam: Studio Piano/Atelier de Paris
Mitarbeiter: N. Okabe, B. Vaudeville
Beratende Ingenieure: Ove Arup & Partners, London (P. Rice, T. Barker)

1985 Paris, Marne-la-Vallée, Frankreich
Ausbildungs- und Schulungszentrum des Finanzministeriums

Bauherr: Französisches Ministerium für Wirtschaft und Finanzen
Entwurfsteam: Studio Piano/Atelier de Paris
Mitarbeiter: A. Vincent, N. Okabe, J.F. Schmit, J.B. Lacoudre, unterstützt durch: C. Clarisse, J.L. Chassais, F. Laville, N. Prouvé
Kostenkontrolle: A. Benzeno, Gec, Paris
Dokumentation: Cecile Simon
Garten- und Landschaftsarchitektur: D. Collin, Paris
Konstruktion und Anlagenbau: Sodeteg, Paris

1985 Neapel, Italien
Bürohochhaus

Bauherr: Coginvest spa, Neapel
Allgemeine Koordination: G. Di Meglio, M. Mattei
Entwurfsteam: Renzo Piano Building Workshop
Mitarbeiter: S. Ishida, M. Carrol, D.L. Hart, M. Marano, unterstützt durch: C. Manfreddo, F. Santolini

1985-1993 Cagliari, Italien
Credito Industriale Sardo

Bauherr: Credito Industriale Sardo
Entwurfsteam: Renzo Piano Building Workshop
Mitarbeiter: E. Baglietto, R.V. Truffelli, G.G. Bianchi, M. Carroll, O. Di Blasi, D.L. Hart, S. Ishida, C. Manfreddo, F. Marano, F. Santolini, M. Varratta, mit: M. Calosso, D. Campo, R. Costa, M. Cucinella
Modell: S. Vignale, G. Sacchi, D. Cavagna
Beratende Ingenieure:
Konstruktion und Anlagenbau: Manens Intertecnica, Verona, Mageco srl, Genua (L. Mascia, D. Mascia)
Geologische Studien: Pecorini, Cagliari, G. Gatti, Mailand
Ausführung: R. Tireddu, I.R.C., SO.G.DI.CO., Vibrocemento Sarda

1985 Cagliari, Italien
Planung für das Gelände und die Erweiterung des Gebäudes der Stadtverwaltung

Bauherr: Stadtverwaltung Cagliari
Entwurfsteam: Renzo Piano Building Workshop
Mitarbeiter: S. Ishida, M. Carroll, O. Di Blasi, F. Marano, unterstützt durch: F. Santolini, M. Varratta

1985 Genua, Italien
Studie für eine mobile Interventionseinheit (Magic Box)

Bauherr: Ansaldo spa, Genua
Entwurfsteam: Renzo Piano Building Workshop
Mitarbeiter: S. Ishida, O. Di Blasi, Joint-venture-Projekt mit Cesen
Beratende Ingenieure:
Konstruktion Calabrese Engineering spa, Bari

1985 Savona, Italien
Plan für die Rekultivierung des Gebietes von Monticello

Bauherr: Städtische Gas- und Wasserwerke
Entwurfsteam: Renzo Piano Building Workshop
Mitarbeiter: S. Ishida, D. L. Hart, F. Marano, mit: G.G. Bianchi
Beratende Ingenieure:
Städtebauliche Richtlinien: Studio Ambiente srl, Mailand

1985 Genua, Italien
Studio für die Neuordnung eines Industriegebietes

Bauherr: Städtische Gas- und Wasserwerke
Entwurfsteam: Renzo Piano Building Workshop
Mitarbeiter: S. Ishida, M. Carroll, F. Marano, unterstützt durch: F.
Santolini, M. Varratta

1985 Chania, Kreta
Neunutzung der Arsenale aus venezianischer Zeit in der Stadt Chania

Bauherr: Unesco
Entwurfsteam: Renzo Piano/Atelier de Paris/BuildingWorkshop
Mitarbeiter: Atelier de Paris: N. Okabe, T. Hartman, E. Karitatis, N. Prouvé
Building Workshop: S. Ishida, G.G. Bianchi

1985 Murano (Venedig), Italien
Studie für die Umgestaltung eines Industriegebietes zu einem didaktischen Asstellungszentrum für Glas

Bauherr: Società veneziana conterie spa, Murano Sanim spa, Rom
Entwurfsteam: Renzo Piano/Atelier de Paris
Mitarbeiter: A. Vincent, B. Plattner, unterstützt durch: P. Vincent
Dokumentation: C. Simon

1985
Mobiles Bürowandsystem

Bauherr: Unifor, Mailand
Entwurfsteam: Renzo Piano/Atelier de Paris
Mitarbeiter: A. Vincent, N. Okabe, J.B. Lacoudre, unterstützt durch: N. Prouvé
Modell: J.Y. Richard
Beratende Ingenieure:
Akustik: Peutz & Associés, Paris
Konstruktion: Albion, Paris (E. Lenglume)

1985 Genua, Italien
Studie für die Umwandlung eines Industriegebietes in ein Verwaltungszentrum

Bauherr: Ansaldo spa, Genua
Entwurfsteam: Renzo Piano Building Workshop
Mitarbeiter: S. Ishida, M. Carroll, R. Truffelli, unterstützt durch: M. Varratta, F. Santolini, Joint-venture-Projekt mit Cesen

1985 Nancy, Frankreich
Wettbewerb für ein wissenschaftliches und technisches Dokumentationszentrum

Bauherr: CNRS (Centre National de la Recherche Scientifique), Frankreich
Entwurfsteam: Renzo Piano/Atelier de Paris
Mitarbeiter: A. Vincent, N. Okabe, J.F. Schmit, unterstützt durch: I. Da Costa, N. Prouvé
Beratende Ingenieure:
Konstruktion und Anlagenbau: Sodeteg - Bureau d'études techniques, Paris

1985 Clermont-Ferrand, Frankreich
Haus der Region Auvergne

Bauherr: Région d'Auvergne
Entwurfsteam: Renzo Piano/Atelier de Paris
Mitarbeiter: A. Vincent, N. Okabe, P. Vincent, unterstützt durch: T. Hartman, J. Lohse, C. Clarisse, N. Prouvé, J. Lelay, D. Rat, P. Chetelain
Beratende Ingenieure:
Statikbüro: Seer, Clermont-Ferrand
Örtliche Architekten: Douat, Forheaud, Harland - Clermont-Ferrand
Kostenkontrolle: Gec, Paris
Garten- und Landschaftsarchitektur: M. Corajoud, M. Desvigne, C. Dalnoky, Paris
Akustik: G. Noël, Clermont-Ferrand
Abnahme: Glitec, Lyon
Generalunternehmer: Socae, Clermont-Ferrand
Modellbau: Immo Maquette, Paris

1985
Forschungsarbeit für eine Endlosfassade aus Aluminiumstrukturblech

Bauherr: Aluminia spa, Italien
Entwurfsteam: Renzo Piano/Atelier de Paris
Mitarbeiter: A. Vincent, B. Plattner, unterstützt durch: R.J. Van Santen, B. Vaudeville
Modell: D. Laville, Y. Richard
Beratende Ingenieure:
Konstruktion: M. Mimram
Akustic: Peutz & Associés, Paris (Yves de Querel)
Wärmedämmung: Sodeteg, Paris (D. Rossignol)
Konstruktion: Albion Paris (E. Lenglume)

1985 Rom, Italien
Bühnenbild für die Sendung »Quark«
Ressortleiter: P. Angela

Auftraggeber: RAI Radiotelevisione Italiana, Rom
Entwurfsteam: Renzo Piano Building Workshop
Mitarbeiter: S. Ishida, O. Di Blasi, unterstützt durch: G. Fascioli

1985-1994 Lyon, Frankreich
»Cité Internationale«

Bauherr: Spaicil, Cecil (Kongreßzentrum), Ville de Lyon (Museum), Ugc (Kino)
Entwurfsteam: Renzo Piano Building Workshop
Mitarbeiter: P. Vincent, M. Cattaneo, A. Chaaya, A. el Jerari, G. Fourel, A.

Gallissian, T. Hartman, M. Henry, M. Howard, C. Jackman, G. Modolo, J.B. Mothes, E. Novel, N. Okabe, M. Pimmel, D. Rat, M. Salerno, S. Scarabicchi, A.H. Téménidès, B. Tonfoni, C. Valentinuzzi, W. Vassal, B. Vaudeville, E. Vestrepen, M. Wollensak, mit: C. Ardiley, A. Benzeno, M. Boudry, F. Canal, P. Charles, J.L. Chassais, H. Cocagne, G. Fourel, S. Eisenberg, B. Kurtz, J. Lelay, K. McLone, J. Moolhuijzen, G. Mormina, D. Nock, A. O'Carroll, S. Planchez, T. Rolland, M. Schessler, Y. Surti, E. Tisseur
Modell: J.P. Allain, P. Darmer, O. Doizy, C. d'Ovidio, M. Fau, M. Goudin, G. d'Ovidio, A. Schultz
Garten- und Landschaftsarchitektur: M. Corajoud, Vegetude
Örtliche Bauleitung: Curtelin-Richard-Bergeret; A. Catani (Kino)
Partner: R. Plottier (erster Bauabschnitt)
Verwaltung: Syllabus (A. Vincent)
Ingenieurleistungen: Syllabus (S. Gunera)
Kostenanalyse und -kontrolle: Gec Ingéniérie
Akustik: Peutz
Beleuchtung: Joel, P. Castiglioni (erster Bauabschnitt)
Fassaden: CSTB
Leitsystem: P. Bernard
Anlagenbau für das Kongreßzentrum: Barbanel
Konstruktion des Kongreßzentrums: ESB Bühnentechnik des Kongreßzentrums: Labeyrie
Ausstattung: Merlin
Konstruktion des Museums: AGIBAT
Belüftungssystem des Museums: Courtois
Anlagenbau für das Museum: HGM
Konstruktion des Kinos: B.E. Belzunce
Belüftungssystem des Kinos: Inex
Anlagenbau für das Kino: C. Fusée
Brunnen: Jetdil
Verbindungen: Sari Ingéniérie (erster Bauabschnitt)
Konzept: Ove Arup & Partners (erster Bauabschnitt)

1985 Mailand, Italien
Wettbewerb für die Umgestaltung des Pirelli-Fabrikgeländes in Bicocca

Bauherr: Industrie Pirelli spa, Mailand
Entwurfsteam: Renzo Piano Building Workshop
Mitarbeiter: S. Ishida, O. Di Blasi, E. Frigerio, D.H. Hart, unterstützt durch: G. Bianchi, K. Dreissigacker, M. Mattei, M. Visconti
Beratende Ingenieure:
Städtebauliche Aspekte: A. Secchi, Mailand
Kostenkontrolle: A. Vincent
Konstruktion und Anlagenbau: Ove Arup & Partners, London
Modellbau: E. Miola, Genua

1985-1986 Novara, Italien
Institut für Aluminiumforschung

Bauherr: Aluminia spa, Italien
Entwurfsteam: Renzo Piano/Atelier de Paris
Mitarbeiter: A. Vincent, L. Pennisson, B. Plattner, B. Vaudeville, unterstützt durch: J. Lelay, R. Self, R. Van Santen
Modellbau: J.Y. Richard
Beratende Ingenieure:
Kostenkontrolle: A. Benzeno
Konstruktion und Anlagenbau: M. Mimram, Paris; Sodeteg, Paris
Fassaden: Italstudio
Örtliche Bauleitung: Omega, Turin
Garten- und Landschaftsarchitektur: M. Desvigne, Immo Maquette

1985-1986 Fegino (Genua), Italien
Umbau eines Bürogebäudes

Bauherr: Ansaldo spa, Genua
Entwurfsteam: Renzo Piano Building Workshop
Mitarbeiter: S. Ishida, R. V. Truffelli, G. Grandi, unterstützt durch: G. Fascioli, C. Manfreddo, M. Visconti, Joint-venture-Projekt mit Cesen
Beratende Ingenieure:
Konstruktion und Bauleitung: Ansaldo divisione impianti spa, Genua
Anlagenbau: Aerimpianti spa, Mailand
Ausführendes Unternehmen: Coopsette srl, Reggio Emilia

1985-1987 Paris, Frankreich
Realisierung der Städtischen Werkstätten

Bauherr: Stadtverwaltung Paris
Entwurfsteam: Renzo Piano/Atelier de Paris
Mitarbeiter: A. Vincent, B. Plattner, J.F. Schmit, unterstützt durch: J. L. Chassais, C. Clarisse, J.B. Lacoudre
Kostenkontrolle: A. Benzeno
Beratende Ingenieure: Gec, Paris (F. Petit)
Ausführung: Dumez, Paris

1985-1996 Turin, Italien
Neustrukturierung des Lingotto-Werks

Bauherr: Lingotto srl
Entwurfsteam: Renzo Piano Building Workshop
Mitarbeiter: S. Ishida, P. Ackermann, E. Baglietto, A. Calafati, M. Carrol, M. Cattaneo, A. Carisetto, G. Cohen, F. Colle, I. Corte (CAD), P. Costa, M. Cucinella, S. De Leo, G. De Luca, S. Durr, K. Frasen, A. Giovannoni, D. Guerrisi (CAD), C. Hays, G. Hernandez, C. Herrin, W. Kestel, G. Langasco (CAD), P. Maggiora, D. Magnano, M. Mariani, K.A. Naderi, T. O'Sullivan, D. Piano, G. Robotti (CAD), M. Rossato, A. Sacchi, S. Scarabicchi, P. Sanso, L. Siracusa (CAD), A. Stadlmayer, R.V. Truffelli, M. Varratta, N. Van Oosten, H. Yamaguchi, mit:S. Arecco, F. Bartolomeo, N. Camerada, M. Carletti, R. Croce Bermondi, I. Cuppone, A. Giovannoni, M. Nouvion, P. Pedrini, M. Piano
Modell: D. Cavagna, E. Miola, P. Varratta
Beratende Ingenieure:
Konstruktion und Anlagenbau: Ove Arup & Partners, A.I. Engineering, Fiat Engineering
Akustik: Arup Acoustics, Müller Bbm
Qualitätskontrolle: Davis Langdon & Everest
Theater: Techplan
Verwaltung der Ausstellungsbereiche: ECL
Leitsystem: CSST
Beleuchtung: P. Castiglioni
Grafik: P. Cerri, Eco spa
Anlagentechnik: F. Santolini
Örtliche Bauleitung: Studio Vitone e Associati, F. Levi, G. Mottino
Bauleitung: Studio Program (I. Castore), R. Montauti, B. Roventini, G. Vespignani, S. Rum, E. Bindi
Realisierung: Fiat Engineering, Turin
Vorübergehende Arbeitsgemeinschaft der Firmen: Recchi, Pizzarotti, Guerrini, Rosso, Borini e Prono sowie: Del Favero, Maltauro, Aster

1986 Amiens, Frankreich
Wettbewerb für den Freizeitpark Jules Verne

Bauherr: Stadt Amiens
Entwurfsteam: Renzo Piano/Atelier de Paris
Garten- und Landschaftsarchitekur: M. Corajoud, C. Dalnoky, M. Desvigne
Konstruktion: M. Mimram
Atelier de Paris: A. Vincent, N. Okabe, B. Vaudeville, unterstützt durch: B. Hubert, R. J. Van Santen, M. Veith
Modell: D. Laville

1986
Studie für den Pavillon der IBM-Wanderausstellung »Lady Bird«

Bauherr: IBM Europa
Entwurfsteam: Renzo Piano Building Workshop
Mitarbeiter: S. Ishida, K. Dreissigacker, M. Visconti
Beratende Ingenieure:
Konstruktion und Anlagenbau: Ove Arup & Partners (P. Rice, T. Barker)

1986 Mailand, Italien
Glastischsystem

Auftraggeber: Fontana Arte, Mailand
Entwurfsteam: Renzo Piano Building Workshop
Mitarbeiter: S. Ishida, O. Di Blasi

1986 Ravenna, Italien
Kleiner Sportpalast

Bauherr: Stadtverwaltung Ravenna
Entwurfsteam: Renzo Piano Building Workshop
Mitarbeiter: S. Ishida, F. Marano, M. Cucinella, O. Di Blasi, E. Fitzgerald, D. Magnano, C. Manfreddo, S. Montaldo, F. Moussavi, F. Pierandrei, S. Smith, M. Visconti, Y. Yamaguchi, mit: E. Baglietto, G. Fascioli, N. Freedman, M. Mallamaci, M. Mattei; B. Merello, D. Peluffo
Modell: M. Bassignani, D. Cavagna
Beratende Ingenieure:
Konstruktion und Anlagenbau: Ove Arup & Partners (P. Rice, R. Hough), M. Milan; S. Favero, Venedig
Ausführung: Di Penta, Rom

1986 Rhodos, Griechenland
Sanierung des alten Stadtgrabens

Bauherr: Unesco
Entwurfsteam: Renzo Piano Building Workshop
Mitarbeiter: S. Ishida, G. Bianchi,
Beratende Ingenieure:
Koordination vor Ort: Stadtverwaltung Rhodos, S. Sotirakis
Geschichtliche Dokumentation: D. De Lucia
Fotografische Dokumentation: E. Sailler

1986 La Valletta, Malta
Stadttor

Bauherr: Regierung von Malta
Entwurfsteam: Renzo Piano Building Workshop
Mitarbeiter: B. Plattner, A. Chaaya, mit: P. Callegia, D. Felice, K.Z. Endrich
Beratende Ingenieure: M. Mimram

1986 Rom, Italien
Entwurf für ein Verwaltungszentrum

Bauherr: Italscai spa, Rom
Entwurfsteam: Renzo Piano Building Workshop
Mitarbeiter: S. Ishida, R.V. Truffelli, unterstützt durch: G.G. Bianchi, G. Grandi

1986 Vicenza, Italien
Neunutzung der palladianischen Basilika und des Rathauses

Bauherr: Stadtverwaltung Vicenza
Entwurfsteam: Renzo Piano Building Workshop
Mitarbeiter: G. Grandi, G.G. Bianchi, P. Bodega, S. Ishida, M. Michelotti
Modell: G. Sacchi
Beratende Ingenieure:
Konstruktion und Anlagenbau: Ove Arup & Partners, M. Milan, S. Favero

Beleuchtung: Sivi
Kostenkontrolle: S. Baldelli, A. Grasso

1987 Sistiana (Triest), Italien
Entwurf für die Rekultivierung der Bucht von Sistiana

Bauherr: Finsepol spa, Trieste
Entwurfsteam: Renzo Piano Building Workshop
Mitarbeiter: B. Plattner, L. Couton, A. Chaaya, P. Copat, R. Self, M. Salerno, mit: E. Agazzi, F. Joubert, R. Kaiser, B. Leboudec, O. Lidon, J. Lohse, R. J. Van Santen, G. Torre, O. Touraine
Modell: O. Doizy, A. Schultz
Beratende Ingenieure:
Konstruktion und Anlagenbau: Ove Arup & Partners (P. Rice, A. Day), M. Milan, Studio Boghetto, Manens Intertecnica
Umweltstudien: CMS
Örtliche Bauleitung: Studio Architetti associati, Venedig (G. Pauletto, G. Furlan, G. Galli)
Garten- und Landschaftsarchitektur: M. Desvigne, C. Dalnoky
Städtebauliche Studien: Studio Ambiente, Mailand, Sodeteg, Paris

1987 Grenoble, Frankreich
European Synchrotron Radiation Facility

Bauherr: ESRF
Entwurfsteam: Renzo Piano Building Workshop
Mitarbeiter: N. Okabe, J.L. Chassais, C. Clarisse, J.B. Lacoudre, J. Lelay, P. Merz, C. Morandi, A. O'Carroll, S. Planchez, R.J. Van Santen, P. Vincent
Beratende Ingenieure: Ove Arup & Partners (P. Rice)
Umweltkontrolle: Ove Arup & Partners (T. Barker)
Beleuchtung: Ansaldo
Brandschutzvorrichtungen: Initec
Garten- und Landschaftsachitektur: M. Corajoud
Planung: Seri Renault, Novatome, Interatome, Deutschland USSI

1987 Urbino, Italien
Mehrzweckgebäudekomplex in der Ortschaft Petriccio

Bauherr: Costruzioni Edili Bertozzini spa
Entwurfsteam: Renzo Piano Building Workshop
Mitarbeiter: S. Ishida, F. Marano, G.G. Bianchi

1987 Trani, Italien
Sportzentrum

Bauherr: Stadt Trani
Entwurfsteam: Renzo Piano Building Workshop

Mitarbeiter: S. Ishida, F. Marano, R.V. Truffelli, D. Campo, R. Costa, E. Frigerio, C. Manfreddo
Beratende Ingenieure:
Kostenkontrolle: S. Baldelli, A. Grasso, M. Montanari
Modellbau: S. Vignale

1987 Sestriere (Turin), Italien
Kandahar Center

Bauherr: Kandahar Center
Entwurfsteam: Renzo Piano Building Workshop
Mitarbeiter: S. Ishida, F. Marano, E. Frigerio, P. Maggiora
Beratende Ingenieure: Raineri
Realisierung: Impresa Macciotta

1987 Genua, Italien
Entwurf für das Verwaltungszentrum Amiu

Bauherr: Amiu, Genua
Entwurfsteam: Renzo Piano Building Workshop
Mitarbeiter: S. Ishida, F. Marano, G. Grandi, E. Baglietto
Beratende Ingenieure:
Anlagenbau: Tradeco srl Mailand (G. Chiesa)
Kostenkontrolle: S. Baldelli
Konstruktion: Mageco Srl, Genua (L. Mascia, D. Mascia)

1987 Urbino, Italien
Studie für ein Infrastrukturnetz

Auftraggeber: Stadtverwaltung Urbino
Entwurfsteam: Renzo Piano Building Workshop
Mitarbeiter: S. Ishida, F. Marano, G.G. Bianchi, mit: S. Smith

1987 Newport Beach, USA
Museum of American Contemporary Art

Bauherr: Newport Harbor Art Museum
Entwurfsteam: Renzo Piano Building Workshop
Mitarbeiter: S. Ishida, M. Carroll, A. Arancio, N. Freedman, F. Pierandrei, M. Desvigne, Blurock partnership
Beratende Ingenieure:
Konstruktion und Anlagenbau: Ove Arup & Partners, London/Los Angeles (P. Rice, T. Barker)

1987-1988 Pompeji, Italien
Gestaltung der archäologischen Stadt

Bauherr: IBM
Entwurfsteam Renzo Piano Building Workshop
Mitarbeiter: S. Ishida, G.G. Bianchi, N. Freedman, G. Grandi, F. Marano, E. Piazza, A. Pierandrei, S. Smith

1987-1990 Paris, Frankreich
Erweiterung des IRCAM

Bauherr: Kulturministerium, CNAC Georges Pompidou, IRCAM
Entwurfsteam: Renzo Piano Building Workshop
Mitarbeiter: P. Vincent, N. Okabe, J. Lelay, M. Davies, K. Rupard, J. Circus, W. Zbinden, mit: F. Canal, J.L. Chassais, A. O'Carroll, N. Prouvé
Modell: O. Doizy, J.Y. Richard
Beratende Ingenieure:
Ingenieure: Ove Arup & Partners
Beratender Akustikingenieur: V. Peutz
Berater für Bühnentechnik: G.C.François
Konstruktion und Anlagenbau: AXE IB
Kostenkontrolle: Gec Ingéniérie
Bauleitung: Gemo
Fundamente und Stahlkonstruktion: Sicmeg
Fassaden: Durand
Fahrstühle: CG2A

1987-1990 Charenton-le-Pont, Paris, Frankreich
Einkaufszentrum Bercy 2

Bauherr: GRC
Entwurfsteam: Renzo Piano Building Workshop
Mitarbeiter: N. Okabe, J.F. Blassel, S. Dunne, M. Henry, K. McBryde, A. O'Carroll, B. Plattner, R. Rolland, M. Salerno, N. Westphal, mit: M. Bojovic, D. Illoul, P. Senne,
Modell: Y. Chapelain, O. Doizy, J.Y. Richard
Beratende Ingenieure:
Konstruktion und Anlagenbau: Ove Arup & Partners (P. Rice, A. Lenczer), Otra (J.P. Rigail), J.L. Sarf, OTH S.I. (J. Herman)
Sicherheitseinrichtungen: Veritas
Abnahme: Copibat
Garten- und Landschaftsarchitektur: M. Desvigne, C. Dalnoky
Innenausbau: Crighton Design management
Ausführung: Tondela N.F., Cosylva, E.I., SP.R

1987-1990 Monfalcone, Italien
Crown Princess

Auftraggeber: P&O, Reederei
Entwurfsteam: Renzo Piano Building Workshop
Mitarbeiter: S. Ishida, N. Okabe, K. McBryde, M. Carroll, R. Costa, M. Cucinella, R.J. Van Santen, F. Santolini, R. Self, S. Smith, O. Touraine, mit G. G. Bianchi, G. Grandi, N. Freedman, D.L. Hart, P. Maggiora, C. Manfreddo, F.R. Ludewig,
Modell: D. Cavagna
Beratende Ingenieure: Studio Architetti Associati (Venedig)

Luftwiderstandsprüfung: Danish Maritime Institute, Lyngby
Ausführung: Fincantieri Monfalcone, Triest

1987-1990 Bari, Italien
Stadion San Nicola

Bauherr: Stadtverwaltung Bari
Entwurfsteam: Renzo Piano Building Workshop
Mitarbeiter: S. Ishida, F. Marano, O. Di Blasi, L. Pellini
Modell: D. Cavagna, G. Sacchi
Beratende Ingenieure:
Garten- und Landschaftsarchitektur: M. Desvigne
Statikbüro: Ove Arup & Partners (P. Rice, T. Cafrae, A. Lenczner), M. Milan, Venedig
Stahlbeton: Studio Vitone, Bari
Kontrolle der Fertigteile: N. Andidero
Bauleitung: J. Zucker, M. Belviso
Ausführung: Bari 90 srl

1988 Venedig, Italien
Entwurf für die Expo 2000 in Venedig

Auftraggeber: Venezia Expo 2000
Entwurfsteam: Renzo Piano Building Workshop
Mitarbeiter: S. Ishida, G. Bianchi, R.V. Truffelli, unterstützt durch: A. Pierandrei, F. Pierandrei

1988-1991 Paris, Frankreich
Wohnanlage Rue de Meaux

Bauherr: RIVP, Mutuelles du Mans
Entwurfsteam: Renzo Piano Building Workshop
Mitarbeiter: B. Plattner, F. Canal, C. Clarisse, T. Hartman, U. Hautch, J. Lohse, R.J. Van Santen, J.F. Schmit
Beratende Ingenieure:
Konstruktion und Anlagenbau: Gec Ingéniérie
Garten- und Landschaftsarchitektur: M. Desvigne, C. Dalnoky, P. Conversey
Ausführung: Dumez

1988 Lecco (Como), Italien
Einkaufs- und Bürozentrum Meridiana

Bauherr: Colombo Costruzioni spa
Entwurfsteam: Renzo Piano Building Workshop
Mitarbeiter: S. Ishida, F. Marano, G. Grandi, P. Bodega, V. Di Turi, C. Manfreddo, F. Santolini, S. Schäfer, I. Corte (CAD), S. D'Atri (CAD), mit: A. Bordoni

1988-1990 Matera, Italien
Sanierung der Sassi

Auftraggeber: Handelskammer
Entwurfsteam: Renzo Piano Building Workshop

Mitarbeiter: S. Ishida, F. Marano, G.G. Bianchi, D. Campo, M. Cattaneo,
Beratende Ingenieure:
Konstruktion und Anlagenbau: Ove Arup & Partners (P. Rice, T. Barker)

1987-1991 Saint-Quentin-en-Yvelines, Frankreich
Betriebsanlage Thomson Optronics

Bauherr: Thomson CSF
Entwurfsteam: Renzo Piano Building Workshop
Mitarbeiter: A. Vincent, P. Vincent, A. Gallissian (Thomson 1), M. Henry (Turm), A. el Jerari, L. Le Voyer, A. O'Carroll, D. Rat (Thomson 2), A.H. Téménidès, mit: C. Ardilley, C. Bartz, M. Bojovic, F. Canal, G. Fourel, A. Guez, B. Kurtz
Modellbau: O. Doizy, C. d'Ovidio
Beratende Ingenieure:
Belüftungsanlagen und Kostenkontrolle: Gec Ingéniérie (F. Petit, F. Thouvenin, C. Baché)
Konstruktion: Ove Arup & Partners (P. Rice, R. Hough)
Verwaltung: Ouvrage snc
Garten- und Landschaftsarchitektur: M. Desvigne, C. Dalnoky, mit: P. Convercey
Abnahme: Copitec (C. Knezovic), Planitec (M. Lopez)
Akustik: Peutz
Realisierung: Durand, Danto Rogeat, Savoie, Villequin

1988-1992 Genua, Italien
Kolumbus-Gedenkfeiern

Bauherr: Stadtverwaltung Genua; Ente Colombo '92
Bauunternehmen und Management: Italimpianti, Genua
Entwurfsteam: Renzo Piano Building Workshop
Mitarbeiter: S. Ishida, E. Baglietto (Italien-Pavillon), G.G. Bianchi (Baumwollspeicher, Bühnenbild Moby Dick, Italien-Pavillon), P. Bodega, M. Carroll (Aquarium, Italien-Pavillon), O. De Nooyer (il Bigo), G. Grandi (Zollspeicher, Dienstleistungen), D.L. Hart (Kongreßzentrum), C. Manfreddo (Mandraccio Dienstleistungseinrichtungen, Pressezentrum, Alte Mole), V. Tolu, R.V. Truffelli (Zollspeicher), mit: A. Arancio, M. Calosso, E. Carreri, M. Cucinella, S. D'Atri (CAD), S. De Leo (CAD), G. Fascioli, E. L. Hegerl, G. Langasco (CAD), M. Mallamaci, G. Mc Mahon, M. Michelotti, P. Persia (CAD), A. Pierandrei, F. Pierandrei, S. Smith, R. Venelli, L. Vercelli, S. Shingu (Bildhauer)
Beratende Ingenieure:
Konstruktion: Ove Arup & Partners (P. Rice), L. Mascia, D. Mascia, P. Costa, L. Lembo, V. Nascimbene, B. Ballerini, G. Malcangi, Sidecard, M. Testone, G.F. Visconti
Anlagenbau: Manens Intertecnica, Verona
Oberaufsicht für historische Gebäude: M. Semino
Aquarium: Cambridge Seven, Boston, USA (P. Chermayeff)
Technische Oberaufsicht: F. Doria, M. Giacomelli, S. Lanzon, B. Merello, M. Nouvion, G. Robotti, A. Savioli
Qualitätskontrolle: Sted, Genua (S. Baldelli, A. Grasso)
Akustik: D. Commings, Paris
Beleuchtung: P. Castiglioni
Leiter der Arbeiten beim Aquarium: E. Piras, Genua
Örtliche Oberaufsicht: L. Moni
Bühnentechnik: Scène, Paris
Schiffsbauingenieurbüro: Cetena
Kurator für die Ausstellung im Italien-Pavillon: G. Macchi
Grafik: Origoni & Steiner
Ausführung: Italimpianti

1988-1994 Osaka, Japan
Kansai International Airport Terminal

Bauherr: Kansai International Airport Co. Ltd.
Wettbewerbsprojekt: Renzo Piano Building Workshop, Paris
Partner: R. Piano, N. Okabe, Ove Arup & Partners International Ltd. (P. Rice, T. Barker)
Architekten und Ingenieure: Renzo Piano Building Workshop, Japan: R. Piano, N. Okabe; N. Sekkei Ltd. (Kimiaki Minai), Ove Arup & Partners International Ltd. (P. Rice)
Studien über die Funktionen eines Flughafens: P. Andreu, Flughafen Paris
Studien über die Landepiste: M. Matsumoto (beratender Ingenieur für Flughafenbau in Japan)
Wettbewerbsteam: Renzo Piano Building Workshop, Paris
Partner: R. Piano, N. Okabe
Architektenteam: J.F. Blassel, R. Bennan, A. Chaaya, L. Couton, R. Kaiser, L. Koenig, K. McBryde, S. Planchez, R. Rolland, G. Torre, O. Touraine, mit: G. le Breton, M. Henry, J. Lelay, A. O'Carrol, M. Salerno, A.H. Téménidès, N. Westphal
Beratende Ingenieure:
Konstruktion und Anlagenbau: Ove Arup & Partners International Ltd.
Garten- und Landschaftsarchitektur: M. Desvigne
Rohentwurf: Renzo Piano Building Workshop, Japan
Partner: Renzo Piano, N. Okabe
Architektenteam: J.F. Blassel, A. Chavela, I. Corte, K. Fraser, R.S. Garlipp, M. Goerd, G. Hall, K. Hirano, A. Ikegami, S. Ishida, A. Johnson, C. Kelly, T. Kimura, S. Larsen, J. Lelay, K. McBryde, T. Miyazaki, S. Nakaya, N. Takata, T. Tomuro, O. Touraine, M. Turpin, M. Yamada, H. Yamaguchi, T. Yamaguchi, mit: A. Autin, G. Cohen, A. Golzari, B. Gunning, G. Hastrich, M. Horie, I. Kubo, S. Medio, K. Miyake, S. Montaldo, S. Mukai, K.A. Naderi, S. Oehler, T.O'Sullivan, P. Persia, F. Pierandrei, M. Rossato, R. Shields, T. Takagawa, T. Ueno, K. Uezono, J.M. Weill, T. Yamakoshi
Beratende Ingenieure:
Konstruktion und Anlagenbau: Ove Arup & Partners International Ltd. (P. Rice, T. Barker)
Akustik: Peutz & Associés (Y. Dekeyrel)
Studie über die Glasoberflächen: R. Van Santen
Qualitätskontrolle: Davis Langdon & Everest, Futaba Quantity Surveying Co. Ltd.
Garten- und Landschaftsarchitektur: K. Nyunt, T. Keikan
Ausführungsplanung: Renzo Piano Building Workshop, Japan
Partner: R. Piano, N. Okabe
Architektenteam: A. Ikegami, T. Kimura, T. Tomuro, Y. Ueno, mit: S. Kano, A. Shimizu
Beratende Ingenieure: Endwall Glazing Development: RFR (J.F. Blassel), Sekkei Inc. (S. Okumura)

1989 Turin, Italien
Ausstellung »Arte russa e sovietica 1870-1930« in Ausstellungsräumen des Lingotto

Auftraggeber: Fiat Lingotto
Entwurfsteam: Renzo Piano Building Workshop
Mitarbeiter: M. Varratta, S. Ishida, M. Cattaneo M. Rossato, mit: G. Carandente
Beratende Ingenieure:
Beleuchtung: P. Castiglioni
Grafik: P. Cerri
Installationen: Bodino

1989 Turin, Italien
Ausstellung »Verso il nuovo Lingotto«

Auftraggeber: Fiat
Entwurfsteam: Renzo Piano Building Workshop
Mitarbeiter: P. Bodega, M. Cucinella, J. Desscombe, S. Durr, E. Frigerio, S. Ishida, P. Maggiora, F. Marano, A. Piancastelli, M. Rossato, M. Varratta , S. Vignale, mit: I. Corte (CAD)
Garten- und Landschaftsarchitektur: M. Desvigne, C. Dalnoky
Modellbau: E. Miola
Videos: Cinema srl (M. Arduino)
Grafik: Grosz
Installationen: Gruppo Bodino

1989-1991 Punta Nave (Genua), Italien
Unesco-Laboratorium-Workshop

Bauherr: Unesco
Entwurfsteam: Renzo Piano Building Workshop
Mitarbeiter: M. Cattaneo, F. Marano, S. Ishida, M. Lusetti, M. Nouvion, mit: M. Calosso, M. Carroll, M. Desvigne, O. Di Blasi, D. Piano, R.V. Truffelli, M. Varratta, M.C. Verdona
Modellbau: D. Cavagna
Beratende Ingenieure:
Geologische Untersuchungen: A. Bellini, L. Gattoronchieri
Ingenieurbüro: P. Costa
Bionik-Forschung: C. Di Bartolo (CNRS)
Realisierung: Edilindustria spa, Andidero
Garten- und Landschaftsarchitektur: Nuovo Verde, Ratti Serra
Dachdeckung und Glaswände: Fiocchi, Siv, Pati, Montfluos
Innenausbau: Gruppo Bodino
Holzkonstruktion: Habitat legno
Aufzug: Maspero elevatori
Sonnenschutzsystem: Model System Italia

1989-1995 Kumamoto, Japan
Verbindungsbrücke des Archipels von Ushibuka

Bauherr: Präfektur Kumamoto, Department für Umwelt und Fischereiwesen
Entwurfsteam: Renzo Piano Building Workshop
Mitarbeiter: N. Okabe, S. Ishida, M. Yamada, mit: J. Lelay, T. Ueno
Modell: D. Cavagna
Beratende Ingenieure:
Konstruktion und Anlagenbau: Ove Arup & Partnership (P. Rice, J. Nissen, P. Brooke, J. Batchelor), Mayeda Engineering Co. (T. Matsumoto, S. Tsuchiya, S. Kawasaki)

1990 Villejuif, Frankreich
Werkzeughalle

Bauherr: Département du Val de Marne, Direction des Espaces Verts Départementaux (MM. Dauvergne, Bernard et Jean)
Entwurfsteam: Renzo Piano Building Workshop
Mirtarbeiter: P. Vincent, N. Prouvé, R. J. Van Santen, C. Ardilley, A.H. Téménidès, E. Tisseur
Modellbau: O. Doizy
Beratende Ingenieure: F. Petit, M. Thouvenin, Société Ouvrage, A. Vincent
Ausführung: Banneel

1990-1991 Paris, Frankreich
Jean-Prouvé-Ausstellung

Auftraggeber: Centre National d'Art et Culture (CCI)
Entwurfsteam: Renzo Piano Building

Workshop
Mitarbeiter: B. Plattner, M. Henry, R. Rolland, mit: Familie Prouvé, A. Ghilleux, R. Guidot (Betreuung), Ateliers du CCI, unterstützt durch: Pont-à-Mousson S.A.
Ausführung: Malet et Clements, Perret, Miroiterie du Temple

1990 Mailand, Italien
Ausstellung »L'automobile, produzione e design 1879-1949«

Auftraggeber: Stadtverwaltung Mailand, Alfa Romeo
Entwurfsteam: Renzo Piano Building Workshop
Mitarbeiter: S. Ishida, F. Marano, M. Carroll, O. Di Blasi, M. Varratta, mit: M. Nouvion, R. Trapani
Beratende Ingenieure:
Konstruktion: L. Mascia
Beleuchtung: P. Castiglioni
Grafik: Origoni & Steiner
Installationen: Bodino

1990 Turin, Italien
Ausstellung »Arte americana 1930-1970«

Auftraggeber: Lingotto srl
Entwurfsteam: Renzo Piano Building Workshop
Mitarbeiter: M. Cattaneo, S. Ishida, M. Varratta
Kuratoren: A. Codignato, N. Bevilacqua
Beratende Ingenieure:
Beleuchtung: P. Castiglioni
Grafik: P. Cerri
Installation: Bodino

1990 Turin, Italien
Ausstellung »Andy Warhol, primo successo a New York«

Auftraggeber: Lingotto srl
Entwurfsteam: Renzo Piano Building Workshop
Mitarbeiter: M. Varratta, S. Ishida
Kuratoren: A. Codignato, D. Desalvo
Beratende Ingenieure:
Beleuchtung: P. Castiglioni
Grafik: Grosz, ECO
Installation: Bodino

1990 Turin, Italien
Ausstellung »Cultura delle Macchine - Musica e Macchine«

Auftraggeber: Lingotto srl
Entwurfsteam: Renzo Piano Building Workshop
Mitarbeiter: M. Varratta, S. Ishida, M. Cucinella, P. Maggiora, A. Piancastelli, M. Rossato, S. Vignale
Kuratoren: A. Bassignana, A. Marchis, A. Signetto
Beratende Ingenieure:
Grafik: Grosz

Modellbau: E. Miola
Installation: Bodino

1991 Padua, Italien
Ausstellung »Padova e Galileo«

Auftraggeber: Stadtverwaltung Padua
Entwurfsteam: Renzo Piano Building Workshop
Mitarbeiter: S. Ishida, N. Okabe, P. Ackermann, M. Cattaneo, mit: C. Garbato
Modellbau: D. Cavagna
Beratende Ingenieure:
Koordinierung: G. Macchi
Beleuchtung: P. Castiglioni
Wissenschaftliche Beratungskommission der Universität Padua: E. Bellone, M. Bonsembiante, R. Hipschman

1990 Nouméa, Neukaledonien
Kulturzentrum J. M. Tjibaou (Wettbewerb)

Auftraggeber: Agentur für die Entwicklung der kanakischen Kultur, Marie Claude Tjibaou (Vorsitzende)
Entwurfsteam: Renzo Piano Building Workshop, P. Vincent
Mitarbeiter: A. Chaaya, mit: F. Pagliani, J. Moolhuijzen, W. Vassal
Modellbau: D. Doizy, A. Schultz
Beratung: A. Bensa (Ethnologe)
M. Desvigne, C. Dalnoky (Grünanlagen)
Beratende Ingenieure:
Ove Arup & Partners, P. Rice
Kostenkontrolle: Gec Ingéniérie
Akustik: Peutz & Associés
Bühnenbild: Scène

Oktober 1992 Nouméa, Neukaledonien
Kulturzentrum J. M. Tjibaou (Grundprojekt)

Auftraggeber: Agentur für die Entwicklung der kanakischen Kultur, Marie Claude Tjibaou (Vorsitzende)
Entwurfsteam: Renzo Piano Building Workshop, P. Vincent
Mitarbeiter: A. Chaaya, D. Rat, J.B. Mothes, A.H. Téménidès, mit: R. Phelan, A. Catino, A. Gallissian, R. Baumgarten
Modellbau: D. Darmer
Beratung: A. Bensa, M.A. Joredie, L. Poigoune, Gec Ingéniérie (allgemeine technische Koordination, Kostenkontrolle), F. Petit, C. Baché, mit: T. Plantagenest, GEMO, Ove Arup & Partners, P. Rice, M. Banfi (Konstruktion und Belüftung), CSTB (Durchführbarkeit der Belüftung), AGIBAT (Konstruktion), Scène (Bühnenbild), Peutz & Associés (Akustik), Qualiconsult (Sicherheit), Vegetude (Grünanlagen)

1993 Nouméa, Neukaledonien
Kulturzentrum J. M. Tjibaou (Detailliertes Projekt)

Auftraggeber: Agentur für die Entwicklung der kanakischen Kultur, Marie Claude Tjibaou (Vorsitzende)
Entwurfsteam: Renzo Piano Building Workshop, P. Vincent
Mitarbeiter: A. Chaaya, D. Rat, W. Vassal, J.B. Mothes, M. Henry, A. el Jerari, A.H. Téménidès, A. Gallissian, F. Pagliani, D. Mirallie
Beratung: A. Bensa (Ethnologe), M.A. Joredie, L. Poigoune, Gec Ingéniérie (allgemeine Koordination), F. Petit, C. Baché, mit: P. Vivier, T. Plantagenest, Ove Arup & Partners (Konstruktion und Belüftung), T. Barker, J. Wernick, A. Guthrie, M. Chawn, M. Banfi, A. Allsop, CSTB (Belüftung), J. Grandemer, AGIBAT (Konstruktion), D. Quoet, J.M. Marion, Scène (Bühnenbild), J.H. Manoury, Peutz (Akustik), Y. Dekeyrel, S. Mercier, Qualiconsult (Sicherheit), J.L.Rolland, Vegetude (Grünanlagen), C. Guinaudeau

1993 Nouméa, Neukaledonien
Kulturzentrum J. M. Tjibaou (Bauphase)

Auftraggeber: Agentur für die Entwicklung der kanakischen Kultur, Marie Claude Tjibaou (Vorsitzende)
Entwurfsteam: Renzo Piano Building Workshop, P. Vincent
Mitarbeiter: A. Chaaya, M. Henry, J.B. Mothes, G. Modolo, W. Vassal, mit: A. el Jerari, A. Gallissian, A. H. Téménidès, D. Mirallie, F. Pagliani
Modellbau: O. Doizy
Beratung: A. Bensa (Ethnologe), Gec Ingéniérie, F. Petit, C. Baché, Ove Arup & Partners, A. Guthrie, M. Banfi, CSTB, J. Grandemer, AGIBAT (Konstruktion), D. Quost, Scène, J.H. Manoury, Peutz, Y. Dekeyrel, S. Mercier, Qualiconsult, J.L.Rolland, Vegetude (Grünanlagen), C. Guinaudeau

1991-1994 San Giovanni Rotondo (Foggia), Italien
Wallfahrtskirche Padre Pio (Vorbereitungsphase)

Auftraggeber: Kapuzinermönche
Entwurfsteam: Renzo Piano Building Workshop
Mitarbeiter: P. Bodega, I. Corte (CAD), S. D'Atri (CAD), V. Di Turi, E. Fitzgerald, K. Fraser, G. Grandi, L. Lin, E. Magnano, C. Manfreddo, M. Palmore, mit: H. Hirsch, A. Saheba, G. Stirk, M. Bassignani, D. Cavagna (Modellbau)
Beratende Ingenieure: Ove Arup & Partners (P. Rice, T. Barker), London
Akustik: Müller Bbm
Bauleitung und Unterstützung vor Ort:

G. Muciaccia
Liturgischer Berater: Mons. C. Valenziano, Rom
Theologischer Berater: G. Grasso o.p., Genua
Kostenplanung: Sted (A. Grasso, S. Baldelli)
Planung: Studio Ambiente (G. Amadeo), Mailand

1995 San Giovanni Rotondo (Foggia), Italien
Wallfahrtskirche Padre Pio (Bauphase)

Auftraggeber: Kapuzinermönche
Entwurfsteam: Renzo Piano Building Workshop
Mitarbeiter: G. Grandi, M. Byrne, M. Bassignani, D. Cavagna (Modellbau), I. Corte (CAD), S. D'Atri (CAD), B. Ditchbum, E. Magnano, C. Manfreddo, M. Palmore, M. Rossato Piano
Beratende Ingenieure: Ove Arup & Partners, London, G. Del Mese, A. Lenczner, Manens Intertecnica, Verona, CO.RE. Ingegneria, Rom (R. Calzona)
Akustik: Müller Bbm
Bauleitung und Unterstützung vor Ort: G. Muciaccia (Foggia)
Liturgischer Berater: Mons. C. Valenziano, Rom
Kostenplanung: Austin Italien, Mailand
Planung: G. Amadeo
Ausführung: F.lli Dioguardi, Bari, Andidero, Bari, Ciuffeda, Foggia, Fabbrica della Chiesa

1991-1992 Lodi, Italien
Banca Popolare di Lodi (Projektphase)

Auftraggeber: Banca Popolare di Lodi
Entwurfsteam: Renzo Piano Building Workshop
Mitarbeiter: A. Alborghetti, V. Di Turi, S. D'Atri (CAD), G. Fascioli, E. Fitzgerald, G. Grandi, C. Hayes, G. Langasco (CAD), P. Maggiora, C. Manfreddo, V. Tolu, mit: A. Shaffer, A. Sacchi

1993 Lodi, Italien
Banca Popolare di Lodi (Konstruktionsphase)

Auftraggeber: Banca Popolare di Lodi
Entwurfsteam: Renzo Piano Building Workshop
Mitarbeiter: A. Alborghetti, V. Di Turi, S. D'Atri (CAD), G. Grandi, M. Howard, G. Langasco (CAD), F. Santolini
Beratende Ingenieure: M.S.C., Mailand
Manens Intertecnica, Verona
Akustik: Müller Bbm
Beleuchtung: P. Castiglioni
Grafik: P. Cerri
Ausführung: Co.Fin. S.p.A., Lecco

Spezielle Stahlstrukturen: Eiffel, Paris
Außenverkleidungen: Gruppo Bodino, Turin, Il Palagio, Florenz
Terrakottaverkleidung: Focchi S.p.A., Rimini
Spezialfenster: Sunglass, Padua
Hängedecken, Fußbodenbelag: Sadi, Vicenza

1993-1996 Paris, Frankreich
Entwurf für die Neuordnung des Umfeldes um das Centre Pompidou

Bauherr: CNAC Georges Pompidou
Entwurfsteam: Renzo Piano Building Workshop
Mitarbeiter: B. Plattner, R. Self, J.L. Dupanloup, A. Galissian, R. Phelan, mit: A. Aasgaard, Z. Berrio, C. Catino, P. Chappell, J. Darling, P. Satchell
Beratende Ingenieure:
Konstruktion, Anlagenbau und Kostenkontrolle: Gec Ingégnérie
Mechanik: Inex
Parkplätze: Isis

Juli 1992 Berlin, Deutschland
Projekt Potsdamer Platz (Wettbewerb)

Bauherr: Daimler-Benz AG
Entwurfsteam: Renzo Piano Building Workshop, B. Plattner, C. Kohlbecker
Mitarbeiter: B. Plattner, R. Baumgarten, J. Bergen, E. Balik, A. Chaaya, P. Charles, J. Moolhuijzen, mit: A. Schmid, U. Knapp, M. Kohlbecker, P. Helppi, P. Darmer (Herstellung der Modelle), M. Goudin (Herstellung der Modelle)
Beratung: Schlegel (logistica), Dr. Ing. Spiekermann GmbH

April 1993 Berlin, Deutschland
Projekt Potsdamer Platz (Projektentwicklung)

Bauherr: Daimler-Benz AG
Entwurfsteam: Renzo Piano Building Workshop, B. Plattner, C. Kohlbecker
Mitarbeiter: R. Baumgarten, P. Charles, J. Ruoff, G.G. Bianchi, J. Moolhuijzen, F. Pagliani, L. Penission, A. Schmid, C. Hight, mit: E. Belik, J. Berger, A. Chaaya, W. Grasmug, N. Miegeville, G. Carreira, E.del Moral, H. Nagel, R. Phelan, B. Tonfoni, K. Franke, O. Skjerve, M. Werth, P. Darmer (Modellbau)
Projektleitung: Drees & Sommer, Stuttgart

1993-1994 Berlin, Deutschland
Projekt Potsdamer Platz (Konstruktionszeichnungen)

Bauherr: Daimler-Benz AG
Entwurfsteam: Renzo Piano Building Workshop, B. Plattner, C. Kohlbecker

Mitarbeiter (Paris): R. Baumgarten, P. Charles, J. Ruoff, J. Moolhuijzen, F. Pagliani, S. Baggs, N. Mecattaf, L. Penission, C. Hight, M. Kramer, D. Putz, G. Oug
Mitarbeiter (Genua): A. Giordano (Koordinator), S. Ishida, G.G. Bianchi, E. Musci, I. Corte, O. De Nooyer, E. Piano, E. Baglietto, J. Fujita, D. Guerrisi, G. Langasco, R. Sala, S. Schaefer, K. Shannon, R.V. Truffelli, F. Wenz, H. Yamaguchi, J.P. Allain (Modellbau), M. Goudin (Modellbau), D. Cavagna (Modellbau)
Projektleitung: Drees & Sommer, Stuttgart

Stand 1997 Berlin, Deutschland
Projekt Potsdamer Platz (Konstruktionsphase)

Bauherr: Daimler-Benz AG, Debis Immobilien Management GmbH
Entwurfsteam: Renzo Piano Building Workshop, B. Plattner, C. Kohlbecker
Mitarbeiter: R. Baumgarten, A. Chaaya, P. Charles, G. Ducci, M. Kramer, N. Mecattaf, J. Moolhuijzen, J.B. Mothes, M. B. Petersen, J. Ruoff, M. van der Staay, E. Volz, mit: E. Audoye, G. Borden, C. Brammen, D. Drouin, B. Eistert, M. Hartmann, O. Hempel, M. Howard, W. Matthews, G.M. Maurizio, D. Miccolis, M. Pimmel, S. Stacher, M. Veltcheva, P. Furnemont (Modellbau), C. Colson (Modellbau)
Mitarbeiter von C. Kohlbecker: J. Barnbrook, H. Falk, A. Hocher, R. Jatzke, M. Kohlbecker, M. Lindner, N. Nocke, A. Schmid, W. Spreng
Beratende Ingenieure:
Haustechnik: IGH, Ove Arup & Partners, London, Schmid, Reuter & Partner
Statik: Boll & Partner GmbH, Stuttgart, Ove Arup & Partners, London, IBF Dr. Falkner GmbH/Weiske & Partner
Baupyhsik: Müller Bbm
Fördertechnik: Hundt & Partner
Elektrotechnik: IBB Burrer, Ludwigsburg, Berlin, Ove Arup & Partners, London
Verkehrsplanung: ITF Intertraffic, Berlin
Wasserplanung: Atelier Dreiseitl, Überlingen
Grünanlagen: Möhrle und Kruger Stuttgart, Berlin

1993 Riehen (Basel), Schweiz
Museum der Beyler-Stiftung

Auftraggeber: Beyeler-Stiftung, E. Beyeler, F. Vischer, U. Albrecht, (Beratung)
Entwurfsteam: Renzo Piano Building Workshop, B. Plattner, J. Burckhardt + Partner AG, Basel

Mitarbeiter: L. Couton, mit: J. Berger, E. Belik, W. Vassal
Modellbau: A. Schultz, P. Darmer
Beratung: Ove Arup & Partners: T. Barker, J. Wernick, A. Sedgwick

1994 Riehen (Basel), Schweiz
Museum der Beyeler-Stiftung (Konstruktionsphase)

Auftraggeber: Beyeler-Stiftung, E. Beyeler, F. Vischer, U. Albrecht (Beratung)
Entwurfsteam: Renzo Piano Building Workshop, B. Plattner, J. Burckhardt + Partner AG, Basel
Mitarbeiter: L. Couton, mit: P. Hendier, W. Mathews, L. Epprecht
Modellbau: J. P. Allain
Beratung: Ove Arup & Partners: T. Barker, J. Wernik, A. Sedgwick, mit: C. Burger + Partner AG, Bogenschütz AG, J. Forrer AG, Elektrizitäts AG Basel

1992 Paris, Frankreich
Ausstellungskonzept

Bauherr: CNAC Georges Pompidou
Entwurfsteam: Renzo Piano Building Workshop
Mitarbeiter: B. Plattner, R. Self
Dokumentation: F. Bertolero
Beratende Ingenieure: Gec Ingéniérie, Gec Lyon (Kostenkontrolle)
Ausführung: Villequin, AMB, Zachary, Spie Trindel, Cegelec, mit: SIV, I. Guzzini, Abet Print France

1992-1995 Houston, USA
Twombly-Pavillon

Bauherr: Menil Foundation
Entwurfsteam: Renzo Piano Building Workshop
Mitarbeiter: M. Carroll, S. Ishida, M. Palmore, mit: S. Comer, A. Ewing, S. Lopez, M. Bassignani (Modellbau)
Architekt vor Ort: R. Fitzgerald & Associates (R. Fitzgerald, G. Krezinski)
Beratende Ingenieure: Ove Arup & Partners (T. Barker, J. Hewitt, K. Holden, S. Meldrum, M. Parker, J. Peel Cross, A. Sedwich), London, Haynes Whaley Associates Inc., Houston (Texas)
Ingenieur vor Ort: Lockwood Andrews & Newman, Houston (Texas)
Baufirma: Miner Dederick

1989-1997 Amsterdam, Niederlande
Nationales Zentrum für Wissenschaft und Technologie

Bauherr: NINT
Entwurfsteam: Renzo Piano Building Workshop
Mitarbeiter: S. Ishida, O. de Nooyer, H. Yamaguchi, J. Fujita, mit: I. Corte, D. Guerrisi, E. Piazze, A. Recagno,
K. Shannon, F. Wenz, Y. Yamaoka
Modell: M. Bassignani, D. Cavagna
Koordinierung: A. Giordano
Beratende Ingenieure:
Konstruktion und Anlagenbau: Ove Arup & Partners (P. Rice, T. Barker, J. Wernick)
Bauleitung: Brink Groep
Studie über die Pfahlgründung: Bureau Bouwkunde (D. Hoogstad)
Ingenieurbüro für Statik: D3BN (J. Kraus)
Ingenieurbüro für Anlagenbau: Huisman und Van Muijen BV (R. Borrett)
Akustik: Peutz & Associés BV

1993 Bari, Italien
Entwurf für die Sanierung des Margherita-Theaters

Bauherr: Fratelli Dioguardi spa
Entwurfsteam: Renzo Piano Building Workshop
Mitarbeiter: S. Ishida, F. Marano, E. Baglietto, M. Cattaneo, R. Fernandez Prado, F. Pierandrei, S. Nobis,
Beratende Ingenieure: G. Amendola, Beacon Construction Company, Studio Gorjux, Studio Tecnico Lab, Sovrintendenza beni AA.AA.AA.SS., Studio Vitone & Associati

1993 Sindelfingen (Stuttgart), Deutschland
Design Center von Mercedes-Benz

Bauherr: Mercedes-Benz AG
Entwurfsteam: Renzo Piano Building Workshop, C. Kohlbecker
Mitarbeiter: E. Baglietto, G. Cohen, J. Florin, A. Hahne, S. Ishida, F. Santolini, mit: D. Guerrisi, C. Leoncini, S. Nobis, M. Ottonello, C. Sapper, L. Viti, M. Bassignani (Modellbau)
Beratende Ingenieure: Ove Arup & Partner (T. Barker), IFB Dr. Braschel & Partner GmbH, FWT
Bauleitung: Mercedes-Benz AG
Ausführung: Züblin, Baresel, Hochtief, Greschbach (Metallstruktur), Friess (Fenster)

1993 Straßburg, Frankreich
Entwurf zur Erweiterung des Universitätskrankenhauses (Wettbewerb)

Städtische Planung: S. Agnelli, G. De Rita, C. M. Guerci, R. Piano
Entwurfsteam: Renzo Piano Building Workshop
Mitarbeiter: I. Corte (CAD), K. Fraser, S. Ishida, G. Langasco (CAD), M. Palmore, R.V. Truffelli
Beratung: Krankenhausorganisation: BEEM Engineering (M.A. Laurenceau), Guyancourt
Städtische Planung: M.C. Bucher,

Schiltigheim
Beratende Ingenieure: Setec, Paris
Kostenplanung: Gec Ingéniérie (M.F. Petit), Marly-le-Roi

1993
Pilotprojekt für Bahnhöfe der Staatlichen Eisenbahnen in Turin, Mestre, Venedig und Bari

Bauherr: Italfer Sis TAV (Staatliche Eisenbahnen)
Fördererkommision: S. Agnelli, G. De Rita, C.M. Guerci, R. Piano
Entwurfsteam: Renzo Piano Building Workshop
Mitarbeiter: S. Ishida, R.V. Truffelli, E. Baglietto, M. Cattaneo, J. Cohen, K. Fraser, D. Hart, C. Manfreddo, O. de Nooyer, D. Piano, F. Pierandrei, S. Scarabicchi, mit: N. Baldassini, M. Belviso (CAD), I. Corte (CAD), A. Ewing, M. Fawcett, J. Fujita, D. Guerrisi (CAD), A. Hopkins, N. Malby, G. Pauletto (CAD), M. Penna, T. Reynolds, G. Robotti, K. Shannon, F. Wenz, H. Yamaguchi
Modellbau: M. Bassignani, D. Cavagna, P. Varratta
Beratende Ingenieure:
Ingenieurbüro für Statik: P. Costa
Oberaufsicht: Sted
Prüfung der Vereinbarkeit mit den Eisenbahnanlagen: G. Scorza

1993 Genua, Italien
Entwurf für das Altstadtquartier Il molo

Entwurfsteam: Renzo Piano Building Workshop
Mitarbeiter: S. Ishida, D.L. Hart, mit: M. Menzio, C. Leoncini

1994 Rom, Italien
Auditorium

Bauherr: Stadt Rom, M. Cagnoni
Entwurfsteam: Renzo Piano Building Workshop
Mitarbeiter: S. Ishida, M. Carroll, D. Hart, S. Scarabicchi, M. Varratta, mit: M. Alvisi, W. Boley, S. D'Atri, M. Ottonello, D. Cavagna, S. Rossi (Modellbau)
Beratende Ingenieure: Studio Vitone e Associati, Manens Intertecnica
Akustik: Müller Bbm
Kostenplanung: Austin Italien
Grünanlagen: F. Zagari, E. Trabella
Sicherheit: Tecnocamere

1994 Saint Denis, Frankreich
Wettbewerb für das Große Stadion

Entwurfsteam: Renzo Piano Building Workshop/Jourda & Perraudin
Mitarbeiter: B. Plattner, S. Ishida, L. Penisson, M. Salerno, B. Tonfoni, F. Jourda, G. Perraudin, mit: G.G. Bianchi, P. Charles, P.L. Coppat, S. Drouin, G. Ducci, J.L. Dupanloup, B. Galtier, M. Garrasi, W. Mathews, J. Moolhuijzen, P. Murphy

1993 Boulogne-Billancourt, Paris, Frankreich
Entwurf für die Ile Seguin

Bauherr: Mission Billancourt
Entwurfsteam: Renzo Piano Building Workshop
Mitarbeiter: P. Vincent, A. Chaaya, E. Novel, T. Roland, M. Salerno, mit: S. Barone, C. Catino, P. Charles, H. Chattenay, A. el Jerari, M. Henry, J. Moolhuijzen, B. Tonfoni, W. Vassal
Modellbau: P. Darmer, O. Doizy
Beratende Ingenieure: Garten- und Landschaftsarchitektur: M. Desvigne, C. Dalnoky

1994 Saitama (Tokio), Japan
Polyfunktionale Arena (Wettbewerb)

Entwurfsteam: Renzo Piano Building Workshop
Mitarbeiter: S. Ishida, C. Sapper, L. Viti, A. Zoppini, mit: M. Carroll, M. Palmore, R.V. Truffelli, M. Carletti, L. Imberti, S. Rossi (Modellbau)
Beratende Ingenieure: T. Kimura, M. Sasaki
Elektrische Anlagen: Manens Intertecnica
Akustik: Müller Bbm
Beleuchtung: P. Castiglioni
Veranstaltungsflächen, mobile Mechanismen: Hitachi Zosen Ltd.
Kulturelle Veranstaltungen und Unterhaltung: Dentsu Ltd. + Isaia Communications
Ausführung: Kumagai Gumi, Shimamura Kogyo, Turner Construction

1995 London, England
Tate Gallery of Modern Art

Entwurfsteam: Renzo Piano Building Workshop
Mitarbeiter: S. Ishida, G. G. Bianchi, L. Couton, M. Palmore, C. Sapper, mit: M. Carroll, A. Chaaya, G. Ducci, A. Gallo, F. Pagliani, M.B. Petersen, A. Pierandrei, E. Stotts, L. Viti, J.P. Allain, C. Colson (Modellbau)
Beratende Ingenieure: Ove Arup & Partners, London
Kostenplanung: Davis Langdon & Everest

1995-1996 Genua, Italien
Ausbau und Wiederaufbau des antiken Hafens in Genua

Bauherr: Porto Antico spa
Entwurfsteam: Renzo Piano Building Workshop
Mitarbeiter: D. Piano, V. Tolu, R.V. Truffelli, mit: A. Giovannoni, G. Langasco (CAD), M. Nouvion, C. Pigionanti
Beratende Ingenieure: B. Ballerini, E. Lora
Kostenkontrolle: Sted
Schiffsbau: M. Gronda
Ausführung: Coopsette, Reggio Emilia, Ecoline, Genua, Officine Mariotti, Genua, Nadalini, Ferrara

1996 Nola (Neapel), Italien
Servicekomplex

Bauherr: Interporto Campano S.p.A.
Entwurfsteam: Renzo Piano Building Workshop
Mitarbeiter: M. Carroll, I. Corte (CAD), G. Grandi, E. Magnano, M. Palmore, mit: M. Byrne, J. Breshears, L. Massone, H. Pénaranda
Beratende Ingenieure: T.P.E. (M. Milan), Venedig, Manens Intertecnica, Verona
Kostenplanung: Austin Italien, Mailand
Feuerschutz und Sicherheit: Amitaf, Turin

1996 Maranello (Modena), Italien
Windkanal für Ferrari

Bauherr: Ferrari/Dioguardi
Entwurfsteam: Renzo Piano Building Workshop
Mitarbeiter: J.B. Mothes, N. Pacini, M. Pimmel, D. Rat, M. Rossato Piano, M. Salerno, P. Vincent, mit: J.P. Allain (Modellbau), S. Abbado, T. Damisch, O. Doizy (Modellbau), J.C. M'Fouara
Beratende Ingenieure: M. Grandemer, AGIBAT, D. Quost
Grünanlagen: C.I. Guinaudeau, E. Nardomme
Ausführung: Tangerini, Delle Fratte, Lipari

1996 Sydney, Australien
Büro und Wohnturm

Bauherr: Lend Lease Development
Entwurfsteam: Renzo Piano Building Workshop, S. Ishida, M. Carroll, J. Mc Neal, M. Amosso
Mitarbeiter: E. Magnano, H. Penaranda, S. Rossi (Modellbau), I. Corte (CAD), M. Palmore, C. Tiberti, M. Frezz, G. Alvisi
Beratende Ingenieure: Ove Arup & Partners (T. Barker, J. Hancoch, A. O'Sullivan), Lend Lease D. G.
Fassaden: Ove Arup & Partners (T. Carfrae, J. Perry)

1996 Baltimore, USA
Hauptsitz der Fila in den USA

Bauherr: Fila
Entwurfsteam: Renzo Piano Building Workshop
Mitarbeiter: P. Vincent, A. Chaaya, R. Self, mit: G. Borden, G. Modolo, P. Furnemont (Modellbau), Zieger and Snead (Architekten vor Ort)

1996 Seoul, Korea
Hauptsitz der Fila in Korea

Bauherr: Fila
Entwurfsteam: Renzo Piano Building Workshop
Mitarbeiter: P. Vincent, J. Moolhuijzen, D. Rat, O. Doizy (Modellbau)

Renzo Piano Building Workshop
Paris und Genua

Eric Audoye
Alessandra Alborghetti
Massimo Alvisi
Marco Amosso
Emanuela Baglietto
Roger Baumgarten
François Bertolero
Giorgio G. Bianchi
Gianfranco Biggi
Rosella Biondo
Gail Borden
Carola Brammen
John Breshears
Stefania Canta
Daniela Cappuzzo
Mark Carroll
Dante Cavagna
Antoine Chaaya
Patrick Charles
Christophe Colson
Loïc Couton
Ivan Corte
Toma Damisch
Stefano D'Atri
Andreas Degn
Olaf De Nooyer
Vittorio Di Turi
Giorgio Ducci
Birgit Eistert
Johannes Florin
Pierre Furnemont
Alain Gallissian
Alberto Giordano
Giovanna Giusto
Philippe Goubet
Giorgio Grandi
Donald Hart
Margrith Hartmann
Oliver Hempel
Michelle Howard

Shunji Ishida
Charlotte Jackman
Misha Kramer
Giovanna Langasco
Domenico Magnano
Claudio Manfreddo
Ester Manitto
Flavio Marano
Gian Mauro Maurizio
Luca Massone
William Matthews
Nayla Mecattaf
Daniela Miccolis
Gianni Modolo
Joost Moolhuijzen
Jean–Bernard Mothes
Jonathan Mc Neal
Eric Novel
Sonia Oldani
Mara Ottonello
Nicola Pacini
Michael Palmore
Hembert Penaranda
Morten Busk Petersen
Ronan Phelan
Daniele Piano
Lia Piano
Renzo Piano
Mario Piazza
Marie Pimmel
Bernard Plattner
Sophie Purnama
Antonio Porcile
Dominique Rat
Sylvie Romet Milanesi
Emilia Rossato
Paola Rossato
Stefano Rossi
Caroline Roux
Joachim Ruoff

Angela Sacco
Maria Salerno
Susanna Scarabicchi
Ronnie Self
Franc Sumner
Susanne Stacher
Hélène Teboul
Anne Hélène Temenides
Vittorio Tolu
Renzo V. Truffelli
Henri Van Der Meiys
Mauritz Van Der Staay
Maurizio Varratta
William Vassal
Maria Veltcheva
Paul Vincent
Erik Volz
Philippe Von Matt
Nicole Westermann
Sarah Wong

**Die Mitarbeiter
1966-1996**

Camilla Aasgard
Sebastien Abbado
Laurie Abbot
Peter Ackermann
Kamran Afshar Naderi
Emilia Agazzi
Francesco Albini
Alessandra Alborghetti
Jean Philippe Allain
Michele Allevi
Michel Alluyn
Massimo Alvisi
Marco Amosso
Arianna Andidero
Sally Appleby
Andrea Arancio
Catherine Ardilley
Magda Arduino
Stefano Arecco
Eric Audoye
P. Audran
Veronique Auger
Frank August
Alexandre Autin
Carmela Avagliano
Patrizio Avellino
Rita Avvenente

Carlo Bachschmidt
Jack Backus
Alessandro Badi
Susan Baggs
Emanuela Baglietto
Antonella Balassone
Nicolò Baldassini
Francois Barat
Henry Bardsley
Giulia Barone
Sonia Barone
Mario Bartylla
Laura Bartolomei
Fabrizio Bartolomeo
Cristopher Bartz
Bruna Bassetti
Kathy Bassiere
Mario Bassignani
Sandro Battini
Roger Baumgarten
Paolo Beccio
Eva Belik
Annie Benzeno

Jan Berger
Francois Bertolero
Alessandro Bianchi
Giorgio G. Bianchi
Patrizia Bianchini
Gianfranco Biggi
Gregoire Bignier
Germana Binelli
Judy Bing
Rosella Biondo
Jean Francois Blassel
A. Blassone
William Blurock
Paolo Bodega
Marko Bojovic
William Boley
Sara Bonati
Manuela Bonino
Gilles Bontemps
Gail Borden
Antonella Bordoni
Andrea Bosch
Pierre Botschi
Marjolijne Boudry
Sandrine Boulay
Bret Bowin
Carola Brammen
Ross Brennan
John Breshears
Gaelle Breton
Flore Bringand
Maria Brizzolara
Cuno Brullmann
Michael Burckhardt
Christiane Burklein
Mary Byrne
Hans-Peter Bysaeth

Federica Caccavale
Alessandro Calafati
Crystel Calafelle
Benedetto Calcagno
Patrick Callegia
Maurizio Calosso
Michele Calvi
Stefan Camenzind
Nunzio Camerada
Danila Campo
Florence Canal
Andrea Canepa
Stefania Canta
Vittorio Caponetto
Daniela Cappuzzo
Alessandro Carisetto
Monica Carletti
Elena Carmignani
Isabella Carpiceci
Gilbert Carreira
Emanuele Carreri
Mark Carroll
Elena Casali
Marta Castagna

Cristina Catino
Maria Cattaneo
Enrica Causa
Dante Cavagna
Simone Cecchi
Giorgio Celadon
Ottaviano Celadon
Massimo Cella
Alessandro Cereda
Antoine Chaaya
Patricia Chappell
Patrick Charles
Jean Luc Chassais
Pierre Chatelain
Hubert Chatenay
Ariel Chavela
Tina Chee
Laura Cherchi
Raimondo Chessa
Cristopher Chevalier
Catherine Clarisse
Geoffrey Cohen
Franc Collect
Daniel Collin
Christophe Colson
Shelly Comer
Philippe Convercey
Pier Luigi Copat
Michel Corajoud
Colman Corish
Monica Corsilia
Ivan Corte
Giacomo Costa
Leopoldo Costa
Raffaella Costa
Loic Couton
Rosa Coy
Paolo Crema
Belmondi R. Croce
A. Croxato
Mario Cucinella
Irene Cuppone
Catherine Cussoneau
Lorenzo Custer

Stefano D'Atri
Catherine D'Ovidio
Isabelle Da Costa
Thomas Damisch
Michel Dananco
Paul Darmer
Lorenzo Dasso
K. Matthew Daubmann
Mike Davies
Daniela Defilla
S. Degli Innocenti
Andreas Degn
Silvia De Leo
Alessandro De Luca
Dalia De Macina
Simona De Mattei
Alessio Demontis

Evelyne Delmoral
Michel Denance
Olaf De Nooyer
Julien Descombes
Daria De Seta
Michel Desvigne
Laura Diaichelburg
Carmelo Di Bartolo
Ottavio Di Blasi
Brian Ditchburn
Maddalena Di Sopra
Vittorio Di Turi
Helene Diebold
Brian Dictchburn
John Doggart
Olivier Doizy
Eugenio Donato
Francois Doria
Michael Dowd
Mike Downs
Klaus Dreissigacker
Delphine Drouin
Serge Drouin
Giorgio Ducci
Frank Dubbers
P. Du Boisson Du Mesnil
Susan Dunne
Jean Luc Dupanloup
Philippe Dupont
Susanne Durr
John Dutton

Mick Eekhout
Stacy Eisenberg
Birgit Eistert
Ahmed El Jerari
Endrich Kenneth Zammit
Lukas Epprecht
James Evans
Allison Ewing

Roberta Fambri
Roberto Faravelli
Giorgio Fascioli
Maxwell Fawcett
Monica Fea
David Felice
Alfonso Femia
Jacques Fendard
Prado Fernandez Ruben
Agostino Ferrari
Maurizio Filocca
Marc Fischer Laurent
Eileen Fitzgerald
Richard Fitzgerald
Peter Flack
Johannes Florin
Renato Foni
M. Fordam
Gilles Fourel
Gianfranco Franchini
Kenneth Fraser

Nina Freedman
Marian Frezza
Enrico Frigerio
Junya Fujita
Pierre Furnemont

Rinaldo Gaggero
Sergio Gaggero
Alain Gallissian
Andrea Gallo
Antonio Gallo
Carla Garbato
Robert Garlipp
Maurizio Garrasi
G. Gasbarri
Angelo Ghiotto
Davide Gibelli
Alain Gillette
Sonia Giordani
Alberto Giordano
Roberto Giordano
Antonella Giovannoni
Giovanna Giusto
Marion Goerdt
Marco Goldschmied
Enrico Gollo
Anahita Golzari
Alessandro Gortan
Philippe Goubet
Francoise Gouinguenet
Robert Grace
Giorgio Grandi
Cecil Granger
Walter Grasmug
Don Gray
Nigel Greenhill
Magali Grenier
Paolo Guerrini
Domenico Guerrisi
Alain Gueze
Barnaby Gunning
Ranjit Gupta

Anton Hahne
Greg Hall
Donald Hart
Margrith Hartmann
Thomas Hartman
Gunther Hastrich
Ulrike Hautsch
Adam Hayes
Christopher Hays
Eva Hegerl
Oliver Hempel
Pascal Hendier
Pierre Henneguier
Marie Henry
Gabriel Hernandez
Caroline Herrin
Cristopher Hight
Kohji Hirano
Harry Hirsch

Andrew Holmes
Eric Holt
Abigail Hopkins
Masahiro Horie
Helene Houizot
Michelle Howard
Bruno Hubert
Jean Huc
Ed Huckabi
Hughes Frank
Charles Hussey

Filippo Icardi
Frediano Iezzi
Akira Ikegami
Djenina Illoul
Paolo Insogna
Shunji Ishida

Charlotte Jackman
Angela Jackson
Tobias Jaklin
Robert Jan Van Santen
Amanda Johnson
Luis Jose
Frederic Joubert

Shin Kanoo
Jan Kaplicky
Elena Karitakis
Robert Keiser
Christopher Kelly
Paul Kelly
Werner Kestel
Irini Kilaiditi
Tetsuya Kimura
Laurent Koenig
Tomoko Komatsubara
Akira Komiyama
Misha Kramer
Eva Kruse
Bettina Kurtz

Jean Baptiste Lacoudre
Antonio Lagorio
Giovanna Langasco
Frank Lariviere
Stig Larsen
Denis Laville
Francois Laville
Laurent Le Voyer
Jean Lelay
Renata Lello
Claudia Leoncini
Riccardo Librizzi
Olivier Lidon
Lorraine Lin
Bill Logan
Johanna Lohse
Federica Lombardo
Francois Lombardo
Steve Lopez

Riccardo Luccardini
Simonetta Lucci
Rolf-Robert Ludwig
Claudine Luneberg
Massimiliano Lusetti

Paola Maggiora
Domenico Magnano
Nicholas Malby
Milena Mallamaci
Natalie Mallat
Claudio Manfreddo
Ester Manitto
Roberta Mantelli
Paolo Mantero
Flavio Marano
Andrea Marasso
Francesco Marconi
Massimo Mariani
A. Marre' Brunenghi
Cristina Martinelli
Luca Massone
Daniela Mastragostino
Manuela Mattei
William Matthews
Marie Helene Maurette
Gian Mauro Maurizio
C. Maxwell Mahon
Kathrin Mayer
Ken Mc Bryde
Katherine Mclone
Grainne Mc Mahon
Jonathan Mc Neal
Nayla Mecattaf
Simone Medio
Barbara Mehren
Roberto Melai
Mario Menzio
Evelyne Mercier
Benny Merello
Gabriella Merlo
Peter Metz
Jean C. M'fouara
Daniela Miccolis
Marcella Michelotti
Paolo Migone
Sylvie Milanesi
Emanuela Minetti
Takeshi Miyazaki
Gianni Modolo
Sandro Montaldo
Elisa Monti
Julia Moser
Joost Moolhuijzen
Denise M. Nascimento
Gerard Mormina
Ingrid Morris
Jean Bernard Mothes
Farshid Moussavi
Mariette Muller
Philip Murphy
Andrea Musso

Hanne Nagel
Shinichi Nakaya
Hiroshi Naruse
Roberto Navarra
Pascale Negre
Andrew Nichols
Hiroko Nishikawa
Susanne Nobis
David Nock
Elisabeth Nodinot
Marco Nouvion
Eric Novel
Koung Nyunt

Alphons Oberhoffer
Anna O'Carrol
Stefan Oehler
Noriaki Okabe
Antonella Oldani
Sonia Oldani
Grace Ong
Patrizia Orcamo
Stefania Orcamo
Roy Orengo
Carlos Osrej
Tim O'Sullivan
Piero Ottaggio
Mara Ottonello
Nedo Ottonello

Antonella Paci
Nicola Pacini
Filippo Pagliani
Michael Palmore
Roger Panduro
Giorgia Paraluppi
Chandra Patel
Pietro Pedrini
Roberto Pelagatti
Luigi Pellini
Danilo Peluffo
Gianluca Peluffo
Hembert Penaranda
Lionel Penisson
Mauro Penna
Patrizia Persia
Morten Busk Petersen
Claire Petetin
Gil Petit
Ronan Phelan
Paul Phillips
Alberto Piancastelli
Carlo Piano
Daniele Piano
Lia Piano
Matteo Piano
Renzo Piano
Mario Piazza
Enrico Piazze
Gennaro Picardi
Alessandro Pierandrei
Fabrizio Pierandrei

Massimo Pietrasanta
Claudia Pigionanti
Marie Pimmel
Alessandro Pisacane
Sandra Planchez
Bernard Plattner
Monica Poggi
Jean A. Polette
Andrea Polleri
Antonio Porcile
Roberta Possanzini
Fabio Postani
Nicolas Prouve
Costanza Puglisi
Sophie Purnama

Gianfranco Queirolo

Michele Ras
Maria Cristina Rasero
Roberto Rasore
Dominique Rat
Neil Rawson
Judith Raymond
Antonella Recagno
Olaf Rechtenwald
Philippe Reigner
Daniele Reimondo
Luis Renau
Bryan Reynolds
Tom Reynolds
Elena Ricciardi
Kieran Rice
Nemone Rice
Peter Rice
Jean Yves Richard
Giuseppe Rocco
Richard Rogers
Renaud Rolland
Emilia Rossato
Paola Rossato
Stefano Rossi
Bernard Rouyer
Tammy Roy
Caroline Roux
Lucio Ruocco
Joachim Ruoff
Ken Rupard

Antonella Sacchi
Angela Sacco
Gerard Saint Jean
Riccardo Sala
Maria Salerno
Maurizio Santini
Francesca Santolini
Paulo Sanza
Carola Sapper
Paul Satchell
Alessandro Savioli
Susanna Scarabicchi
Maria Grazia Scavo

Stefan Schafer
Helga Schlegel
Giuseppina Schmid
Jean Francois Schmit
Maren Schuessler
Andrea Schultz
C. Segantini
Daniel Seibold
Ronnie Self
Barbara-Petra Sellwig
Patrik Senne
Anna Serra
Kelly Shannon
Randy Shields
Aki Shimizu
Madoka Shimizu
Cecile Simon
Davide Simonetti
Thibaud Simonin
Alessandro Sinagra
Luca Siracusa
Jan Sircus
Alan Smith
Stephanie Smith
Franc Somner
Richard Soundy
Claudette Spielmann
Susanne Stacher
Eric Stotts
Adrian Stadlmayer
Alan Stanton
Graham Stirk
David Summerfield
Jasmin Surti
Christian Susstrunk

J. Taborda Barrientos
Hiroyuki Takahashi
Norio Takata
Noriko Takiguchi
Helene Teboul
Anne H. Temenides
Carlo Teoldi
Peter Terbuchte
G. L. Terragna
David Thom
John Thornhill
Cinzia Tiberti
Luigi Tirelli
Elisabeth Tisseur
Vittorio Tolu
Taichi Tomuro
Bruno Tonfoni
Graziella Torre
Laura Torre
Olivier Touraine
Franco Trad
Alessandro Traldi
Renata Trapani
Renzo V. Truffelli
Leland Turner
Mark Turpin

Yoshiko Ueno
Kiyomi Uezono
Peter Ullathorne

Colette Valensi
Maurizio Vallino
Harrie Van Der Meijs
M. Van Der Staay
Michael Vaniscott
Antonia Van Oosten
Robert-Jan Van Santen
Arijan Van Timmeren
Maurizio Varratta
Paolo Varratta
Claudio Vaselli
William Vassal
Francesca Vattuone
Bernard Vaudeville
Martin Veith
Maria Veltcheva
Reiner Verbizh
Laura Vercelli
Maria Carla Verdona
Eric Vestrepen
Silvia Vignale
Antonella Vignoli
Mark Viktov
Alain Vincent
Paul Vincent
Patrick Virly
Marco Visconti
Lorenzo Viti
Bettina Volz
Eric Volz
Philippe Von Matt

Louis Waddell
Jean Marc Weill
Florian Wenz
Nicolas Westphal
Nicole Westermann
Chris Wilkinson
Niel Winder
Martin Wollensak
Jacob Woltjer
Sarah Wong

George Xydis

Masami Yamada
Sugako Yamada
Hiroshi Yamaguchi
Tatsuya Yamaguchi
Emi Yoshimura
John Young

Gianpaolo Zaccaria
E. K. Zammit
Lorenzo Zamperetti
Antonio Zanuso
Martina Zappettini
Walter Zbinden

Maurizio Zepponi
Massimo Zero
Alessandro Zoppini
Ivana Zunino

Bibliographie

Zeitschriften in chronologischer Reihenfolge

1966

M. Filocco, R. Foni, G. Garbuglia, R. Piano, L. Tirelli, *Una struttura ad elementi standard per la copetura di medie e grandi luci*, La Prefabbricazione, Januar 1966.
Z. S. Makowski, *Structural plastics in Europe*, Arts and Architecture, August 1966, S. 20-30.

1967

Ricerca sulle strutture in lamiera e in poliestere rinforzato, Domus, 448, März 1967, S. 8-22.
M. Scheichenbauer, *Progettare con le materie plastiche*, Casabella, 316, 1967.

1968

Il grande numero, Domus, 466, September 1968.
Nuove tecniche e nuove strutture per l'edilizia, Domus, 468, November 1968, S. 6.

1969

R. Piano, *Nasce con le materie plastiche un nuovo modo di progettare architetture*, Materie plastiche ed elastomeri, 1, Januar 1969.
Z. S. Makowski, *Les structures plastiques de Renzo Piano*, Plastique Bâtiment, 126, Februar 1969, S. 10-17.
Z. S. Makowski, *Plastic structures of Renzo Piano*, Systems, Building and Design, Februar 1969, S. 37-54.
R. Piano, *Italie recherche de structure*, Techniques & Architecture, XXX, 5, Mai 1969, S. 96-100.
R. Piano, *Experiments and projects with industrialised structures in plastic material*, P.D.O.B., 16/17, Oktober 1969.
Uno studio-laboratorio, Domus, 479, Oktober 1969, S. 10-14.
R. Piano, *Progettazione sperimentale per strutture a scoglio*, Casabella, 335, 1969.

1970

A. Cereda, *Alcune recenti esperienze nel campo della industrializzazione edilizia – tre architetture di Renzo Piano*, Lipe, 3, März 1970, S. 1-12.
L'Italia a Osaka, Domus, 484, März 1970.
Renzo Piano, Architectural Design, März 1970, S. 140-145.
Rigging a roof, The Architectural Forum, März 1970, S. 64-69.
Z. S. Makowski, *Strukturen aus Kunststoff von Renzo Piano*, Bauen + Wohnen, April 1970, S. 112-121.
Il poliestere rinforzato protagonista del padiglione dell'industria italiana, Materie plastiche ed elastomeri, Mai 1970, S. 470-477.
R. Piano (übersetzt von T. M. Stevens), *Architecture and technology*, AA Quarterly, 3, 2, Juli 1970, S. 32-43.
Italian industry pavilion, Expo 70, Osaka, Architectural Design, August 1970, S. 416.
R. Piano, *Il padiglione dell'industria italiana all'Expo 70 di Osaka*, Acciaio, November 1970, S. 1.
Un cantiere sperimentale, Casabella, 349, 1970.
Renzo Piano verso una pertinenza tecnologica dei componenti, Casabella, 352, 1970, S. 37.

1971

R. Piano, *Per un'edilizia industrializzata*, Domus, 495, Februar 1971, S. 12-15.
Industrial building, Architectural Forum, April 1971.
Industrialisierung, Deutsche Bauzeitung, 4, April 1971, S. 405-407.
Le materie plastiche nella produzione edilizia per componenti, Materie plastiche ed elastomeri, 5, Mai 1971.
Grand Piano, Industrial Design, Oktober 1971, S. 40-45.
Piano e Rogers: Beaubourg, Domus, 503, Oktober 1971, S. 1-7.
M. Cornu, *Concours Beaubourg. Est-ce un signe de notre temps?*, Architecture, Mouvement, Continuité, November 1971, S. 8-9.
R. Piano, *L'acciaio nell'edilizia industrializzata*, Acciaio, November 1971, S. 1-4.

1972

Projets de lauréats, Techniques & Architecture, Februar 1972, S. 48-55.
Padiglione dell'industria italiana all'Expo 70 di Osaka, Casabella, März 1972.
Aktualität: Esso Tankstellen-Wettbewerb in Italien, Bauen + Wohnen, Juni 1972, S. 280.
A Parigi, per i parigini l'evoluzione del progetto Piano + Rogers per il Centre Beaubourg, Domus, 511, Juni 1972, S. 280.
Le projet lauréat, Paris projet, 7, Juli 1972, S. 48-57.
Paris. Centre Beaubourg, Deutsche Bauzeitung, 9, September 1972, S. 974-976.

1973

Centre Culturel du Plateau Beaubourg, L'Architecture d'Aujourd'hui, 168, Juli/August 1973, S. 34-43.
Centre Plateau Beaubourg, Domus, 525, August 1973.
Piano + Rogers, L'Architecture d'Aujourd'hui, 170, November/Dezember 1973, S. 46-58.

1974

Edificio per gli uffici B&B a Novedrate, Domus, 530, Januar 1974, S. 31-36.
Expressive Einheit von Tragkonstruktion und Installationsanlagen, Bauen + Wohnen, 2, Februar 1974, S. 71-74.
R. Piano, R. Rogers, *B&B Italia factory*, Architectural Design, 4, April 1974, S. 245-246.
Beaubourg au transparence, Architecture Intérieure, 141, Juni/Juli 1974, S. 72-77.
Centre Beaubourg à Paris, Techniques & Architecture, 300, September/Oktober 1974, S. 58.
Factory, Tadworth, Surrey, The Architectural Review, 934, Dezember 1974, S. 338-345.
Le Centre Beaubourg, Chantiers de France, 68, 1974, S. 1-6.
Piano, Zodiac, 22, 1974, S. 126-147.

1975

Etablissement publique du Centre Beaubourg, Paris, Werk œuvre, Februar 1975, S. 140-148.
F. Marano, *Una struttura tubolare per un nuovo edificio per uffici a Novedrate*, Acciaio, Februar 1975, S. 1-7.
A Parigi musica underground, Domus, 545, April 1975, S. 9-12.
R. Piano, R. Rogers, *Piano + Rogers*, Architectural Design, 45, Mai 1975, S. 75-311.
R. Bordaz, *Le Centre Georges Pompidou*, Construction, September 1975, S. 5-30.
L. Grut, P. Rice, *Renzo Piano: la struttura del Centre Beaubourg a Parigi*, Acciaio, September 1975, S. 3-15.
P. Rice, *Main structural framework of the Beaubourg Centre, Paris*, Acier, Stahl, Steel, September 1975, S. 297-309.

1976

L'IRCAM design process, RIBA Journal, 2, Februar 1976, S. 61-69.
Novedrate Italia. Edificio per uffici, AC, X-XII, 82, April 1976, S. 35-37.
K. Menomi, *Nel prato una struttura policroma. Edificio per uffici B&B*, Ufficio stile, IX, 6, Juni 1976, S. 76-79.
Piano + Rogers: Architectural Method, A + U, 66, Juni 1976, S. 63-122.
R. Piano, R. Rogers, *Beaubourg furniture internal system catalogue*, Architectural Design, 46, Juli 1976, S. 442-443.
L'IRCAM: Institut de recherche et coordination acoustique/musique, Chantiers de France, 93, September 1976, S. 2-13.
Strukturen und Hüllen, Werk œuvre, 11, November 1976, S. 742-748.

1977

Centre National d'Art et de Culture Georges Pompidou, Domus, 566, Januar 1977, S. 3-37.
Centre National d'Art et de Culture Georges Pompidou, Paris, Domus, 566/575, Januar 1977, S. 5-37.
Piano + Rogers, RIBA Journal, 1, Januar 1977, S. 11-16.
Le défi de Beaubourg, Architecture d'Aujourd'hui, 189, Februar 1977, S. 40-81.
Frankreichs Centre National d'Art et de Culture Georges Pompidou Paris, Bauwelt, 11, März 1977, S. 316-334.
J. Bub, W. Messing, *Centre National d'Art et de Culture G. Pompidou. Ein Arbeitsbericht von zwei Architekturstudenten*, Bauen + Wohnen, April 1977, S. 132-139.
M. Fadda, *Dal Beaubourg al progetto collettivo*, Laboratoria 1, 1, April-Juni 1977, S. 69-73.
G. Lentati, *Centro Beaubourg, un'architettura utensile*, Ufficio stile, X, Mai 1977, S. 74-87.
Piano & Rogers. 4 progetti, Domus, 570, Mai 1977, S. 17-24.
The pompidolium, The Architectural Review, 963, CLXI, Mai 1977, S. 270-294.
Piano & Rogers, Architectural Design, 47, Juli/August 1977, S. 530.
C. Jacopin, C. Mitsia, M. Zakazian, *Eiffel vs. Beaubourg*, Werk-Archithese, 9, September 1977, S. 22-29.
R. Piano, *Per un'edilizia evolutiva*, Laboratorio, September-November 1977, S. 7-10.
C. Casati, P. Restany, *Parigi: l'oggetto funzionale*, Domus, 575, Oktober 1977, S. 1-11.
Intorno al Beaubourg, Abitare, 158, Oktober 1977, S. 69-75.
R. Piano, *Mobilités de hypothèses alternatives de production*, Werk-Archithese, 11/12, November/Dezember 1977, S. 32.
P. Chemetov, *L'opéra Pompidou*, Techniques & Architecture, 317, Dezember 1977, S. 62-63.
M. Cornu, *Ce diable Beaubourg*, Techniques & Architecture, 317, Dezember 1977, S. 64-66.
A. Darlot, *Le centre national d'art et de culture G. Pompidou*, Revue Française de l'électricité, L, 259, Dezember 1977, S. 48-55.
Centre Georges Pompidou, AD Profiles, 2, 1977.
Y. Futagawa, *Centre Beaubourg: Piano + Rogers*, GA, 44, 1977, S. 1-40.
Le Centre Beaubourg, Ministère des Affaires Culturelles, Ministère de L'Education National, 1977.
G. Neret, *Le Centre Pompidou*, Connaissance des Arts, 1977, S. 3-15.
Staatliches Kunst- und Kulturzentrum Georges Pompidou/Paris, DLW – Nachrichten, 61, 1977, S. 34-39.

1978

A. Paste, *Il centro d'arte e di cultura G.*

Pompidou, L'Industria delle Costruzioni, 76, Februar 1978, S. 3-30.
Centro Beaubourg Paris, Informes de la Costruciòn, XXX, 299, April 1978, S. 13-23.
R. Continenza, *Il centro nazionale d'arte e cultura G. Pompidou a Parigi*, L'Ingegnere, LIII/6, Juni 1978, S. 187-198.
Tipologie evolutive, Domus, 583, Juni 1978, S. 12-13.
G. Biondo, E. Rognoni, *Materie plastiche ed edilizia industrializzata*, Domus, 585, August 1978, S. 25-28.
Esperienze di cantiere. Tre domande a R. Piano, Casabella, 439, September 1978, S. 42-51.
IRCAM, AA, 199, Oktober 1978, S. 52-63.
Tipologie evolutive, lo spazio costruito deve adattarsi all'uomo, Domus, 587, Oktober 1978, S. 30-31.

1979

Da uno spazio uguale due cose diversissime, Abitare, 171, Januar/Februar 1979, S. 2-21.
Wohnboxen in Mailand, MD, 6, Juni 1979.
Una recentissima proposta di R. Piano: laboratorio mobile per lavori di recupero edilizio, Modulo, Juli/August 1979, S. 855.
L. Wright, *Heimatlandschaft*, The Architectural Review, 990, 166, August 1979, S. 120-123.
Mobiles Quartier-Laboratorium, Bauen + Wohnen, September 1979, S. 330-332.
R. Continenza, *L'opera di Piano & Rogers*, L'Ingegnere, LIV, Oktober 1979, S. 469-485.
Il laboratorio di quartiere a Otranto, Domus, 599, Oktober 1979, S. 2.
Per il recupero dei centri storici. Una proposta: Il laboratorio di quartiere, Abitare, 178, Oktober 1979, S. 86-93.
Operazione di recupero, Casabella, 453, Dezember 1979, S. 17.
L. Rossi, *Piano Rice Associates. Il laboratorio di quartiere*, Spazio e Società, 8, Dezember 1979, S. 27-42.
R. Continenza, *Architettura e tecnologia aspetti dell'opera di R. Piano e R. Rogers*, Costruttori Abruzzesi, II, 1979, S. 15-18.
Renzo Piano. The mobile workshop in Otranto, ILA & UD Annual Report Urbino 1979, S. 60-63.

1980

Enveloppes identiques-diversité interne Milano-Cusago I, AC, 25, 97, Januar 1980, S. 6-11.
Free-Plan four house group, Toshi Jutaku, Februar 1980, S. 14-23.
Contemporary design in two cities, Building & Remodelling Guide, Juli 1980, S. 108-113.
Fiat's magic carpet ride, Design, 379, Juli 1980, S. 58.

Centre Georges Pompidou, Nikkei Architecture, August 1980, S. 83-85.
Art news, The Geijutsu Shincho, September 1980.
La technologie n'est pas toujours industrielle, AA, 212, Dezember 1980, S. 51-54.

1981

C. G. Pompidou, AA, 213, Februar 1981, S. 92-95.
M. T. Mirabile, *Centro musicale a Parigi*, L'industria delle costruzioni, 114, April 1981, S. 68-69.
Sul mestiere dell'architetto, Domus, 617, Mai 1981, S. 27-29.
G. Lentari, *Quale ufficio?*, Ufficio Stile, Juni 1981, S. 60-69.
P. Santini, *Colloquio con R. Piano*, Ottagono, XVI, 61, Juni 1981, S. 20-27.
Wohnhausgruppe bei Mailand, Die Kunst, 6, Juni 1981.
Pianoforte, Building Design, 556, Juli 1981, S. 11-14.
R. Pedio, *Piano. Itinerario e un primo bilancio*, L'Architettura, 11, November 1981, S. 614-662.
R. Piano, *Renzo Piano Genova*, Casabella, 474/475, November/Dezember 1981, S. 95-96.
Ranieri e Valli, *Progetto e partecipazione*, Edilizia Popolare, 163, November/Dezember 1981, S. 66-68.

1982

Piano in Houston, Skyline, Januar 1982, S. 4.
Italia, Nikkei Architecture, Februar 1982, S. 52-56.
Renzo Piano monografia, AA, 219, Februar 1982.
Fiat vettura sperimentale e sottosistemi, Abitare, 202, März 1982, S. 8-9.
Tecnoarchitettura vettura sperimentale e sottosistemi, Ottagono, März 1982.
People's office ufficio fabbrica, Ufficio stile, April 1982, S. 49-52.
M. Dini, *La città storica*, Area, 5, Juni/Juli 1982, S. 47.
S. Fox, *A clapboard treasure house*, Cité, August 1982, S. 5-7.
Piano demonstration in Texas, Progressive Architecture, September 1982.
Renzo Piano. Still in tune, Building Design, 606, August 1982, S. 10-11.
Abitacolo e abitazione, Casabella, 484, Oktober 1982, S. 14-23.
Renzo Piano, The Architectural Review, 1028, Oktober 1982, S. 57-61.
L. Sacchetti, *Si chiude la scena comincia il congresso*, Costruire per Abitare, 3, Oktober 1982, S. 117-120.
M. T. Carbone, *Renzo Piano: Il molo degli specchi, il cantiere di quartiere*, Costruire, 5, Dezember/Januar 1982/83, S. 76-78.
M. T. Carbone, *Sei progetti e un fuoco di paglia*, Costruire per Arbitare, 5, Dezember/Januar 1982/83, S. 76-78.
Il centro congressi del World Trade Center Italiano, Ufficio stile, XV/67, 1982, S. 24-30.

1983

La macchina espositiva, Abitare, 212, März 1983, S. 90-91.
G. Ferracuti, *Il laboratorio di quartiere*, Recuperare, März/April 1983, S. 120-123.
P. A. Croset, *Parigi 1989*, Casabella, XLVII, 490, April 1983, S. 18-19.
Design of the future, Wave, April 1983, S. 51-54.
A. L. Rossi, *La macchina climatizzata*, Domus, 638, April 1983, S. 10-15.
Tra il dire e il fare, Costruire, 9, Mai 1983, S. 71.
B. Costantino, *Taller de Barrio: coloquio con Renzo Piano y Gianfranco Dioguardi*, Modulo, 11, Juni 1983, S. 20-33.
Des technologies nouvelles pour l'habitat ancien, Techniques & Architecture, 348, Juni/Juli 1983, S. 51-61.
C. Béret, *L'espace flexible – entretien avec Renzo Piano*, Art Press, 2, Juni-August 1983, S. 22-23.
Piano machine, The Architectural Review, CLXIX, 1038, August 1983, S. 26-31.
M. Brändli, *L'allestimento di Renzo Piano per la mostra di Calder*, Casabella, XLVII, 494, September 1983, S. 34-36.
O. Fillion, *Schlumberger à Montrouge*, Architecture Intérieure, 196, September 1983, S. 118-123.
M. Pawley, *Piano's progress*, Building Design, 23, September 1983, S. 32-34.
O. Pivetta, *Postindustriale sarà lei*, Costruire, 12, September 1983, S. 100-105.
J. P. Robert, *Un chantier experimental à Montrouge*, Le Moniteur, 40, September 1983, S. 60-67.
L. Rossi, *La cultura del fare*, Spazio e Società, VI, 23, September 1983, S. 50-62.
Un boulevard flottant, Urbanisme, 197, September 1983, S. 44-45.
Calder a Torino, Domus, 644, November 1983, S. 56-59.
M. Margantini, *Instabil sandy Calder*, Modo, 64, November 1983, S. 53-57.
Piano rehab, The Architectural Review, CLXXIV, 1041, November 1983, S. 68-73.
S. Boidilo, *il mestiere i miei strumenti*, Costruire, 14, November 1983, S. 82-83, 112.
R. Pedio, *Retrospettiva di Calder a Torino*, L'Architettura, XXIX, Dezember 1983, S. 888-894.
R. Rovers, *Recent Werk van Renzo Piano*, Bouw, 25, Dezember 1983, S. 9-12.
R. Piano, *Artisan du futur*, Techniques & Architecture, 350, 1983, S. 121-138.

1984

O. Boissière, *Paris x Paris*, Domus, 646, Januar 1984, S. 22-27.
G. R. Palffy, *R. Piano: sub-systems automobile*, Omni, Januar 1984, S. 112-115.
The Menil Collection, Arts + Architecture, Januar 1984, S. 32-35.
A. Pélissier, *Renzo Piano, participer, inventer de nouvelles méthodes de travail et des nouvelles maisons*, Histoire de participer, 93, Februar 1984, S. 64-69.
Una tensostruttura per l'insegna della mostra di Calder a Torino, Acciaio, XXV, Februar 1984, S. 53-57.
M. Fazio, *A Torino. Calder*, Spazio e Società, März 1984, S. 66-69.
Lingotto: Piano/Schein, Building Design, Mai 1984, S. 26-28.
P. Rumpf, *Fiat-Lingotto: Chance oder Danaergeschenk für Turin?*, Bauwelt, 17, Mai 1984, S. 733.
M. Zardini, *Venti idee per il Lingotto*, Casabella, 502, Mai 1984, S. 30-31.
Y. Pontoizeau, *Renovation du site industriel Schlumberger, Montrouge*, L'Architecture d'Aujourd'hui, 233, Juni 1984, S. 14-23.
UUL, Unità Urbanistiche Locali, Costruire, 20, Juni 1984, S. 36-38.
Exposition itinérante de technologie informatique, Techniques & Architecture, 354, Juni/Juli 1984, S. 144-145.
R. Marchelli, *Un involucro di policarbonato per una mostra itinerante*, Materie plastiche ed elastomeri, Juli/August 1984, S. 424-427.
Beaubourg analogo, Rassegna, September 1984, S. 94-97.
A. Castellano, *Venti progetti per il futuro del Lingotto*, La mia Casa, 170, September 1984, S. 48-51.
IBM exhibit pavilion. Paris exposition, Architecture and Urbanism, 168, September 1984, S. 67-72.
A. Mladenovic, *Renzo Piano*, Nas Dom, September 1984, S. 26-29.
Una mostra itinerante per far conoscere il computer, Abitare, 227, September 1984, S. 4-6.
C. Di Bartolo, *Creatività e Progetto*, Modo, Oktober 1984, S. 36-40.
Y. Pontoizeau, *Projets & réalisations*, L'Architecture d'Aujourd'hui, 235, Oktober 1984, S. 59-65.
Tecnologia: tecnologie leggere, Modulo, Oktober 1984, S. 1003-1009.
Arcadian machine, The Architectural Review, CLXXVI, 1053, November 1984, S. 70-75.
S. Boeri, P. A. Croser, *Dinosaur with a brain*, Blueprint, November 1984, S. 12-13.
L'expo IBM, GA document, November 1984.
R. Pedio, *Exhibit IBM, padiglione itinerante di tecnologia informatica*, L'Architettura, XXX, 11, November 1984, S. 818-824.
Riflessioni sul ›Prometeo‹, Casabella, XLVIII, 507, November 1984, S. 38-39.
Un'arca veneziana per i suoni di ›Prometeo‹, AD Mondadori, IV, 42, November 1984, S. 48-50.
A. Castellano, *Renzo Piano e l'arca del Prometeo*, La mia Casa, 173, Dezember 1984, S. 48-53.

Piano + Nono, The Architectural Review, 1054, Dezember 1984, S. 53-57.

1985

Renzo Piano and his methods, SD 85-01 High-Tech, 244, Januar 1985, S. 47-67.
Prometeo, Interni, 348, März 1985, S. 73.
G. Sansalone, *Questo gruppo spara su tutto*, Costruire, 27, März 1985, S. 49.
G. Simonelli, *La grande nave lignea*, Modulo, März 1985, S. 164-170.
A. Castellano, *L'architettura sperimentale di Renzo Piano*, La mia Casa, 176, April 1985, S. 32-53.
M. Milan, *Il Prometeo*, Acciaio, April 1984, S. 166-170.
J. M. H., *Restructuration d'un site industriel à Montrouge*, Techniques & Architecture, 359, April/Mai 1985, S. 42-53.
A. Burigana, *Renzo Piano*, Architectural Digest, 47, Mai 1985, S. 32-38.
E. Caminati, *L'arte di costruire*, Costruire, 29, Mai 1985, S. 162-168.
France: Le printemps des musées, Le Moniteur, Mai 1985.
J. Glancey, *Piano pieces*, The Architectural Review, 1059, Mai 1985, S. 58-63.
S. Ishida, *R. Piano, Music space for the opera ›Prometeo‹ by L. Nono*, A + U, 118, Juni 1985, S. 67-74.
O. Fillion, *Nature, la revanche*, Archi-Créé, 207, August/September 1985, S. 64-69.
Il Prometeo, Daidalos, 17, September 1985, S. 84-87.
Cité Descartes, Techniques & Architecture, 362, Oktober 1985, S. 135-137.
Italia 1984, Industria delle Costruzioni, 168, Oktober 1985, S. 64-73.
A. Pelissier, *Entretien avec Renzo Piano*, Techniques & Architecture, 362, Oktober 1985, S. 101-111.
J. P. Robert, *La Schlumberger a Montrouge di Renzo Piano*, Casabella, 517, Oktober 1985, S. 26-29.
E. Hubeli, *Künstliches und Natürliches*, Werk, Bauen + Wohnen, November 1985, S. 23-28.
IBM, Architects Magazine, November 1985, S. 249-250.
Des chantiers permanents, L'Architecture d'Aujourd'hui, 242, Dezember 1985, S. 12-15.
N. Okabe, *Urban conversion of the Schlumberger factories*, Global Architecture, 14, Dezember 1985.
R. Buchanan, *The traps of technology*, Forum, 29, 1985, S. 138-144.

1986

G. Negro, *Un architetto per Lione*, Costruire, 37, Februar 1986, S. 86-89.
Eine mobile Oper und ein ›Quartierlabor‹, Werk, Bauen + Wohnen, April 1986, S. 4-9.
Reazione spaziale di Renzo Piano negli uffici Lowara a Vicenza, Architettura, April 1986, S. 246-253.

Un open space trasparente, Habitat-Ufficio, Juni/Juli 1986, S. 48-55.
Houston, Texas. De Menil Museum, Abitare, 247, September 1986, S. 382-384.
D. Mangin, *Piano de A à W*, L'Architecture d'Aujourd'hui, 246, September 1986, S. 1-37.
M. Prusicki, *Renzo Piano, Progetto Lingotto a Torino*, Domus, 675, September 1986, S. 29-37.
Aspettando Colombo, Costruire, 44, Oktober 1986, S. 42-49.
F. Zagari, *Progetto Bambù*, Abitare, 248, Oktober 1986, S. 28-31.
A. Robecchi, *La religiosa attesa dell'atto*, Costruire, 45, November 1986, S. 126-130.
Vicenza. Una mostra di Renzo Piano, Abitare, 249, November 1986, S. 111.
O. Boissière, *Il Museo de Menil a Houston*, L'Arca, 2, Dezember 1986, S. 28-35.
D. Smetana, *Piano and Palladio: virtuoso duet*, Progressive Architecture, Dezember 1986, S. 25, 33.
M. Vogliazzo, *Conversando con Renzo Piano*, Gran Bazaar, Dezember 1986, S. 22-25.
Immeuble de bureaux, Architecture contemporaine, 1986, S. 182-185.
Renzo Piano. Menil Collection a Houston, Ilaud, 1986/87, S. 76-77.

1987

B. Galletta, *Concorso per la sede del Credito Industriale Sardo a Cagliari*, Industria delle Costruzioni, 183, Januar 1987, S. 27-33.
Le Synchrotron de Grenoble, Le Moniteur, Januar 1987, S. 58-59.
Piano lessons, AJ, 21, Januar 1987, S. 20-21.
Piano's sketches for the final composition, Design week, 23, Januar 1987.
Piano solo, Building Design, 23, Januar 1987, S. 14-15.
A. Castellano, *Il forum industriale*, L'Arca, 3, Januar/Februar 1987, S. 29-37.
Facciata continua strutturale, Domus, 681, März 1987.
E. M. Farrelly, *Piano practice*, The Architectural Review, 1081, März 1987, S. 32-59.
R. Piano, *La modernità secondo Piano*, L'Arca, 5, April 1987, S. 59-65.
B. Nerozzi, *L'architettura ritrovata*, Gran Bazaar, 55, April/Mai 1987, S. 47-54.
P. Papandemetriou, *The responsive box*, Progressive Architecture, Mai 1987, S. 87-97.
Simplicity of form, ingenuity in the use of daylight, Architecture, Mai 1987, S. 84-91.
Trennwand-System aus glasfaserverstärktem Beton, Detail, 27, Mai 1987, S. 1-4.
R. Ingersoll, *Pianissimo, the very quiet Menil Collection*, Texas Architecture, 3, Mai/Juni 1987, S. 40-47.
R. Banham, *In the neighborhood of art*, Art In America, Juni 1987, S. 124-129.

A. Benedetti, *Ristrutturazione e riuso di un'area industriale a Montrouge, Parigi*, Industria delle Costruzioni, 188, Juni 1987, S. 6-23.
H. F. Debailleux, *Piano à Houston*, Beaux-Arts Magazine, 47, Juni 1987, S. 68-73.
M. Filler, *A quiet place for art*, House & Garden, 7, Juni 1987, S. 74-75.
R. Piano, *Uno stadio per Bari*, Domus, 684, Juni 1987, S. 7.
Renzo Piano: lo stadio di Bari e il sincrotone di Grenoble, Casabella, 536, Juni 1987, S. 54-63.
M. Keniger, *The art of assembly*, Australia Architecture, 5, Juli 1987, S. 63-67.
E. Guazzoli, E. Ranzani, *Renzo Piano. Museo Menil, Houston*, Domus, 685, Juli/August 1987, S. 32-43.
A homely gallery, The Architect, September 1987, S. 38-41.
L. Caprile, *Il museo con la cassaforte sul tetto una nuova ›contestazione‹ di Renzo Piano*, Arte, 177, September 1987, S. 25.
E. M. Farrelly, *The quiet game*, The Architectural Review, 1087, September 1987, S. 70-80.
G. K. Koenig, *Piano: la basilica palladiana non si tocca*, Ottagono, 86, September 1987, S. 48-53.
Piano, retour près de Beaubourg, L'Architecture d'Aujourd'hui, 253, Oktober 1987, S. 48-50.
The De Menil Collection, Transaction, Oktober 1987, S. 44-51.
J. F. Pousse, *Renzo Piano: la métamorphose de la technologie*, Techniques & Architecture, 374, Oktober/November 1987, S. 146-165.
R. Banham, S. Ishida, *Renzo Piano*, A + U, 206, November 1987, S. 39-122.
A. Castellano, *Poesia e geometria per Bari*, L'Arca, November 1987, S. 80-85.
S. Heck, *Piano's entente cordiale*, RIBA Journal, November 1987, S. 28-35.
S. Ishida, *The Menil Art Museum*, SD, November 1987, S. 48-50.
V. M. Lampugnani, E. Ranzani, *Renzo Piano: sovversione, silenzio e normalità*, Domus, 688, November 1987, S. 17-24.
Konstruktionen für das Licht, Werk, Bauen + Wohnen, Dezember 1987, S. 30-39.
Sammlung Menil in Houston, Baumeister, Dezember 1987, S. 36-41.

1988

V. Borel, E. Daydé, *L'IRCAM au faite*, Sept à Paris, 6, Januar 1988, S. 35.
I. Cazes, R. de la Nouve, *Donjon final. La tour de l'IRCAM sera le campanile du beau Bourg*, Sept à Paris, 6, Januar 1988, S. 34-35.
C. Ellis, *Umbau eines Industriekomplexes und Landschaftsgestaltung in Montrouge, Paris*, Bauwelt, Januar 1988, S. 29-31.
F. Irace, *Destinazione museo*, Abitare, 261, Januar 1988, S. 192 197.
G. de Bure, *Renzo Piano: l'homme aux semelles de vent*, Décoration Internationale, 102, Februar 1988, S. 110-113.
Wood framing (IBM), Progressive Architecture, Februar 1988, S. 92.
M. Giordano, *La catarsi genovese del '92*, L'Arca, 14, März 1988.
D. Marabelli, *Leggera e integrata*, Modulo, 140, April 1988, S. 478-483.
L'invention constructive, les avancées technologiques, Architecture et Informatique, 27, Mai/Juni 1988, S. 20-23.
Menil Collection Museum in Houston, Texas, Detail, 3, Mai/Juni 1988, S. 285-290.
Menil-Sammlung in Houston, Deutsche Bauzeitung, 6, Juni 1988, S. 795-798.
Genua, Werk, Bauen + Wohnen, 9, September 1988, S. 48-55.
Il Lingotto, Rassegna, X, 35, September 1988, 110-113.
Atélier Municipaux, Paris 19ème, Usine, 1988, S. 82-85.

1989

R. Ingersoll, *Pianissimo – la discreta colleción Menil*, Arquitectura Viva, 4, Januar 1989, S. 15-19.
Osaka, Building Design, 918, Januar 1989, S. 1.
G. Picardi, *Flying High*, Building Design, 920, Januar 1989, S. 26-28.
Museo a Houston (Texas), Abacus, V, 17, Januar-März 1989, S. 28-39.
R. Radicioni, *Quale Piano e per chi?*, Spazio e Società, XII, 45, Januar-März 1989, S. 104-106.
A. Pelissier, *Kansai: la course contre le temps*, Techniques & Architecture, 382, Februar 1989, S. 65-68.
Football stadium, GA Document, 23, Februar/März 1989, S. 44-46.
P. Davey, *Piano's Lingotto*, The Architectural Review, 1105, März 1989, S. 4-9.
Il concorso per il nuovo aeroporto di Osaka, Casabella, LIII, 555, März 1989, S. 22-23.
F. Mellano, *Vuoti a rendere*, Modulo, 149, März 1989, S. 272-281.
Kansai International Airport, Architectural Design, 3/4, März/April 1989, S. 52-60.
Arvedi space, Acciaio, XXX, 4, April 1989, S. 168-173.
M. Desvigne, *Ensemble touristique dans la baie de Sistiana*, L'Architecture d'Aujourd'hui, 262, April 1989, S. 52-54.
M. Desvigne, *Musée d'art moderne à Newport*, L'Architecture d'Aujourd'hui, 262, April 1989, S. 50-51.
D. Ghirardo, *Piano Quays – aereoporto di Osaka*, The Architectural Review CLXXXV, 1106, April 1989, S. 84-88.
Il Building Workshop di Renzo Piano compie 25 anni, L'Arca, 26, April 1989, S. 118.
Italy's Brunel, Blueprint, 56, April 1989, S. 52-54.
S. Redecke, *La cultura del fare*, Bauwelt, 3, April 1989, S. 614-617.
L'artificio assoluto, Gran Bazaar, 67, April/Mai 1989, S. 29-34.

V. M. Lampugnani, *Il concorso per l'areoporto internazionale di Kansai*, Domus, 705, Mai 1989, S. 34-39.
Renzo Piano: una mostra e la presentazione del progetto Lingotto, Abitare, 274, Mai 1989, S. 149.
F. Montobbio, *Prospettive ed evoluzione verso un nuovo disegno della città*, Urbanistica, 95, Juni 1989, S. 110-113.
E. Marcheso Moreno, *What makes a museum environment successful*, Architecture, Juni 1989, S. 70.
Turin-Gênes, Archi-créé, Juni/Juli 1989.
Bari bowl, Construction Today, Juli 1989, S. 26.
A gate for Malta, Building Design, 22, September 1989, S. 20-21.
Home for a Hero, Building Design, 22, September 1989, S. 22-25.
M. Dini, *Oltre lo ›styling‹*, Architetti Liguria, IX, 7, September/Oktober 1989, S. 30.
C. Davies, *Piano quartet*, The Architectural Review, CLXXXVI, 112, Oktober 1989, S. 60-75.
C. Mulard, *Le musée d'art de Newport Harbor par Renzo Piano*, Archi-Créé, 232, Oktober/November 1989, S. 27.
Raison de forme: Centre commercial de Bercy, Techniques & Architecture, 386, Oktober/November 1989, S. 114-123.
Extension de l'IRCAM, Paris, Techniques & Architecture, 386, Oktober/November 1989, S. 114-123.
E. Ranzani, *Piano: Allestimento al Lingotto*, Domus, 711, Dezember 1989, S. 14-16.
Una mostra al Lingotto, Rassegna, XI, 40/4, Dezember 1989, S. 90-93.
Fusion Horizontale, Techniques & Architecture, 387, Dezember/Januar 1989/90, S. 144-145.
Concorso Kansai International Airport, The Japan Architect, 2, 1989, S. 191-197.
Piano plays nature's theme, World Architecture, 2, 1989, S. 72-77.
Salir a la luz ampliación del IRCAM, A & V, 17, 1989, S. 75-77.

1990

O. Di Blasi, *Renzo Piano: Libreria, Teso, Fontana Arte*, Domus, 712, Januar 1990, S. 76-79.
F. Bertamini, *Il regalo di Colombo*, Costruire, 81, Februar 1990, S. 27-30.
F. Lenne, *Une usine modulaire en forêt*, Le Moniteur, 4499, Februar 1990, S. 64-67.
E. Ranzani, *Ampliamento dell'IRCAM a Parigi*, Domus, 713, Februar 1990, S. 38-47.
Stade de Bari, Italie, L'Architecture d'Aujourd'hui, 267, Februar 1990, S. 120-121.
C. Mattongo, *I sassi di Renzo*, Costruire, 83, April 1990, S. 68-70.
J. Melvin, *Special report: shopping centres*, Building Design, April 1990, S. 11-19.
Bari, Stadt Bauwelt, 24, Mai 1990, S. 1220-1221.
G. Lorenzelli, *All'ultimo stadio*, Costruire, 84, Mai 1990, S. 46.

E. Ranzani, *Renzo Piano: stadio di calcio e atletica leggera, Bari*, Domus, 716, Mai 1990, S. 33-39.
Schmuckstücke und Skandale, Deutsche Bauzeitung, 5, Mai 1990, S. 163-164.
V. M. Lampugnani, *La terminal de la isla*, Arquitectura Viva, 12, Mai/Juni 1990, S. 14.
M. Barda, *Bari: estadio San Nicola*, Arquitectura Urbanismo, VI, 30, Juni 1990, S. 34-35.
A. Demerle, *Le stade de Bari*, Le Moniteur Architecture, 12, Juni 1990, S. 32-39.
Grand stand, New civil engineering, 7, Juni 1990, S. 10-11.
R. Laera, C. Riccardi, *Bari: il nuovo stadio, un fiore nel deserto*, Il nuovo Cantiere, Juni 1990, S. 10-11.
J. M. Montaner, *Innovación en la arquitectura de museos*, Architectural Digest, 31, Juni 1990, S. 118-122.
Libreria Teso, Techniques & Architecture, 390, Juni/Juli 1990, S. 84.
R. Ingersoll, *La trastienda del mundial*, Arquitectura Viva, 13, Juli/August 1990, S. 52-53.
Parigi: un dirigibile in legno e acciaio, Il nuovo Cantiere, XXIV, 7/8, Juli/August 1990, S. 14-16.
M. Beretta, *203.000 chilometri di coda*, Oice, 4/5, Juli-Oktober 1990, S. 71-72.
Extension of the IRCAM studios in Paris, Detail, 4, August/September 1990, S. 395-398.
A. Castellano, B. Marzullo, *La nave delfino*, L'Arca, 41, September 1990, S. 72-81.
F. Irace, *Tempo di musei*, 288, September 1990, S. 280-287.
Ort und Stadion, Werk, Bauen + Wohnen, 9, September 1990, S. 22-29.
L. P. Puglisi, *I sassi di Matera: recupero di Palazzo Venusio e del suo intorno*, Industria Costruzioni, XXIV, 227, September 1990, S. 48-52.
Soft shore, The Architectural Review, 1123, September 1990, S. 71-73.
G. F. Brambilla, *Renzo Piano: ampliamento dell'IRCAM*, Costruire in Laterizio, III, 17, September/Oktober 1990, S. 358-361.
Industrial revolution, Building Design, 19, Oktober 1990, S. 30.
Raumschiff mit zentraler Bühne: Fußballstadion in Bari, Architektur Aktuell, 139, Oktober 1990, S. 82-85.
B. Marzullo, *Centri storici: a Genova per noi*, Il Nuovo Cantiere, XXIV, 11, November 1990, S. 38-40.
L'automobile: produzione e design a Milano 1879-1949, Rassegna, XII, 44, Dezember 1990, S. 98-101.
Parte il Metrogenova, Vetro Spazio, 19, Dezember 1990, S. 10-16.
Transatlantici, Rassegna, XII, 44, Dezember 1990.
Centre Georges Pompidou, Connaisance des Arts, 1990, S. 1-76.
Le grand souffle: stade de Carbonara, Bari, Italie, Techniques & Architecture, 393, Dezember/Januar 1990/91, S. 44-49.

V. M. Lampugnani, *Renzo Piano Building Workshop*, A & V, 23, 1990, S. 1-88.
Monographic issue, A & V, 23, 1990.
Monographic issue on Cruise Princess, GB Progetti, 1990.
R. Piano *Abitazioni a tipologia evolutiva a Corciano*, Edizioni Over, 1990, S. 21-22.
The San Nicola stadium, The Arup Journal, XXV, 3, Herbst 1990, S. 3-8.

1991

Fontana Arte: ›Teso‹, Abitare, 292, Januar 1991, S. 145.
Antologia 3, Casabella, LV, 575/576, Januar/Februar 1991, S. 89.
S. Ishida, N. Okabe, *Renzo Piano Building Workshop*, GA Document, 28, März 1991, S. 60-95.
V. Travi, *Trieste: la baia delle meraviglie*, Il Nuovo Cantiere, 3, März 1991, S. 55/56.
Un nuovo porto antico per Genova, Presenza Tecnica, IX, 2, März/April 1991, S. 10-23.
Verselbständigter Turm, Baumeister, 3, März 1991, S. 20-21.
Kansai International Airport, GA Document, 29, April 1991, S. 70.
Lyon, Cité International de la Tête d'Or, Techniques & Architecture, 395, April/Mai 1991, S. 52-57.
F. Anderton, *Eastern promise*, The Architectural Review, 1131, Mai 1991 S. 83-90.
B. Marzullo, *Aree dismesse: due progetti importanti. L'area Caleott*o, Cantiere, XXV, 5, Mai 1991, S. 48-49.
J. P. Menard, *Détail: Renzo Piano façades en briques et composite*, Le Moniteur Architecture, 21, Mai 1991, S. 51-61.
Monographic issue on Columbus exhibition, GB Progetti, 7, Mai/Juni 1991.
E. Ranzani, *La trasformazione delle città: Genova*, Domus, 727, Mai 1991, S. 44-71.
Raumschiff, Deutsche Bauzeitung, 5, Mai 1991, S. 64-67.
R. Morganti, *Centro commerciale a Bercy II, Parigi*, L'Industria delle Costruzioni, XXV, 236, Juni 1991, S. 22-30.
Piano à Bercy, L'Architecture d'Aujourd'hui, 269, Juni 1991, S. 162-166.
Expo 92: un grande progetto di recupero, Allestire, VIII, 73, Juni/Juli 1991, S. 50-54.
Côté jardin, Techniques & Architecture, CLXXXIX, 1133, Juli 1991, S. 38-47.
French connection, The Architectural Review, CLXXXIX, 1133, Juli 1991, S. 59-63.
Complesso residenziale a Parigi, Domus, 729, Juli/August 1991, S. 6-15.
M. J. Dumont, *Renzo Piano: l'aéroport du Kansai à Osaka*, L'Architecture d'Aujourd'hui, 276, September 1991, S. 45-50.
Il ruolo dell'acciaio inox nel metrò di Genova, Inossidabile, 105, September 1991, S. 8.
La facciata strutturale in alluminio, Ufficio stile, XXIV, 7, September 1991, S. 138-149.
La sede dell'ISML sperimenta una facciata continua di nuova concezione, A x A, I, 2, September 1991, S. 50-57.
J. Cervera, *A flor de piel*, Arquitectura Viva, 20, September/Oktober 1991, S. 42-47.
F. Chaslin, *Centre culturel Kanak à Nouméa*, L'Architecture d'Aujourd'hui, 277, Oktober 1991, S. 9-13.
C. Mattogno, *Piano torna al Beaubourg*, Costruire, 101, Oktober 1991, S. 107.
F. Peyouzère, *Le centre national d'art et de culture Georges Pompidou (1977)*, Architecture Intérieure, 246, Dezember/Januar 1991/92, S. 87.
J. Ferrier, *Usine optronique Thomson-Guyancourt 1990*, Usines, 2, 1991, S. 64-73.
Kansai International Airport passenger terminal building design development process, Space Design, 6, 9, 1991.
Ponti per il porto di Ushibuka, Space Design, 1, 1991, S. 88-91.
The Menil Collection Museum, Space Design, 3, 1991, S. 74-76.

1992

Fiat factory gets Renzo Piano retread, Architectural Record, 1, Januar 1992, S. 18.
Leucos, Il vetro in architettura, Abitare, 303, Januar 1992, S. 42-43.
Logements rue de Meaux, Paris XIX, Le Moniteur, 27, Januar 1992, S. 84-85.
Piano, Le Moniteur, 27, Januar 1992, S. 18.
Piano's magic carpet, The Architectural Review, 1139, Januar 1992.
Progetto per l'esposizione internazionale Genova 1992, Phalaris, 18, Januar/Februar 1992, S. 44-47.
Renzo Piano: attraverso Parigi, Arredo Urbano, 47/48, Januar-April 1992, S. 116-121.
P. Buchanan, *Pacific Piano*, The Architectural Review, 1141, März 1992, S. 61-63.
A. Castellano, *Renzo Piano. Aereoporto Kansai*, Abitare, 305, März 1992, S. 229-234.
T. Fisher, *The place of sports*, Progressive Architecture, 4, April 1992, S. 94-95.
L. Gelhaus, *Il grande Bigo*, Rassegna, 41, 1, März 1992, S. 114-117.
Kansai International Airport, De Architect, 46, März 1992, S. 60-65.
P. Righetti, *La nuova sede del Credito Industriale Sardo*, Modulo, 179, März 1992, S. 170-180.
Una città e il mare, L'Arca, 59, April 1992, S. 6-15.
M. Barda, *Um aeroporto sobre o mar*, A + U, 41, April/Mai 1992, S. 54-63.
F. Bertamini, G. Salsalone, *La scoperta di Genova*, Costruire, 108, Mai 1992, S. 26-38.
M. Toffolon, *Sotto le ali di una tenda*, Modulo, 181, Mai 1992, S. 488-491.
Trompe-l'œil, Werk, Bauen + Wohnen, 5, Mai 1992, S. 54-57.
M. Champenois, *Piano, rénovation du*

port de Gênes, L'Architecture d'Aujourd'hui, 281, Juni 1992, S. 78-85.
F. Irace, *Piano per Genova – La città sul mare*, Abitare, 308, Juni 1992, S. 133-136.
Genèse d'un paysage, Techniques & Architecture, 402, Juni/Juli 1992, S. 88-93.
R. Ingersoll, S. Ishida, *Renzo Piano Building Workshop: shopping center Bercy, Bari soccer stadium, subway station, Genoa*, A + U, 262, Juli 1992, S. 70-114.
C. F. Kusch, *Internationale Kolumbus-Ausstellung, Genua*, Deutsche Bauzeitung, 7, Juli 1992, S. 1033-1035.
C. Minoletti, *Genova Domani*, Quaderni, 12, Juli 1992, S. 19-24
Una corte per Abitare, Abitare, 308, Juli/August 1992, S. 192.
Z. Freiman, *Perspectives: Genoa's historic port reclaim*, Progressive Architecture, 8, August 1992, S. 78-85.
R. Maillinger, *Colombo '92 in Genua*, Baumeister, 8, August 1992, S. 40-45.
C. Garbato, *Il Porto Vecchio*, Sport & Città, 3, September 1992, S. 10-16.
A. Valenti, *Berlino. Renzo Piano a Potsdamer Platz: l'Eclettico e il disciplinato dell'architettura*, Arredo Urbano, 50, 51, September 1992, S. 30-33.
N. Baldassini, *Genova. Le celebrazioni Colombiane*, Flare, 7, Oktober 1992, S. 4-13.
Colombo '92. Esposizione di Genova, Habitat Ufficio, 58, Oktober/November 1992, S. 62-63.
F. De Pasquali, *Per la caratteristica e l'acciaio, uno sviluppo che viaggia in paralello*, Acciaio, 4, Oktober 1992, S. 23-27.
J. C. Garcias, *Deux étoiles italiennes*, L'Architecture d'Aujourd'hui, 283, Oktober 1992, S. 92-97.
S. Ishida, *Unesco Workshop. Columbus International Exposition. Thomson CSF Factory*, GA, 35, November 1992.
La città e il mare. L'area del Porto Vecchio, 311, Oktober 1992, S. 60-65.
G. Paci, *Il delfino Bianco*, Casa Vogue, 245, Oktober 1992, S. 58-61.
P. Righetti, *Gli ex Magazzini del Cotone*, Modulo, 185, Oktober 1992, S. 1024-1033.
1992, S. 62-63.
Futagawa, Renzo Piano. Unesco Laboratory Columbus International Expo '92. Thomson CSF Factory, GA, 35, November 1992, S. 40-59.
Dal bullone al territorio, L'Architettura, 446, Dezember 1992, S. 884-886.
Esposizione Internazionale 1992 nel porto antico, L'Architettura, 446, Dezember 1992, S. 862-863.
P. Rumpf, *Progetti per l'area della Potsdamer Platz, Berlino*, Domus, 744, Dezember 1992, S. 44-55.
Un sistema illuminotecnico funzionale, Rassegna, 52/4, Dezember 1992, S. 94-97.
C. Garbato, *Das Experiment im Werk Renzo Pianos*, Detail, 6, 1992, S. 557-560.

1993

D. Cruickshank, *Cross roads Berlin*, The Architectural Review, 1151, Januar 1993, S. 20-28.
D. Cruickshank, *Genoa drama*, The Architectural Review, 1151, Januar 1993, S. 36-41.
R. Dorigati, *Un parco culturale per la città in Lingotto*, L'Arca, 78, Januar 1993, S. 48-53.
L. Pogliani, *Piano per tre*, Costruire, 117, Januar 1993, S. 48.
Renzo Piano Aereoporto di Kansai, Osaka, Domus, 1, Januar 1993, S. 52-59.
R. Stefanato, *Trasporto Ferroviario, speranze tra i binari*, Olce Temi, 1, Januar 1993, S. 33-37.
Crown Princess, Interni, 427, Januar/Februar 1993, S. 120-121.
C. Sattler, *Potsdamer Platz – Leipziger Platz, Berlin 1991*, AD, 1, Januar/Februar 1993, S. 18-23.
Sistemazione degli spazi esterni dell'industria Thomson a Guyancourt, Casabella, 597/598, Januar/Februar 1993, S. 110-111.
G. Ullmann, *Zwischen Seelandschaft und Piazza*, Werk, Bauen + Wohnen, 1/2, Januar/Februar 1993, S. 41-48. D. Albrecht, *Renzo Piano Exhibit in NY*, Architecture, 2, Februar 1993, S. 22-23.
P. Arcidi, *Renzo Piano exhibit opens in NY*, Progressive Architecture, 2, Februar 1993, S. 19.
Das Experiment im Werk. Renzo Piano, Detail, 6, Februar 1993.
Elektronikfabrik in Guyancourt, Detail, 6, Februar 1993, S. 593-597.
Er(b)folge am Potsdamer Platz, Baumeister, 2, Februar 1993.
Un modello su cui muoverci, L'Arca, 68, Februar 1993, S. 98.
T. Fisher, *Flights of fantasy*, Progressive Architecture, 3, März 1993.
Lingotto: una completa gamma illuminotecnica ad alto contenuto tecnologico, Rassegna, 53, März 1993, S. 90-93.
Mecanico e organico, Arquitectura Viva, 29, März/April 1993, S. 52-59.
Renzo Piano. Spazio scenico per Moby Dick: ›Ulisse e la Balena Bianca‹, Domus, 29, März/April 1993.
E. Morteo, *Renzo Piano*, Domus, 748, April 1993, S. 87-89.
R. Piano, *Un nuevo rodaje para el Lingotto*, Diseno Interior, 24, April 1993, S. 26-27.
E. Regazzoni, *Unesco & Workshop*, Abitare, 317, April 1993, S. 156-169.
Genova: acquario oceanico. Protezione delle superfici esterne in cemento, Arkos, 20, Mai 1993, S. 30.
Le centre culturel Jean-Marie Tjibaou, MWA VEE, 1, Mai 1993, S. 48-53.
A. L. Nobre, *Renzo Piano, presença na America*, Architetura Urbanismo, 47, Mai 1993, S. 28.
N. Baldassini, *La luce nell'architettura Hi-Tech*, Flare, 8, Mai 1993, S. 26-28.
S. Brandolini, *Il terminal passeggeri del Kansai International Airport nella baia di Osaka*, Casabella, 601, Mai 1993.
D. O. Mandrelli, *Lungo il fiume, tra gli alberi*, L'Arca, 71, Mai 1993.
O. Touraine, *Aéroport international du Kansai*, Le Moniteur, 41, Mai 1993, S. 44-49.
J. Sainz, *Hipergeometriàs, el ordenador en el studio de Renzo Piano*, Arquitectura Viva, 30, Mai/Juni 1993, S. 96-97.
Lingotto fiere: montanti eccezionali per diaframmi luminosi, Proporzione, 1, Juni 1993, S. 32-40.
M. Tardis, *La grande vague*, Techniques & Architecture, 408, Juni/Juli 1993, S. 114-121.
R. P. Red, *Solitär in der präurbanen Wüste*, Werk, Bauen + Wohnen, Juli/August 1993, S. 20-25.
Haltestelle Brin in Genua, Detail, 4, August/September 1993, S. 414-417.
Osaka: aereoporto, GB Progetti, 19, September 1993, S. 4.
F. Premoli, *Amsterdam: musei*, GB Progetti, 19, September 1993, S. 16.
Ushibuka, Giappone: ponti, GB Progetti, 21, November 1993, S. 10.
J. M. Alvarez Enjuto, *Arquitectura en la confluencia de los limites*, Lapiz, 98, Dezember 1993, S. 45-49.
G. Messina, *Progetti di Renzo Piano in mostra itinerante*, L'Industria delle Costruzioni, 266, Dezember 1993, S. 64-65.
Nuovo Teatro Margherita, Casabella, 607, Dezember 1993, S. 38.
M. Rognoni, *Un edificio residenziale a Parigi: rue de Meaux*, Maiora, 18, Dezember 1993, S. 4-11.
Ushibuka fishing port connecting bridge, JA, 10, Sommer 1993, S. 212-217.
Kansai International Airport P.T.B., JA, 3, 11, Herbst 1993, S. 54-69.

1994

R. Dorigati, *Un parco culturale per la città: il Lingotto*, L'Arca, 78, Januar 1994, S. 48-53.
Presentato a Bari: il progetto per l'ex Teatro Margherita, L'Industria delle Costruzioni, 267, Januar 1994, S. 74.
Berlino. Riqualificazione area della Potsdamer Platz, GB Progetti, 23, März 1994, S. 11.
R. Keiser, *Flugzeugträger*, Werk, Bauen + Wohnen, 4, April 1994, S. 49-53.
A. Bugatti, *Un lingotto di tecnologia*, Costruire, 132, Mai 1994, S. 125-128.
M. Kloos, *Het juiste gebaar*, Archis, 6, Juni 1994, S. 5-7.
D. Danner, *Woge. Der Kansai Airport in der Bucht von Osaka*, AIT, 5779, Juli/August 1994, S. 26-35.
L'Auditorium al Lingotto di Torino, Casabella, 614, Juli/August 1994, S. 52-59.
Special feature: Kansai Airport, GA Japan, 9, Juli/August 1994, S. 24-80.
D. Cruickshank, *Piano forte*, Perspectives, 5, September 1994, S. 34-37.
Kansai Airport: artificial landscape, Progressive Architect, 9, September 1994, S. 22.
Museo Beyeler a Riehen, Basilea, Domus, 2, September 1994, S. 30-33.
The hills are alive, Building Design, 1190, September 1994, S. 16-19.
L. Verdi, *Un nuovo Lingotto per Torino*, Modulo, 204, September 1994, S. 284-291.
Auditorium Lingotto, GB Progetti, 29, Oktober 1994.
A. Castellano, *Kansai International Airport*, L'Arca, 86, Oktober 1994, S. 2-27.
M. C. Clemente, *Leggero come l'aria*, Costruire, 137, Oktober 1994, S. 46-49.
Die Wochenschau – Neue Töne, Bauwelt, 39, Oktober 1994, S. 60-61.
L. Gazzaniga, *Renzo Piano Building Workshop. Aereoporto internazionale di Kansai, Osaka, Giappone*, Domus, 764, Oktober 1994, S. 7-23.
Le quai en bonne voie, Actua Cité, 2, Oktober 1994.
N. Baker, *Tears in the reunited city*, Building Design, 1198, November 1994, S. 22.
P. Buchanan, *Kansai*, The Architectural Review, 1173, November 1994, S. 30-81.
V. Cappelli, *Il nuovo Auditorium di Roma, una sfida urbanistica*, Amadeus, 11, 60, November 1994, S. 43-45.
R. Keiser, *Vorwärtsstrategien*, Werk, Bauen + Wohnen, 11, November 1994, S. 6-17.
C. F. Kusch, *Hafenanlage von Genua*, Deutsche Bauzeitung, 11, November 1994, S. 67-70.
A. Rocca, *Nouméa – Paris*, Lotus International Electa, 83, November 1994, S. 42-55.
M. P. Belki, *Le piazze perdute*, Costruire, 139, Dezember 1994, S. 114-115.
G. Messina, *Renzo Piano: un Auditorium per Roma*, Industria delle Costruzioni, 278, Dezember 1994, S. 40-42.
G. de Whithy, *Luci della Cité*, Costruire, 139, Dezember 1994, S. 38-40.
Stadium in Bari, Detail, 6, Dezember/Januar 1994.
P. Buchanan, *Dunas de metal*, Arquitectura Viva, 36, 11/12, 1994, S. 46-47.
P. Buchanan, *Padre Pio pilgrimage church, Italy*, Scroope, 6, 1994/95, S. 28-29.
Daimler-Benz, A&V, 50, 1994, S. 36-45.
G. Grasso, *Padre Pio per un luogo d'incontro*, Chiesa oggi, 10, 1994, S. 70-71.
Kansai Airport, Kenchiku bunka, 567, 1, S. 161-176.
Kansai Airport, Kenchiku bunka, 57O, 4, S. 21-74.
Kansai Airport, Kenchiku bunka, 572, 6, S. 25-44.
Kansai Airport, Kenchiku bunka, 574, 8, S. 89-118.
Kansai Airport, Kenchiku bunka, 575, 9, S. 91-98.
Kansai Airport, Lifescape, 54, 1994, S. 9-17.
R. Miyake, *Special report Renzo Piano Building Workshop: creating harmony*

from technology and nature, Approach, 3, Herbst 1994, S. 1-23.
A. Rocca, *Renzo Piano*, Lotus, 83, 4, 1994.

1995

P. Buchanan, *Plane Geometry*, Architecture, 1, Januar 1995, S. 84-103.
P. Dilley, A. Guthri, *Kansai International Airport terminal building*, Ove Arup & Partners, 30, Januar 1995, S. 14-23.
J. Melvin, *Best Fiat forward*, Building Design, 1203, Januar 1995, S. 12-13.
C. Garbato, *Metropolis auf der Insel*, Architektur aktuell, 175/176, Januar/Februar 1995, S. 48-61.
Postdamer Platz, L'Architecture d'Aujourd'hui, 297, Februar 1995, S. 66-73.
M. G. Alessi, C. A. Bottigelli, *Il futuro in cantiere*, Costruire, 142, März 1995, S. 44-46.
P. Giordano, *Potsdamer Platz*, Domus, 3, März 1995, S. 68-89.
K. Kuche, *Plywaiace Iotnisko*, Architektura & Biznes, 4, 33, März 1995, S. 20-21.
N. Okabe, *Appunti di volo per Kansai Airport*, Vetro Spazio, 36, März 1995, S. 18-26.
Spazi espositivi, Houston USA. The Cy Twombly Gallery, 34, März 1995, S. 14-15.
D. Dillon, *Cy Twombly Gallery*, Architecture, 4, April 1995 S. 24.
Cité d'avenir. Cité International de Lyon, Techniques & Architecture, 419, April/Mai 1995, S. 72-77.
De la terre et du feu, Ipact, 53, Mai/Juni 1995, S. 7-9.
Roma va Piano, Archi-Créé, 265, Mai/Juni 1995, S. 22.
L. Spagnoli, *IRCAM Parigi. Il terziario fra current architecture neotradizionalismo hitech*, Costruire in laterizio, 45, Mai/Juni 1995, S. 162-167.
A. Castellano, *Fede e tecnologia*, Ecclesia, 1, Juni 1995, S. 48-57.
C. Garbato, *Il Lingotto di Piano*, Finestra, 6, Juni 1995, S. 176-185.
P. Rumpf, *La città dei concorsi: Berlino del dopo muro*, Rassegna, 61, Juni 1995, S. 45-55.
M. Toffolon, *Un auditorium tutto in legno*, Modulo, 212, Juni 1995, S. 494-495.
Crown Princess il bianco delfino d'acciaio, Idea, 7, Juli 1995, S. 26-31.
M. Gatto, L. L. Pirano, *Al cantiere della cité internationale de Lyon*, GB progetti, 38, Juli/August 1995, S. 34-35.
P. Buchanan, *Natural workshop*, The Architectural Review, 1183, September 1995, S. 76-80.
P. Buchanan, *Organiczna maszyna (Kansai Airport)*, Architektura murator, 9, September 1995, S. 34-41.
Lione: la città internazionale, Abitare, 343, September 1995, S. 85-86.
Saitama arena competition, GB progetti, 39, September 1995, S. 8-13.
G. Sgali, *La conchiglia d'argento (Lyon)*, Area, 23, September 1995, S. 26-33.
Cy Twombly annex at the Menil Collection, A + U, 302, November 1995, S. 6-17.
N. Okabe, *Ushibuka bridge*, Architecture Magazine, 107, November 1995, S. 44-49.
M. Bédarida, *Lione: la politica degli spazi*, Casabella, 629, Dezember 1995, S. 8-23.
V. de Raulino, *Kompaß*, Architektur aktuell, 186, Dezember 1995, S. 40-45.
Auditorium Roma. Piano's monument for musical culture, World Architecture, 39, S. 86.
A. Castellano, *Come casse armoniche*, L'Arca, 91, 1995, S. 4-9.
Kansai. Vertigos finimilenarios: imagenes del flujou, AV, 51/52, 1995, S. 146-147.

1996

R. Laera, *San Nicola: Bari-Soltanto per Bari*, Costruire, 152, Januar 1996, S. 30-31.
Renzo Piano, Domus, 778, Januar 1996, S. 61.
L. L. Sorensen, *Auditorium Roma*, Arkitekten Magasin, 2, Januar 1996, S. 8-11.
The key to the city (Lyon), The Architectural Review, 1187, Januar 1996.
A. Dominoni, *Berlino. Cantiere laboratorio*, Grap Casa, 123, Januar/Februar 1996, S. 96-101.
Kanák, Casabella, 360/361, Januar/Februar 1996, S. 84.
The Menil Collection, Casabella, 360/361, Januar/Februar 1996, S. 126-127.
Cité Internationale in Lyon, Bauwelt, 87, März 1996, S. 424.
La Cité Internationale de Lyon, Archis, März 1996, S. 38-45.
I. Maisch, *Renzo Piano*, Häuser, März 1996, S. 51-62.
D. Chetrit, *Lyon. Une eurocité*, Parcours, 100, April 1996, S. 66-69.
Centre for Business and Art in Turin, Detail, 3, April/Mai 1996, S. 331-337.
C. Schittich, *Alt und neu. Ein Interview mit Renzo Piano*, Detail, 3, April/Mai 1996, S. 280-290.
K. Frampton, *Universalismo e regionalismo*, Domus, 782, Mai 1996, S. 4-8.
K. Kliche, *Cité Internationale Rodanem*, A & B, 5, Mai 1996, S. 10-11.
C. F. Kusch, *Eine Architektur der ortsbezogenen Technologie*, Deutsche Bauzeitung, 5, Mai 1996, S. 83-90.
1896-1996: The first 100 years, The Architectural Review, 1191, Mai 1996, S. 91, 100.
C. Garbato, *La configurazione dello spazio*, Mercedes, 1, Mai/April 1996, S. 20-27.
R. Piano, *Il mestiere più antico del mondo*, Micromega, 2, Mai/Juni 1996, S. 107-109.
P. Restany, *Susumu Shingu: poeta e filosofo dello spazio*, Domus, 783, Juni 1996, S. 84-88.
The craft of the diversity, Building Design, 1269, Juni 1996, S. 16-19.
C. Garbato, *Un luminoso rigore*, Ottagono, 119, Juni-August 1996, S. 50-53.
L. Pagani, A. Perversi, *Luce, spazio e visione*, Ottagono, 119, Juni-August 1996, S. 43.
P. Paoletti, *L'uomo del vulcano*, Affari & Mercati, 2, Juni/Juli 1996, S. 16-18.
J. Rodermond, *Manifest of non place (Amsterdam)*, de Architect dossier, Juli 1996, S. 16.
Urbane Zukunftsvision (Lyon), Deutsche Bauzeitung, 7, Juli 1996, S. 26-27.
M. G. Alessi, *La fiducia di ricominaciare da capo. Berlino: instancabile marciapiede*, Controspazio Architettura urbanistica, 4, Juli/August 1996, S. 96.
C. A. Boyer, *Cité Internationale, Lyon*, Domus, 784, Juli/August 1996, S. 16-25.
La Ferrari e Maranello, Maranello e la Ferrari, Abitare, 353, Juli/August 1996.
L'IRCAM en trois actes et quatre bâtiments, Architecture Intérieure, 272, August/September 1996, S. 74-77.
Lyon. Bâtiment pour installations, Architecture Intérieure, 272, August/September 1996, S. 66-69.
Stuttgart 21, Bauwelt, 31/32, August 1996, S. 1752-1753.
Nouméa centre Jean-Marie Tjibaou, Architecture Intérieure, 272, August/September 1996, S. 50-55.
Al Lingotto, Abitare, 355, Oktober 1996, S. 96.
D. Elco, *Technologie Museum NINT. Impuls science and technology center*, Jaaverslag 1995, Oktober 1996, S. 1-25.
G. Muratore, *Ferrovia e città*, L'Arca, 108, Oktober 1996, S. 6-9.
C. Wolf, *Renzo Piano: Kolumbus der neuen Architektur*, Ideales Heim, 10, Oktober 1996, S. 57-63.
I. Meier, *B&B. Innovative Technik und zeitgemäßes Design*, Atrium Haus und Wohnen international, 6, November/Dezember, S. 126-129.
C. Wolf, *Renzo Piano: Kolumbus der neuen Architektur*, Atrium Haus und Wohnen international, 6, November/Dezember 1996, S. 84-91.
B. Camerana, *Il centro culturale Kanak Jean-Marie Tjibaou, Nouméa, Nuova Caledonia*, Eden rivista dell'architettura nel paesaggio, 1996, S. 33-38.
B. Camerana, *L'aeroporto internazionale di Kansai Osaka, Giappone, 1988-1994*, Eden rivista dell'architettura nel paesaggio, 3, 1996, S. 15-26.
B. Camerana, *La trasformazione della fabbrica Fiat, Lingotto, Torino, Italia,1991-...*, Eden rivista dell'architettura nel paesaggio, 3, 1996, S. 27-32.
G. Gabbi, *Genova, nuova capitale del Mediterraneo: fronte del porto*, Airone, 181, 1996, S. 45-49.
I. Lupi, *Germania, da Berlino verso est*, Abitare, 352, S. 104-105.
Ray uczestnictwa, Architektura murator, 6, 21, 1996, S. 32-37.
W. F. Stern, *The Twombly and the making of place*, Culture Zones, 34, Frühjahr 1996, S. 16-19.
Tate frames architecture, Any, 13, 1996, S. 45-51.
Vesima, Lifescape 57, 1996, S. 1-12.

Bücher

International conference on space structures, London, 1966.
IRCAM, Paris 1977.
E. Poleggi, G. Timossi, *Porto di Genova: storia e attualità*, Genua 1977.
Costruire e ricostruire, Udine 1978.
M. Arduino, M. Fazio, R. Piano, *Antico è bello*, Rom/Bari 1980.
A. Fils, *Das Centre Pompidou in Paris*, München 1980.
G. Donin, *Renzo Piano. Piece by piece*, Rom 1982.
La modernité: un projet inachevé, Paris 1982.
M. Dini, R. Piano, *Progetti e architetture 1964-1983*, Mailand 1983; französisch: Paris 1983; englisch: New York 1984.
Storia di una mostra, Turin/Mailand 1983.
L. Nono, *Verso Prometeo*, Venedig 1984.
Associazione Industriali Provincia di Genova, Genova ieri, oggi, domani, Genua 1985.
R. Piano, *Chantier, ouvert au public*, Paris 1985.
1992. Genova città di Colombo: immagini e progetti, Genua 1986.
R. Piano, *Dialoghi di cantiere*, Bari 1986.
L. Miotto, *Renzo Piano*, Paris 1987.
R. Piano, R. Rogers, *Du Plateau Beaubourg au Centre Georges Pompidou*, Paris 1987.
U. Eco, F. Zeri, R. Piano, Graziani, *Le isole del tesoro*, Mailand 1989.
Renzo Piano, Tokio 1989.
Renzo Piano. Buildings and projects 1971-1989, New York 1990.
Renzo Piano. Il nuovo stadio di Bari, Mailand 1990.
Colombo '92: la città, il porto, l'esposizione, Mailand 1992.
Renzo Piano Building Workshop. Exhibit/Design, Mailand 1992.
Renzo Piano Building Workshop 1964-1991. In search of a balance process architecture, Japan 1992.
P. Buchanan, *Renzo Piano Building Workshop. Complete Works*, 1, London 1993; italienisch: Turin 1994; französisch: Paris 1994; deutsch: Stuttgart 1994.
Renzo Piano: progetti e architetture 1987-1994, 3, Mailand 1994.
The making of Kansai International Airport Terminal, Osaka, Japan. Renzo Piano Building Workshop, Tokio 1994.
P. Buchanan, *Renzo Piano Building Workshop. Complete works*, 2, London 1995; italienisch: Turin 1996; deutsch: Stuttgart 1996.
P. Buchanan, *Renzo Piano Building Workshop. Complete works*, 3, London 1996; italienisch: Turin 1997; deutsch: Stuttgart 1997.

Fotonachweis

Wir danken dem Renzo Piano Building Workshop, der uns freundlicherweise das Bildmaterial für diese Publikation überlassen hat. Unser Dank geht auch an folgende Fotografen:

P. Adenis, Archiv der Stadt Amsterdam, G. Basilico, G. Berengo Gardin, G. G. Bianchi,
R. Bryant (Arcaid), M. Carrol, CineFiat, M. Denancé, H. Edgerton, R. Einzing, FIAT-Archiv, M. Folco, Fregoso & Basalto, D. Gilbert (Arcaid),
S. Goldberg, R. Halbe, D. Hart, Y. Hata, P. Hester, Hickey & Robertson, K. Hiwatashi, Horn, K. Hosokawa, S. Ishida, T. Kitajima, Maeda, G. Maschetti, E. Minetti, G. Muciaccia, A. Muhs, Y. Newspaper, P. A. Panz, Publifoto, Réunion des Musées Nationaux, F. Reuter, M. Riboud, C. Richters, C. Rives, Rotta, P. Ruault, Studio Gui, Shinkenchiku – Sha, Sky Front, R. Schäffer, B. Smusz, F. Taccone, D. Von Schaewen.

Anläßlich der Ausstellung »Out of the Blue. Renzo Piano Building Workshop« in der Kunst- und Ausstellungshalle der Bundesrepublik Deutschland in Bonn wurden drei Plakate vom Renzo Piano Building Workshop entworfen und von Scassi di Asti gedruckt.

Die Skizze von Renzo Piano auf dem Umschlag zeigt das Bürohochhaus und die Wohnanlage von Sydney (siehe Seite 242 ff.).

© der abgebildeten Werke von Alexander Calder (S. 68 ff.: Mobiles), John Chamberlain (S. 77: Nanoweap, 1969), Max Ernst (S. 221: Der Humboldt-Strom, 1952), Alberto Giacometti (S. 221: Schreitender, 1960), Paul Klee (S. 221: Bote in der Überflutung, 1937, 222, V2), Fernand Léger (S.74: Stilleben, 1925), René Magritte (S. 75: Der Abend fällt herein, 1964; Golconda, 1953; Der gläserne Schlüssel, 1959), Pierre Matisse (S. 221: Weiße Alge auf rotem und grünem Grund, 1947), Joan Miró (S. 221: Peinture [Person: Die Gebrüder Fratellini], 1927), Pablo Picasso (S. 75: Sitzende Frau mit Hut, 1938; S. 221: Die Weinflasche, 1926); Mark Rothko (S. 221: Rot, Braun, Grün, Schwarz, 1962) und George Segal (S. 75: Sitzende, 1967) bei VG Bild-Kunst, Bonn 1997.